普通高等教育“十二五”经济与管理类专业核心课程规划教材

# 管理信息系统

主　编　万映红

西安交通大学出版社
XI'AN JIAOTONG UNIVERSITY PRESS

# 前言
# FOREWORD

本书是作者在多年从事管理信息系统理论、开发及实践的教学和研究的基础上，为适应教学需要而编著的教材。本书在按专业委员会提出的教学大纲建议的基础上，充分借鉴了国内外管理信息系统理论、开发和实务研究领域的一些最新研究成果，并力求贴近和反映管理信息系统近年来的战略性应用的发展，以满足管理信息系统教学的要求。

全书除导论外共分为五篇。第一篇为信息系统导论篇，讲述信息系统概念及其发展，管理信息及管理信息系统。第二篇为信息系统基础篇，讲述构建信息系统的重要信息技术基础及应用，包括信息技术基础设施、硬件和软件技术、数据管理技术、数据通信及网络技术、数据采集技术。第三篇为信息系统应用篇，分别从组织业务管理控制、业务过程集成管理、决策支持三个层面，讲述典型信息系统类型、系统结构、系统应用原理。第四篇为信息系统开发篇，讲述信息系统建设开发的主要阶段、主要内容及基本方法。第五篇为信息系统管理篇，讲述信息系统运行与维护管理、风险与安全管理的基本内容及方法。

本书由万映红担任主编，并拟订编写大纲，对全书进行修改、总纂和定稿。博士生岳英、刘一江协助主编对主要篇章进行了校对和修改。各章的作者依次为：西安交通大学万映红(第 1、2、4 章)，西北工业大学汪小梅(第 3、5、6 章)，西安理工大学原欣伟(第 7、9 章)，万映红、原欣伟(第 10 章)，原欣伟、西北农林科技大学党红敏(第 11 章)、西安工业大学王渊(第 8、12、16 章)，西安科技大学邢书宝(第 13、14、15 章)，党红敏(第 17、18 章)。由于各方面原因，未能一一标明引用文献的出处，在此向文献的作者致谢。

限于水平，书中可能有纰漏或不妥之处，诚挚地欢迎阅读和使用本书的读者批评指正。联系方式：wanyh@mai. xjtu. edu. cn。

作　者

2014 年 3 月

# 目录
CONTENTS

## 第一篇　信息系统导论篇

### 第1章　信息系统基础知识



### 第2章　管理信息系统概述



## 第二篇　信息技术基础篇

### 第3章　信息技术基础设施



### 第4章　数据管理技术基础

## 第 5 章　数据通信技术基础



## 第 6 章　数据采集技术基础



# 第三篇　信息系统应用篇

## 第 7 章　信息系统与组织管理



## 第 8 章　信息系统与组织流程



## 第 9 章　信息系统与组织决策



## 第 10 章　信息系统与组织变革、战略

## 第四篇　信息系统开发篇

## 第11章　信息系统建设概述



## 第12章　信息系统规划



## 第13章　信息系统分析



## 第14章　信息系统设计

## 第15章 面向对象的系统分析与设计



## 第16章 信息系统实施



# 第五篇 信息系统管理篇

## 第17章 信息系统运维管理



## 第18章 信息系统安全管理



## 参考文献

# 第一篇

# 信息系统导论篇

# 第1章 信息系统基础知识

## 学习目的

- 掌握信息的基本概念
- 理解系统的概念、系统工程的研究方法
- 掌握信息系统的概念及概念结构
- 了解信息系统的发展趋势

## 引导案例

### 亚马逊应用信息技术的成功

亚马逊公司首席执行官杰夫·贝佐斯(Jeff Bezos)对于信息技术一直秉持自己的观点,这个观点自他创办亚马逊公司之日起就不断强调。只不过人们到现在才开始明白其中的真谛。他说:"在现实世界,人们总是强调地段、地段、地段。而对于我们而言,最重要的三件事情是技术、技术、技术!"如果我们来参观亚马逊六大仓库之一,便会明白为什么贝佐斯对技术那么执著。亚马逊公司有着通用电气公司(GE)那样的办事效率,内华达州的 Fernley 仓库位于里诺市向东大约 35 英里的地方,距离其他城市也都只有几百英里。乍看起来仓库并不很大,在一个长只有 1/4 英里、宽约 200 码的办公楼里有三百多万本书,还有 CD、玩具以及家用器皿。正是在这个小地方,贝佐斯实践着他对数字和技术的执著,并获得了技术带来的巨大回报——这里完全实现了计算机自动化。亚马逊公司的仓库是如此的高度技术化以至于它像公司网站一样需要一系列的编码程序来启动运作:计算机通过向员工的无线接收器发送信号来告诉他们要从书架上取下哪些物品,然后计算机负责相关的一切处理,如处理订单的顺序及货物的重量是否适合发送。

通过这样的过程,计算机生成一系列数据,包括从装箱错误的清单到出货堵塞的次数,管理人员研究分析这些信息并尽一切努力来最大限度地提高出仓前的生产率。例如,员工按订单将货物放入绿色塑料箱,然后将塑料箱放到传输带上,传输带自动地将货物送到适当的出货口。那么通过重新设置这个货物流程,亚马逊公司将 Fernley 仓库的吞吐能力提高了 40%。如今,亚马逊公司的仓库可以处理相当于 1999 年三倍的任务。而在这过去的三年中,与这有关的经营成本已经由亚马逊公司销售收入的 20%降到 10%以下,且亚马逊公司从来都未考虑过为了下一年的发展而创建新的仓库。

亚马逊公司的仓库如此高效以至于公司每年的存货周转率达到了 20 次,而其他零售商实际上只有不到 15 次的存货周转率。确实,亚马逊公司成长最快、最盈利的部分便是它对仓库,有时是对公司整个后端设施的使用,这些后端设施负责运营其他零售商的电子商务,如美国玩具反斗城公司(Toys"R"Us)和 Target 公司。

亚马逊之路可以从以下方面体现:向消费者展现乐趣;在公司内部,招贤纳才,飞速发展;

最关键的部分则是与数字博弈。至于客户服务进展得如何,贝佐斯想要的不是一个优或劣的答案,他想要知道的是每个订单平均联系到的客户,联系一个客户所需要的平均时间,与电话联系相比的电子邮件客户联系情况,以及对于公司而言每一项的总成本是多少。负责公司客户服务、仓库管理以及销售运作的杰夫·威尔基(Jeff Wilke)说,他每周要查看的自己部门的图表大约有300多张。这个人从来不掩饰他对数据的热衷。“许多决策可以通过数学计算做出来,这种在数学基础上做出的决策往往要胜过人的主观判断。”他还说:“现在许多公司存在的问题是他们根据自己的判断来做决策,而事实上明明可以根据数据来做出更科学的决策。”公共关系部门的负责人比尔·库里(Bill Curry)说:“我曾经看到贝佐斯在终止一次讨论时说,‘我们不需要再讨论了,因为我们能够得到这个数据。’”

由于亚马逊公司在软件研发上投入了巨资,现在公司只需要对其电子商务平台进行很小的投资。多亏当初将操作系统改为免费的Linux,亚马逊公司在技术和容量上的支出已经降低了20%。贝佐斯说:“目前除亚马逊公司外,没有一家其他公司能够做到让消费者从仓库上千万件商品中选择两件并快速、高效且低成本地将这两件商品放入一个单独的箱子里。”

贝佐斯深谙以计取胜之道,对于自己的竞争对手,他采取了欢迎而非敌对的态度。网上除了销售自己的商品外,亚马逊公司同时还销售其他零售商的产品以及二手商品。所有的商品都同等地列在公司网页上。曾供职于亚马逊公司的一名员工说道:“早在2001年贝佐斯提出这个观点时,大家都认为他疯了,简直是在自杀,但是贝佐斯认为eBay是公司潜在的威胁,同时他也将此当做赶超它们的机会。”现在,将合作伙伴的新产品或二手商品和公司的产品一同销售已经成为亚马逊公司网上服务的基石。亚马逊公司之所以能做到这点与公司仓库的高效管理和经营是分不开的。亚马逊公司在代理上所获得的边际利润与其在零售业务上的边际利润已经持平。另外,公司也无需靠做广告来宣告自己的价格更低,因为消费者自己完全可以将公司的价格与其他零售商相比较。

这种经营方式显然可以为消费者省钱,同时也培养了消费者的忠诚度。贝佐斯曾说过:“让人们可以选择买新的或二手商品,对消费者是件好事。给他们这种选择的权利,他们肯定不会做不利于自己的事情。从我们得到的数据来看,消费者从我们这里购买二手商品的同时会继续购买比以往更多的新商品。”

**思考:**

1. 如果没有信息技术的支持,亚马逊公司会成功吗?为什么?
2. 离开信息技术,今天的企业会成功吗?为什么?
3. 贝佐斯认为:“现在许多公司存在的问题是,当他们可以根据数据来做决策时,却根据自己的判断来做决策。”你同意这个观点吗?解释你的理由。

(资料来源:Adapted from Fred Vogelstein,“Mighty Amazon.”Fortune,May. 26,2003.)

## 1.1 信息时代:组织生存发展环境

随着现代计算机及通讯技术不断渗透到经济、社会、生活的各个领域,企业所面临的经营环境和竞争环境也发生着巨大的变化。一方面,信息技术和信息系统的应用,提高了企业的运作灵活性和对外界环境的反应能力,并创造了大量以“信息经济”为基础的商业机会;另一方面,信息技术的深入应用加快了经济运营节奏,导致更激烈的竞争威胁及组织调整压力。在这种机遇与威胁并存的形势下，只有正确理解信息及信息系统的内涵，及其与组织、管理之间的关系，才能更有效地利用信息技术，来改善企业管理决策水平，提高运作效率，进而获得核心竞争优势。

2005年，《纽约时报》专栏作家托马斯·弗里德曼(Thomas L. Friedman)在《世界是平的：一部21世纪简史》一书中对信息时代的全球化趋势做出了阐述和展望。他认为，在今天这种因为信息技术而联系紧密的世界中，全球市场、劳动力和产品都在全球范围内共享，一切经济活动都可以以更高效、更节约的方式实现。其呈现出如下特征：第一是全球化，意味着以往企业间的地域界限被打破，生产经营活动遍及世界各地，跨地域的管理和协调成为组织运行的一种主流形式；第二是电子化，意味着企业以电子的方式来开展业务，因特网在商业及业务上的应用也在不断增长；第三是知识化，意味着在新经济条件下，信息和知识的商业价值更为人重视，企业通过对信息和知识进行管理来获取竞争优势。

信息技术应用依赖于应用信息技术的组织所处的环境及变化，主要包括经济条件、主要资源的特征(特别是劳动力)、管理理念、社会风俗以及其他因素。同时信息技术进步也影响着IT使用的方式。本节主要探讨组织环境的两个方面——组织外部环境和组织内部环境。这两方面的环境因素影响着企业商业运作的目标。

### 1.1.1 外部商业环境

随着生产技术的进步和社会活动的复杂化，企业面临商业环境中的以下主要变化：市场全球化、智力资本强化、对信息技术依赖程度。

1.市场全球化

互联网使公司运作全球化成为可能。例如，公司可拓展至三个经营市场——亚太地区、美洲、中东，而且公司可在任何时间工作，而不用考虑时差问题。基于互联网技术的企业对客户(business-to-consumer，B2C)、企业对企业(business-to-business，B2B)的商贸交易网站，使企业在全球范围寻找商机、完成商业交易成为可能。同时，全球化也导致竞争环境的进一步激烈，要求企业以更快的商业周期来开发新产品并将这些产品交付给市场。同时，可以开发和利用全球的资源。那些坚守传统运作方式的企业会发现来自基于互联网技术的新的运作方式的挑战，如产品的部件和配件被分散在很多国家生产加工以削减总的劳动成本，然后再运到一个国家进行最后装配。同时重要的是当今的经济融合了新旧运作方式，而信息技术正是新旧两个运作方式能够协调的主要基础之一。

2.智力资本强化

在工业时代，像资本、设备和建筑物等有形的内容是企业能力的保证。而在信息时代，无形的数据、信息、知识、经验等智力资本，以及基于智力资本的创新、创造价值的能力日趋成为企业重要的资产之一。在此情境下，管理信息、知识，以及人才与管理财务必须加以同等重视，否则将会导致企业(产品和服务)创新枯竭，最终将丧失竞争力。这促使企业思考，如何创新性地使用IT，为智力资本管理和挖掘提供良好的技术环境。

3.对信息技术信赖程度

当今企业对信息技术的依赖程度日趋密切，信息技术及应用越来越强大，操作方式则越来越直观，越来越人性化。在许多情况下，用户不需要关心工具、设备背后所隐藏的技术细节，而只需要以符合自身偏好和体验的方式发出操作指令。在一些场合下，信息技术已经被嵌入在人们司空见惯的其他事物中,例如智能化的家用电器、智能化的居民小区、网络联络沟通、网路购物等。由此,人们对信息技术的依赖程度也在不断地提高。信息技术的作用一旦中断,人们就会出现极大的不便,甚至无法正常生活。对组织来说,更是如此,例如银行等企业的日常运行高度依赖于计算机信息系统,一旦交易系统出现故障,银行的业务将陷入瘫痪。人们对信息的依赖程度,已经接近于对水、电等基础设施的依赖程度。

### 1.1.2 内部组织环境

内部组织环境的变化主要体现在从供应推动到需求拉动、自助服务、工作方式的变化、组织结构的变化。

当今企业的商业模式已由“供应推动”转向“需求拉动”。信息时代,客户需求、消费逐渐趋于个性化和多样化,以客户为中心的思考方式代替了工业时代“以产品为中心”。其结果是当企业关注点集中在产品的时候,它们的思路是由内向外,企业尽它们的所能来找出客户想要什么。企业将产品和服务推向最终客户,客户是被动地接受或选择。如今,“以客户为中心”的时候,企业的思考是由外向内的。在“供应推动”转向“需求拉动”的模式中,公司将它们的业务流程转换成面向客户的模式,即客户和供应商共同创造产品和服务的模式。互联网技术和交互环境将客户和企业建立一对一的联系成为可能。例如,图书购买者将他们关于亚马逊的图书及交付服务的评论放在亚马逊的网站上,评论信息成为亚马逊改进服务质量和创新服务模式的重要依据,在这个意义上正是客户与亚马逊共同创造的服务模式。自助服务是另一个典型的需求拉动实例,即让消费者自行进入公司的计算机系统,选择适合自己产品和服务,完成部分交易过程(如购买产品、查询订单状态)。数据资源管理技术和数据挖掘技术等成为了解客户需求的有力工具,通过对客户分类,获得那些客户给企业带来的利润、各类客户的需求偏好及购买行为规律等,客户需求响应的营销策略会更加具有针对性。

在传统的组织层级结构中,从事同类工作的人被组织在一起并由一个监督者来负责。随着网络的发展,这种结构已不太适应动荡及快速变化的外部环境。很多企业不再依赖于领导的命令来开展工作,而是往往以团队的方式来完成项目和任务。在这种基于项目(团队)的工作中,由来自不同部门、不同专业的员工来协同进行工作。团队管理比传统组织层级结构的缺勤率更低、生产率更高、工作质量更高。层级结构要求的是一个纵向的命令链,在这个链条中各个责任之间没有交叉,所需要的是服从直接上级的命令,而在命令链中,自上而下的沟通常常需要花费太多的时间。人们需要用新的方式增加协作的能力,使得基于团队的组织结构成为可能。如群件系统为会议、协同工作以及相隔遥远的团队成员间的沟通提供了 IT 支持工具和环境。借助于笔记本电脑、移动电话、PDA 等通信工具,企业员工可以在任何时间、任何地点进行交流;而电子邮件、语音信箱以及即时消息(IM)可以跨越时区,在任何时间、任何地点方便员工开展工作。

上述内外部环境发生的变化,企业需要构建新的工作和管理环境,主要包括以下方面:

(1)在全球范围内利用知识。企业需要在全球范围内获取各种显性和隐性知识,通过制定合理的信息战略来指导对这些知识的使用。同时,企业需要建立良好的基于知识共享的环境,来培养那些拥有这些知识的员工,开发他们隐藏在经验中的知识。

(2)为复杂环境做好组织准备。由于经济一体化和全球化的发展,企业面临着越来越复杂的环境,公司决策可能受到环境、人力资源、经济及道德的影响。因此,为了应对复杂环境,企业需要构建更好的组织结构、组织方式来做准备。

(3)以电子化方式开展工作。企业工作的开展越来越依赖于信息化,信息对于社会生活而言并不仅仅是一种工具,在许多情况下,它也是商务及社会活动所处理的对象和内容,具有直接的经济价值。许多交易活动已经完全转变为电子化的信息流交换的形式,在这种情况下,业务更是完全通过计算机信息系统来进行的。

时至今日,正如引例表明,信息技术对企业的成功起到至关重要的作用,它可以创造更多机会。大多数企业(无论是大还是小)都像亚马逊公司一样,依靠信息技术支持基本的业务过程——从内部的会计信息系统、仓库的存货系统,到前端的销售系统及客户支持系统。许多经理和业务人员利用从信息系统中获得的数据和信息来帮助他们做出成功的商业决策,企业运用信息技术得到的戏剧性的支持和保证是一种成功。

## 1.2 信息的基本概念

随着现代信息技术的快速发展,对信息的处理和利用已经深入人类生活、工作的各个方面,人们对信息的处理和利用离不开信息系统。信息是信息系统的重要成分。信息系统能否发挥作用,都取决于有没有足够的、高质量的信息。信息系统的根本目的是利用信息技术,实现信息资源的开发利用。

### 1.2.1 信息的含义

1. 信息

信息(information)一词来源于拉丁文“informatio”,原意为解释、陈述。随着信息的地位和作用的不断增强,以及人们对信息的认识不断加深,信息的含义也在不断发展。信息论创始人香农(Shannon)认为:“信息是人类对事物不确定的减少或消除。”国际标准化组织(ISO)对信息的定义是:信息是对人有用、能够影响人们行为的数据。中国国家标准(GB5271)对信息的定义是:信息是人们根据表示数据所用协定而赋予数据的意义。此外出于理解信息的角度、研究目的不同而产生了众多表述,纵观各种表述,本质上的差异不大。

从信息系统研究及应用角度,能够包含信息本质特征的定义为:信息是经过加工处理后所得到的数据,对接收者的决策、行为具有影响和意义。这个定义有三层含义:①信息是反映事物的特征和变化,体现对事物的认识和理解程度;②信息是数据经过加工处理后的新数据,关于客观世界某一方面的知识;③信息对于接受者产生一定的影响,可以减少人们决策时的不确定性,增加对外界事物的认知,其价值只有通过接受者的决策或者行为才能得以体现。

2. 信息与数据的关系

数据(data)是由一些可以鉴别的符号,如数字、字符、图像、文字、曲线、声音等对客观事实、现象、状态及相互关系等描述和原始记载。这个定义有两层含义:①数据描述的对象,可以是客观事物的性质、状态、数量,或者是事物之间的联系。如:0°C 描述当前的户外温度;“闲置”、“领用”描述某设备的状态;“社会关系”描述人与人之间的相互关系。②数据是可识别的、抽象的符号,可以用各种形式表示。数据本身没有特定的含义。

数据和信息两个概念相互联系,不可分割,如图 1-1 所示。

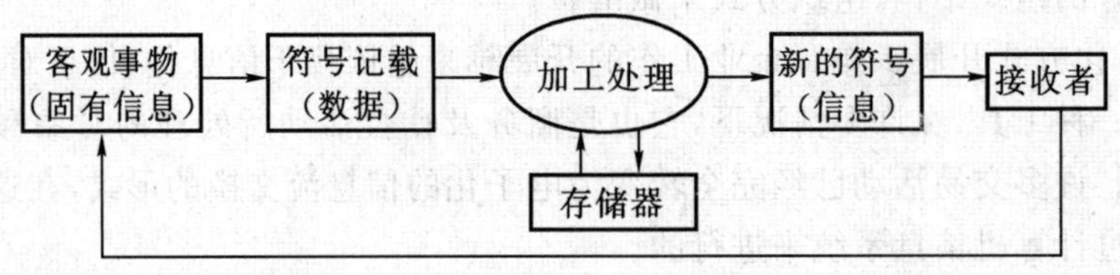


图 1-1　数据与信息之间的联系和区别

(1)信息与数据的关系可以比喻为产品与原材料的关系。信息是经过数据加工后的数据,所谓"加工处理"可以是语义诠释、表达格式转换、复杂运算等形式。例如,医生看病时总要首先询问病人的有关情况,了解病人的生活起居情况,量血压,测体温,听脉搏跳动次数,化验……这一系列的工作都是采集数据,再经过一段时间的考虑,即在医生头脑中加工,最后得出病人患的是什么病的结论,开出治疗方案。关于病人患的是什么病的结论,就是有用的信息。再如,会计做账时,必须有各种发票和单据,这些发票和单据对于会计来说,就是原始数据,会计要将这些数据进行分类、登录、汇总和其他的加工处理,做成为服务于不同需要的账册、报表和分析资料,用以提供各种信息。通过会计加工整理出来的各种账册、报表等就是信息。

(2)信息与数据是相对于接收者而言。在特定背景下的数据,可能相对于某些人是有意义的信息,对其他人则仅仅是一组"无关紧要"的数据。例如,假设你要决定穿什么衣服,那么当前的户外温度就是信息,因为它是你即将做出决定——"穿什么衣服"——的重要依据,而此时"一个零件的成本 0.1 元"就不是信息。例如,汽车的运行速度、路况是数据,经驾驶员判断得到"加速"或"减速"的决定为信息,而对于其他人就不是信息。例如,某企业的年产量对于该企业今后制定经营计划是有用的信息,但是,对于整个行业管理部门来说,它只是简单的数据,只有经过对全行业的各企业年产量进行综合分析以后,才使许多单个企业的数据转变为反映全行业状况的有用信息。

## 1.2.2　信息的属性

信息的属性是指"信息"本身或"信息"之间所固有的性质。理解信息的多方面的固有属性,是研究、管理、运用信息的基础。一般来说,信息具有以下属性。

1. 事实性

信息是对关于事实的真实、准确、客观的表达。不符合事实的信息不仅对决策行动无价值,还可能导致对决策产生负面影响。在信息系统中,保证信息的事实性尤为重要。一方面,要注意收集信息的正确性;另一方面,对信息进行传递、存储、加工处理时,要切实保证不失真。

2. 压缩性

通过对信息进行概括、抽象、综合,可以去粗取精、去伪存真,并可将其变成知识。压缩有两重含义:一是改变信息的表现形式,比如把很多实验数据用一个经验公式表示,把长串的程序压缩成框图,把许多现场活动的经验编成手册。这种压缩在压缩的过程中会丢失一些信息,但丢失的应当是无用的或不重要的信息。二是编码压缩,或称代码压缩,比如使用压缩软件对文件进行压缩。这种压缩是可以重新复原的,不会丢失信息。

3. 传输性

信息的传输性，又称为传递性，即通过信息载体，信息可以在时间上或在空间中从一点传递到另一点。它的传输成本远远低于传输物资和能源。信息可以通过各种各样的手段传输到很远的地方。如通过报纸、杂志等传统的手段进行传输，也可以通过网络、视频等现代的技术进行传输。信息是流动的，流动的信息才是有价值的。

4. 共享性

信息可以被多个接收者所拥有和享用。共享性是信息的独特属性。信息的共享可以通过多种渠道和手段进行扩散。一般情况下，增加享用者不会使原有享用者失去部分或全部信息。

5. 滞后性

信息的时效是指从信息源发送信息，经过收集(接收)、加工、传递、利用都必须考虑时间间隔及效率。对于信息接收者，从数据到信息，再从信息到决策，最后从决策转化为结果在时间(t)上的关系如图1-2所示，客观上存在，从数据转化为信息有一定的滞后性。

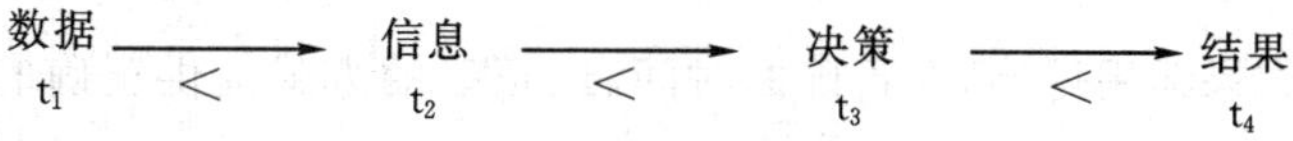

数据 $t_1$ ⟶ < 信息 $t_2$ ⟶ < 决策 $t_3$ ⟶ < 结果 $t_4$

图1-2 信息的滞后性

6. 价值性

信息的使用价值必须经过转换才能得到。如信息支持生产经营管理决策者消除关于时间、空间、品质、风险、环境等因素的不确定性判断，带来现实的或者潜在的利益。因此信息具有一定的价值。信息价值最本质的体现是减少不确定性，信息的所有人因掌握更多的信息而占有或者保持竞争优势。信息的价值特征可以从三个维度呈现，即时间、内容、形式。

(1)信息的时间维度。信息的时间维度主要包括信息的及时性和新颖性两个方面。

①及时性。及时性是指在人们需要的时候能够拥有信息。及时的信息对于人们的正确决策有着非常重要的作用。信息都具有一定的时效，过了时效就不再具有价值或者价值大幅度下降。例如，对股票交易来说，如果你想当天进行交易，则当天的股票价格对交易者来说最有价值，历史的信息只有参考价值。

②新颖性。新颖性是指获得最近和最新的信息。一般来说，具有新颖性的信息比具有及时性的信息更具有价值。如果说及时性能够帮助企业把握住机会的话，那么新颖性则可以为企业带来新的机会。

(2)信息的内容维度。信息的内容维度主要包括信息的准确性、完整性和相关性三个方面。

①准确性。准确性也被称为信息的事实性。不符合事实的信息不仅没有价值，而且可能其价值为负。俗话说“输入的是垃圾，输出的一定也是垃圾”，其意思就是说如果输入的数据是错误或没有意义的，则经过处理和输出的信息也一定没有参考价值。因此，信息应该是基于正确数据的处理结果，必须具备准确性。

②完整性。完整性是指是否包括与信息使用者要做的事情相关的所有信息。信息的完整性是与接受信息者的目的密切相关的。例如，天气预报、股票价格等，只有提供给需要的相关主体才有价值和意义。

③相关性。相关性是指信息与信息使用者要做的事情的相关程度。显然,相关性越高的信息价值越大。例如,同样一条原材料价格变化的信息,它对一个需要决定产品价格的企业决策者的相关性比较高,而对于运输该原材料的运输公司则相关性较低。在"信息爆炸"的时代,如何甄选出相关性高的信息成为人们关注的重点。

(3)信息的形式维度。信息的形式维度是指信息的提供应采取对信息接受主体偏好吻合的形式,主要包括详尽性、呈现性两个方面。

①详尽性。详尽性是指信息概括的程度。随着目标的不同,对信息概括的程度的要求也不同。例如,对于生产管理者来说,他需要知道每一位工人每天每件产品的生产量;但对于财务管理者来说,只要知道每天产量汇总情况就可以了。

②呈现性。呈现性是指信息的提供方式是多种多样的,包括硬拷贝、软拷贝等多种方式。在信息提供时,需要针对不同的接受主体选择不同的信息表现形式。例如,对教育程度不高的主体可以采取多媒体的方式,对孩子采取生动活泼的提供方式,对企业等组织来说采用正规的报告形式等。

以上三个维度如果运用得当,在正确的时间、以正确的方式提供正确的信息,那么将大大提高信息使用者成功的机会。

## 1.2.3 信息技术

信息技术是关于信息的产生、发送、传输、接收、变换、识别和控制等应用技术的总称,是在信息科学的基本原理和方法的指导下扩展人类信息处理功能的技术,主要包括信息基础技术、信息处理技术和信息安全技术等。

### 1.信息基础技术

信息基础技术主要包括以下内容:

(1)微电子技术。微电子技术是在半导体材料芯片上采用微米级加工工艺制造微小型化电子元器件和微型化电路的技术。微电子技术是信息技术的基础和支柱。实现信息化的网络及其关键部件,不管是各种计算机,还是通信电子装备,甚至是家电,它们的基础都是集成电路。

(2)光子技术和光电技术。光子是物质存在和运动的基本形态之一。利用光子作为信息的载体,在某些场合效果明显优于电子,比如信息的远距离传输,光缆就比电缆要好得多。利用光子技术生产的计算机和通信等产品,具有运算速度更快、存储容量更大、传输更迅速等特点。

(3)分子电子技术。分子电子技术是信息基础技术的一个全新技术门类。它是一种以生物分子作为载体,在分子水平实现电子学的信息处理和存储过程的仿生技术。

### 2.信息处理技术

信息处理技术主要包括以下内容:

(1)信息获取技术。信息的获取可以通过人的感官或技术设备进行。有些信息,虽然可以通过人的感官获取,但如果利用技术设备来完成,效率会更高、质量会更好。信息获取技术主要包括传感技术和遥感技术。

(2)信息传输技术。信息传输技术包括通信技术和广播技术,其中前者是主流。现代通信技术包括移动通信技术、数据通信技术、卫星通信技术、微波通信技术和光纤通信技术等。

(3)信息加工技术。它是利用计算机硬件、软件、网络对信息进行存储、加工、输出和利用的技术,包括计算机硬件技术、软件技术、网络技术、存储技术等。

(4)信息控制技术。它是利用信息控制系统使信息能够顺利流通的技术。现代信息控制系统的主体为计算机控制系统。

3. 信息安全技术

信息安全技术主要有加密技术、防火墙技术、病毒防治技术、身份鉴别技术、访问控制技术、恢复技术和数据库安全技术等。

## 1.3 信息系统的基本概念

### 1.3.1 系统

1. 系统的含义

“系统”一词意义广泛,上至一个宇宙、生态、国家政权,下至一个单位的经营管理、客户服务、人体神经等等,都可称为系统。正确地理解系统一词对理解信息系统具有重要意义。

系统科学始于 20 世纪 30 年代,系统论的创始者奥地利学者贝塔朗菲(Ludwig von Bertalanffy)给出以下定义:系统是相互作用的诸多要素的复合体。在以后的系统科学理论发展中,系统定义逐渐完善,较为准确的定义为:系统是为了实现某种目的,由一些相互作用、相互联系的要素(也称组件、元素),按照一定的规则或结构组成的有机整体。系统中各要素之间相对稳定地保持着某种秩序,由此决定着系统的功能及如何实现目的。

系统的一般模型如图 1-3 所示。

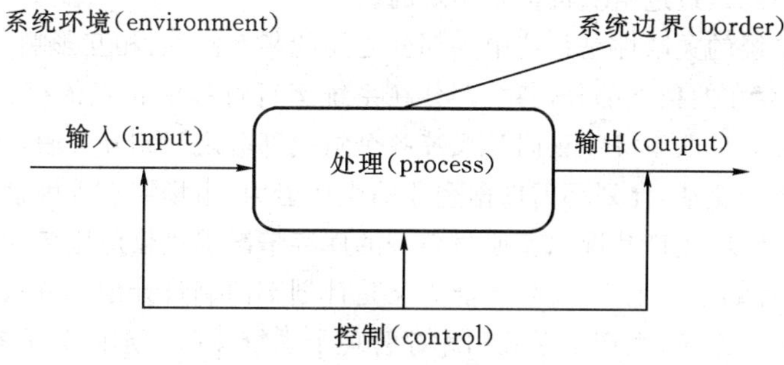


图 1-3 系统的一般模型

(1)系统环境:系统环境是为了提供输入或接收输出的场所。它虽然与系统发生作用,但不包括在系统内的其他事物的总合之内。环境与系统应互有一定的影响。

(2)系统边界:系统边界是系统与环境之间分开的假想线,在此实现物质、能量、信息等交换。

(3)系统输入/输出:输入/输出与环境发生联系。系统接收物质、能量、信息等称为系统的输入,系统执行处理后产生另一种形态的物质、能量、信息等称为输出。

(4)系统处理:系统处理是通过由完成特定功能的一些要素(也称工作单元)组成特定结构,再按照特定的秩序规则等完成系统的目的。

(5)系统控制:控制要素是一种特殊的要素(也称反馈),在复杂系统中其功能是对系统的执行状况进行监督和控制,及时发现执行中出现的与目标相悖的问题,并对系统进行调整以解决问题。

2.系统的属性

根据系统的含义,可以归纳出系统的以下属性:

(1)整体性。系统的整体性是系统的基本属性。一个系统是由若干可以相互区别的要素或子系统组成的有机结合,形成具有一定结构和功能的有机整体。每个要素都要服从整体,追求整体优化,而不是局部最优,这就是所谓的全局观点。一个系统中即使每个部分并非最完善,但通过综合、协调,仍然可使整个系统具有较好的功能;反之,如果每个部分都追求最好的结果,而不考虑整体利益也会使整个系统成为最差的系统。例如,计算机系统具有对数据进行处理分析的能力,各个部分密切协调形成一个整体完成工作。若将计算机系统组成部分分开,则数据处理能力将会消失。

(2)层次性。系统的层次性是指由于组成系统的诸要素存在着种种差异,导致要素在系统中地位、作用、结构和功能上表现出特有的层次结构。一方面,系统是上级的子系统(要素),而上级系统又是更上一级系统的要素;另一方面,系统可以进一步分成若干个子系统(要素),依此类推,可将一个系统逐层分解,体现出系统的层次性。从较高层进行分析,可以宏观了解一个系统的全貌;从较低层进行分析,则可深入了解一个系统每个部分的细节。

(3)目的性。系统的目的性是明确的,它使系统在一定的时间范围运行,通过系统实现各项功能,完成或达到预期目标,它体现为系统所要实现的各项功能。系统目的及达成目的的功能决定了系统组成要素和结构。例如,学校的目的是培养人才,工厂的目的是生产社会需要的产品和服务。因此,在建设系统的过程中首先要明确系统的目标,然后再考虑运用什么功能来达到这个目标,而功能是通过组织机构来实现的。

(4)关联性。系统的关联性是系统中各部分之间的相互制约、相互影响、相互依存的关系。系统中不存在孤立存在的独立部分,各个部分在系统运行过程中相互依存、相互联系,包括结构联系、功能联系和因果联系等。正因为系统各个组成部分之间相互关联,才形成了系统的整体性。例如,一个生产企业,计划部门依据企业的生产能力、市场需求等因素制定出生产计划,供应部门按照生产计划、生产状况以及原材料等的库存情况提供供应服务和销售处理,而生产部门则要根据生产计划组织生产,其生产能力又是计划部门制订计划的依据。由此可见,企业的计划子系统、供销子系统、生产子系统和库存管理子系统按照一定的分工各自完成其特定的功能,但彼此是相互关联和相互制约的。

(5)适应性。现实中任何系统都存在于具体的环境中,都需要与环境发生物质、能量和信息的交换。系统的存在和运行都受到环境的约束和支撑。系统与环境构成一个和谐的整体。环境中的事物都处在变化和运动之中,由于环境在不断变化,系统也需要不断变化,以适应环境的变化,才能具有持久生命力。

按照构成要素及其与环境之间的相互关系,可以将系统分为封闭系统和开放系统。

①封闭系统。封闭系统不与所处的环境进行信息交换,也不从外部环境获取反馈信息。完全的封闭系统是罕见的,而常见的是相对的封闭系统,即其输入/输出受到控制,因而可免受环境的干扰。

②开放系统。开放系统在外部环境中运行,并与外部环境交换信息和资源。开放系统需

要接收外界信息以调整系统内部的活动。

3. 系统工程方法

系统工程方法是由“系统”与“工程”这两个概念相结合而形成的一个新概念。它是由美国贝尔电话公司，在 20 世纪 40 年代研究和发展微波通信网络中形成的一套适用工程方法。

(1)系统工程的三维结构。钱学森认为，系统工程是组织和管理系统的规划、研究、设计、制造、试验和使用的科学方法。美国学者霍尔提出了系统工程的三维结构，如图 1-4 所示。系统工程的三维结构是将系统工程的活动，分为前后紧密连接的七个阶段和七个步骤，同时考虑到为完成各个阶段和步骤所需要的各种专业知识。这为解决规模较大、结构复杂、设计因素众多的大系统，提供了一个统一的思想方法。

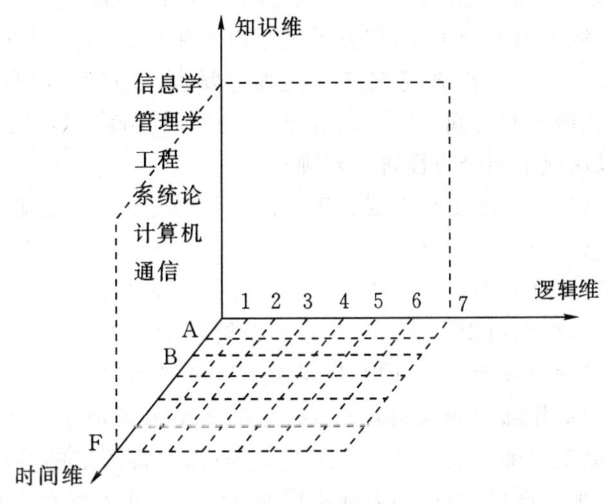


图 1-4　系统工程的三维结构

其中，逻辑维是指系统开发过程中各个阶段要经历的过程，主要包括如下过程：①明确问题：分析将要解决问题的实质，并确定问题的边界。②设计评价体系：提出系统的实施目标，确定评价系统功能的各项具体指标。③综合方案：汇总各种能够达到目标函数的方案，并进行详细的说明。④分析系统：在各种方案基础上，建立各种模型，对方案进行比较、评价，最后加以精简。⑤选择系统：在一定的约束条件下，运用各种技术，对方案进行优化和完善。⑥决策系统：根据实际需要，对方案进行选择。⑦实施计划：对所选方案付诸实施。

时间维是指将系统研制分为以下七个阶段来进行：①制定规划：在明确问题之后，确定系统目标，制定出系统的、原则上可行的规划和策略。②拟定方案：拟定详细、切实可行的工作计划。③系统开发：以前两个阶段的结果为原则，完善系统的各项细节。④生产：将概念系统转化为物理系统。⑤安装：将系统应用于具体工作环境中。⑥运行：系统按照预定的目标工作。⑦更新：对已经完成的系统根据环境的变化调整。

知识维是指完成各个阶段、各步骤所需要的知识。这些知识包括工程知识、计算机技术、信息科学、管理科学、行为学、数学、法律等。

(2)系统工程的基本处理方法。系统工程处理方法将一个复杂系统按照其层次性功能(hierarchical function)的特征分解为多个易于理解的子系统，直到所得到的子系统的规模易于处理为止。这是一种常见的系统处理方式，即“分而治之”。

系统工程处理方法的一般步骤如下：

①分析(analysis)，即将整个复杂问题分解成一系列子问题，并揭示出它们之间的关系——得到一个问题结构图。

②综合(synthesis)，即按照问题结构图将每个子问题的解综合起来，组成整个问题的一个解决方案。

## ➤1.3.2 信息系统的概念

信息系统是以加工处理信息为主的系统，如企业信息系统、文献信息系统、地理信息系统等。信息系统既可以是手工的，也可以是计算机化的。本教材侧重于信息技术、信息系统再管理与经营组织中应用，故给出下列定义：信息系统是由组织中人、计算机硬件、计算机软件、网络通讯等信息技术及设备、数据资源、系统工作规程等要素，相互有机地连接而构成的人机系统。系统基本目的是在恰当的时间、地点，以恰当的方式，将正确的信息提供给需要信息的人。

对于此定义，可以从以下两个方面进一步理解：

(1)从用户角度：信息系统能支持和服务于人们(用户)完成与信息处理和信息管理相关的一切任务。用户是信息系统的关键要素，信息系统的核心并不仅是技术，技术只是人们处理、管理、运用信息的工具，帮助人们提高工作效率、理解问题、剖析机会。

对于企业组织而言，根据组织中业务运作过程及管理活动的不同，如图 1－5 所示为某制造企业的管理职能及管理层级示意，不同管理层次及职能的用户对信息处理和信息管理需求特点就有区别，如：生产运作部门的面向业务执行层的系统每天记录生产量和原材料消耗量；面向知识层的系统帮助工程师生成产品制作工艺流程；面向管理层的系统则要跟踪整个生产过程的趋势变化，并发现生产异常点；面向战略层的系统根据现有的信息预测未来几年的产品需求变化和原材料的需求量。因此，根据用户的需求特点，信息系统存在多种划分。

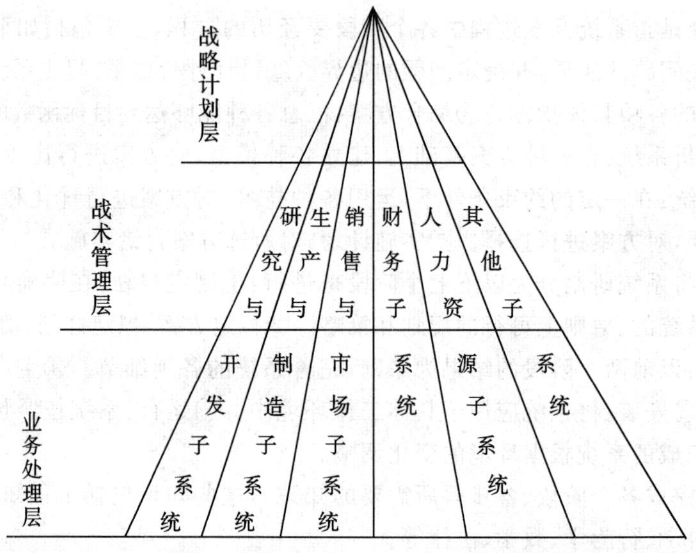


图 1－5　某公司内部子系统层级划分

这里需要强调作为系统用户“人”需要具备的能力:①能确定信息需求;②知道如何获得以及在哪里获得信息;③理解信息的含义;④能够在拥有信息的基础上,采取恰当的决策行动。这些能力是合理规划、选择、开发,并使信息技术及信息系统达到预期目的的基本保证。

(2)从技术角度:信息系统是由信息技术、数据及信息资源、系统管理运作规程等相关组件有机集成的系统。系统的基本功能是:数据识别、采集、处理、存储、检索和传输,并提供反馈机制,支持用户的信息处理和信息管理任务。

信息技术是信息系统的基础要素,主要包括下列技术:

①硬件技术,是用来进行输入、处理和输出活动的计算机设备。输入设备包括键盘、自动扫描设备、能读写字符的设备、服务器以及其他设备。处理设备包括中央处理器、内存、存储器等。输出设备包括打印机、计算机屏幕等设备。

②软件技术,是计算机的各种程序和相关文档数据。软件主要分为两类,即系统软件(控制计算机的基础操作,如开机、打印等)和应用软件(主要完成某些特定的工作任务,如电子表格制作软件、各类信息系统等)。

③数据资源及数据资源管理技术,是事实和信息的有组织的集合。如顾客、员工、存货、竞争对手的销售信息等各种有关的事实和信息。数据库管理软件是信息系统中数据资源管理的重要软件,它具有支持建立数据库,操作、管理数据库中的数据的功能。

④远程通信和网络技术。远程通信可以将计算机系统连成高效的网络,帮助人们通过各类网络可以自由地交换信息,能实现工作合作和协调。

⑤系统管理技术及规程,包括使用计算机信息系统的战略、政策、方法和规则。例如,一些过程描述了每个程序应在什么时候运行或执行,一些过程规定了哪些人能访问数据库中的数据和信息,还有一些维护规则、安全保障规则、系统控制规则等,如灾难发生时该如何应付,发生火灾、地震或台风等灾难时,信息系统应做出哪些保护措施。

## 1.3.3 信息系统的概念结构

从概念上看,信息源、信息处理器、信息存储器、信息传输输出、信息用户和信息管理者共同组成了信息系统。在信息系统中,信息管理者起着主导作用。信息系统的概念结构如图 1-6所示。

(1)信息源:数据采集与输入。数据采集是把分布在各部门、各处的数据源的数据收集起来,转化为信息系统所需要的形式。在数据采集时应注意数据的准确性、及时性和完整性。数据采集一般要明确数据采集目的及原则,采集哪些数据、采集方法及数据表达形式等内容。输入有许多种形式,如手工输入查询要求、扫描仪读取商品的条形码等。不管输入的途径是什么,要获得理想的输出,精确的输入是非常关键的。

(2)信息处理器:数据加工处理。信息处理器在信息系统中将数据转换或变换为有用的信息。加工处理的含义相当广泛,通常包括排序、分类、归类、查询、计算、比较、替换、数据转换存储等。如在工资应用程序中,将每个员工的工作小时数转换为支付额要求的处理,首先是将员工工作小时数乘以员工的小时工资率,以得到总支付额,如果每周工作小时数超过 40 小时,还需要确定加班的工资额。然后从总支付额中扣除各减项(如健康和人寿保险、储蓄计划),计算得到净工资额。

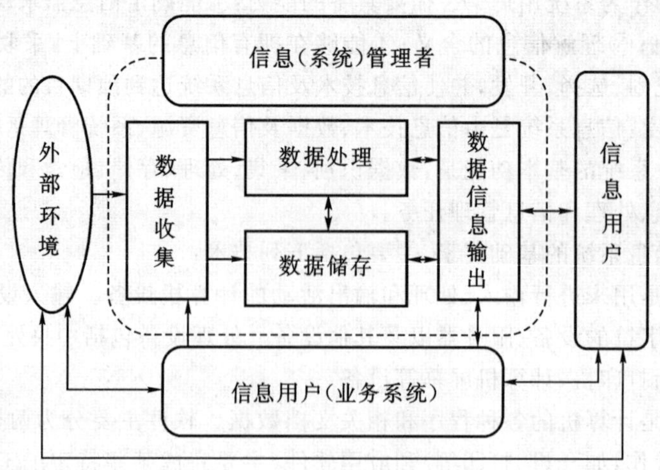


图 1-6　信息系统的概念结构

反馈是一种用来改变输入或处理输出的加工处理。由输出数据反馈回来的误差或问题，可以用来修正输入数据或者改变某过程，使输出达到预期结果。反馈对管理人员和决策者很重要。例如，信息系统的输出可能表明某些商品的存货水平正在不断下降，那么，管理者就可以利用这个反馈信息来决定订购更多的存货。新的存货订单就变成了系统的输入信息。在这种情况下，反馈系统对已存在的问题做出反应，并向管理者提出警示，告诉其手边的存货太少了。

(3)信息存储器：数据存储处理。数据进入信息系统后，经过加工处理可形成有用的信息。这些信息各不相同：有的立即利用，有的暂时不用，有的多次利用，有的需要一段时间累计等等。因此需要将信息进行存储保管，以便随时调用，这时就需要采用数据存储管理技术，合理地存在系统中。为了方便使用，要确定需要存储哪些信息，存多长时间，以什么方式存储和查找，如何支持目标，经济上是否合算等。

(4)信息传输通道：数据传输处理。在信息系统中传输是不可或缺的环节。传输一方面应考虑准确性，传输过程不失真。另一方面要考虑实时性，保证数据能及时传输到指定地点。在某些情况下，一个系统的输出能用作另一个系统的输入。例如，处理销售订单的系统的输出可以作为顾客付款系统的输入，一个系统的输出也常常能被用作控制其他系统或设备的输入。因此，加工处理后的数据必须及时提供给接收者，否则可能失去意义。

(5)信息用户。在信息系统中信息用户，一类是信息使用者(人)，他们接收信息的目的是降低认知的不确定性，提升判断和决策的有效性，支持组织寻求机会等。另一类是现实业务系统，它们将接收的信息直接加以利用或用于改善业务执行精准率和效率。

(6)信息管理者。信息管理者主要是实行对信息系统中数据的采集、加工、传输、输出、使用等的统一规划、管理和控制的人。信息管理者应该事先规定好应采集数据的种类、名称、代码、地点、所用设备、数据格式、采集时间、输出形式、存储介质、逻辑组织方式、访问权限、保存年限等。信息管理的目的在于保证信息的准确、及时、安全和保密。

# 1.4 信息系统的发展

## 1.4.1 信息系统的发展阶段

1. 诺兰模型

诺兰模型是第一个描述信息系统发展阶段的抽象模型，具有划时代的意义。诺兰模型是美国哈佛大学教授诺兰(R. Nolan)于1974年，总结了美国计算机发展历程后，首次提出的信息系统发展四阶段模型。20世纪70年代以后，信息系统发展及用途不断扩大，诺兰持续研究并重新将发展阶段调整为初始期、普及期、控制期、整合期、数据管理期和成熟期六个阶段。如图1-7所示，横轴为信息系统的发展划分阶段，纵轴为与信息系统发展相关的费用支出。

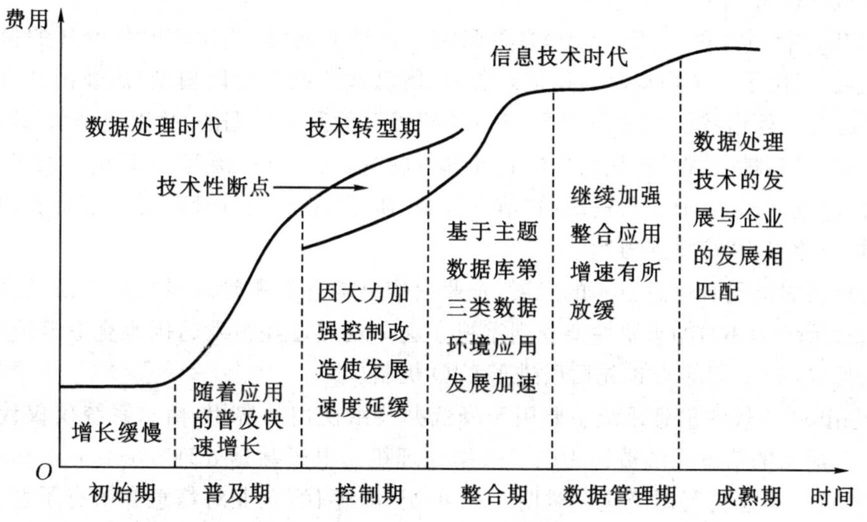


图1-7 诺兰的六阶段模型

第一阶段是初始期，这个阶段从企业引进第一台计算机开始，一般都是先在财务、统计、物资等部门开始使用，随着企业对计算机应用认识的深入，人们体会到计算机应用的价值，开始学习、使用、维护计算机。

第二阶段是普及期，随着计算机在一些部门内收到成效，从最初的一些应用部门向其他部门扩散，大量的人工数据处理转向计算机处理，人们对计算机的热情增加，需求增长。

第三阶段是控制期，由于人们对计算机信息处理需求的增长，造成财务支出大幅度上涨，企业领导不得不对之进行控制，注重采用成本/效益去分析应用开发，并针对各项已开发的应用项目之间的不协调和数据冗余等，进行统一规划。这一阶段的效益可能比第二阶段还要低。

第四阶段是整合期，即在经过第三阶段的全面分析后，引进数据库技术，在开发数据网络的条件下，数据处理系统又进入一个高速发展阶段，逐步改进原有系统，开发一个能为中、上层管理提供支持，为企业提供各种信息资源的管理系统。

第五阶段是数据管理期，即系统通过集成、综合之后才有可能进入有效的数据管理，实现数据共享，这时的数据已成为企业的重要资源。

第六阶段是成熟期，信息系统成熟表现在它与组织的目标一致，从组织的事务处理到高层的管理与决策都能支持，并能适应任何管理和技术的新变化。

诺兰认为，从整体来看，发展是一个波浪式过程，前三阶段具有计算机数据处理时代的特征，后三阶段显示信息技术时代的特点。前后阶段的"转折"在整合期完成，由于计算机技术的发展，终端用户所使用的计算机迅速发展导致了发展的非延续性，这种非延续性又称为"技术性断点"。从各个阶段来看，投资信息系统的规律近似一条S曲线。在第一、第二阶段，投资迅速增长；在第三阶段，投资趋向平缓；在第四阶段，投资再次迅速上升增长；在第五、第六阶段，投资又一次在高一级水平上趋于平缓。

诺兰模型在概念层次上对企业中信息化过程发挥了较大作用。据统计，发达国家有近半数的企业在20世纪90年代初都认为本企业的信息系统处于整合期阶段，在实践中验证了诺兰模型的准确性。

**2. 西诺特模型**

1988年，西诺特(W. R. Synnott)在参照诺兰模型的同时，关注随时代变迁的信息所发挥的作用变化，提出了一个数据、信息、信息资源、信息武器四个阶段模型，反映出计算机处理的信息发展历程。西诺特模型过程如下：从计算机处理的原始数据的"数据"阶段开始；通过对数据的加工和存储，将"数据"转化为存储到计算机的"信息"阶段；接着，经过诺兰所说的"技术性断点"，将"信息"作为企业经营资源的"信息资源"阶段；最后通过管理者对信息资源的分析和利用，信息资源成为"信息武器"。

西诺特还提倡随着信息技术的发展，企业中作为信息资源管理者的首席信息官(chief information officer，CIO)的重要性要受到重视。这一观点已经被发达国家企业普遍认同，在国内，海尔、长虹、TCL等企业也先后引进了CIO机制。

20世纪50年代的信息系统主要用于降低办公纸使用的费用，信息系统仅仅代替手工的数据处理。最初的信息系统被称为电子数据处理机。电子数据处理(electronic data processing, EDP)这一概念就起源于这一时期。20世纪60年代，企业对信息开始有了新的看法，已经认识到信息能用来支持企业的全面管理。20世纪70年代开始，信息系统被称为管理信息系统(management information systems，MIS)，认为管理信息系统是能大量生产出周产量报告、月财务信息等资料的信息系统。企业通过使用信息系统来完成多项管理工作，信息系统再也不是仅仅从事日常的数据处理。20世纪80年代，管理信息系统又有了新的发展。这一时期出现的信息系统有决策支持系统(decision support system，DSS)、高层主管支持系统(executive support system，ESS)、专家系统(expert systems，ES)等。出现这些系统的目的是使管理者的决策向科学化和智能化迈进。20世纪90年代，信息概念又发生了变化，信息开始被认为是一种战略资产或资源，信息系统被当做战略优势的源泉或战胜对手的有效手段。信息概念的这些变化，反映了企业在制定战略计划上的进步。到了2000年，计算机技术与互联网技术在全社会的广泛运用再次改变了人们的观念，企业对信息与信息系统的作用的认识已被上升到信息同企业的生存与发展息息相关的高度。现在信息被认为是企业的生产和服务的基础。人们认为，从根本上讲企业是由信息资产构成的。如果企业能够适当地与供货商、顾客和职员分享这些信息，则这些信息资产就可以成为取得竞争优势的保障。

**3. 米切模型**

诺兰模型和西诺特模型均把系统集成和数据管理分为两个阶段，在模型中似乎可以先对信息系统的各个部分进行整合，再进行数据收集和管理，但在实际中却证明难以严格区分操作。美国的信息化专家米切(Mische)在 20 世纪 90 年代针对两个模型进行了修正，他揭示了信息系统的整合与数据管理密不可分，系统整合期的主要任务就是有效地管理数据，或者说信息系统的整合的实质就是将分散的数据统一有效地管理和集成。此前的两个模型仅仅集中于数据处理组织机构的管理和行为的侧面，而没有更多地研究各种信息技术的整合集成，忽视了将信息技术作为企业的发展要素而与经营管理相融合的策略。

米切将信息系统发展划分成起步(20 世纪 70 年代)、增长(20 世纪 80 年代)、成熟(20 世纪 80—90 年代)、更新(20 世纪 90 年代—21 世纪)四个阶段，决定这些阶段的特征有五个方面：信息技术基础状况；信息技术应用；数据存取能力；信息技术融合企业文化；全员素质及信息技术视野。如图 1－8 所示，米切认为信息系统特征不仅仅在数据处理工作的流程和管理标准化建设方面，还涉及管理知识、理念和信息技术的综合水平及信息系统在企业经营管理中的作用和影响，并考虑到信息技术服务机构提供令人满意的解决方案的能力。

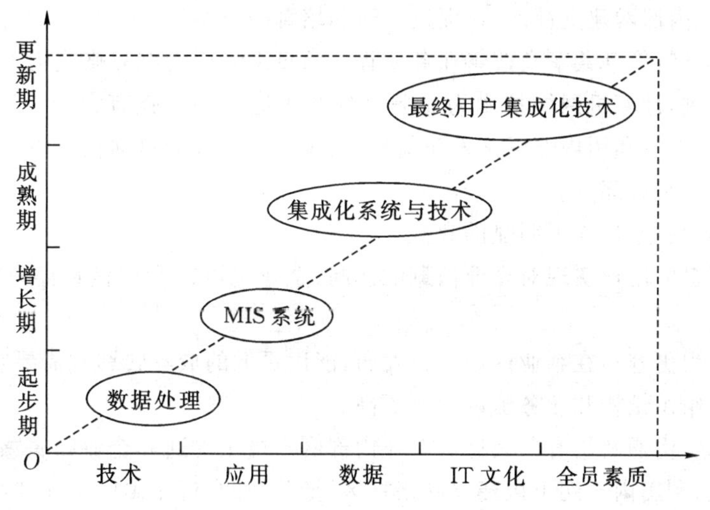


图 1－8　米切的四阶段连续发展模型

参照米切模型，可以帮助企业把握自身的信息系统发展水平，发现企业自身在信息技术应用发展方面的差距，为企业研究和改进信息体系结构，规划未来企业信息系统的发展提供了理论参考。例如，对于家电制造企业的信息系统建设，起步阶段可以首先使用简单的库存供销系统；销售增长阶段建立信息系统，数据处理数量和质量随之提高；成熟阶段实现内部计算机应用的高度集成化，同时与外界信息交换实现自动化，从而使企业整体业务流程高效、低耗运行。

### 1.4.2　信息系统的战略性应用

随着信息技术的发展，信息系统战略性应用的重点也不断发生着变化。20 世纪 80 年代中期，信息系统战略性应用的重点主要集中在企业内向型应用，企业成立信息系统部门，并在企业内普及计算机技术。内向型应用的另一个高峰期是 20 世纪 90 年代，企业开始关注组织流程再造，信息系统应用的目的不只是实现现有系统的自动化，而是对组织的运作流程进行全面的重新设计。

另一方面,20 世纪 80 年代,信息系统的战略性应用已经开始关注外向型应用,企业利用 IT 改善产品、服务和客户关系,获取竞争优势。一个典型的例子就是美林公司(Merrill Lynch)的现金管理账户(cash management account, CMA),使股本账户同时具有支票结算和存款功能,一经推出就获得了巨大的市场份额。到了 20 世纪 90 年代中期,当互联网的发展潜力日益明显时,许多企业开始了互联网的外向型应用,希望以此获取竞争优势。20 世纪 90 年代后期,互联网在商业中的应用——电子商务——开始起步,并促进了互联网与企业外向型应用的持续整合。

21 世纪以来,信息系统的内向型和外向型战略应用还在继续,但此时信息系统战略性应用的重点却变成了交叉型应用,企业开始致力于改善企业伙伴流程和关系,利用互联网将供应商、顾客,以及价值链或商业生态系统中的其他合作伙伴链接起来,提高整体运作效率。

**1. 内向型应用:改善企业内部流程和结构**

信息系统的内向型战略应用主要关注两方面:一是建设企业内部网,以共享信息和改善业务流程;二是利用内部网建立社区,以促进沟通和培育归属感。

(1)企业内部网:信息共享及改善业务流程。信息系统内向型战略应用关注的焦点一直都是业务流程的改进,计算机网络技术为业务流程的改进提供了强有力的 IT 工具。通过创建企业内部网,各个部门利用内部网来发布信息,实现传统流程的自动化。内部网成为企业结构和运作流程的重要组成部分。

企业内部网为企业带来了明显的效益:

①可以有更多的用户实现对企业信息的访问,企业也可以利用信息门户实现对外部网络信息资源的链接。

②信息和知识更容易在企业内部进行发布,能以更低的成本转移到需要它的人那里。

③改进了的组织结构和业务流程效率更高。

(2)网络社区:沟通及培育归属感。企业内部网为员工沟通和企业归属感的培养提供了一种新的交流方式,利用内部网可以建立网络社区,把分散的、远距离的个体和团体联系在一起。员工可以相互认识、在线交谈、建立非正式的社交关系、分享彼此的知识和经验,使企业中的员工,特别是分散的、远距离的个体和团体拥有一种归属感。

当然,对不少企业而言,利用内部网与网络社区增进员工沟通及培养员工归属感要想取得成功,仍是一个很大的挑战,取决于企业的实际行动。

**2. 外向型应用:改善企业产品、服务和客户关系**

信息时代,大多数行业里的企业都需要借助信息系统进行竞争。如在航空业、旅馆业和汽车租赁业中,计算机预定系统都是必须的;在金融市场,计算机化的交易和结算系统已经完全取代了旧的公开喊价的交易方式。许多产业中领先的企业针对竞争四要素——质量、服务、创新和速度——不断增加信息系统的战略性应用,它们的竞争对手也不得不这样做,否则就会处于竞争的劣势。利用信息技术和信息系统作为产品或服务的基础,有助于迅速跳到新的经验曲线上,提升企业与客户的依赖关系,更好地创造客户价值。

(1)使用信息技术:跳到新的经验曲线。传统观点认为,经验曲线是这样一条曲线:随着公司对一项新技术使用经验的增加,技术的使用成本不断下降。此后,一些学者,如 Kenneth Primozic 等指出,随着技术使用经验的增加将形成一系列相互交叉连接的曲线,而不是一条光滑的学习曲线,如图1-9所示。每条经验曲线或是代表产品或服务中的一个新的技术组合,或是代表产品生产或服务支持方面的一种新技术。只有对新技术进行大量投资,才能跳到一个新的经验曲线,企业需要在众多相互竞争且未分胜负的技术中进行识别和选择。一个企业如果能够正确识别出一个新的市场,并利用一个合适的技术去开发它,那么就能跳到一个新的经验曲线,并打开一个新的产业细分市场。

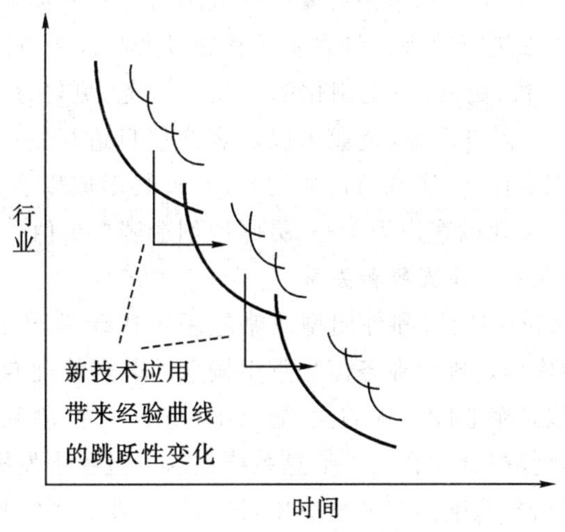


图1-9　行业的学习曲线

信息技术在物流行业中的应用就是一个典型的例子。原始的物流行业是卡车运输业,通常采用两种货物装载方式,即点到点满车容量的运输和零担货物的拼车运输(LTLs)。后来,联合包裹快递公司(UPS)把零担货运 LTL 作为公司运营基础,诞生了一个新的产业细分市场——包裹速递。UPS在各个分销中心都采用了一种新型有效的包裹分类技术,代表了一种新的经验曲线,它帮助UPS实现卡车效用最大化。但是UPS没有对运输时间做出保证,也没有提供包裹追踪服务,联邦快递公司 FedEx 填补了 UPS 的这两个空白,开发了供顾客使用的在线包裹追踪服务系统,同时开启了一个新的产业细分市场——隔夜速递,获取了比 UPS 更大的市场份额。20世纪90年代后期,第三种新型产业——先进物流服务业——诞生了,由此产生了一条新的经验曲线。物流服务业的目标顾客包括计算机生产商、汽车部件供应商、日常消费品的批发零售商等不同领域、各个层次的客户。许多客户不仅将库存管理外包出去,同时也将分销功能外包给了 FedEx、UPS 和其他运输公司。信息技术在这个服务提供过程中持续发挥着整合作用。近年来,物流业又发生了变化,物流业中的巨头成为客户企业供应链中的合作伙伴,负责提供能从码头到客户所在地整个产品运输过程所需的全部服务。它们的客户需要将产品运输到哪里,它们的运输范围就可以延伸到哪里。某种程度上,这些物流企业已经变成了它们客户的分销部门。

(2)IT嵌入产品和服务:提升企业与客户的依赖关系。信息系统外向型应用的一个发展是将IT嵌入产品和服务中。起初人们将IT嵌入产品或服务中,是为了利用其计算能力提高产品或服务性能。随着互联网和无线网络的发展,计算机的通信能力得到了扩展和加强,在产品或服务中嵌入IT更多是利用其识别和通信能力,如电子标签以及相应的信息系统。在产品或服务中嵌入计算机通信功能相当于为产品和服务配备了一位电子管家，它为信息技术在外向型应用中发展带来了更多的可能性。如通过电子管家，可以对运送中的包裹和车辆进行追踪和实时监测，及时发现问题，优化服务。通过将 IT 嵌入产品和服务中，越来越多的企业开始对与客户交互的过程进行监测，并对监测信息进行分析，进行有针对性的营销，提升企业与客户的依赖关系。

(3)在线商务：创造客户价值。信息系统外向型应用的另一个发展是利用互联网进行产品和服务销售，以及对客户关系进行管理。许多企业都通过产品或服务的在线销售取得了成功，如 Dell 等，它们通过提供更快、更便捷、定制化的产品或服务，更好地满足客户需求。通过客户关系管理系统 CRM，建立客户档案，企业可以对客户信息进行挖掘和分析，更好地了解客户，通过不断地询问客户需要什么，实现与市场的协调，最终形成以客户为驱动力的定制化的产品和服务提供模式，真正实现以客户为中心，更好地创造客户价值。

3. 交叉型应用：改善企业伙伴流程和关系

21 世纪以来，信息系统的内向型和外向型战略应用还在继续，但此时信息系统战略性应用的重点却变成了交叉型应用。提出业务流程重组概念的著名管理专家 Michael Hammer 指出，信息管理的下一个挑战是企业间流程的优化。Hammer 认为，胜利将属于那些改变自己的业务流程，并实现与合作伙伴整合的企业。信息系统在这一过程中发挥的角色，属于从企业到企业的交叉型应用。通过信息系统的交叉型应用，进行跨企业的系统集成，有助于建立密切的企业关系，连接上游供应链和下游需求链，成为以客户为中心的价值链。

(1)企业间信息系统集成：建立密切的企业关系。企业要实现信息系统在交叉型工作领域的战略性应用，与所在商业生态系统中各方，包括投资银行、广告代理商、专家服务提供商、分销商、零售商甚至竞争者，应建立关系，必要时实现各方信息系统的链接。企业需要决定系统集成的程度，也就是决定建立什么样的关系，松散的(loose)、亲近的(close)或是紧密的(tight)。

实现松散的企业间信息系统集成，就是一方向另一方提供对内部信息的访问路径。这些内部信息可能是机密的也可能不是，并且只在需要的时候才能进行访问。这种情况下，两家企业的商业流程相互独立，整合的成本和风险都很小。

要实现亲近的信息系统集成，双方的信息交换必须采取正规的方式，并交换一部分机密信息。此外双方会共同完成一些任务，例如共有资源的管理。与松散型系统集成相比，亲近型系统集成会使双方获得更大的收益，但由于涉及机密信息的共享，这种系统集成的风险也更大，成本也相对较高。

紧密型信息系统集成的双方通常是事实上的合作伙伴关系，他们至少共享一个对双方来说都很重要的业务流程。这种集成需要交换大量的信息，并且一般都是高度机密的信息。由于涉及关键业务流程的共享，这种系统集成的风险非常大，成本也非常高，但双方可以获得巨大的收益。

企业间信息系统集成的三种类型如表 1-1 所示。

表1-1 企业间信息系统集成的三种类型

| | 一致性 | 关系数量 | 潜在利润 | 整合成本 | 风险 |
|---|---|---|---|---|---|
| 紧密型 | 高度一致且有重要细节和不断的保持 | 很少 | 非常高 | 非常高 | 非常大 |
| 亲近型 | 中等一致并且有重要细节 | 一些 | 相对较高 | 较高 | 较大 |
| 松散型 | 基本一致 | 较多 | 相对较低 | 低 | 小 |

(2)整合供应链和需求链:成为以客户为中心的价值链。一个企业的价值链由上游供应链(例如,和原材料及零部件供应商的协同工作)以及下游需求链(例如,通过分销商和零售商进行产品的销售)两部分组成。过去,许多企业为库存而生产,是一个由供应推动的世界。今天,情况出现了逆转,生产由供应推动变成了需求拉动,企业的目标从维持运转变成让消费者满意。

通过价值链的紧密集成,价值链上的合作伙伴都可以在同一时间获取信息,提高价值链上企业间的协调程度,企业可以与供应商甚至客户联合起来提高整个供应链与需求链流程的运作效率,将会带来巨大的收益。

当然,要建立以客户为中心的价值链并不是一件容易的事情,要实现交叉型应用,企业内部的后台支持系统必须运作良好,通过扩展企业的后台支持系统,企业的业务流程将逐步外化,最终实现与合作伙伴的紧密集成。

## 本章总结

本章介绍了管理信息系统的基础理论和知识,其中包括信息时代、信息的基本概念、信息系统的基本概念和信息系统的发展过程等。其中,信息时代包括时代特征,信息时代对企业内外环境的影响等;信息的基本概念包括信息的概念及特性等;信息系统的基本概念包括系统的概念、信息系统的概念、信息系统的特性以及信息系统的维度等;信息系统发展包括信息系统的发展模型以及信息系统战略思考等。

通过本章的学习,读者应该掌握信息、系统和信息系统的基础知识,正确区分数据、信息之间的差别,熟识信息的特性,信息系统的特性、概念结构,通过系统的角度和方法来研究信息系统,并能按照信息系统发展模型中的诺兰模型、西诺特模型和米切模型来识别企业信息系统的发展阶段。

## 练习题

### 一、选择题

1. 人类社会发展的三大资源是( )

A. 信息　　B. 物质　　C. 知识　　D. 能源

2. 信息的基本属性不包括( )

A. 事实性　B. 增殖性　C. 共享性　D. 传输性

3. 信息系统的基本结构要素包括?

A. 三类　B. 四类　C. 五类　D. 六类

4. 在安东尼模型中,企业中层管理者对应的信息系统层次为( )

A. 知识层　B. 知识层　C. 管理层　D. 战术层

5. 下面模型不是信息系统发展模型的是( )

A. 米兰模型　B. 西诺特模型　C. 诺兰模型　D. 安东尼模型

**二、简答题**

1. 信息时代起始的标志是什么?

2. 管理的五大职能是什么?

3. 信息系统应具备的五个基本功能是什么?

4. 信息系统的特性主要有哪些?

5. 信息、数据之间的关系是什么?

6. 请简要说明一下诺兰模型、西诺特模型和米切模型的优缺点。

**三、案例分析题**

**Second Life 是否为企业准备好了**

Second Life 是一个虚拟在线世界,是由前 Real Networks 的首席技术官菲利普·罗斯戴尔(Philip Rosedale)通过林登实验室创建的,林登实验室 1999 年成立于旧金山。Second Life 世界由用户建造和拥有,这些用户被称为居民。大约有 1400 万人登记为它的居民,也就是众所周知的网络居民。2008 年 7 月,Second Life 的网站(www.secondlife.com)使用状态显示,在 60 天中有近 110 万居民登录该网站。Second Life 用户要在互联网上运行,并需要下载用户软件。

Second Life 不是一个游戏。居民可在 3D 的社交网络和他人互动。他们可以社会化,合作、创建并参与到活动中,还可购买货物和服务。Second Life 网站说,它的世界像是一个被动的多人在线角色扮演游戏(MMORPG),但其区别在于它允许用户创造并拥有。当用户登录时,居民登录一个数字个人,叫做 avatar。每个用户可以改制自己的 avatar,改变它的外貌、它的服装甚至它的形式,由人类至类人动物,或者有所不同。

Second Life 有它自己的虚拟经济学和货币。货币是林登元(Linden Dollar),或简称林登,用 L$表示。在网络上有一个对货物和服务的开放市场。居民们可以利用网络挣钱,也可用现金交换林登。林登有真的现金价值,它是由市场定价决定的,并在专用市场 LindenX 上跟踪和交易。一些居民由 Second Life 经济获得显著的利润。一个用户,在网络上名叫 Anshe Chung,累计的虚拟林登资产相当于 100 万美元。

在 Second Life 内除了拥有土地权利者外,基本的会员是免费的,包括大多数免除应付的会员。有特惠的居民在网络上可以拥有土地,最大的份额为 65536 平方米,月收土地利用费 195 美元。

居民们利用 Second Life 提供的工具在网络上创建内容。例如,包括 3D 模型工具的软件使用户能建造楼房、景区、运输车辆、家具和任何他们能想象的其他物品。一个标准的动画和声音库使居民们能彼此做出手势。基本的沟通是依靠即时信息那样的打字输入方式执行,或者是通过聊天方式。

用户们也可以设计和上传他们自己的声音、图像和动画到 Second Life。Second Life 有自己的书写语言，它能让用户提高虚拟世界对象的具体行为。虽然 3D 虚拟世界的概念仍在初期，但这没有停止企业、大学甚至政府跳进这场辩论，以说明必须提供一个什么样的虚拟世界。Second Life 将是一个新的行业生长点，并将在 21 世纪转换企业、商业、市场和学习网络的做法。

广告业和媒体业是这项技术的最早建议者，开放虚拟的办公室，容易进行互联网通信，并把自己放在有利位置，以聘用技术精炼的雇员。Second Life 的出现，可能说服潜在的顾客确认其广告代理处于技术前沿，因而能得到更多客户的青睐。

Crayon 是一个新媒体推广公司，它在网络上设了一个岛，名叫 Crayonville，作为它最初的办公室。Crayon 雇员散布在大西洋两岸的真实世界办公室中，Crayonville 提供给该公司一个新的方式，即让每个雇员一起工作，甚至雇员表现为 avatar。Crayon 保留其会议室向公众开放。雇员的沟通使用的是文本信息和 Skype 互联网电话。

电视和媒体公司，如 CNN 和 BBC，为了其品牌影响力，用 Second Life 吸引因互联网而放弃电视的观众，或对现有的观众提供一个新媒体。Second Life 激励了 IBM 这样的公司投资 1000 万美元开发虚拟企业，原因如下：它能支持重要的企业职能，如顾客服务、产品开发、培训和推销；一个三维空间，顾客可以和可视可听的内容互动；顾客的内容可以改变并以动画表达；可以保留呈现的内容以便以后再用，甚至顾客登录社区后，志同道合的人可以聚会，开展互感兴趣的活动。

IBM 的雇员运用他们的 avatar 在虚拟会议室参加会议，看 PPT 演示片，同时阅读会议的文本文件或演讲稿，或通过会议电话听报告。虚拟会议参加者可以使用即时信息提出问题和接收其他 avatar 的回答。Lynne Hamilton 在 IBM 的人力资源部门负责专业发展培训班，他使用 Second Life 为在中国和巴西的新员工进行上岗前的引导培训，由人力资源部门的 avatar 回答新员工提出的问题。

西尔斯、美国服饰、戴尔、电路城和丰田在 Second Life 上建立了一个零售卖场。这些零售商的期望不高，但它们相信它们的虚拟出席将提高自身的品牌形象，并能深入地观察人们在其在线王国中如何行动。

有些公司在 Second Life 上回收投资很快，有些公司不断地识别用户创造内容、用户投资和用户输入的价值，以及导入新商机的成本节约。威斯康星州的一个设计公司 Crescendo Design 用 Second Life 的 3D 模型工具给顾客绘制一个房屋建成前的内部视图。顾客的修改建议不妨碍原计划工作的开展，设计者避免了建成后再修复它的贵重花费。

高等教育学校创建了虚拟校园，学生和员工可以在那里聚会上课或主持课堂相关的非正式讨论。Second Life 特别有利于远程学习。在法国和新加坡的某商务学校正在建设一个虚拟校园，它有进行虚拟教室讲课的房间、研究实验室、休息区，让学生能找到教授、潜在的雇主和同学。替代的 Second Life 出席有助于减少教师和学生的差旅花费，甚至学生还可以在线下载文件，开展团队工作，会见校友。斯德哥尔摩经济学院和杜克企业教育也正在进行 Second Life 试验。一些公司如惠普和贝恩管理咨询公司，已经有了用 Second Life 进行预期招聘的经验。岗位招聘员创建一个 avatar，代表他们自己，以交换文本信息的方式和未来的雇主沟通。一些应聘者和雇主反映设计和控制自己的 avatar 运动很烦琐，公司仍然需要面对面地最后选择,但大多数公司发现 Second Life 很有用,它可缩小候选人范围,减少招聘花费。

大多数人认为,Second Life 远远落后于一些社交网络,如 My Space、Facebook 和 YouTube,上述社交网络可以通过熟悉的网络浏览器存取,不需要任何附加的软件。某些 Second Life Viewer 用户可能发现他们的计算机不能满足 Second Life 的最低系统要求。这个因素特别重要,因为可能需要对大量雇员系统进行重构,从而把他们纳入网络。

**问题:**

1. Second life 如何向企业提供价值?

2. 什么类型的企业最可能从在 Second Life 上实现获利? 为什么?

3. 你从 Second life 中学到什么? 作为个人,你如何创建最新的在网络上的创业企业? 你要卖什么物品? 为什么这是一个好的选择? 你的企业计划是什么? 为什么它可行?

4. 在网上访问 eBay,观察发现什么是 Second life 项目? 你如何评估围绕着这些项目的活动? 你对你所看到的感到奇怪吗? 为什么?

5. 要成为一个主要的商业工具,Second life 必须克服什么障碍? 若要成为一个主流的教育工具,它将面对的障碍是较少还是较多?

6. 你愿意用 Second life 参加一个求职面试吗? 为什么?

(资料来源:Dave Greenfield,"Doing Business in the Virtual World,"eWeek,March 10,2008;David Talbot,"The Fleecing of the Avatars,"Technology Review,January/February 2008;Don Clark,"Virtual World Gets Another Life,"The Wall Street Journal,April 3,2008;Andrew Baxter,"Second Life for Classrooms,"Financial Times,February 29,2008;Kamales LardiNadarajan,"Synthetic Worlds,"CIO Insight,March 2008;Alice LaPlante,"Second Life Opens for Business,"Information Week, February 26, 2007.)

# 第2章 管理信息系统概述

## 学习目的

- 掌握管理信息的概念、作用及特点
- 掌握管理信息系统的概念和特点
- 理解管理信息系统的几种结构
- 了解管理信息系统的理论体系
- 了解管理信息系统起源及发展阶段

## 引导案例

**广州药业集团:面向管理的数据分析系统**

广州药业集团是香港上市的H股公司,下属8家制造企业、3家医药贸易企业,是中国最大的中成药制造商,同时也是中国第三大医药贸易商。广药集团应用广药数据分析系统后,应收款周转天数由70天下降到50天,对于提高企业的整体管理水平和科学决策水平起到了积极的作用。

**1.应用背景**

由于广药是当初多家企业组成的集团公司,因此在各企业中都存在各自的系统。这就决定了它们产生的营运数据的不同,这些数据格式的不同,会造成软件和硬件平台的不同,而且随着时间的延续,数据量日益增大,大量的数据会使系统瘫痪。企业中的这些系统仅是简单的管理信息系统,无法提供深层次的管理决策服务。同时随着我国市场经济的不断发展以及加入WTO,广药面临着日趋激烈的市场竞争。为了提高企业的整体管理水平、适应社会能力和竞争能力,高效快捷地进行数据分析处理和预测就显得非常重要。因此建立一套用来"了解和掌握市场信息和企业内部的变化情况和根据市场的变化迅速调整优化企业的产品结构和市场策略"的系统就非常重要。

**2.系统目标**

系统目标是帮助企业对内部和外部的营运数据进行收集、归纳、量化,并提供多种数据分析、数据挖掘工具,辅助企业管理者进行科学分析预测,提高企业的数量化管理水平、市场竞争力。其主要功能有:关键指标分析系统、财务分析系统、销售分析系统、生产计划和库存分析系统、预测分析系统及多元统计分析系统。

**3.体现价值**

(1)实现了关键性分析数据的集中存储、管理和共享。广药以往用于关键性经营指标分析的数据由于存放在不同平台的业务系统数据库中,没有统一的管理和规划,几乎没有通用性和和兼容性,很难实现总部的管理利用,只能由人工进行统计和计算,时间的延误和计算的误差无法避免,分析准确性较差。在广药数据分析系统的实施与使用后,由系统自动从不同的业务系统平台定期收集所需相关数据，存储于数据库中，实现了数据的集中存储、管理和共享。

(2)日常经营统计数据的灵活获取。以往，要获得不同分析角度、不同侧重点的可靠性指标需要进行大量重复工作，难度较大，很难做到及时准确，同时，分析角度稍有变化，现有的数据可能就无法再次利用。在使用广药数据分析系统后，系统提供的多视角分析和数据挖掘功能使用户多角度灵活分析其产品可靠性指标的需求得到充分满足。通过对分析角度之间任意的组合、对分析角度任意层次间的灵活钻取和对分析结果的切片等操作，保证了灵活、高效地获取所需的可靠性指标信息。

(3)使得管理者可以从复杂的观察工作中抽身而出。以往管理者想知道目前企业经营状况，需要有关人员统计大量报表，然后管理者再从报表中查找问题。应用了广药数据分析系统后，只要通过设定企业日常关注的一些重要指标及这些指标异常的参数，每天本模块会自动检查这些指标，发现问题即时提示。这样管理者每天只需打开电脑，指标告警模块便会提示目前企业共有的异常，如果没有异常，管理者可以有充足的时间处理其他事情；如发现异常，告警模块便会指导管理者迅速找到问题所在。

(4)对客户进行信用管理。以往对客户仅是人为的管理，人的主观因素较多，造成上一笔款还未支付就向客户提供下一批货或向一个小客户提供一大批货等情况，而且有些客户在集团的一家企业中存在长期欠款情况，而在集团的另一家企业中还能得到提货。对于以上的情况，在使用广药数据分析系统后就再也没有发生过。

**4. 结论**

广药数据分析系统为广药集团提供了一个灵活高效的统计分析与决策支持的商业智能系统，不仅解决了广药集团以往对下属各企业的管理的困难，而且提高了广药集团对市场的应变能力，使该集团在市场上更具竞争实力。

**思考：**

1. 数据分析系统在广药集团管理活动中发挥了哪些作用？
2. 数据共享的好处体现在哪几个方面？可为企业经营决策提供哪些具体的支持？
3. 你对信息系统在广药集团的地位是如何认识的？

## 2.1 管理与管理信息

为了理解管理信息系统的概念，首先须了解系统、信息、管理的概念，信息与系统的概念在第1章已阐述。本节阐述管理、管理信息及其关系。

### 2.1.1 管理的概念

管理是伴随着人类的生产实践活动而产生和发展起来的，有了人类就有了管理，管理的历史同人类的历史一样悠久。管理通常被解释为与他人及通过他人来有效地完成各项活动的过程。有关管理的定义很多，并且有很多不同的说法，“科学管理之父”泰勒对管理的解释是“管理是确切知道干什么，并使人们用最好、最经济的方法去干”。也有一些其他学者认为，“管理是提高效率的一套现代的方法”。现代著名管理学家孔茨则提出“管理是设计和维持一种环境，使集体工作的人员能够有效地完成预定目标的过程”。

综上所述，这里给出管理的定义，即管理是运用管理理论和方法，通过合理地计划、组织、领导和控制等一系列管理职能活动，组织和调度人力、资金、物质和信息等各种资源，以最小投入去获得最佳或最大的产出目标。

其中，管理有五个基本职能：

(1)计划职能，是指组织中的各项活动实施以前，都要进行预计、谋划，提出目标和实现目标的途径、程序和方法等，具体包括估量机会、建立目标、制定方案、形成协调各种资源和活动的具体行动方案等。

(2)组织职能，是指对组织目标的各种要素和人们在社会经济活动中的相互关系进行组合、权利分配和工作协调的过程，包括组织结构的设计、组织关系的确立、人员的配置以及组织的变革等。它是计划工作的自然延伸。

(3)激励职能，是指创造满足职工需要的条件，制定激励政策，激发职工的工作动机，使之产生实现组织目标的特定行为的过程。

(4)控制职能，是指对组织部门各环节、各层次的运作与管理活动情况进行监督、检查和调节的全过程，包括确立控制目标、衡量实际业绩、进行差异分析、采取纠偏措施等，是管理活动中的一个不可忽视的职能。

(5)领导职能，是指管理者或管理机构通过下达计划、指示、命令等，达到有效地指导和推动下级实现计划目标的活动。领导职能可以选择最有效的沟通途径或解决组织成员间的纷争，指导各类人员努力去实现目标的过程。

从管理职能含义可知，不难理解信息是管理职能活动不可或缺的要素。任何一项管理职能(计划、组织、控制、激励、领导)活动都需要有效信息的支持，信息是制定计划的基本依据、组织实施的保证、调节控制的指示器、激励职工的依据、领导指挥的基础、决策的关键因素。其中计划是其他职能的依据，组织、领导、控制、激励是计划实现的重要环节，也是保障计划的必要手段。

从企业组织运作管理视角，企业组织的一切活动，就其实质来说，都是物、财、人等生产要素的运转，而物、财、人的运转就是所谓企业的物流、资金流、业务(事务)流、信息流、管理控制流。其中，物流是实物的流动过程，例如，物资原料的包装、运输、仓储，产品从原料采购、加工直至销售都是物流的表现形式；资金流所指的是伴随物流而发生的资金的流动过程；业务流是各项业务活动的工作(过程)流程，例如，原材料进厂时进行的验收、登记、开票、付款等流程；信息流则是伴随着以上各种“流”的流动而流动，反映着其他物流的运行状况、各种“流”的状态描述；管理控制流是各项管理职能活动的工作流程，通过信息来掌握、指挥和控制其他“流”运行。

### 2.1.2 管理信息的概念

管理信息是指以文字、数字、图表、音像等形式描述的，反映组织各业务及管理控制活动在空间上的分布状况和时间上的变化程度的数据，以及与之相关的外部环境状况，对组织的管理决策和管理目标的实现具有参考价值的数据、情报资料的总称。

管理信息与管理活动的关系如下：

(1)管理信息是管理活动的基础和核心。任何管理活动都以管理信息的获取、加工和转化为基本内容，以管理信息的及时正确处理为核心。管理者通过信息的有效利用，完成企业生产经营过程的计划、组织、激励、控制、领导等管理职能。管理信息渗透在企业组织业务和管理活动之中，组织内部众多部门、环节、岗位之间相互联结而成为一个有机的整体，信息流是各管理层次、工作环节联系的纽带，信息则是企业运行的“中枢神经”。

(2)管理信息是提高管理效益的关键。快速掌握管理信息有利于对企业资源做出合理安排决策。所谓决策就是企业为了达到某种既定的目标,从若干个可供选择的方案中挑选出最优方案,将其付诸实施的过程。虽然正确的决策有赖于科学的决策方法和领导者的较高素质,但是,进行正确决策的基础必然是全面、及时、准确地掌握符合客观实际的包括管理信息在内的相关信息。信息活动贯穿于科学决策的全过程,并且渗透到决策过程的每一环节。决策者只有快速准确地获取信息,充分利用信息,才能把握正确时机,提高决策效益。

(3)管理信息是有效控制企业运行过程的灵魂。企业管理过程中的控制,就是根据管理信息来不断调整企业自身的运作状况,不断克服不利于预期目标实现的行为。现代企业是一个复杂的、动态的、开放的系统。一方面,它必须与外部环境保持密切的联系,根据不断交化的外部环境及时调整经营方向和经营目标,这种联系和调整必须通过信息的交换和利用来实现;另一方面,企业内部的众多部门、岗位之间相互衔接而成为一个有机的整体,也必须通过信息交换来完成。因此,控制过程就是信息的选择和运用过程。信息是企业进行有效控制的灵魂,控制是信息运动的目的或使命,两者是不可分割的。

以一个典型的生产制造业为例,如图 2-1 所示。具体说明企业管理活动过程中的管理信息流与物流之间的关系。企业的基本业务流程表现为以下步骤:原材料采购→毛坯成型→零件加工→产品装配→产品销售。这一过程反映了制造业“物”的变化与流动,由此形成的实体运动就成为物流,企业生产过程中的物流活动体现了采购、生产、销售等不同环节之间的相互联系和相互作用,在螺旋式上升的投入→产出→销售循环中不断实现企业价值。伴随着物流、信息流的流动反映了企业管理活动的内容和节奏。一方面引导物流做有规律的运动,对物流的方向、数量、速度和目标等实行如生产计划、材料供应计划、消耗状况、技术图纸、操作规章制度、质量管理计划、指令、作业单等的操作。另一方面,反映物流状态的信息,如单据、生产执行情况、各类统计报表等,同时管理者需要将企业的各个部门的信息汇总到一起,得到企业运行状态的全面信息,然后再对企业的总体运行状态进行分析,做出对企业有利的决策或调整,并把这决策贯彻到企业的物流过程中,以确保企业按照计划完成生产任务,如图 2-2 所示。

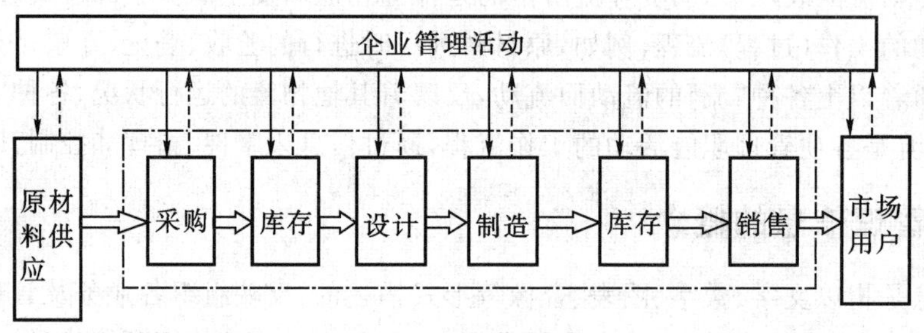


图 2-1 企业的物流与信息流

由此可见,信息在管理过程中起着基础性作用。管理活动是管理者向管理对象施加影响和管理对象向管理者做出反应两个过程的统一,而整个活动是在一定环境中进行的。离开管理者、管理对象、管理环境和管理活动的有关信息,任何管理都无法进行。“做管理工作的人没有信息,就是鼻子不通,耳目不灵”。信息对管理的基础作用,可以由管理基本职能中信息的重要作用来说明。

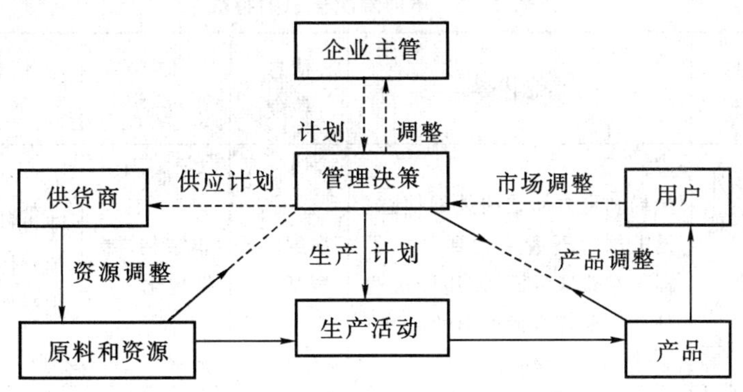


图 2－2　企业物流与信息流流动图

## 2.1.3　管理信息的特征

管理信息既有一般信息的属性，又有其自身的特征。

1. 目的性

组织中的管理信息具有很强的目的性。通过对管理过程中的各种信息进行科学分析，选取对组织目标有重要作用的信息进行管理，这样建立的管理信息系统才与特定组织目标和管理过程相关联。

2. 时效性

管理信息反映客观事物的状态及其变化规律，并为管理所用。因此，管理信息具有时效性，其价值随时间变化。一般情况下，管理信息的价值会随时间推移而降低，但是当日积月累到某种程度时，可以从中挖掘出一些规律，这时管理信息的价值将会有大幅提升。如市场供求信息、新产品信息、新技术信息等，若企业不能及时利用这类信息，往往会坐失良机，并造成难以弥补的损失。

3. 不完全性

组织中的信息无时无地不在产生，由于能力及目的的限制，不可能将所有的信息全部收集起来。因此对管理信息的收集是有限的，包括收集的种类、收集的时段，所以管理信息是不完全的。比如企业的经营范围限制在国内时，外汇市场的信息就不重要，而当企业经营范围拓展到国际市场时，外汇市场的信息就变得重要起来。

4. 层次性

管理具有层次性。不同的管理层对管理信息的内容、要求都不同，因此，需要根据不同管理层的业务处理及决策需要来确定管理信息。管理信息一般分为战略层信息、战术层信息和作业层信息。在不同层次，信息的内存、来源、内容、来源、加工方法等方面都不相同，如表 2－1所示。

表 2-1 不同层次信息的特征

| 特征 / 信息层次 | 信息来源 | 信息内容 | 信息粒度 | 加工方式 | 信息特点 | 实例（企业） |
|---|---|---|---|---|---|---|
| 战略层 | 大多外部信息内容全面、来源广泛 | 全局和重大问题决策的信息，是上层管理者为达到某一目标而在获取资源、使用资源和处理资源等方面做出的决策 | 高度概括 | 非结构、半结构化 | 随机性、预测性、主观性 | 产品研发策略、市场营销策略 |
| 战术层 | 内外都有 | 管理控制信息，是管理人员根据实际及计划偏差，及时调整措施来更有效地利用资源 | 适度 | 半结构、结构化 | 阶段性、综合性、可比性 | 产品库存控制等，统计分析形成的综合报表 |
| 执行层 | 大多内部 | 与组织日常活动有关的，用来解决经常性的事物问题，来保证切实地完成具体任务 | 具体详细 | 结构化 | 实时性、可预见性、客观性 | 作业记录每天产品产量的统计 |

## ➢2.1.4 管理信息的分类

管理所需的信息，来源量大面广、用途广泛，其分类方法繁多，可以从其中的几种主要分类，加深对企业组织中管理信息的理解。

**1.按信息的稳定程度划分**

按照稳定程度，管理信息可分为固定信息和流动信息。固定信息是指在一定时期内具有相对稳定性且可以重复利用的信息，包括各种定额、技术标准、工艺流程、规章制度、国家政策法规等。流动信息是指在生产经营活动中不断产生和变化的信息，它的时效性很强，往往只有一次性利用的价值，包括反映企业人、财、物、销、供、产状态及其他相关环境状况的各种原始记录。

**2.按信息的作用划分**

按照作用，管理信息可分为决策信息、控制信息和作业信息。决策信息是指企业在制定发展战略、经营决策时所依据的信息，主要包括企业自身的经营要素（经济要素、技术要素、人力要素）、销供产现状与变化趋势，以及企业外部的政治经济环境、自然资源状况、人文环境、市场供求状况、竞争对手情况、政策法规等信息。控制信息是指组织与控制生产经营过程所依据的信息，主要包括各种计划指令、定额、标准、规章制度、动态统计数据、报表以及新的调整指令等。绝大部分控制信息来源于企业内部职能部门和生产部门。作业信息是指反映企业生产经营活动过程动态状况的信息，主要包括原始记录、台账、凭证、基层报表等，它主要用于考核评

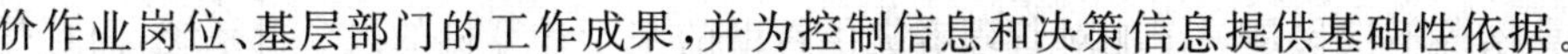

价作业岗位、基层部门的工作成果，并为控制信息和决策信息提供基础性依据。

3. 按信息的来源划分

按照来源，管理信息可分为内部信息和外部信息。内部信息主要包括计划指令信息、质量信息、核算信息（作业核算、统计核算、会计核算）、业务管理信息等。外部信息主要包括政治信息、经济信息、法律信息、人文信息、地理信息、供求关系信息、竞争对手信息、本企业市场地位信息、行业科技发展趋势信息、潜在市场信息、资源供应信息、客户信息等。外部信息基本对应于管理信息的范畴。

# 2.2　管理信息系统

## 2.2.1　管理信息系统的概念

"管理信息系统"一词最早出现在 1970 年，由瓦尔特·T·肯尼万（Walter T. Kennevan）给出以下定义："以书面或口头形式，在合适的时间向经理、职员以及外界人员提供过去的、现在的、预测未来的有关企业内部及其环境的信息，以帮助他们进行决策。"很明显，这个定义是出自管理的，而不是出自计算机的。它强调了用信息支持决策，没有强调一定要用计算机和数学模型。直到 20 世纪 80 年代，管理信息系统的创始人、明尼苏达大学卡尔森管理学院的著名教授高登·B·戴维斯（Gordon B. Davis）才给出管理信息系统一个较完整的定义："它是一个利用计算机硬件和软件，手工作业，分析、计划、控制和决策模型以及数据库的用户—机器系统。它能提供信息，支持企业或组织的运行、管理和决策功能。"这个定义说明了管理信息系统的目标、功能和组成，而且反映了管理信息系统当时所能达到的水平。它说明了管理信息系统的目标是在高、中、低三个层次（即战略决策层、管理控制层和运行控制层）上支持管理活动。

"管理信息系统"一词在中国出现于 20 世纪 70 年代末、80 年代初，根据中国的特点，最早从事管理信息系统工作的学者给管理信息系统的定义，登载于《中国企业管理百科全书》上。该定义为："管理信息系统是一个由人、计算机等组成的能进行信息的收集、传递、存储、加工、维护和使用的系统。管理信息系统能实测企业的各种运行情况，利用过去的数据预测未来，从企业全局出发辅助企业进行决策，利用信息控制企业的行为，帮助企业实现其规范化目标。"

随着人们对管理信息系统的功能和性质认识逐渐加深，即对其地位、应用范畴、作用的认识也在逐渐成熟，现将较有代表性的定义罗列如下。

（1）管理信息系统是能够提供过去、现在和将来预期信息的一种有条理的方法，这些信息涉及内部业务和外部情报。它按适当的时间间隔供给格式相同的信息，支持一个组织的计划、控制和操作功能，以便辅助决策制定过程。

（2）管理信息系统是一个具有高度复杂性、多元性和综合性的人机系统，它全面使用现代计算机技术、网络通信技术、数据库技术以及管理科学、运筹学、统计学、模型论和各种最优化技术，为经营管理和决策服务。

（3）管理信息系统是一个由人、计算机等组成的能进行管理信息收集、传递、储存、加工、维护和使用的系统。管理信息系统能实测组织的各种运行情况，利用过去的数据预测未来，从全局出发辅助组织进行决策，利用信息控制组织的行为，帮助组织实现其规划目标。

(4)管理信息系统不仅仅是一个能对管理者提供帮助的基于计算机的人—机系统,而且是一个社会技术系统。应该将信息系统放在组织与社会这个大背景中去考察,并把考察的重点,从科学理论转向社会实践,从技术方法转向使用这些技术的组织与人,从系统本身转向系统与组织、环境的交互作用。

由此可见,管理信息系统具有"系统"、"信息"和"管理"三方面的含义。

(1)系统。系统具有输入(input)、处理(processing)和输出(output)这三个关键性环节。这三个环节为一般系统必须具备的基本组成部分。

(2)信息。基于计算机的信息技术,结合现代化的管理思想、方法和手段等相关理论,对组织中的管理数据或管理信息进行收集、传输、存储、分析、加工与处理。

(3)管理。支持和服务于组织各管理层次的信息处理及管理。能在合适的时间、合适的地点,提供需要的信息。管理信息系统不仅是一个技术系统,而是一个管理系统、一个社会系统。

由此这里给出较为准确的定义:管理信息系统是以增强企业战略竞争能力、提高效益和效率为目的,支持企业高层决策、中层控制、基层运作的集成化人—机系统。系统利用计算机硬件、软件、网络通信技术及相应设备,进行信息的收集、传输、加工、存储、更新和维护管理信息。系统能够测量组织运行各种的情况,利用过去的数据预测未来;能够从全局出发,辅助组织的决策;能够利用信息控制组织行为,帮助组织达到长远的规划目标。简言之,管理信息系统是一个以信息技术为工具,具有数据处理、预测控制和辅助决策功能的信息系统,是企业组织提高效益、效率,获得和保持竞争优势的使能器。

管理信息系统的总体概念如图 2-3 所示。

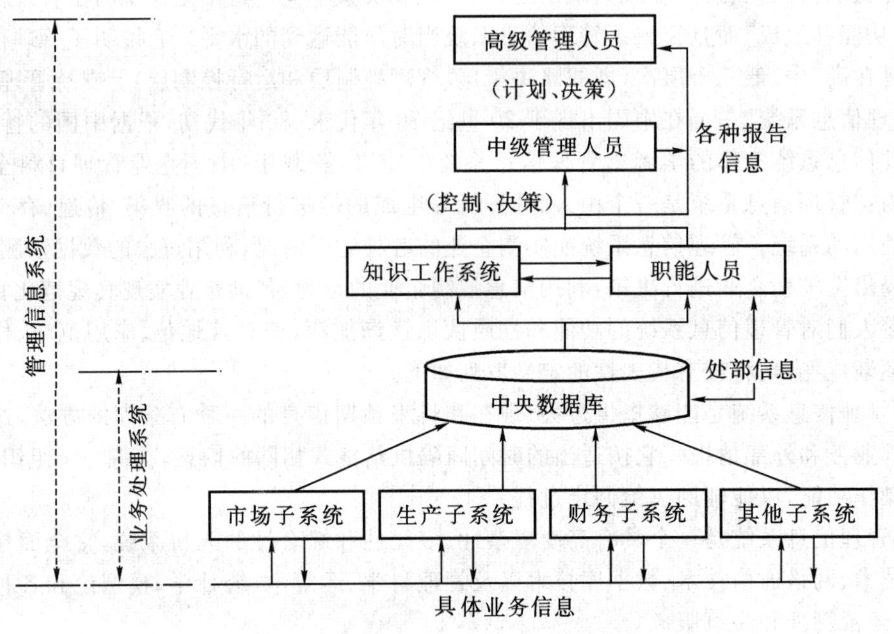


图 2-3 管理信息系统总体概念

### 2.2.2　管理信息系统的特点

**1. 面向管理决策的系统**

管理信息系统是继管理学的思想方法、管理与决策的行为理论之后的一个重要发展。它是一个为管理服务的信息系统，必须能够根据组织各管理层次和管理职能的需要，及时提供所需要的信息，为提供管理支持。

**2. 综合性的系统**

管理信息系统是一个对组织进行全面管理的综合系统。在建设管理信息系统时，可根据需要逐步应用个别领域的子系统，然后进行综合，最终达到应用管理信息系统进行综合管理的目标，管理信息系统综合的意义在于产生更高层次的管理信息，为管理决策服务。

**3. 人—机相互作用的系统**

管理信息系统的目的在于支持和服务管理决策，在管理信息系统中，各级管理人员既是系统的使用者，又是系统的组成部分。因此，在开发过程中需要正确界定人和计算机在系统中的作用、接口，充分发挥人和计算机各自优势，使系统总体性能达到最优。

**4. 现代管理方法与手段相结合的系统**

人们在管理信息系统应用的实践中发现，只简单地采用计算机技术提高处理速度，而不采用先进的管理方法，管理信息系统的应用仅仅是用计算机系统仿真原手工管理系统，充其量只是减轻了管理人员的劳动，其作用的发挥十分有限。管理信息系统要发挥其在管理中的作用，就必须与先进的管理手段和方法结合起来，在开发管理信息系统时，要融进现代化的管理思想和方法，如图 2－4 所示。

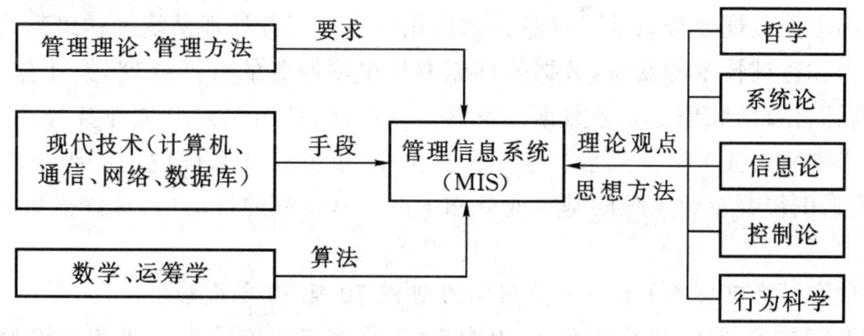


图 2－4　现代管理方法和手段相结合

**5. 多学科交叉的边缘科学——管理信息系统——的理论体系仍在发展和完善的过程中**

管理信息系统研究者们从计算机科学、运筹学、社会学、经济学、心理学、管理科学等相关学科中抽取相应的理论，构成其理论基础，从而形成一个有着鲜明特色的多学科交叉的边缘科学，如图 2－5 所示。

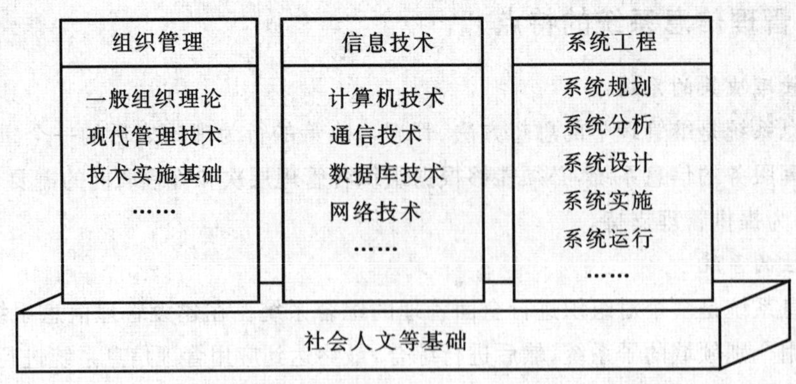


图 2-5 多学科交叉的边缘科学

### 2.2.3 管理信息系统的发展

虽然信息系统和信息处理在人类文明开始就已存在，但直到计算机问世、信息技术飞跃发展以及现代企业管理对信息需求迅速增长时，管理信息系统才迅速发展起来。管理信息系统经历了由单机到网络、由低级到高级、由电子数据处理到管理信息系统再到决策支持系统、由数据处理到智能处理的过程。这个发展过程大致经历了以下几个阶段。

1. 业务数据处理系统及应用（20 世纪 50 年代至 70 年代初）

以美国通用电气公司首先使用计算机进行工资和成本会计计算为开始，该阶段对数据进行处理及存储，通过计算机代替繁重的手工事务处理大大提高了数据处理效率，降低了数据处理和存储的成本。这一阶段也被称为电子数据处理系统阶段。

该阶段的电子数据处理系统是信息技术应用系统—事务处理系统的初级形式。伴随着计算机计算能力和存储技术的发展，数据处理能力从单项业务的数据处理，如计算工资、统计产量等，拓展到综合数据处理。业务数据涉及的业务范畴，从组织内单项业务处理，拓展到组织内跨部门的多项相关业务数据处理。应用发展至今，事务处理系统成为组织中典型类型的信息系统，主要是围绕着企业组织的基本业务和生产经营过程的自动化，对数据和信息进行加工和处理。

2. 管理信息（管理报告）系统及应用（20 世纪 70 至 80 年代初）

随着数据库技术、网络技术的发展，由中型机、小型机和终端机组成的网络被日益广泛地应用于企业的管理实践中，人们对信息系统的要求也开始从基本业务层的数据处理向管理层次的管理辅助功能转变。管理信息系统（狭义），又称管理报告系统，在这一阶段被逐渐发展成熟起来。系统论的方法被普遍运用于管理信息系统构建，管理信息系统的理论和实践也飞快发展。应用发展至今，信息系统主要是从企业全局出发，通过数据的共享，发挥系统的多角度、多维度综合分析能力，以及强大制表能力，帮助管理者分析、计划、预测、控制企业经营过程及绩效。但管理信息系统（狭义）对于管理过程中遇到的专项、复杂、不良结构决策，则难以支持，管理者对于信息技术有了更高要求，即运用科学管理方法，通过预测、计划优化、模拟仿真分析、调节和控制等手段来支持决策，为企业管理者提供更多的帮助。

**3. 管理及业务决策的支持系统及应用**(20世纪80年代至90年代)

个人计算机的普遍应用为终端设备提供了强大的终端计算能力。关系数据库模型提供了易于处理,使用方便、简单、直观的数据库系统。网络技术的发展也很快,在广域层面,互联网的前身ARPANET、NSFNET、CSNET取得了飞速发展,在企业层面先后出现了文件服务器/工作站结构和客户机/服务器结构的内部网络。

伴随着技术的发展和管理对信息技术应用的需求,该阶段出现了决策支持系统、战略支持系统、办公自动化系统。这些系统充分利用了当时已有的信息技术,并且已经涉及了企业的所有层次,可以说信息系统的应用在这个阶段已经达到了一个相当高的水平。同样,这些系统的出现及相关理论的发展又促使了管理者对信息系统有了更多的期望和要求。

**4. 业务集成、流程管理及智能决策及应用** (20世纪90年代中至21世纪初)

这一阶段的信息技术的发展,主要体现在图形界面技术、网络技术和人工智能技术上。以微软的Windows操作系统和苹果计算机公司的Mac os操作系统为代表的图形界面技术,在当时,简化了用户操作,促进了用户对计算机的理解,推进了个人计算机的普及。

以互联网及其相关技术的出现和普及为代表的网络技术,提供了一种相对简单的企业内部的组网方法,促进了信息系统在企业中覆盖范围的扩大。在随后的网络技术发展中,企业门户、虚拟专用网络、电子交易支持等网络新技术为企业提供了前所未有的信息传输、处理、收集手段,信息系统延伸至组织内部各部门、组织与组织之间边界,不受时间和空间局限。各种大型信息系统比如MRP、MRPⅡ、ERP、CRM等纷纷出现。如今,在集成化方面,企业内部业务处理过程的集成化,由物料需求计划系统(MRP)、制造资源计划系统(MRPⅡ)发展为企业资源计划系统(ERP),形成了整个组织范围内的集成化信息系统。

同时互联网技术及电子数据转换、电子支付等电子商务技术的发展也不断推动着企业间运营合作及相关业务信息系统的集成。随着企业竞争的模式的深刻变革,即从降低生产成本的竞争转变为开发满足客户个性化需求的产品和服务的竞争,网络技术独有的交互性和灵活性成为了有力的使能器。网络技术还催生了虚拟企业,这种企业是指通过远程通信技术将独立的组织联接在一起的网络,其目的在于通过共享技能、成本和市场来开发市场实现盈利。

人工智能(artificial intelligence,AI)是研究人类智能行为的计算模型,即研制具有感知、推理、学习、联想、决策等思维活动的计算机系统及应用系统的一门技术科学,亦是将人工智能技术、数据仓库技术引入决策支持系统而形成的具有一定智能的决策支持系统。决策支持系统和人工智能技术结合,建立运用人工智能的方法和技术,模仿、延伸和扩展人的智能系统,如商务智能系统,为组织提供更具智能分析能力的信息支持。

**5. 协同业务、创新内容及大数据管理及应用** (21世纪初至今)

近年来,信息技术领域的创新性成果和应用形式仍然在不断涌现。以Web2.0为代表的社会性网络应用的发展深层次地改变了人们的社会交往行为以及协作式知识创造的形式,进而被引入企业经营活动中,创造出内部Wiki(internal Wiki)、预测市场(prediction market)等被称为“Enterprise 2.0”的新型应用,为企业知识管理和决策分析提供了更为丰富而强大的手段;以“云计算”(cloud computing)为代表的虚拟化技术,将21世纪初开始兴起的IT外包潮流推向了一个新的阶段,像电力资源一样便捷易用的IT基础设施已成为可能;以数据挖掘为代表的商务智能技术,使得信息资源的开发和利用在战略决策、运作管理、精准营销、个性化服务等各个领域发挥出难以想象的巨大威力。对于不断推陈出新的信息技术与信息系统,对其应用的把握和驾驭能力，已成为现代企业及其他社会组织生存发展的关键要素。

以上各种系统均是管理信息系统的一部分而不是它的全部，管理信息系统可以说是这些系统的集成。随着新的管理理论和计算机信息技术应用的发展，管理信息系统正朝着系统集成性、实时性、网络化并向能更好的智能化决策过程的方向发展，并成功地运用于企业信息化的实践进程中。其发展过程如图 2-6 所示。

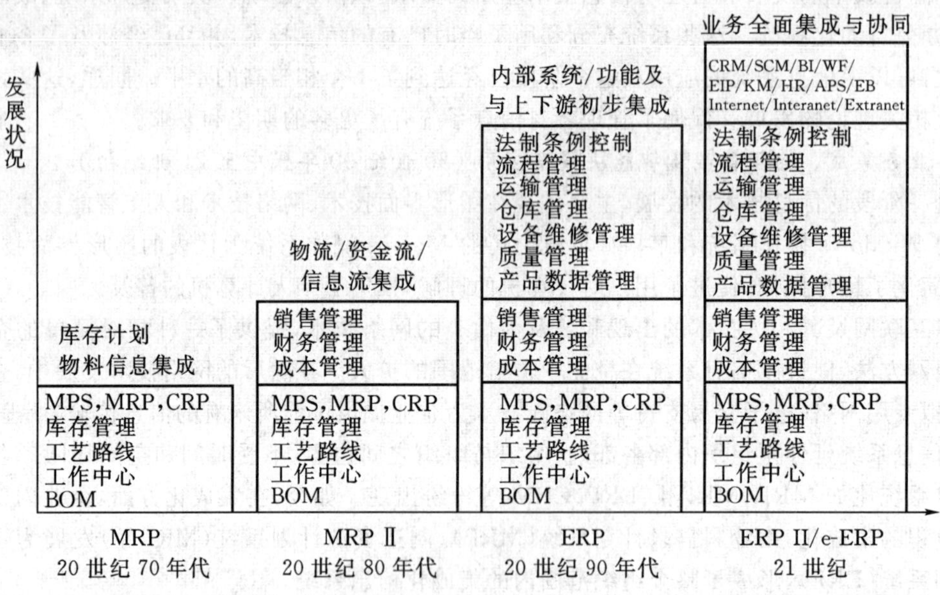


图 2-6　企业信息化发展过程

信息化是指在国民经济各部门和社会各领域普遍采用现代信息技术，充分、有效地开发和利用各种信息资源，使社会各单位和全体公民随时随地能通过图像、数据、声音或者影像等享用和互相传递所需要的任何信息。信息化的内容包括信息处理计算机化、信息传递网络化、信息应用大众化、信息贡献社会化等。

企业信息化是信息化在企业管理方面的应用，是企业应用信息技术，深入开发和应用信息资源于企业实践中的一个动态过程，即基于现代管理理念，借助以计算机、互联网等先进技术为代表的信息技术手段，整合企业生产、经营、设计、制造、管理，及时地为企业的“三层决策”（战术层、战略层、业务管控层）提供准确而有效的数据信息，将企业经营及管理流程在线实现，并使企业管理层真正可以在线获得完整而明晰的信息，以便对需求做出迅速的反映，其本质是加强企业的“核心竞争力”。

## 2.3　管理信息系统的结构

管理信息系统的结构是指各部件的构成框架，可以从功能结构、软件结构和物理结构来理解。

## 2.3.1　功能结构

管理信息系统的功能与组织的管理职能及其管理内容相对应。因此，理解系统的功能结构，首先要理解组织运作的管理职能及其管理过程、内容。

以生产企业为例，一般企业系统主要涉及对企业的人、财、物、信息资源的管理和对产供销过程的管理职能活动，在实际运作中，一般根据管理活动的内容及决策的层次，由上到下分为战略计划、管理控制、运行控制及业务处理四个层次，此为建立管理信息系统功能结构的基础。

1. 战略计划层

战略计划层的管理活动所涉及的是企业的总体目标和长远发展规划。因此，面向战略计划层的系统功能是为战略计划层管理活动提供比较广泛的数据来源。其中，除了内部数据外，还需要相当数量的外部数据。该层信息一般具有高度概括性和综合性。

2. 管理控制层

管理控制层的管理活动属于企业的中层管理。它的主要工作是根据高层管理所确定的总目标，对组织内所有部的各种资源，制订出资源分配计划及实施进度表，并组织基层单位来实现总目标。这个层次的管理活动包括各个部门工作计划的制订、监控和各项计划完成情况的评价等。因此，管理控制层的系统功能主要是服务各个部门的负责人，为他们提供所需要的信息，以支持他们能在管理控制活动中正确地制订各项计划和了解计划的完成情况。它所需要的数据来源可以有三个渠道：一是控制企业活动的预算、标准和计划等；二是作业处理所提供的数据；三是处理其他数据。管理控制层的管理信息系统所提供的信息主要包括决策所需要的模型、对各部门的工作计划和预测、对计划执行情况的定期和不定期的偏差报告、对问题的分析评价，以及对各项查询的响应等。

3. 运行控制层及业务处理层

运行控制层的管理活动是为有效利用现有资源和设备所展开的各项活动，属于企业的基层管理活动（基层管理活动包括作业控制和业务处理）。它按照中层管理所制订的计划与进度表，具体组织人力、物力去完成上级指定的任务。因此，运行控制层管理信息系统的处理过程都是比较稳定的，可以按预先设计好的程序和规则进行相应的信息处理。在这一层次上的管理信息系统功能一般由三种处理方式组成，即业务（事务）处理、报告处理和查询处理。

管理信息系统的功能矩阵图如图 2－7 所示。图中每一行表示一个管理层次（战略计划层、管理控制层、运行控制层及业务处理层），每一列代表一种运营管理职能，如生产计划、技术管理、运作控制、市场销售、财务会计、人力资源、后勤管理、信息处理、高层管理。功能的划分没有标准的分法，因组织不同而异。

按照企业经营运作管理的职能，下面分别介绍相应的子系统的功能。

(1)市场销售管理子系统。该子系统包括市场开拓计划、市场营销策略、销售管理等。在典型的业务处理和运行控制方面包括销售人员培训、市场调查与预测、市场促销活动、订货服务、分配发运、售后服务以及按区域、产品、顾客的销售数量的定期分析等。在管理控制方面包含总的成果和市场销售计划的比较，找出差距并制定调整措施。它所用的信息有顾客、竞争者、竞争产品和销售力量要求等。在战略计划方面包含新市场的开发和战略、资源的优化配置。它使用的信息除了综合性的市场销售信息外，还包含顾客分析、竞争者分析、顾客评价、人口预测、技术预测和宏观经济预测等。

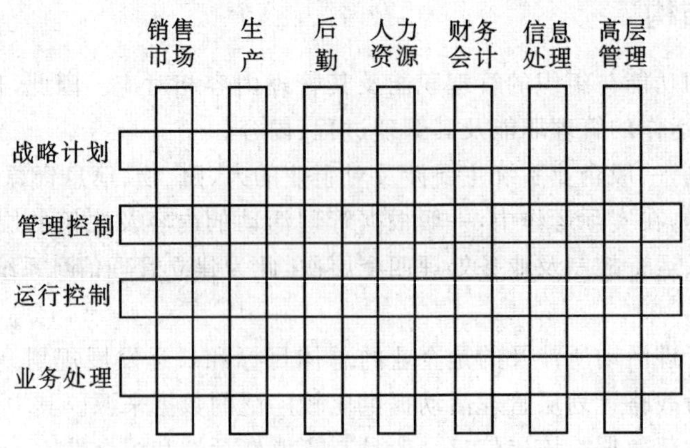


图 2-7　功能矩阵图

(2)生产管理子系统。该子系统包括生产子系统、生产计划子系统、技术管理子系统等。其中,生产计划子系统包括在需求能力和可用能力之间进行平衡的基础上制定中长期生产任务计划大纲、中短期生产任务的主生产计划和资源需求计划、编制下达执行任务书等。典型的业务处理是产品需求与资源能力数据、计划完成情况等基础数据的收集整理,生产订货(即将成品订货展开成部件需求)、装配订货中的编制下达等。运行控制要求把实际进度与计划相比较,发现问题所在,并制定调整措施。管理控制要求进行需求能力和可用能力之间的平衡,制定主生产计划和资源需求计划等。战略计划主要考虑生产资源的优化配置等。技术管理子系统包括产品设计与开发、工程技术数据管理(工艺规程、材料定额、工时定额、工程图纸等)、技术改造等。典型的业务处理主要包括产品试制、工程技术数据管理、技术改造具体方案的制定与实施。管理控制要求分析现有产品和制造工艺,提出新产品开发和技术改造方案。战略计划主要包括年度长远的产品发展战略、技术革新战略等。

(3)后勤管理子系统。该子系统包括采购、收货、库存控制和分发。典型的业务包括采购的征收,采购订货,制造订货,收货报告,库存票、运输票和装货票,短缺项目,积压项目,库存报告,供应商分析等。

(4)人力资源管理子系统。该子系统包括人员的录用、培训、考核记录、发放工资和终止聘用等。典型的业务处理主要包括有关聘用条件、培训说明、人员的基本情况数据、工资变化、工时、福利及终止聘用通知等内容。运行控制层要完成聘用、培训、终止聘用、改变工资和发放福利等。管理控制主要进行实际情况与计划比较,产生各种报告和分析结果,用以说明在岗工人的数量、招工费用、技术专长的构成,应付工资、工资率分配及是否符合政府就业政策等。人力资源战略计划主要包括对招工、工资、培训、福利以及绩效评估等各种策略方案的评价,这些策略将确保组织能获得完成战略目标所需的人力资源。战略管理还包括对就业制度、教育情况、地区工资率的变化及对聘用和留用人员的分析。

(5)财务会计管理子系统。财务和会计有不同的目标和业务处理。财务的目标是保证企业的财务要求,并使其花费尽可能降低。典型的业务处理包括托收管理、现金管理和资金筹措等。会计的典型业务包括进行财务业务分类、汇制标准财务报表、制定预算及对成本数据的分类与分析等,对管理控制报告来说,预算和成本是输入数据,也就是说,会计是为管理控制各种功能提供输入信息。与财务有关的业务处理有赊欠申请、销售、开单据、收账凭证、支付凭证、支票、转账传票、分类账和股份转让等。运行控制使用日报表、例外情况报告、延误处理记录、未处理事项报告等。管理控制利用财务资源成本、会计数据处理成本及差错率等信息。战略管理包括保证足够资金的长期战略计划、为减少税收冲击的长期税收会计政策以及对成本会计和预算系统的计划等。

(6)信息处理子系统。该系统的作用是保证企业的信息需要。典型的企业处理任务是处理请求、收集数据、改变数据和程序的请求、报告硬件和软件的故障,以及规划建设等。管理控制主要用于计划和实际的比较,如设备成本、全体程序员的水平、新项目的进度和计划的对比等。在战略决策方面包括信息系统总体计划、硬件软件的总体结构。办公室自动化也可算作与信息处理分开的一个子系统或者是合一的系统。当前办公室自动化主要的作用是支持知识工作和文书工作,如字符处理、电子信件、电子文件和数据与声音通信。

(7)高层管理子系统。每个组织均有一个最高领导层,如公司总经理和各职能域的副总经理组成的委员会,这个子系统主要为他们服务。其业务包括查询信息和支持决策、编写文件和信件便笺、向公司其他部门发送指令。管理控制层的内容包括会议进度、控制文件、联系文件。管理控制层要求各功能子系统执行计划的总结和计划的比较等。战略决策层关心公司的方向和必要的资源计划。高层战略决策要求广泛地综合外部信息和内部信息,主要包括数据检索和分析,以及决策支持系统。它所需要的外部信息包括竞争者的信息、区域经济指数、顾客喜好、提供的服务质量。

## 2.3.2 软件结构

支持管理系统各种功能的软件系统或软件模块所组成的系统结构,是管理信息系统的软件结构。见图2-8,图中每个矩形框是一个软件模块,每个纵列是支持某个管理功能域的软件子系统。例如,支持市场营销/销售的软件子系统,是由支持市场营销/销售方面的战略模块、支持管理控制方面的运行控制模块、支持业务方面的业务处理模块组成。同时还带有市场营销/销售的软件子系统自己专用的数据文件(数据库),整个系统有为各个子系统所共享的数据和程序,包括公用数据文件、公用应用程序、公用模型和数据管理系统。

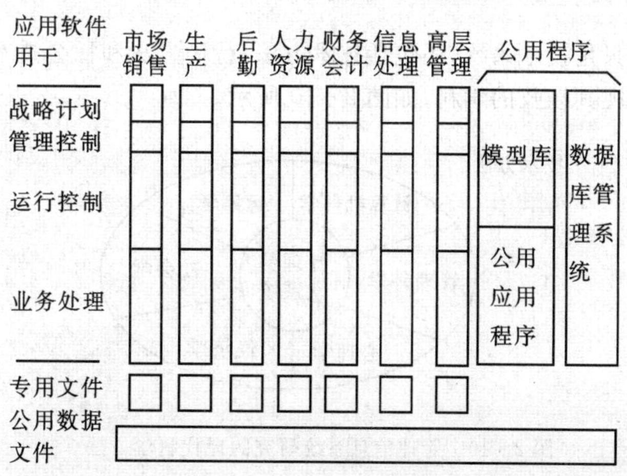


图2-8 软件结构

### 2.3.3 硬件结构

管理信息系统的硬件结构是指系统的硬件组成部分、物理性能、连接方式。构成一个管理信息系统的硬件一般有计算机设备、通信设备和与计算机相连接的其他外部设备。硬件的物理特性决定了系统信息处理、传输速度,实时、分时和分批处理等的能力。

如图 2-9 所示为管理信息系统的典型硬件结构——分布式结构,即通过计算机网络将不同地点的计算机硬件、软件、数据等资源联系在一起,服务于一个共同的系统目标,来实现不同地点资源的共享。

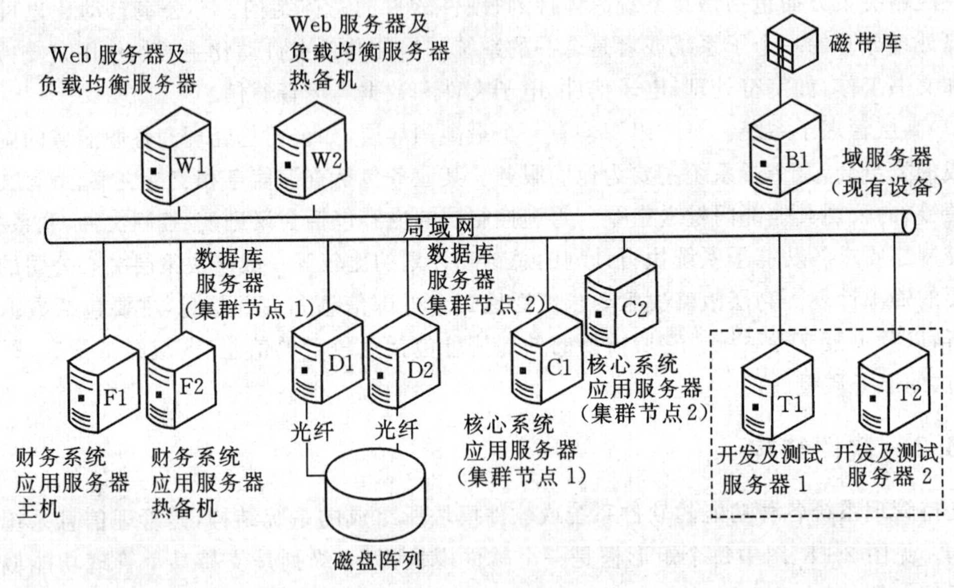


图 2-9　硬件结构

## 2.4 管理信息系统研究的方法

管理信息系统不只是技术系统,还包括技术方法、行为方法和社会技术系统方法。从信息系统研究方法可以透视其涉及的学科,如图 2-10 所示。

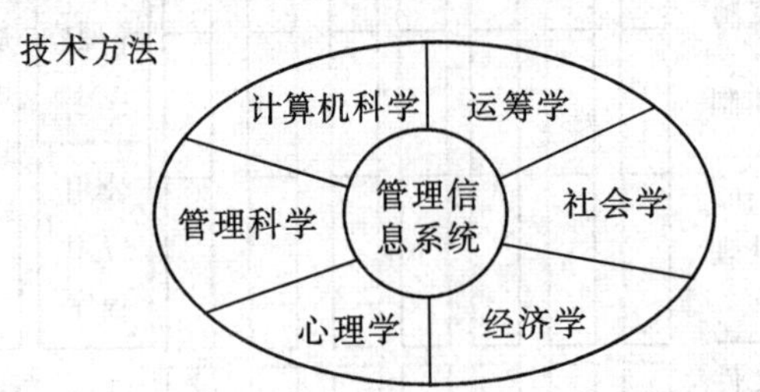


图 2-10　管理信息系统研究的现代科学方法

### 2.4.1 技术方法

研究管理信息系统的技术方法强调数学方法基于模型的信息系统研究，并侧重于系统的基础理论和技术手段。支持技术方法的学科有管理科学、运筹学和计算机科学。管理科学着重于管理方法和决策过程的模型的建立；计算机技术涉及计算理论、计算方法和高效的数据存储和访问方法；运筹学则强调优化组织的已选参数（如运输、库存控制和交易成本）的数学方法。

### 2.4.2 行为方法

管理信息系统领域中最新发展的内容之一是关于行为的问题。许多行为问题，如系统的使用程度、实施和创造性的设计，不能用技术方法采用的规范的模型表达。行为学科在管理信息系统中起着重要的作用。例如，社会学家观察团体和组织如何影响信息系统的开发，以及信息系统如何影响个人、团体和组织。心理学家将其关注点定位于决策者如何感知和应用信息。而经济学家则对于在企业内部和市场上什么影响信息系统的控制和成本结构感兴趣。

行为方法不忽视技术。实际上，信息系统技术经常是引发行为问题的因素。但是，行为方法的重点一般不在技术方案上，它侧重在态度、管理和组织政策、行为方面。

### 2.4.3 社会技术系统方法

从数据处理系统到管理信息系统再到决策支持系统，这一发展历史告诉我们，管理信息系统的开发把计算机科学、数学、管理科学和运筹学的理论研究工作与应用的实践结合起来，并注重社会学、心理学的理论与实践成果。因此，从单一的视角（如技术方法或行为方法）不能有效地把握信息系统的实质。

研究管理信息系统的科研人员应该了解管理信息系统所涉及的所有学科的观点和看法，应该能够理解和包容许多不同的看法。社会技术系统方法有助于避免对管理信息系统采取单纯的技术看法。例如，公司最近安装了财务报告系统，并不意味着它能得到很好的应用或是取得很好的效果；类似地，公司最近引进了新的企业手续和过程，并不意味着雇员将有更高的劳动生产率，原因可能是缺少新的信息系统功能来帮助雇员实现这些流程。在应用社会技术系统方法时，要通过技术的变化和设计来满足组织和个人的需要。例如，移动电话用户接受了一项技术以满足他的需求，结果制造商很快地调整技术以满足用户的未来期望；组织和个人也要通过培训，来学习和规划组织变化，使得这项新技术正常地运行。

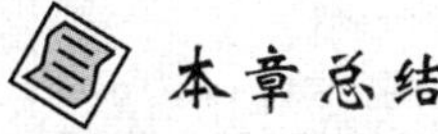

## 本章总结

管理信息系统对管理的支持体现在对管理职能中的计划、组织、领导和控制等方面的支持，同时在组织战略管理、企业决策支持方面发挥着重要作用。

本章首先描述了管理信息的概念和特征，以及与管理活动的关系；其次，讲授了管理信息系统的概念、特点，管理信息系统的发展，探讨了管理信息系统的几种结构——功能结构、软件结构、硬件结构等；最后，介绍了管理信息系统学科是多学科的综合，并对各个交叉学科进行了一定的讲解。

## 练习题

### 一、简答题

1. 管理信息概念、特征是什么？

2. 管理信息系统的特点是什么？

3. 管理信息系统的结构有哪些？各个结构的作用是什么？

4. 管理信息系统的学科基础都有哪些？

5. 请简要阐述管理信息系统的发展过程。

### 二、案例分析题

**销售主管的一天**

某公司销售主管李庆，经过两天的休息后，周一精神抖擞地准备去上班。他一般喜欢步行上班，在途中打开手机阅览订制的气象预报。进入公司大门时，他习惯性地将自己的公司身份卡在门禁的打卡机上刷了一下，李庆进入公司的时间立刻被人力资源管理系统记录在案了。

进入办公室后，李庆立刻打开办公桌上的计算机。他首先进入销售管理系统，打印销售报表，查看等待处理的电子邮件，其中两份是外地代理商要求增加发货的信函，李庆立刻将它们转发给成品库主管，同时利用系统的短信发送功能通知成品库主管。他从销售报表上发现销售量比上一周下降了10%，于是让系统列出了上周销售下降的代理商名单，看到销售量下降最多的就是要求增加发货的两个代理商。李庆在去开会以前，要求秘书拟订一下应对销售量下降的报告。

李庆在会上进行了汇报之后，公司主管生产经营的副总经理召集了生产部、销售部和信息部等部门的主管召开会议，讨论如何实现生产计划系统、销售系统、库房管理系统与采购系统的信息沟通问题。由于目前公司的销售系统便于销售人员在任何地方输入、查询客户资料和库存资料，可以很快汇总销售数据，能够满足销售部门的需要，因此，李庆对将销售系统与其他系统的集成并不感兴趣。

下班回家的路上，李庆用手机查看当天的一些重要新闻和已经收盘的股市情况，接着到超市购物，结账时，POS机直接从商品的条形码上读取了价格数据，汇总后，李庆用信用卡结了账。

**问题：**

在李庆一天的工作和生活中，他遇到并使用了哪些管理信息系统？请通过这些系统的信息处理方式，分析它们有哪些特点。

# 第二篇

# 信息技术基础篇

# 第3章 信息技术基础设施

学习目的

- 了解信息技术的概念及组织中信息技术的体系结构和基础设施
- 掌握硬件技术基础以及软件技术基础
- 了解硬件平台的发展

## JP 摩根士丹利的数据中心虚拟化

### 1. 新数据中心完全虚拟化

JP 摩根士丹利作为金融服务领域的巨头，它是追求自动化、虚拟化的新数据中心技术的先锋。这家公司积极参与多个新技术项目，其目的是最大化 IT 资源、减少成本和提高性能。公司副总裁 Shawn Findlan 在 2004 年初开始探求怎样增强其部门的基础架构。Findlan 认识到他需要修改基础架构而不是建造一些新的附件。那个时候，IT 部门刚刚完成了一个合并项目，减少了 25%～30%的成本，但这还不够好。Findlan 说："我们的任务是增加三倍的容量并优化环境，从而花更少的钱，使死机时间更短，容错能力更强。"当摩根士丹利公司完成虚拟化资源计算以后，Findlan 又开始准备实现虚拟化应用程序和数据库层的工作。因此 Findlan 的新项目信用衍生的基础架构更新(Credit Derivatives Infrastructure Refresh，CDIR)启动。Findlan 想要应用程序能够根据需求创建完全虚拟化的环境中选择服务器、数据库和其他组件，而不是使用 VMware 或 Sun 的虚拟化工具跨资源运行。当一个交易应用程序需要更多的服务器资源或者数据库资源时，这种灵活的基础架构将会迅速创建端对端的应用程序环境，以满足需求。Findlan 说："如果原数据中心出现故障，我们希望能够将应用程序迁移到一个'按需'生成的基础架构中，而这个基础架构并非每天都存在。"

### 2. 虚拟化应用程序资源库

Findlan 找到了 Enigmatec 公司，该公司提供的管理软件可以基于预先设置的政策自动分配资源。这个软件叫做 Execution Management System(EMS)。它可以发现系统故障，将变化加载到服务器上，并能利用预先设置的政策来修复出现的问题，还可以把应用程序从专用服务器资源中分离，并将其他可用的资源分配给该应用程序。EMS 用分配的代理服务器监控系统性能，比较实际性能与预先设置的性能指标有何不同，并且在性能下降时采取相应措施。当需要采取措施时，软件会自动将 CPU 资源分配到一个应用程序环境中，以适应更多容量的需要。IT 部门在所管理的系统上安装代理服务器软件，并且使用网络界面来创建政策，配置代理服务器和监控性能。通过使用 EMS，Findlan 说他能够从专有硬件上分离 IT 服务，或者由多个服务组成一个应用程序。他解释说，这种虚拟化允许一个应用程序组件从基础架构的各种组件中选择资源。

Yankee Group 的企业计算和联网总裁 George Hamilton 说："Enigmatec 软件的自动化和虚拟化比其竞争对手具有更智能的特性。对于数据中心实现整体自动化来说，基于策略的管理和虚拟化还只是完成了更大目标的一部分功能，而 Enigmatec 用灾难恢复/故障的方法解决了这一问题。"

**3. 从自定义桌面到虚拟化团队**

Gartner 公司曾询问了 170 个人的自定义个人工作空间的习惯，即是否在工作桌面平台加入他们自己的工具、设备、软件、音乐、信息资源等等。几乎一半(48%)被调查的人都说他们强烈地或者适度地自定义自己的工作环境。只有 10%的人说他们根本不去自定义。Gartner 公司负责调查的副总裁 Diane Morello 说，可以肯定，到 2015 年一半职员将会自定义 90%的工具和信息资源。他还说，聪明、有眼光的 IT 总裁(和其他业务领导)现在愿意花时间了解这种自定义趋势，并且思考其未来对企业的影响力。如果企业已经开始建立一个以网络为中心的、虚拟化的、开放式的新数据中心体系结构，能够提供各种按需分配的资源，并能支持其不断拓展，那么它正循着正确的道路前进。如果它正试着找到更好的方法来支持协作，那就更好了。最终，广泛的虚拟工作团队会成为未来工作模式的典范。通过现在就开始支持密集协作的工作环境，企业就会把自己公司的 IT 专业人员培养成为一支具有优势的虚拟工作团队。

**问题：**

1. 数据中心虚拟化为 JP 摩根士丹利的运营带来了哪些变革?

2. 结合本案例阐述信息技术对企业发展的重要性。

(资料来源 http://www.chinabyte.com/)

# 3.1 组织中的信息技术基础设施

## 3.1.1 信息技术基础设施的概念

信息技术基础设施，从字面上来讲，很容易让人理解成一些看得见、摸得着的设备。然而这些只能反映信息技术基础设施的物质属性，或者说是固定资产的属性，无法代表信息技术基础设施的全部。信息技术基础设施是为其他业务系统提供运作基础的共享的信息技术服务能力，这些能力包括提供可靠服务所需的内部技术(设施、软件和网络)和管理经验。信息技术基础设施由信息技术设施和信息技术人员基础设施两个元素组成。上述定义深刻地指出了信息技术基础设施的几个最重要的方面：

①信息技术基础设施从本质上来说是一种信息技术服务能力；

②信息技术基础设施的作用是为其他业务系统提供运作的基础；

③信息技术基础设施能够通过技术成分与管理成分来提供可靠的服务；

④信息技术基础设施的组成包括"技术"和"人"两个方面。

如今，信息技术系统的分工已经进一步专业化，信息技术基础设施的专业化水平得到了进一步的提升，人们对信息技术基础设施的特性也有了更为深刻的理解。具体说有以下方面：

①强化了信息技术基础设施的资产属性。由于信息技术基础设施本身包含了大多数的信息技术设备，作为企业固定资本的一种，信息技术基础设施需要体现其富有竞争力的投资价值。

②进一步明确了信息技术基础设施的服务功能。很明显，比起某台服务器的具体技术指

标，现代企业更为关心其在企业业务系统中所发挥的作用。这需要信息技术基础设施结合“技术”和“人”，以及相关的流程来提供高质量的服务。

③提高了信息技术基础设施的安全要求。现在，信息技术基础设施不仅关系到企业业务的正常运转，还往往与企业的商业机密、无形资产相联系，因此信息技术基础设施的安全性、稳定性显得尤为重要。

### 3.1.2 信息技术基础设施的发展

信息技术借助于计算机科学和通信技术来设计、开发、安装和实施信息系统及应用软件。计算机硬件技术和软件技术、网络通信技术及信息存储技术是推动信息技术发展的动力源泉，正因为有这些技术的不断发展和积极融合，才成就如今信息技术的智能高效、灵活稳定。

从1946年第一台电子计算机(electronic numerical integrator and computer, ENIAC)诞生到信息技术的普及应用，计算机部分地代替了人的智能，网络提高了人们之间信息传递的速度，使信息资源共享、交流成为可能。计算机不再是孤立的机器个体，它成为连接整个信息社会的基础设施。

支撑信息社会的重要技术包括计算机硬件技术、计算机软件技术、信息存储与处理技术以及网络与通信技术这四种技术。计算机硬件技术包括更快的运算速度、大容量存储设备、各种输入输出设备以及相应的服务；计算机软件技术包括满足不同需要的各种操作系统与应用软件、软件工程方法、程序设计语言、程序开发环境等；信息存储与处理技术包括信息提供、组织、存储、检索、展示等；网络与通信技术则包括传输电缆、光缆、通信传输、通信处理、通信卫星和无限通信等。这些技术逐步形成了信息社会的四大产业圈——计算机制造业、计算机软件业、通信与网络设备业和信息服务业。

信息技术的显著发展表现在以下几个方面：

①微电子技术和器件工艺、半导体超大规模集成电路的技术日新月异，显著的摩尔定律指出芯片的处理速度每18个月提高一倍。

②存储介质的存储容量和质量有很大的提高，光存储技术发展迅速，使得大容量信息的存储和访问成为可能。

③随着计算机软件技术的发展，网络操作系统、开发平台软件及工具软件与时俱进。

④数据库管理系统及大型数据库开始研制，超媒体数据库、多维数据库、面向对象数据库开始研发。

⑤计算机网络技术的快速成长，尤其表现在数字传输、交换技术、高数据传输率、光纤传输等领域。

### 3.1.3 信息技术体系的结构

在企业、学校和其他组织中，信息技术体系结构是一个为达成组织战略目标而采用和发展信息技术的综合结构。它包括管理成分和技术成分。管理成分包括使命、职能与信息需求、系统配置和信息流程；技术成分包括用于实现管理体系结构的信息技术标准、规则等。

由于计算机是信息管理的中心，计算机部门通常被称为“信息技术部门”。有些公司称这个部门为“信息服务”(IS)或“管理信息服务”(MIS)。另一些企业选择称之为“外包信息技术”部门，以求获得更好的效益。

## 3.2　硬件技术及平台

硬件是计算机系统中的物理组成部分，即人们可以看见、可以接触的部分。计算机系统中的其他内容均基于硬件之上，图 3－1 给出的是计算机硬件结构。

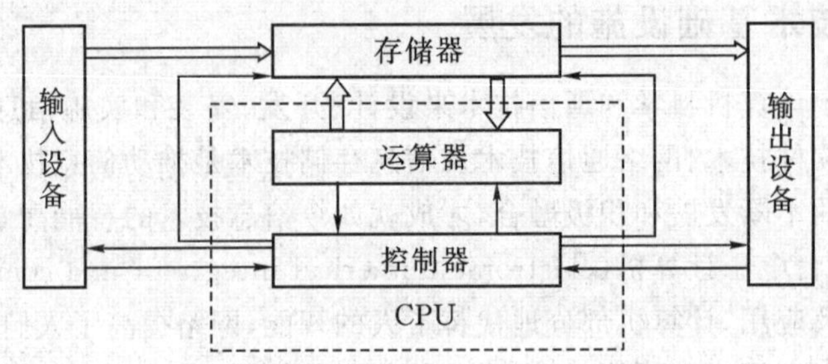


图 3－1　计算机硬件结构

根据规模和用途的不同，计算机可以分为个人计算机（personal computer，PC），包括台式PC、笔记本电脑、平板电脑、工作站（work station）、小型机（mini-computer）、大型机（mainframe）、超级计算机（super-computer）等类型，并仍然处于多样化的发展之中，各种新型产品层出不穷。在各种微型的计算机中，个人计算机是当前最为普及，也是最为重要的一种。在网络技术支持下的微型计算机系统越来越显露出计算机能力和多种应用能力上的优势，很有可能在未来的计算机硬件环境中占据主导地位。

一般而言，计算机硬件的功能包括输入（input）、处理（process）、输出（output）三个环节。同时，在处理的过程中还需要对数据进行存储。因此，总体而言，计算机硬件包括处理器、输入设备、输出设备、存储设备四大部分。

### 3.2.1　硬件技术基础

**1. 中央处理器**

中央处理器即是通常所说的 CPU（central processing unit），它是计算机的核心。CPU 是负责解释并执行指令，协调系统中其他硬件共同工作的硬件。CPU 的功能就是高速、准确地执行预先安排好的指令，每一条指令完成一次基本的算术运算或逻辑判断。近几十年来，由于微电子技术的飞速发展，以超大规模集成电路为基础的功能芯片的发展和更新速度不断加快。当今 CPU 的主要制造商包括 Intel 和 AMD，如图 3－2 所示。

图 3－2　中央处理器

CPU包括两个主要部分，即控制器和运算器。控制器部分从内存储器中读取指令，并控制计算机的各部分完成指令所指定的工作。运算器则是在控制器的指挥下，按指令的要求从内存储器中读取数据，完成运算，运算的结果再保存回到存储器中的指定地址。

计算机的性能在很大程度上由CPU的性能所决定，而CPU的性能主要体现在其运行程序的速度上。影响运行速度的性能指标包括以下参数。

(1)主频。主频也称时钟频率，单位是兆赫(MHz)或千兆赫(GHz)，用来表示CPU的运算和处理数据的速度。通常主频越高，CPU处理数据的速度就越快。

(2)外频。外频是CPU的基准频率，单位是MHz。CPU的外频决定着整块主板的运行速度。在计算机主板上，以CPU为主，内存和外围设备之间需要协同工作，进行数据交换时它们必须分秒不差，按照一个固定时钟来做时间上的校正，这个固定时钟就是外频。

(3)总线频率。前端总线(FSB)频率(即总线频率)直接影响CPU与内存之间数据交换的速度，其计算公式为：

$$数据带宽=(总线频率\times数据位宽)\div 8$$

数据传输最大带宽取决于所有同时传输的数据的宽度和传输频率。比如，支持64位的至强Nocona，前端总线是800MHz，按照公式，它的数据传输最大带宽是6.4GB/秒。

(4)倍频系数。倍频系数是指CPU主频与外频之间的相对比例关系。在相同的外频下，倍频越高，CPU的频率也越高。但实际上，在外频相同的前提下，高倍频的CPU本身意义并不大。这是因为CPU与系统之间数据传输速度是有限的，一味追求高主频而得到高倍频的CPU就会出现明显的“瓶颈”效应——CPU从系统中得到数据的极限速度不能够满足CPU运算的速度。

(5)缓存。缓存大小也是CPU的重要指标之一，其结构和大小对CPU速度的影响非常大，CPU内缓存的运行频率极高，一般是和处理器同频运作，工作效率远远大于系统内存和硬盘。实际工作时，CPU往往需要重复读取同样的数据块，而缓存容量的增大，可以大幅度提升CPU内部读取数据的命中率，而不用再在内存或者硬盘上寻找，以此提高系统性能。但是由于从CPU芯片面积和成本的因素来考虑，缓存都很小。

(6)CPU指令集。每款CPU在设计时就规定了一系列与其硬件电路相配合的指令系统。指令的强弱也是CPU的重要指标，指令集是提高微处理器效率的最有效工具之一。

从现阶段的主流体系结构来讲，指令集可分为复杂指令集和精简指令集。而从具体运用来看，指令集可分为基本指令集和扩展指令集，如Intel的MMX、SSE、SSE2、SSE3、SSE4系列和AMD的3DNow！等都是CPU的扩展指令集，分别增强了CPU的多媒体、图形图象和Internet等的处理能力。

(7)工作电压。从586CPU开始，CPU的工作电压分为内核电压和I/O电压两种，通常CPU的内核电压小于等于I/O电压。其中，内核电压的大小根据CPU的生产工艺而定，一般制作工艺越小，内核工作电压越低；I/O电压一般都在1.6～5V。低电压解决了耗电过大和发热过高的问题。

**2.主存储器**

主存储器就是平时所说的内存。它通常由半导体电路组成，通过总线与CPU相连。它是计算机内用于临时保存信息，并且是操作系统以及应用软件程序的内存区域，如图3-3所示。

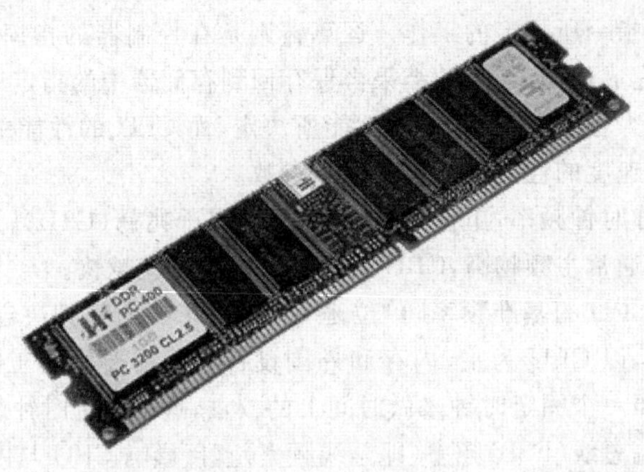


图 3-3　内存条

(1)内存单元的地址和内容。内存单元的地址和内存单元的内容是两个完全不同的概念。内存中存放的数据和程序,从形式上看都是二进制数。内存是由一个个内存单元组成的,每一个内存单元中一般存放一个字节的二进制信息。每个单元的八个二进制位足以用来表示一个用 ASCII 码表示的字母、数字或其他符号。计算机通过为各个内存单元规定不同地址来管理内存。每个单元有一个唯一的地址,就像邮箱一样,标明它在 RAM 中的位置。计算机只须通过这些地址就可以知道数据存放在哪一个单元里。这样 CPU 便能识别不同的内存单元,正确地对它们进行操作。

(2)内存操作。CPU 对内存的操作有读、写两种。读操作是 CPU 将内存单元的内容读入 CPU 内部,而写操作是 CPU 将其内部信息传送到内存单元保存起来。显然,写操作的结果改变了被写单元的内容,而读操作则不能改变被读单元中的原有内容。

(3)内存分类。按工作方式不同,内存可分为两大类,即随机存取存储器(random access memory, RAM)和只读存储器(read only memory, ROM)。

RAM 是可读写的内存储器,这种存储器用于存放用户装入的程序、数据及部分系统信息。当机器断电后所存信息就会消失,因此,RAM 属于易失性存储器。

ROM 用于永久存放特殊的专门数据,即当机器断电后,信息并不丢失,ROM 属于非易失性存储器。所以,这种存储器主要用来存放各种程序,如汇编程序、各种高级语言解释或编译程序、监控程序、基本 I/O 程序等标准子程序,也用来存放各种常用数据和表格等。ROM 中的内容一般是由生产厂家或用户使用专门设备写入固化的。

(4)内存容量。内存单元的总数目叫做内存容量。内存容量由字节表示,最普遍的是用兆字节表示。一兆字节(MB)大约是 100 万字节。如果计算机内存是 256MB,它就可以容纳大约 2.56 亿个字符的信息和软件指令。

**3. 辅助存储器**

辅助存储器又称外存储器(secondary storage),是挂接在计算机上的外部存储设备。它通过总线与主板相连。与内存不同,辅助存储器在关机时不会丢失信息。其特点是数据存储容量大,可以长期保存,但对其数据的读写速度要比内存储器慢得多。

常见的辅助存储设备包括几种:

(1)磁盘。磁盘是直接存取的存储介质,也就是说对磁盘读写数据时,磁盘的读写磁头能直接到达数据所在的位置,这样读写速度快,可以节省许多时间。

磁盘通常分为软盘和硬盘。软盘于1972年问世,并在随后的20多年的时间里迅速发展。软盘是很脆弱的,存在软盘上的东西很容易由于软盘保存和使用不当而丢失,这是软盘的一个很大的缺点。同软盘相比,硬盘具有存取速度快、容量大、可靠性高等特点。硬盘的盘体由多个重叠在一起并由垫圈隔开的盘片组成,盘片是表面极为平整光滑且涂有磁性物质的金属圆片。由于硬盘盘片在驱动器内部,密封在金属盒中,防潮、防尘性能很高,工作时磁头悬浮在高速转动的盘片上方,并不与盘片直接接触,因此在正常使用情况下磨损很小。磁盘有针对台式机的,也有笔记本专用的笔记本磁盘。笔记本磁盘通常为2.5英寸,比台式机硬盘体积小,转速相对较低。

(2)光盘。光盘是一种硬质塑料盘,这种盘上的数据是通过用激光在盘上烧灼出一个个小坑来记录的。光盘设备可直接读取光盘上的数据,即用一种低能激光测量盘上凹坑(或没有凹坑的地方)的反射光的差异来读数据。每个凹坑代表二进制数1;每个没有凹坑的地方代表二进制数0。这样如果制作了主光盘,就能用与生产CD唱片相似的技术复制光盘。

最常用的光盘是只读式紧凑光盘(compact disk read-only memory,CD-ROM)。写入CD-ROM的数据不能再次修改,所以称为“只读”。CD-ROM的最大特点是盘上信息一次制成,可以复制,但不能再写。

目前正在广泛流行的存储形式是数字视频盘(digital video disk,DVD)。DVD标准早在1996年就已经提出了,它的特点是存储容量比CD-ROM大了很多。DVD盘很像CD-ROM盘,只是更薄一点,因此DVD播放器能读CD-ROM,但CD-ROM播放器不能读DVD。

与其他辅存相比,光盘最主要的优点是存储容量大。所以,光盘能够被用来存储声音和图像,或者存储那些将来可能使用的不确定数据。然而光盘也有一些不足,比如同磁盘相比存取速度慢等,但这些不足会逐渐得到弥补。

(3)闪存类存储器。闪存类存储器的存储介质为半导体电介质。与其他移动存储器相比,闪存类存储器具有体积小、寿命长、可靠性高等优点。采用flash技术的存储器最常见的是数码产品上面用的CF卡,这种卡需要专门的插槽,如果想要和微机连接则需要读卡器,并不方便。所以用CF卡作为移动存储器并不多见。在众多闪存类存储器中,USB闪存盘异军突起,这种闪存盘的优点是只要微机上有USB接口就可以相互传递数据,速度快,不用专门驱动器,并且体积超小,重量极轻,非常适合随身携带。现在USB闪存盘的容量不断扩大,比较常见的是1~4GB。

(4)固态硬盘。固态硬盘(solid state disk/solid state drive,SSD)是一种使用永久性存储介质(如闪存)或非永久性存储介质的计算机外部存储设备。固态硬盘用来在便携式计算机中替代常规硬盘。虽然在固态硬盘中已经没有可以旋转的盘装机构,但是依照人们的命名习惯,这类存储器仍然被称为“硬盘”。作为常规硬盘的替代品,固态硬盘被制作成与常规硬盘相同的外形,例如常见的1.8英寸、2.5英寸或3.5英寸规格,并采用了相互兼容的接口。和常规硬盘相比,固态硬盘具有低功耗、无躁动、抗震动、低热量的特点。这些特点不仅使得数据能更加安全地得到保存,而且延长了靠电池供电的设备的连续运转时间。

**4. 输入设备**

输入设备可以让将外部信息(如文字、数字、声音、图像、程序、指令等)转变为数据输入到计算机中，以便加工、处理。输入设备是人们和计算机系统之间进行信息交换的主要装置之一。

(1)鼠标和键盘。鼠标和键盘常用来输入字符、文本和命令等数据。通过键盘可以将信息转换为数据，输入到计算机中。鼠标可以用来"指向"和"单击"屏幕上的符号、图标、菜单和命令，使计算机产生许多动作，如将数据存入计算机系统。

(2)语音识别设备。语音识别设备能辨识人的发音，用麦克风和特殊软件记录人的声音并转换成数字信号。在工厂车间中，可以使用这种设备代替人工操作向机器发出指令，节省人力。语音识别也用在安全系统中，即只允许被授权的人进入控制区域。

(3)扫描仪。图像和字符可用扫描仪输入。页扫描仪外观很像复印机，要扫描的页被插入扫描仪中或朝下放在玻璃板上，盖好后扫描。手持扫描仪主要用来进行人工图像扫描。页扫描仪和手持扫描仪都能将单色或彩色图画、表格、文本和其他图像转换成数字形式。

(4)光数据读入器。光数据读入器是用于扫描文档的专用扫描仪，分为标记识别读入器(optical mark recognition，OMR)和光字符识别读入器(optical character recognition，OCR)。例如，用铅笔将考试用专用机读卡填充成为"标记感知表格"的 OMR 表格后，就可以用 OMR 读入器来完成记分工作。大多 OCR 读入器根据反射光可识别不同字符。OCR 读入器用特殊软件将手写或者打印的文档转换成数字数据，一旦数据被录入计算机，就能被更多人共享，并在网络中修改、传递。

(5)触摸屏。屏幕技术的进步使得显示屏也能作为输入/输出设备。触摸屏幕上的某个部分，就能执行程序或使计算机执行某项操作。

(6)条形码扫描仪。条形码扫描仪是用激光扫描器读条形码标签，这种设备广泛地用于商店结账和仓库存储控制中。

(7)射频识别。射频识别(radio frequency identification，RFID)技术，又称电子标签，可通过无线电信号识别特定目标并读写相关数据，而无须识别系统与特定目标之间建立机械或者光学接触。射频识别技术可成为实体对象(包括零售商品、物流单元、集装箱、货运包装、生产零部件等)的唯一有效标识，因此应用的领域十分广泛。特别是在物流管理方面，射频技术可以实现从商品设计，原材料采购，半成品与制成品的生产、运输、仓储、配送、销售，甚至退货处理与售后服务等所有供应链环节中的即时监控，准确掌握产品信息。许多人把射频识别技术看做继互联网和移动通信两大技术之后影响商务模式发展的又一重大技术创新。

**5. 输出设备**

输出设备是通过看、听或其他方式接受信息处理结果的工具，它的作用是将经过计算机信息处理而得到的二进制代码信息转换成人们能够直观地理解和使用的形式。在输出设备中，以显示器和打印机最为普遍，但有时也会使用扬声器和绘图仪。

(1)显示器。显示器常用于输出动态的、富于变化的信息，友好的图形化界面是计算机发展过程中的一大进步，方便了人机交互，极大地促进了计算机的普及。显示器是计算机必备的输出设备。

显示器工作时，出现在屏幕上的图像由许多微小的发光点组成，这些发光点就是像素。像素数量称为屏幕分辨率，是衡量显示器清晰度的重要指标。现在常用的显示器主要有两类，即阴极射线管显示器(cathode-ray tube，CRT)和液晶显示器(liquid crystal display，LCD)。图 3－4左边是阴极射线管显示器，右边是液晶显示器。阴极射线管显示器所显示的图像亮度高，对比度强，色彩鲜艳，价格比液晶显示器便宜。液晶显示器的成像原理与阴极射线管显示器不同，其最大特定就是重量轻、体积小、功耗低、辐射低以及环保等。

图3-4 显示器

(2)打印机。打印机经历了与显示器同样的进步，其变化主要体现在分辨率和打印速度两个特点上。打印机从击打式打印机演变为非击打式打印机，分辨率和打印速度都有很大的提高。击打式打印机需要机械设备接触到纸张才能输出打印的内容，就像老式打字机中的键击打到纸张上一样。击打式打印机用已制好形状的字符或用一组金属针在纸上打点。非击打式打印机不需要机器接触纸张。激光打印机和喷墨打印机都属于非击打式打印机，目前已成为标准的打印设备。喷墨打印机是把墨喷到纸张表面，其分辨率大约是每英寸300点，优点在于体积小，而且成本比激光打印机低。喷墨打印机在实用方面优于激光打印机之处在于它能以相对低的成本输出彩色打印。激光打印机的分辨率为每英寸300～1200点，打印文本的速度为每分钟4～20页，其打印图形的速度一般是打印文本速度的一半。

## 3.2.2 硬件平台的发展

计算机硬件体系结构的发展主要体现在两个方面。一方面是研制新型的计算机体系结构，提高并行计算和处理的能力，特别体现在智能体系结构的理论和应用方面；另一方面是以硬件或固件为发展主线的大规模集成电路的研制和开发。这里主要从处理器、存储器和外围设备三方面的发展现状和发展趋势进行介绍。

**1. 处理器的发展**

人们通常将处理器的发展划分为两个时代，即1970—2005年的单核时代和2006年之后的多核时代。

从1970—2005年，在这30多年的时间里，桌面CPU无论性能如何变化，它们都是以单核的形式出现，在这个阶段CPU的明显特征就是唯主频论。1971年因特尔公司推出了世界上第一台微处理器4004，这是第一个用于计算机的4位微处理器。1985年因特尔推出了80386芯片，它是80X86系列中的一种32位微处理器，在制造工艺方面有了很大的进步。1997年11月，因特尔和惠普公司宣布推出64位的EPIC(显性并行指令计算)架构以及相应的产品计划。2000年以180nm铜导线搭绝缘硅(SOI)制程打造Power4处理器工程样本开机成功，随即成为业界对双/多核心处理器发展的关注焦点。2004年底，AMD和因特尔公司先后推出了64位个人用处理器。

从 2006 年开始，处理器领域已进入一个全新的多核时代，双核处理器的出现标志着以主频论英雄的年代正式结束。业界巨擘无论是因特尔还是 AMD 都已经明确表示，今后 CPU 将会是双核乃至多核的世界。多核设计正在为摩尔定律带来新的生命力，多核化趋势也正在改变 IT 计算的面貌，与传统的单核 CPU 相比，多核处理器有助于突破单核技术的性能局限，为处理今后更先进的软件提供足够的性能和能力，并且多核 CPU 带来了更强的并行处理能力、更高的计算密度和更低的时钟频率，大大减少了散热和功耗，带来更多的性能和生产力优势。多核处理器提供了高性价比和高效节能的技术，可以解决当今处理器设计所面临的各种挑战。同时，多核处理器在推动 PC 安全性和虚拟技术方面起到关键作用，为虚拟技术的发展能提供更好的保护、更高的资源使用率和更可观的商业计算市场价值。

**2. 存储器的发展**

随着人类社会的进步，人类创造的有价值的数据信息越来越多，对这些数据的保存必将促进对存储的需求，因而对存储硬件的需求将呈现爆炸性增长和可扩展性的趋势，未来存储器发展将更多地关注提高其速度和可靠性而不是提高其容量。所以，未来存储器要求容量无限增大而且具有可扩展性。其发展可以从以下五个指标入手：容量、速度、可扩充性、价格和体积。

存储器的发展都具有容量更大、体积更小、功耗更低的趋势，这在闪速存储器行业表现得尤为淋漓尽致。借助于先进工艺的优势，Flash Memory 的容量可以更大，同时芯片的封装尺寸更小，Flash Memory 已经变得非常纤细小巧，先进的工艺技术也决定了存储器的低电压的特性。这符合国际上低功耗的潮流，同时促进了便携式产品的发展。

由于应用需求的推动，非易失性存储器技术发展非常迅速。以前许多应用只需存储少量启动代码即可，而现在的应用却需要存储千兆字节（GB）的音乐和视频数据，也因此为非易失性存储器的发展带来了革命性的变化。非易失性存储器起源于简单的掩膜只读存储器（ROM），随后演变成 PROM，再后来成为 EPROM。1988 年因特尔公司公布了快速随机存取的 NAND 闪存。最初，NAND 闪存的年度发货量增幅缓慢，后期则成为市场上炙手可热的产品，其在市场上取得的成功主要归功于它独特的特点。

从读取和写入的角度来看，易失性存储器通常都是非常快速的，而非易失性存储器的写入一般较为缓慢，非易失性存储器还在写入上存在着固有的局限性，即在一定次数的写入操作后，存储器会达到自己的承受极限而出现故障。而理想的存储器应当具备非易失性以及与 SRAM 类似的存取速度，同时没有读取/写入次数限制，以及只消耗少量功率，正是这些因素推动着新一代非易失性存储器的快速发展。

**3. 外围设备的发展**

外围设备包括输入设备、输出设备和辅助存储器。从计算机硬件角度看，主机部分主导地位一直保持到 20 世纪 70 年代中期。后来作为计算机的"手足"、"感官"和"数据仓库"的外围设备的重要性日益增长，新型高性能品种不断涌现，加上数据库技术的成熟，要求配以越来越大的辅助存储器，从而使得外围设备在硬件成本中的比重越来越大。特别是由于输入设备和输出设备的发展，人同计算机的交互界面越来越友好。起初人们只能用枯燥的数字、文字同计算机打交道，20 世纪 80 年代图形用户接口（GUI）技术的成熟将人们带进了"图文并茂"的多媒体时代，人们不再感到计算机只是一部冰冷的机器。而输入设备和输出设备则朝高性能、多样化、智能化和多媒体方向发展。速度仍然是对输入设备和输出设备的最根本和迫切性的要求。需要指出的是，一方面外围设备中已越来越多地嵌入微处理器和软件进行控制以达到智能化和高性能的目标，另一方面也常常将原属外围设备或外围设备控制器的部分功能直接设计进 CPU，以降低成本和改善性能。现在发展最快的就是嵌入式领域，这同样会带来存储类硬件向大容量、低功耗的方向发展，同时嵌入式领域各种专用的处理部件性能也会得到极大的提高，摩尔定理将会继续发挥作用。可用的晶体管资源将会不断增加，它将为硬件的发展和性能的提高提供物质基础。外围设备在半导体电子技术外的其他领域，如量子计算机、生物芯片等领域也将会取得巨大进步，据预测在 21 世纪 20 年代电子电路的设计尺寸会小到原子及分子尺寸，摩尔法则将不再成立，那时量子计算机将取得巨大发展。

## 3.3 软件技术及平台

计算机软件是一系列相关的程序和相应的文档组成的集合。它利用计算机本身提供的逻辑功能，合理地组织计算机的工作，简化或代替人们在使用计算机过程中的各个环节，提供给用户一个便于掌握操作的工作环境。不论是支持计算机工作，还是支持用户应用程序，都是由软件来执行。

计算机软件主要分为系统软件和应用软件两大类。系统软件(system software)是用来管理计算机中 CPU、存储器、通信联结以及各种外部设备等所有系统资源的程序，其主要作用是管理和控制计算机系统的各个部分，使之协调运行，并为各种数据处理提供基础功能；应用软件(application software)是用来完成用户所要求的数据处理任务或实现用户特定功能的程序。在一个计算机系统中，硬件、系统软件、应用软件及用户之间的关系如图 3-5 所示。

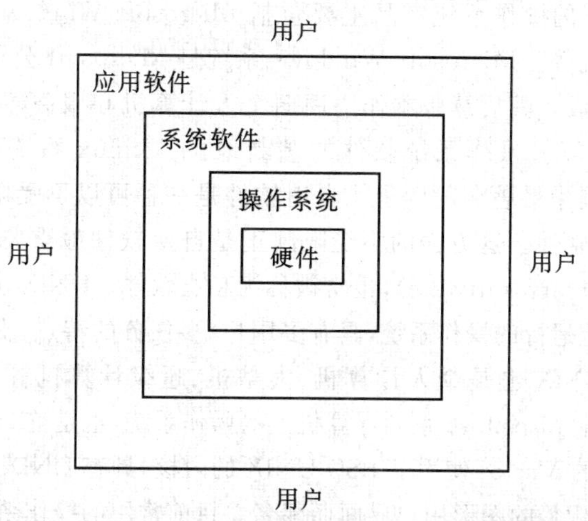


图 3-5 计算机系统的层次结构

### 3.3.1 软件技术基础

1. 系统软件

系统软件负责管理计算机系统中各种独立的硬件，使得它们可以协调工作。系统软件使得计算机用户和其他软件将计算机当作一个整体而不需要顾及到底层每个硬件是如何工作的。

一般来讲，系统软件包括操作系统和一系列基本的工具(如编译器、数据库管理、存储器格式化、文件系统管理、用户身份验证、驱动管理、网络连接等方面的工具)。

(1)操作系统。操作系统(operating system,OS)是计算机中用来控制和管理系统中的硬件资源和软件资源,并且提供用户支持的程序以及与之有关的各种文档的工具。它是整个计算机系统的管理指挥中心,主要包括五大管理功能——处理器管理、存储器管理、设备管理、文件管理、用户接口。例如,在使用excel生成一张图表时,如果想把它打印出来,计算机的操作系统软件将接收这一信息,确保计算机与打印机相连,打印机中有纸(如果缺纸,系统会提示),并将图表连同如何打印的指令一起送至打印机。

操作系统是介于用户和计算机硬件之间的操作平台,只有通过操作系统才能使用户在不必了解计算机系统内部结构的情况下正确使用计算机。所有的应用软件和其他的系统软件都是在操作系统下运行的。

操作系统主要有以下功能:

①处理器(CPU)管理。当多个程序同时运行时,操作系统解决处理器时间的分配问题。

②存储器管理。操作系统为每个应用程序提供存储空间的分配和应用程序之间的协调,保证每个应用程序在各自的地址空间内运行。

③设备管理。操作系统协调、控制主机和外部设备之间输入输出数据。

④文件管理。操作系统主要负责整个文件系统的运行,包括文件存储、检索、共享和保护,为用户操作文件提供接口。

⑤用户接口。用户上机操作时直接用操作系统提供的用户接口。操作系统对外提供多种服务,使得用户可以方便、有效地使用计算机硬件和运行自己的程序。现代操作系统向用户提供如下三种类型的界面,即命令界面、程序界面和图形界面。

当前,使用较为广泛的操作系统产品主要包括Microsoft Windows系统、UNIX类系统、Linux系统、Mac os系统等。Microsoft Windows系统是Microsoft公司于1985年在DOS操作系统的基础上开发而成。其后续版本作为面向个人计算机和服务器用户设计的操作系统,最终获得了世界个人计算机操作系统软件的垄断地位。Linux系统是自由软件(free software)和开放源代码发展中最著名的例子。自由软件是一种可以不受限制,可以自由使用、复制、研究、修改和分发的软件。这方面的不受限制正是自由软件最重要的本质,与自由软件相对的是闭源软件(proprietary software),也常被称为私有软件。UNIX类系统是美国AT&T公司1971年在PDP-11上运行的操作系统,具有多用户、多任务的特点,支持多种处理器架构,直到Linux系统流行前,UNIX也是个人计算机、大型机、超级计算机等所用操作系统的主流。Mac os是一套运行于苹果Macintosh系列计算机上的操作系统,也是首个在商用领域获得成功的图形用户界面。新版本的Mac os使用了BSD UNIX的内核,具有UNIX风格的内存管理和进程控制功能。Mac os以其优美的图形用户界面而闻名。目前常用的操作系统如表3-1所示。

**表3-1 常见的操作系统**

| 操作系统 | 特征 |
| --- | --- |
| Windows 7 | 64位操作系统,图形用户界面,供各种个人电脑使用,具有多种版本,市场占有率高 |
| UNIX | 功能强大,支持多用户、多任务,方便跨越个人计算机、工作站、大型机等各种机器平台 |
| Linux | 开放源码软件,设计可靠、精简,可以在不同的硬件平台上操作 |
| Mac os x系统 | 苹果公司麦金塔电脑的专属操作系统,具有简洁精美的用户界面,能充分利用64位、多核处理器和GPU图形处理器 |

2. 应用软件

应用软件是为了某种特定的用途而被开发的软件。它可以是一个特定的程序，比如一个图像浏览器；也可以是一组功能联系紧密，可以互相协作的程序的集合，比如微软的Office软件；还可以是一个由众多独立程序组成的庞大的软件系统，比如数据库管理系统。应用软件的主要任务就是为个人、团队或组织提供解决问题或完成特定工作的计算机程序及其附属文档或数据。应用软件涵盖的范围很广，从文本工具到网络浏览器，从炒股软件到财务软件，从网络游戏到视频播放器都是应用软件，它已在个人与组织中的各类活动中得到广泛运用。

从应用软件的功能来看，主要可以划分为以下六类。

(1)办公软件。办公软件是指可以进行文字的处理、表格的制作、幻灯片的制作、简单数据库的处理等方面的工作的软件。目前办公软件朝着操作简单化、功能细化等方向发展。讲究大而全的Office系列和专注某些功能深化的小软件并驾齐驱。另外，政府用的电子政务、税务用的税务系统、企业用的协同办公软件，这些都属于办公软件的范畴。目前常用的办公软件包括微软Office系列、金山WPS系列、永中Office系列等文字处理软件，还有Windows Live Mail、Outlook、Express等电子邮件客户端。

(2)网络软件。在计算机网络环境中，用于支持数据通信和各种网络活动的软件称为网络软件，如即时通讯软件、电子邮件客户端、网页浏览器等。为了把本机系统的功能和资源提供给网络中的其他用户使用，以及实现用户间的双向沟通，都需要安装特定的网络软件。常见的用于实现网络通信的软件有ICQ、Windows Live Messenger、Skype、QQ、AOL Instant Messenger等；流行的浏览器有Internet Explorer、Firefox、Chrome、Opera、Safari等；下载管理软件有Qrbit、迅雷、快车和QQ旋风等；图形图像软件有Adobe Photoshop、CorelDRAW、painter、GIMP、3DS MAX等。

(3)多媒体软件。多媒体软件是帮助用户操作计算机实现多媒体功能的应用软件。多媒体软件既可以是实现对多媒体内容的制作，也可以是将多媒体的内容通过多媒体硬件设备呈现在用户面前，媒体播放器、图像编辑软件、音频编辑软件、视频编辑软件、计算机辅助设计、电脑游戏、桌面排版等软件都属于该类。在多媒体软件中，音乐播放软件有Winamp、Foobar2000、酷狗音乐，影音播放软件有GOM Player、WMP、暴风影音。

(4)分析软件。分析软件是一种帮助用户对大量数据运用数学方法进行运算、统计、处理的计算机软件，包括计算机代数系统、统计软件、数字计算软件、计算机辅助工程设计等类别，常见的如SPSS、Eviews等软件。

(5)信息管理软件。信息管理软件主要是指用于实现企业应用的软件。这类软件是组成信息系统的主体，企业中各个管理层次、各个组织机构都可以使用相应的软件来支持其工作流程的运行、任务的完成、决策的制定、绩效的评定等，Oracle Database数据库、SQL Server数据库、会计软件、企业工作流程分析软件、客户关系管理软件、企业资源规划软件、供应链管理软件、产品生命周期管理软件、企业级数据库管理软件都包含于这类软件之中。

(6)其他应用软件。应用软件种类繁多、包罗万象，能够满足不同群体对计算机应用的不同需求，除上述类别的应用软件外，常用的应用软件还有以下类型：辅助设计软件，如CATIA、NX、Auto；教育与娱乐软件，如各种单机游戏；后期合成软件，如After Effects、Combustion、Digital Fusion、Shake、Flame；安全软件，如360安全卫士、360杀毒、德国小红伞、卡巴斯基、瑞星杀毒、金山毒霸；虚拟机软件，如VMware、VirtualBox、Microsoft Virtual PC等等。

## 3.3.2 软件平台发展

自 20 世纪以来，微电子、芯片制造、软件工程等技术的相互促进和飞速发展，奠定了 21 世纪新一代网络技术系统基本构架的雏形。网络技术发展至现在的水平，越来越呈现出相关技术相互协同发展的趋势，硬件、软件、网络等以前看似相互独立的技术范畴也开始相互渗透、互相促进，正共同经历着一个从量变到质变、从独立到统一的发展过程。

新一代网络技术条件下的软件开发技术平台将有以下热点。

1. 软件开发应遵循“软件导向”

软件项目的日常决策会受到价值评判、成本权衡、人力因素、宏观经济趋势、技术趋势、市场形势和时机等传统经济因素的制约。因此，软件生产不仅是一项高技术含量的工作，更是一项需要考虑成本因素的复杂系统工程。随着软件交付在企业中的地位日趋重要，传统的软件工程原则无法再为企业带来更多竞争优势。“软件经济学”便诞生在这一背景之下。

软件经济学的目的是为了成功地实现交付，关注软件开发中价值的判定、成本的权衡、人性的因素、宏观经济趋势、技术趋势以及市场状况和时机。它力图更好地挖掘经济目标、系统规定参数、内外部条件和软件开发技术之间的关系，来提升项目、企业、行业的业务价值。而软件工程学不再适应软件开发的原因也在于此，传统行业的工程管理理念无法解决软件开发这一服务产业业务灵活多变的特点。

2. 开源软件

开放源代码（简称开源）软件从 1984 年开始由美国的 Richard Stallman（自由软件基金会创办人）大力倡导。一般开源软件，由于软件的著作权人放弃了自己知识产权中的获得报酬权，只收取软件整合与服务的费用，主要靠提供服务和技术支持赚钱，销售成本极低，从而开源软件价格极低，几乎是免费。但这里的 free software（自由软件）是一种版权法意义上的定义，指使用者有自由修改程序并重新散布的权利，并不是免费的意思，所以在 1998 年由 Eric Raymond 提出，改名为开放源代码（open source）。

开源的最大特色在于开发人员和使用者可观看内码、修改程序，软件源代码可自由流通，不受知识产权的约束。GNU（自由软件联盟）通用公共许可证力图保证所有开源软件使用者有共享和修改开源软件的自由，软件自由流通让软件设计者自由修改源代码，这也激发了世界各地更多的软件开发人员投入到开源软件的开发中，人们可以及时发现并解决程序中存在的问题，提高软件的性能，减少大量不必要的重复劳动，软件开发人员的集体智慧从而得到充分发挥。时至今日，开源软件取得了巨大的成功，在许多国家得到认可和发展。基于开源软件的软件发展以欧美较多，而东南亚地区几乎没有，其中在美国 GNU 中的开源软件种类已达几千种。开源软件较为突出的代表有 GNU Linux 操作系统、A-pache Web Server 及 Sendmail 邮件服务器、Netscape Communicator 浏览器的开放源代码版本（Mozilla）、Open Office 办公软件、GNUC＋＋ 语言系统等。在开放源代码模式下，Linux 的内部工作机制以源代码的形式公诸于众，人人都可以自由传播或者修改甚至销售它，只要所做修改完全公开即可。这与 Microsoft 等公司采用的专有式软件开发模式截然不同，后者的源代码高度保密，他人没有共享和修改软件源代码的自由。

3. 移动计算技术

移动计算（mobile computing）是随着移动通信、互联网、数据库、分布式计算等技术的发展而兴起的新技术。移动计算使用各种无线电射频（RF）技术或蜂窝通信技术，使用户携带他们的移动计算机、个人数字助手(PDA)和其他电讯设备自由漫游。移动计算机用户依赖于电子信报传送服务,使他们无论走到哪里都能和办公室保持联系。一些厂商,如 Microsoft,正在制造支持移动用户的特殊接口。例如,当移动用户从一个地方到另一个地方时,将恢复桌面排列和在最后会谈中打开的文件,就像计算机从来都不关闭一样。

移动计算技术将使计算机或其他信息智能终端设备在无线环境下实现数据传输及资源共享。它的作用是将有用、准确、及时的信息提供给任何时间、任何地点的任何客户。这将极大地改变人们的生活方式和工作方式。

## 本章总结

本章主要介绍了信息技术,包括组织中信息技术的体系结构以及信息技术的基础设施。同时还较为详尽地介绍了信息技术中的硬件技术和软件技术,并且对硬件平台和软件平台在未来的发展趋势进行了介绍。

## 练习题

### 一、简答题

1. 信息技术大致包括哪些方面?

2. 计算机硬件包括哪些主要的组成部分?各部分具有哪些功能和特点?

3. 什么是计算机软件?计算机软件具有哪些主要的类型?

4. 如果你是一个管理人员,是否应掌握一种语言去开发用户程序?并解释你的回答。

5. 操作系统软件有哪些主要的功能?

6. 软件发展的主要趋势是什么?你期望未来的软件包具有哪些功能?

7. 你如何看待计算机硬件技术的未来发展趋势?

### 二、名词解释题

1. 信息技术　　2. 计算机硬件

3. 计算机软件　　4. 操作系统

5. 计算机网络　　6. 应用软件

### 三、案例分析题

**沃尔玛利用信息技术整合零售业**

2000年,沃尔玛营业额首次超过通用汽车(GM),成为全世界最大的企业。沃尔玛被惊叹为世界零售业的一大奇迹,这一奇迹究竟又是如何发生的呢?

沃尔玛的全球采购战略、配送系统、商品管理、电子数据系统、天天平价战略在业界都是可圈可点的经典案例。可以说,所有的成功都是建立在沃尔玛迅速地利用信息技术整合优势资源的基础之上。

早在20世纪60年代中期,山姆·沃尔顿只拥有几家商店的时候,他就已经清醒地认识到:管理人员必须能够随时随地获得他所需要的数据。例如:某种商品在沃尔玛的商店里一共有多少?上周的销售量呢?昨天呢?去年呢?订购了多少商品?什么时候可以到达?在管理信息系统应用之前,这样的工作必须通过大量的人工计算与处理才能得到。因此实时控制处于任何地点的商店的想法只是一个梦想而已。要在现有的基础上扩大经营规模,只有密切追踪信息处理技术的发展足迹。

在信息技术的支持下,沃尔玛能够以最低的成本、最优质的服务、最快速的管理反应进行全球运作。1974年,公司开始在其分销中心和各家商店运用计算机进行库存控制。1983年,沃尔玛的整个连锁商店系统都开始使用条形码扫描系统。1984年,沃尔玛开发了一套市场营销管理软件系统,这套系统可以使每一家商店按照自身的市场环境和销售类型制订出相应的营销产品组合。

在1985—1987年之间,沃尔玛安装了公司专用的卫星通信系统,该系统的应用使得总部、分销中心和各商店之间可以实现双向的声音和数据传输,全球4000家沃尔玛分店也都能够通过自己的终端与总部进行实时的联系。这一切的优势都来自于沃尔玛积极地应用最新的技术成果。通过采用最新的信息技术,员工可以更有效地做好工作,管理者可以更好地做出决策,以提高生产率和降低成本。在沃尔玛的管理信息系统中最重要的一环就是它的配送管理。

20世纪70年代沃尔玛提出了新的零售业配送理论:集中管理的配送中心向各商店提供货源,而不是直接将货品运送到商店。其独特的配送体系,大大降低了成本,加速了存货周转,形成了沃尔玛的核心竞争力。沃尔玛的配送系统由三部分组成:

(1)高效率的配送中心。沃尔玛的供应商根据各分店的订单将货品送至沃尔玛的配送中心,配送中心则负责完成对商品的筛选、包装和分检工作。沃尔玛的配送中心具有高度现代化的机械设施,送至此处的商品85%都采用机械处理,这样就大大减少了人工处理商品的费用。

(2)迅速的运输系统。沃尔玛的机动运输车队是其配送系统的另一个无可比拟的优势。沃尔玛可以保证货品从仓库运送到任何一家商店的时间不超过48小时,相对于其他同业商店平均两周补货一次,沃尔玛可保证分店货架平均一周补货两次。通过迅速的信息传递与先进的电脑跟踪系统,沃尔玛可以在全美范围内快速地输送货物,使各分店即使只维持极少存货也能保持正常销售,从而大大节省了存贮空间和存货成本。

(3)先进的卫星通讯网络。1983年,沃尔玛用了2400万美元开始建立自己的卫星通讯系统,通过这个系统,沃尔玛每天直接把销售情况传送给5000家供应商。就拿深圳的几家沃尔玛商场来说,公司电脑与总部相连,通过卫星通信系统,可以随时查货、点货。任何一家沃尔玛商店都具有自己的终端,并通过卫星与总部相连,在商场设有专门负责排货的部门。沃尔玛每销售一件商品,都会即时通过与收款机相连的电脑记录下来,每天都能清楚地知道实际销售情况。沃尔玛各分店、供应商、配送中心之间建立的卫星通讯网络系统使沃尔玛的配送系统完美无缺。这套系统的应用,使配送中心、供应商及每一分店的每一销售点都能形成在线作业,在短短数小时内便可完成"填妥订单→各分店订单汇总→送出订单"的整个流程,大大提高了营业的高效性和准确性。

管理信息系统的应用使沃尔玛有关各方可以迅速得到所需的货品层面数据,观察销售趋势、存货水平和订购信息甚至更多。近年来,美国公司普遍把信息技术应用于生产实际,大多数公司都采用了MRP管理系统,根据产品外部需求定单,广泛应用信息系统推算原料需求量及交货时间,以最大限度减少资金占用,减少库存,降低生产成本。美国通过运用信息技术改造传统产业,传统产业的国际竞争力在20世纪90年代得以快速提升。

**问题:**

1. 信息技术带给沃尔玛带来的优势有哪些?是否具有普遍性?

2. 沃尔玛在使用信息技术整合零售业时采取了哪些措施?

3. 沃尔玛使用的管理信息系统由哪些部分组成?

(资料来源:http://www.linkshop.com.cn/Web/Article_News.aspx? ArticleId=22657)

# 第4章　数据管理技术基础

## 学习目的

- 了解数据管理技术的发展历程
- 理解数据组织即数据管理的概念
- 掌握数据库的概念、特点及作用
- 理解数据仓库的概念、特点及作用
- 了解数据库、数据仓库设计的主要过程
- 理解OLTP与OLAP概念及应用

## 引导案例

### 惠普能否从企业数据仓库中受益

惠普是全球最大的信息技术供应商之一，业务包括个人计算机、服务器计算机、打印机和咨询服务。惠普公司有相当多的专业系统出售给其他公司，这些专业系统都被储存在多个应用程序和不同部门、营业单位以及地理位置的数据库中。但是在一段时间内惠普的许多系统和程序已不能为它的企业活动提供完整和一致的信息。

其CEO马克·赫德很难收集到"一致的、及时的包括企业不同方面的数据"。一些系统通过产品来跟踪销售情况和定价情况，而其他系统则从地理位置上跟踪销售信息。例如，不同的营业单位对于毛利的计算通常出现不同结果。公司管理层需要从全公司750多份单独的资料来获得信息。

数据的不一致拖垮了销售和利润。汇集关于来自各个系统的企业信息需要花费一周的时间，因此管理层的决定实际上是基于相对落后的数据。例如，一个简单的问题，公司不同的业务销售成本是多少就很难回答。没有一个统一的标准，高级主管之间经常对于一些事情(例如分配到特定系统中的销售和服务团队的规模)产生分歧。管理层非常需要更完善的信息。

惠普管理层决定建造一个全球范围内的企业数据库，提供统一的、真实的信息，来解决上述问题。2005年11月，惠普的首席信息官组建了一个团队在企业范围内建立数据仓库。他们开发了一种贯穿整个公司并且保证数据可以及时更新的方式。惠普为数据仓库开发了专有的平台，由服务器、存储器、操作系统、数据库管理系统和查询及报告软件组成，有效地运行于数据仓库。

惠普的努力得到了回报。公司现在每三个月的数据查询、升级及其他财务数据处理的能力达到其建成数据仓库之前的12倍(单月处理高峰达到500亿)。惠普可以追踪其所有类别的市场成本，例如按照传媒、客户部门、全球或者国家。

惠普数据仓库系统如此成功以致公司决定把它作为一个"数据仓库应用程序"出售给其他公司，名称叫做Neoview。惠普的数据仓库建成后包括超过400TB的数据，被5万名员工使用。所有的惠普财务数据都存储在该数据仓库中。

**思考：**

惠普之前业务管理遇到什么挑战？公司基于 IT 的解决方案是什么？惠普从数据管理角度、数据组织角度、技术角度角度分别进行了哪些工作？实施效果如何？

# 4.1 数据管理技术基本概念

## 4.1.1 数据组织

信息系统中的信息是从客观事物出发，经过人的综合归纳，抽象成计算机能够处理的信息。要把客观世界的数据转化成有用的信息，首先就要用一些有意义的方法来组织数据。图 4-1 给出了从现实世界到信息世界，再到计算机世界（又称数据世界）三个领域之间转换映射。

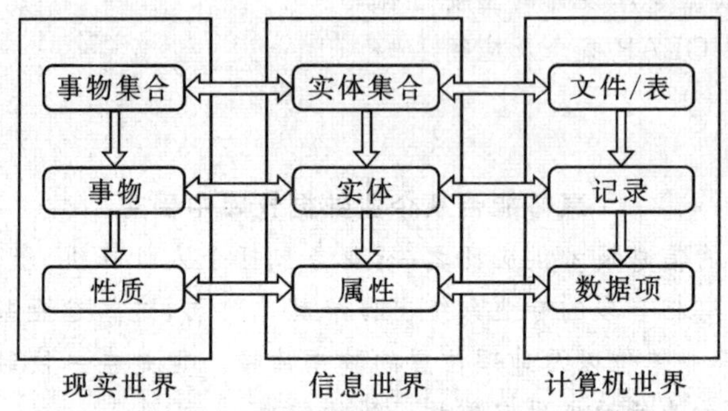


图 4-1 从现实世界到数据世界的映射

1. **现实世界**

现实世界是存在于人们头脑外的客观世界，由客观事物相互联系组成。一般使用以下术语：

(1)事物。事物可以是现实存在具体的、可见的事物，也可以是抽象的事物，例如，学校各教学单位、教师、学生、教学计划、教学任务分配等，也可以是人与人、人与实物、活动与活动之间的联系，如授课（教师与学生）、教学管理（教学计划与教学活动）等。

(2)事物性质（特性）。每个事物都具有性质（特性），事物通过自身性质（特性）与其他事物相区别。例如，教师性质（特性）有姓名、性别、学历、职称、讲授课程名、教龄等。具有相同性质（特性）的事物属于同一个事物类。

2. **信息世界**

信息世界中对客观世界中的事物客观、精炼地用人为的文字、符号、标记等“符号”表示。信息世界实际上是对现实世界的一种抽象描述。在信息世界中，不是简单地对现实世界进行符号化，而是要通过筛选、归纳、总结、命名等抽象过程产生出概念模型，用以表示对现实世界的抽象与描述。一般使用以下术语：

(1)实体。现实世界中客观存在并相互区别的事物称为实体。如一位学生、一本教材、一门课程计划。

(2)实体集。现实世界中的事物类,在信息世界中称为实体集,是同类实体的集合。如学生、教材、课程教学计划。

(3)属性。现实世界中事物的特征就是实体的属性。属性也有名和值之分,属性名用来划分实体所属的实体集,属性值则是某个实体在该属性下的具体表现。属性值的集合统称为属性的域,如学生实体,其属性姓名、学号、年龄、性别、入学时间等能反映出“学生”群体的相同类特征。具体一组属性值则对应某个学生实体,如王良、2002801052、19、男、2002年9月1日。

3. 计算机世界

计算机世界又称为数据世界。计算机世界是将信息世界的内容数据化后的产物。计算机将信息世界中的概念模型,进一步地转换成数据模型,形成便于计算机处理的数据表现形式。一般使用以下术语:

(1)数据项或字段。数据项或字段是具有意义的最小数据单位,由一个或多个字符组成,反映的是某特定实体某一个属性。如产品的产品价格、学生的性别。

(2)数据记录。数据记录是一系列数据项的集合,反映某特定实体的一组属性。如学生的数据记录是一组数据项(学号、姓名、出生年月、籍贯、性别、学院、专业)的集合。一般用一个记录描述一个具体的实体。如一个学生记录(20090101、张三、1994年5月10日、湖南、男、管理学院、工商管理)。数据记录映射出现实世界某事物或对象各方面性质组合,得到有关该事物或对象的相对完备描述。

数据记录中能唯一标识该记录的数据项称为主键,还可以把其他能够鉴别记录的数据项定义为副键。主键和副键统称为鉴别键,其功能是用来鉴别和搜索记录。例如,在工资数据文件中,“职工代码”作为主键,而把“职工姓名”作为副键。

(3)数据文件。数据文件是具有相同数据项的记录组合组成,反映同一类具有共性的实体集合。如学生文件是所有学生记录的集合,课程文件是所有课程记录数据的集合。

(4)数据库。数据库是按一定方式组织起来的相互关联的一组数据文件,反映的是人们所关注的实体领域。如关于学校学籍管理的全部数据,包括学生文件、课程文件、教师文件、成绩文件等。数据仓库是按照某管理主题需求,从多个数据库中提取出所需的部分数据,并集中组织成为一个特殊结构的数据集合。

总的说来,对数据有效组织和管理,首先要理解数据世界、信息世界、现实世界之间准确、完善的对应关系;其次要理解数据世界中数据组织的层次性,即字符组成了数据项,数据项组成了数据记录,数据记录组成了数据文件,数据文件组成了数据库。

在这三个领域中,对信息的描述采用了不同的术语,三个领域基本概念术语之间的对应关系,见表4-1。

**表4-1 三个不同世界的术语对照**

| 现实世界 | 信息世界(概念世界) | 计算机世界 |
|---|---|---|
| 事物及其联系 | 实体及其联系(概念模型) | 数据库(数据模型) |
| 事物类(总体) | 实体集 | 文件 |
| 事物(对象、个体) | 实体 | 记录 |
| 特征(性质) | 属性 | 数据项 |

## 4.1.2 数据管理

数据管理技术是指对数据进行分类、组织、存储、操作、维护等一系列活动的技术。数据管理技术发展大致经历了人工管理、文件管理、数据库管理三个阶段，每一阶段的发展以数据存储冗余不断减小、数据独立性不断增强、数据操作更加方便和简单为标志，并且具有各自的特点。下面介绍基于文件管理的数据管理阶段以及基于数据库管理的数据管理阶段。

1. 基于文件管理的数据管理阶段（20 世纪 50 年代后期到 60 年代中期）

管理数据的最基本方法之一是利用文件进行管理。由于一个文件是相关记录的集合，则与某特定应用相关的所有记录都可收集在一个特定的应用文件中。通过对该应用文件进行管理可知，多数组织都拥用大量的特定应用数据文件。例如，客户记录通常在各自的文件中进行维护。每个文件与公司所完成的具体处理（如发运或开单）有关。这种为每个应用程序分别创建和存储数据文件的数据管理方法称为传统方法。对每个特定的应用程序，都创建一个或多个数据文件（见图 4-2）。

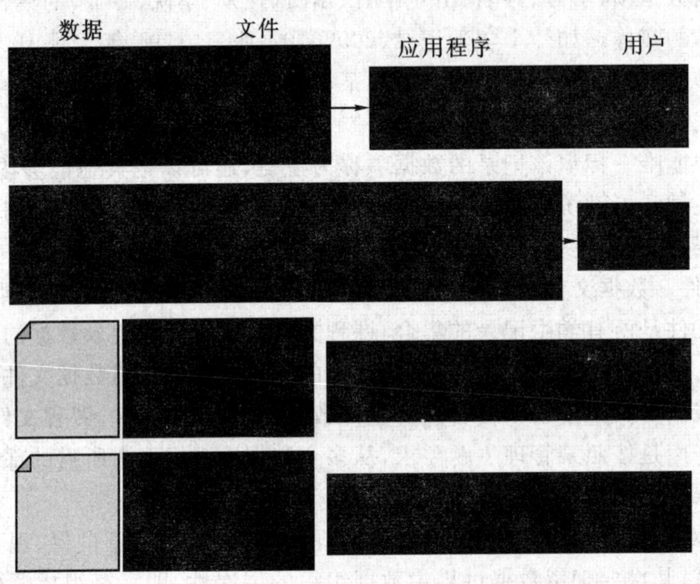

图 4-2 数据管理的传统方法

例如，库存控制程序可能有一个或多个包含有关库存数据的文件，如库存物料文件、现有库存数量文件、物料描述文件等。同样，开发票程序也有一些包含有关客户、已发运库存物料等的文件。对于数据管理的传统方法，不同应用程序所用的多个不同文件中可以有相同的数据，如都含有“库存物料”。

以下四个方面构成基于文件管理技术的数据管理方法的主要特征。

(1)数据可以长期保存，并以独立数据的文件形式长期存储在外存储器上，可以被应用程序随时访问。

(2)借助于系统软件方面的资源管理技术，包括操作系统、文件管理系统和多用户的分时系统，以及专用于商业事务管理语言，可以用于数据文件处理。

(3)实现了数据文件对程序文件保持一定的独立性,数据不再是程序的组成部分,修改数据不必修改程序,数据的结构被组织到数据文件内,可以反复使用和保存。数据文件逻辑结构向存储结构的转换由系统软件自动完成,系统开发和维护工作得到减轻。

(4)数据存取以记录为单位。由于直接存储设备的存在,就产生了索引文件、链接文件、直接存取文件等,因此能对排序数据文件进行多码检索。

然而,随着时间的流逝,这种基于文件的数据管理传统方法的缺陷越来越明显。例如,很多的客户数据,如姓名和地址,在两个或多个文件中重复。这种分散在多个文件中数据的重复就是数据冗余。数据冗余所带来的问题是某个文件中的数据发生变化(如新的客户地址),而另外文件中相同的数据却未相应地变化。订单处理部门可能已将文件更新为新的地址,但开单部门却仍按旧地址发送账单。因而,数据冗余就会与数据完整性发生冲突。数据完整性是指文件中数据的正确程度。数据完整性是从控制和消除数据冗余中产生的。企业有效的运营要求有高度完整的数据。将客户地址只保存在一个文件中,就可减少因存放在不同位置而出现不同客户地址的可能性。这一阶段数据管理的不足之处表现在以下两个方面:一是数据共享性差、冗余度大;二是数据完整性难以保证。

在基于文件管理的数据管理阶段,当不同的应用程序具有相同的数据时,也必须建立各自的文件,而不能共享相同的数据,因此数据的冗余度大,浪费存储空间,给数据的修改和维护带来了困难。并且,文件系统中的文件是为某一特定应用服务的,文件的逻辑结构对该应用程序来说是优化的,因此想要对现有的数据再增加一些新的应用会很困难,系统不容易扩展。

**2.基于数据库管理的数据管理阶段(20时间60年代后期开始)**

应用数据库是一种组织和管理数据的更有效率和效益的方法。数据库方法弥补了文件管理方法的不足,在这种基于数据库的数据管理方法中,相关数据集合可由多个应用程序共享,而不是分别有各自独立的数据文件,每个应用程序可以使用数据库中相关或联系的数据集合。其核心技术是数据库管理系统(database management system, DBMS)。DBMS由一组程序组成,可用做数据库与用户或数据库与应用程序之间的接口。DBMS具有以下优点:其一,通过控制数据冗余,可以更有效地利用存储空间并增强数据的完整性,也为组织提供了更大的利用数据的灵活性;其二,因为曾置于多个文件中的数据如今放在同一个数据库中,就易于用多种方法定位并获得将要处理的数据;其三,提供了共享数据和信息资源的能力,对协调企业组织各职能领域的响应是一项至关重要的因素。例如,企业采用了数据库来存储有关客户、订单、库存、员工及供应商的数据。这些数据可作为整个公司不同信息系统的输入,被事务处理系统用于支持日常的业务处理,如开单、库存追踪及下订单,还可由某管理信息系统用以生成报表,或由决策支持系统用以提供辅助管理决策所需的信息。具体如图4-3所示。

以下四个方面构成基于数据库技术的数据管理方法的主要特征。

(1)面向全组织的复杂数据结构。数据库中的数据结构不仅描述了数据本身,而且描述了整个组织数据之间的联系,实现了整个组织数据的结构化。

(2)数据冗余度小,易于扩充。由于数据库是从组织的整体来看待数据,数据不再是面向某一特定的应用,而是面向整个系统,减少了数据冗余和数据之间的不一致现象,实现了数据共享。在数据库系统下,最小操作单元是数据项。可以根据不同的应用需求选择相应的数据加以使用,使系统易于扩充。

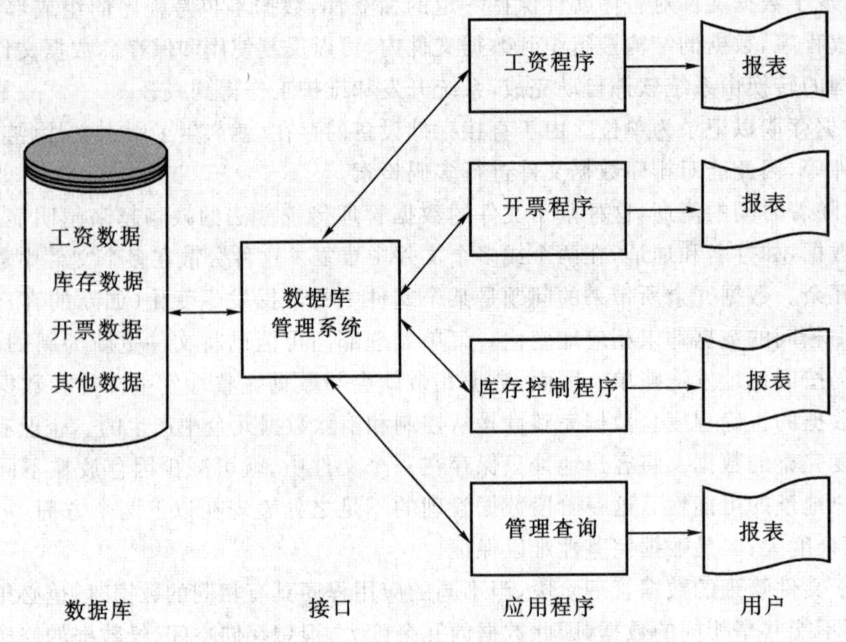


图 4-3 数据管理的数据库方法

(3)数据相对于程序独立。数据库系统提供了数据存储与逻辑结构之间的映射功能及总体逻辑结构与局部逻辑结构之间的映射功能,从而使得当数据的存储结构改变时,逻辑结构保持不变,或者当总体逻辑结构改变时,局部逻辑结构可以保持不变,从而实现了数据的物理独立性和逻辑独立性,把数据的定义和描述与应用程序完全分离开。

(4)统一的数据控制功能。数据库系统提供了专门的管理软件,即数据库管理系统对数据实施统一的管理和控制,这些控制包括数据的安全性控制、完整性控制和并发性控制,即允许多个用户同时使用数据库资源。

数据库技术是计算机数据处理与信息系统的核心技术。数据库技术是用来研究和解决计算机信息处理过程中大量数据有效地组织和存储的问题,通过研究数据库的结构、存储、设计、管理以及应用的基本理论和实现方法,利用这些理论来建立数据库,并对数据库中数据进行操作处理、分析和理解的技术。

企业组织日益依赖于数据和信息来获得竞争优势,由不同而又相互联系的多个数据库联接起来共同组成企业级数据库,反映出企业组织中各业务之间活动及状态,以力图尽可能减少企业数据存储冗余,实现数据共享,保障数据安全以及高效地检索数据和处理数据的目标。随着网络技术的迅速发展,为管理信息系统的资源共享提供了极大的方便,分布在不同地理位置上的不同部门、不同用户可以共享整个系统的资源(包括极为重要的数据资源),哪怕这些资源的存放地距离很远。数据库系统要统一管理系统中的数据资源,并要让用户透明地使用系统中的数据资源,同时要完成对数据库的更为复杂的控制。数据库作为数据管理的先进技术,其发展的速度是惊人的,它的应用已深入人类生产、生活的各个领域,特别是在经济管理、交通运输、科学技术、社会教育等方面都取得了巨大的成功。数据库技术是管理信息系统的最重要的技术手段之一,是管理信息系统不可缺少的工具,在某种意义上可以说,没有数据库技术就没有现代管理信息系统。

引例中惠普的经验充分说明了数据管理以及数据库系统对于业务的重要性。在过去，由于数据的冗余、不一致以及分散在不同的系统和应用中，惠普无法完全作为一个整体运作，管理层认为，无法获得一致而全面的数据来评估业务绩效，严重地影响了公司的盈利能力和运作效率。惠普授权一个团队，在全公司统一的标准和业务规范上，开发一个应用于全公司的数据管理模型，统一对数据进行定义、组织和访问。惠普开发了自己的数据仓库技术，把来自不同数据来源的数据集成到一个单一的综合数据库中进行存储和管理，并为全公司员工提供简便易行的数据库工具，对数据进行查询和汇总。通过建立一个全公司统一的数据库，惠普的运作效率变得更高，管理者也可以作出更好的决策。其数据仓库工作流程如图 4－4 所示。

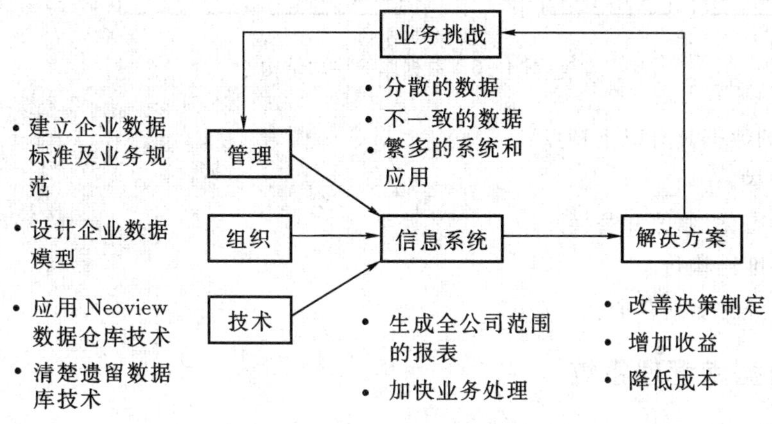


图 4－4　惠普数据库工作流程

企业如何管理数据，对于组织能否有效运作有着至关重要的影响。数据库技术可帮助蒸蒸日上的企业组织管理不继增长的数据以使这种宝贵的资源最大化。数据库技术也有助于企业生成有关可降低成本、提高利润、追踪过去业务活动、开创市场新机遇的信息。确实，组织收集数据、解释数据及根据数据迅速作出反应的能力可在高度竞争的市场中分出优胜者和失败者。

# 4.2　数据库技术及应用

## ➢4.2.1　数据库

数据库是以一定的组织方式存储在一起的相关数据的集合，它能以最佳的方式、最少的数据冗余为多种应用服务，程序与数据具有较高的独立性。数据库中数据组织由字符、数据项、数据记录、数据文件、数据库构成的层次结构，如图 4－5 所示。

对于一个组织的管理信息系统而言，要求从整体上解决问题，不仅要考虑某个应用的数据结构，而且要考虑全局数据结构。如信息系统中各部门子系统都要使用职工记录、人事记录、社会关系记录以及财务部门的工资记录，业务部门的业务、学历、科研经历和教学经历记录等。为了实现整个组织数据的结构化，要求在数据组织结构中不仅能够描述数据本身，而且要能描述数据之间的关系。因而在复杂的应用信息系统中，要多采用数据库组织数据，通过创建和管理数据库来支持企业完成各项活动及目标。

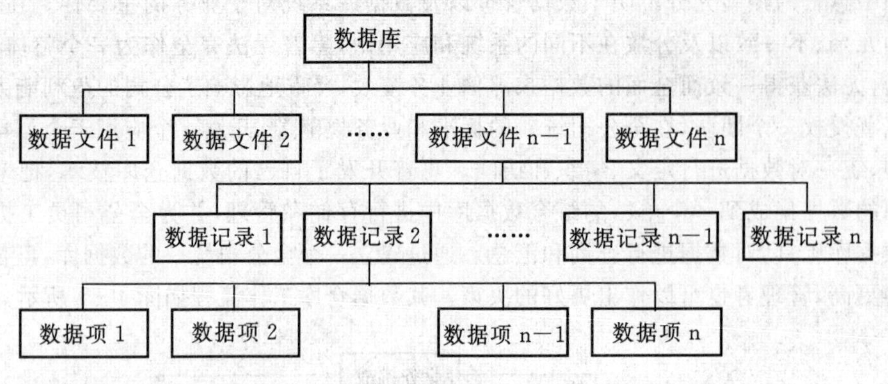


图 4－5　数据库的层次结构

数据库中的数据具有以下特点：

(1)数据详尽。

(2)数据动态化(修改和替换)。

(3)数据高度结构化。

(4)数据可经常更新存取。

## 4.2.2　数据库管理系统

### 1.数据库管理系统

数据库管理系统是数据库技术的核心技术，是专门用来建立和管理数据库的软件。它允许用户或应用程序(系统)在不需要在它们的计算机上建立单独文件或数据定义的基础上访问和维护数据库中的数据，具有为用户或应用程序(系统)提供对数据库中数据进行处理、分析、理解、报表和打印等多种功能。

数据库管理系统的主要目的是使数据作为一种可管理的资源，实现数据易于为各种用户所共享，增进数据的安全性、完整性和可用性，提高数据的独立性的目的。同时，它也是连接用户应用程序与物理数据库之间的桥梁。为此，数据库系统的内部结构通常采取由外模式、模式、内模式构成的三级结构。此结构由美国国家标准协会(American National Standard Institute，ANSI)的数据库管理系统研究小组于 1978 年提出，是被数据库领域公认的标准结构，见图 4－6。

### 2.数据库系统的内部结构

(1)模式。模式(schema)又称概念模式或逻辑模式，它是由数据库设计者综合所有用户的数据，按照统一的观点构造的全局逻辑结构，是对数据库中全部数据的逻辑结构和特征的总体描述。它是由数据库管理系统提供的数据模式描述语言(data description language，DDL)来描述、定义的。

模式不但要定义数据记录由哪些数据项构成，如数据项的名字、类型、取值范围等，而且要定义与数据有关的安全性、完整性要求和其他数据控制方面的要求，以及这些数据之间的联系。模式不涉及存储结构、访问技术等细节描述。

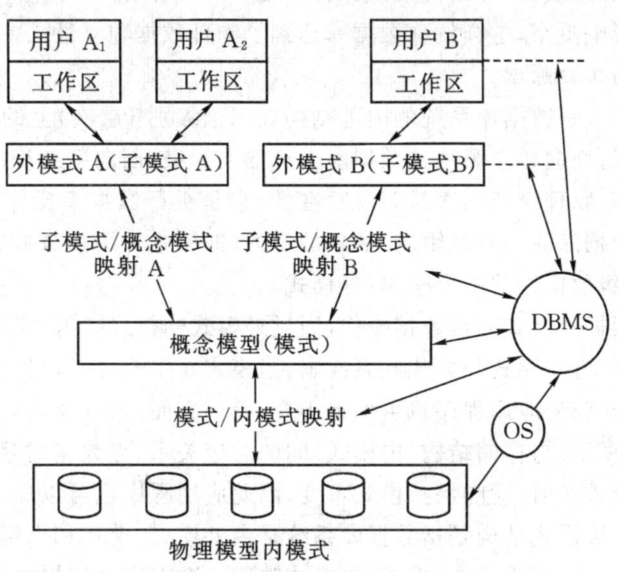


图 4-6　数据库的三级体系结构

(2)外模式。外模式(external schema),也称子模式(subschema)或用户模式,是某个或某几个用户(包括应用程序员和最终用户)能够看见和使用的数据库中局部逻辑结构的数据视图,是与某一应用有关的数据的逻辑表示。外模式是从模式导出的一个子集。描述外模式的数据定义语言称为"外模式 DDL"。也可以利用数据操纵语言(data manipulation language, DML)对这些数据记录进行描述。外模式反映了数据库的用户观,用户不必关心模式,只与外模式发生联系,按照外模式的结构存储和操纵数据即可。

(3)内模式。内模式(internal schema)也称存储模式(storage schema),是数据库在物理存储方面的描述,它定义所有的内部记录类型、索引和文件的组织方式,以及数据控制方面的细节。例如,记录的存储方式是顺序存储、按照 B 树结构存储还是按 hash 方法存储;索引按照什么方式组织;数据是否压缩存储,是否加密;数据的存储记录结构有何规定。描述内模式的数据定义语言称为"内模式 DDL"。

在一个数据库系统中,只有唯一的数据库,因而作为定义、描述数据库存储结构的内模式和定义、描述数据库逻辑结构的模式,也是唯一的,但建立在数据库系统之上的应用则是非常广泛、多样的,所以对应的外模式不是唯一的,也不可能是唯一的。

(4)二层映像。二层映像分为外模式/模式映像和模式/内模式映像两种。

①外模式/模式映像。对于每一个外模式,数据库系统都有一个外模式/模式映象,它定义了该外模式与模式之间的对应关系。当模式(数据全局逻辑结构)改变时,由 DBMS 对各个外模式/模式的映象作相应改变,以使外模式保持不变,即模式修改尽量不影响到外模式和应用程序,这样就称数据库达到了逻辑数据独立性。

②模式/内模式映像。数据库中只有一个模式(数据全局逻辑结构),也只有一个内模式(数据全局存储结构),所以模式/内模式映象是唯一的,它定义了数据全局逻辑结构与存储结构之间的对应关系。数据库的存储结构改变了(例如采用了更先进的存储结构),由 DBMS 对

模式/内模式映象作相应改变,可以使模式保持不变,即内模式修改尽量不影响模式,当然对外模式和应用程序的影响更小,这样就称数据库达到了物理数据独立性。

3. 数据库系统的工作原理

数据库的三级模式是数据库系统的内部结构在三个级别（层次）上的抽象,即面向用户或应用程序员的用户级、面向建立和维护数据库人员的概念级、面向系统程序员的物理级。对于一个数据库系统而言,物理级数据库是客观存在的,它是进行数据库操作的基础,概念级数据库只不过是物理级数据库的一种逻辑的、抽象的描述(即模式),用户级数据库则是用户与数据库的接口,它是概念级数据库的一个子集(外模式)。

用户应用程序根据外模式进行数据操作,通过外模式—模式映射,定义和建立某个外模式与模式间的对应关系,将外模式与模式联系起来,当模式发生改变时,只要改变其映射,就可以使外模式保持不变,对应的应用程序也可保持不变;另一方面,通过模式—内模式映射,定义建立数据的逻辑结构(模式)与存储结构(内模式)间的对应关系,当数据的存储结构发生变化时,只需改变模式—内模式映射,就能保持模式不变,因此应用程序也可以保持不变。

数据库系统的三级模式结构是指数据库系统是由外模式、模式和内模式三级构成,同时包含了二级映像,即外模式/模式映像、模式/内模式映像。数据库系统提供的三级模式和二级映像,数据按外模式的描述提供给用户,按内模式的描述存储在磁盘中,而模式提供了一种约束其他两级的相对稳定的中间观点,它使得两级中的任何一级改变都不受另一级的牵制,也使得用户(应用程序)和数据之间具有物理独立性和逻辑独立性。用户(应用程序)是在外模式描述的数据结构上编制的,从而使得数据定义可以从用户(应用程序)中分离出来。另外,数据的存取由 DBMS 管理,用户不必考虑存取路径等细节,从而简化了应用程序的编制,减少了应用程序的维护和修改。

数据库系统的这种结构具有以下优点:

(1)保证数据独立性。数据库将外模式与模式分开,保证了数据的逻辑独立性;数据库亦将内模式与模式分开,保证了数据的物理独立性。

(2)有利于数据共享,减少了数据冗余。

(3)有利于数据的安全性。不同的用户在各自的外模式下根据要求操作数据,只能对限定的数据进行操作。

(4)简化了用户接口。数据库按照外模式编写应用程序或输入命令,而不需了解数据库全局逻辑结构和内部存储结构,方便用户系统。

### 4.2.3 数据库设计

1. 数据库设计步骤

数据库规范设计法中比较著名的是新奥尔良(New Orleans)方法,它将数据库设计分为四个阶段,即需求分析(用户需求分析)、概念设计(信息分析和定义概念模型)、逻辑设计(设计实现,定义逻辑模型)和物理设计(物理数据库设计,定义物理模型)。

2. 数据库概念结构设计

数据库概念结构设计是面向用户的现实世界,在分析用户需求的基础上,描述出现实世界中事物及事物之间联系的概念化结构。这种概念化结构称为概念模型或概念数据模型。概念结构设计应在信息系统分析阶段进行的,它摆脱了计算机系统及数据库管理系统的具体技术问题，从而可以集中精力分析数据以及数据之间的联系等，与具体的数据库管理系统无关。

概念模型的表示方法很多，其中最常用的是基于"实体—联系"E-R 模型的数据库概念设计方法。建模常用 E-R 图描述现实世界的概念模型，它主要包括以下几个基本元素。

①矩形框：表示实体类型。

②菱形框：表示联系类型。

③椭圆形框：表示实体类型和联系类型的属性。对于主键的属性，在属性名下画一条横线。

④直线：表示联系类型和相关实体类型之间的联系，并在直线上部标注其联系种类(1∶1∶m，m∶n)。

现实世界中事物是相互联系的。这种联系必然在信息世界中体现出来，即实体是相互关联的。实体的联系有两类：一类是实体内部的联系，即同一记录内部各个字段间的联系；另一类是实体与实体之间的联系，即记录之间的联系。实体之间的联系比较复杂，相应的数据结构也比较复杂，这类联系在数据库系统中应用较多。实体间的联系有两种：一是同一实体之间的联系；二是不同实体及实体之间的联系。

两个不同实体及实体之间的联系有以下三种情形。

(1)一对一联系，记为 1∶1。例如，一个班级只有一个班主任，而一个班主任只能管理一个班级，这种班级与班主任之间就是 1∶1 联系。另外，科研任务与课题组长之间也是 1∶1 联系。

(2)一对多联系，记为 1∶n。例如，一个宿舍可以住若干学生，但每个学生只能住在一个宿舍中，宿舍与学生之间就是一对多联系。

(3)多对多联系，记为 m∶n。例如，教室与班级之间，一个班级可在多个教室上课，而每一个教室可由多个班级使用，班级与教室之间就是多对多联系。

图 4-7 所示为学籍管理系统中的一个 E-R 图。

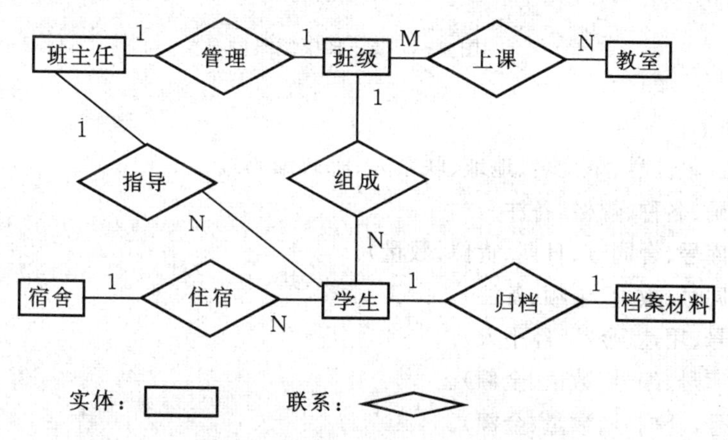


图 4-7 学籍管理局部应用 E-R 图

### 3. 数据库逻辑结构设计

逻辑结构设计是将概念结构设计阶段完成的概念模型转换成能被选定的数据库管理系统(DBMS)支持的数据模型，然后对数据模型进行优化设计，最后用 DBMS 的语言定义出数据逻辑结构。

数据库管理系统所支持的数据模型，主要有网状数据模型、层次数据模型、关系数据模型、面向对象数据模型等。它们之间的根本区别在于数据之间联系的表示方式不同(即记录型之间的联系方式不同)。

①层次模型：用“树形结构”表示实体及实体间联系的数据模型。

②网状模型：用“有向图结构”表示实体及实体间联系的数据模型。

③关系模型：用“二维表结构”表示实体及实体间联系的数据模型。

④面向对象模型：用“对象和类”表示实体及实体间联系的数据模型。

例如，将“某物资库存管理”的E－R模型，如图4－8所示，转换为对应的关系数据模型。其中，E－R模型转换为关系数据模型的基本转换规则如下：

①每一实体集对应一个关系模式，实体名作为关系名，实体的属性作为对应关系的属性。

②实体间的联系一般对应一个关系，联系名作为对应的关系名，不带属性的联系可以去掉。

③实体和联系中关键字对应的属性在关系模式中仍作为关键字。

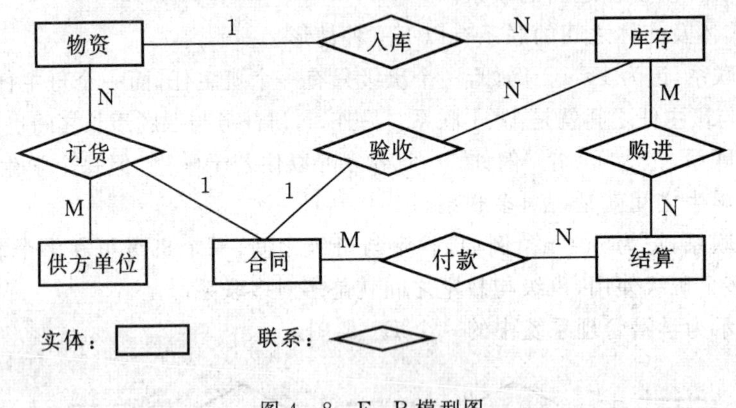


图4－8 E－R模型图

关系模型如下：

①供方单位(单位号、单位名、地址、联系人、邮政编码)。

②物资(代码、名称、规格、备注)。

③库存(入库号、合同号、日期、货位、数量)。

④合同(合同号、数量、金额、备注)。

⑤结算(编号、用途、金额、经手人)。

⑥购进(入库号、编号、数值、金额)。

⑦付款(编号、合同号、数量、金额)。

⑧订货(代码、单位号、合同号、数量、单价)。

通常不同型号的计算机系统配备的DBMS的性能不尽相同，因此，数据库设计人员还需深入了解具体DBMS的性能和要求，以便将一般数据模型转换成所选用的DBMS能支持的数据模型。

由此得到的数据模型，仍需要进行优化设计，例如基于3NF(第三范式)的设计方法，即是对关系数据模型优化设计的设计技术。

到此为止，数据库的逻辑结构设计并未完成，下一步是用 DBMS 提供的数据描述语言(DDL)对数据模型进行精确定义，即所谓的模式定义。例如，FoxPro 和 Fox－BASE 中的 CREATE 命令，其作用类似于 DDL，可用来定义逻辑数据结构。

4. 数据库的物理结构设计

物理结构设计是描述数据在存储设备上的数据组织结构及存取方法，以获得数据库的最佳存取效率。物理结构设计的主要内容包括以下几点。

(1)数据库文件的组织形式，如选用顺序文件组织形式、索引文件组织形式等。

(2)存储介质的分配，如将易变的、存取频度大的数据存放在高速存储器上，稳定的、存取频度小的数据存放在低速存储器上。

(3)存取路径的选择等。

物理结构设计不但与具体的数据库管理系统有关，而且还与操作系统和硬件有关。每一种逻辑数据模型在实现时都有与其相对应的物理数据模型。数据库管理系统为了保证其独立性与可移植性，将大部分物理数据模型的实现工作交由系统自动完成，而设计者只设计索引、聚集等特殊结构。

一直以来人们努力探索，提出了各种数据库设计方法，这些方法运用软件工程的思想和方法，提出了各种设计准则和规程，继新奥尔良(New Orleans)方法(数据库设计分为四个阶段)，S. S. Yao 等又将数据库设计分为五个步骤，又有 I. R. Palmer 等主张数据库设计当呈一步接一步的过程，并采用一些辅助手段来实现每一过程。这些都是属于规范设计法范畴。从管理信息系统设计和开发的全过程来考察数据库设计的问题，可以得出数据库设计过程也是信息系统的设计过程。在数据库设计过程中，应努力把数据库设计和信息系统其他部分的设计紧密结合，把数据和处理的需求、收集、分析、抽象、设计、实现在各个阶段同时进行，相互参照，相互补充，以完善两方面的设计。

### 4.2.4 联机事务处理

联机事务处理系统(on-line transaction processing，OLTP)是实时地采集、处理与事务相连的数据，并可以共享数据库的系统。在联机事务处理中，事务是被立即处理，处理结果可以在相应数据库中立即获得，并假设这些事务可以完成。一般联机事务处理系统是基于关系型数据库的主要应用，主要是面向基本的、日常的事务处理中需要实时处理的事务。例如，民航订票系统、银行 ATM 机系统、超市 POS 机收款处理、电话计费管理中计费处理、收费处理等。

联机事务处理系统具有特性：

①客观地反映了现实世界的实际活动过程。

②具有原始性，每个处理均反映为客观世界的一次数据活动。

③一般都呈现为短事务形式，一次操作内容简单、时间短。

④发生次数频繁。

⑤并发性要求高。

衡量联机事务处理系统的一个重要性能指标是系统性能，具体体现为实时响应时间(response time)，即用户在终端上送入数据之后，到计算机对这个请求给出答复所需要的时间。与联机事务处理相反的是批处理，即一批事务被存储一段时间，然后再被执行。大多数批处理(例如账目交换)是在夜间进行的。

# 4.3 数据仓库技术及应用

## 4.3.1 数据仓库

数据仓库技术是基于数据库及网络技术的发展,支持企业组织中特殊管理决策,适于用户进行业务分析和决策的多维关系型数据库技术。

自从数据仓库概念出现以来,不少企业和学者从不同的角度为数据仓库下了不同的定义。Informix公司的定义是:数据仓库将分布在企业网络中不同信息岛上的业务数据集成到一起,存储在一个集成关系型数据库中,利用这种集成,可方便用户对数据的访问,更可使决策人员对一段时间内的历史数据进行分析,研究事物发展走势。SAS软件研究所的定义是:数据仓库是一种管理技术,旨在通过通畅、合理、全面的信息管理,达到有效的决策支持。斯坦福大学数据仓库研究小组的定义是:数据仓库是集成信息的存储中心,这些信息可用于查询或分析。

业界公认的数据仓库概念创始人 W. H. Inmon 在《数据仓库》(Building the Data Warehouse)一书中对数据仓库的定义是:数据仓库就是面向主题的、集成的、不可更新的(稳定的)、随时间不断变化(不同时间)的数据集合,用以支持经营管理中的决策制定过程。数据仓库具有以下特点:

(1)面向主题。主题对应组织中某个分析领域所涉及的分析对象或管理决策问题。面向主题组织数据,是在较综合层次上对分析对象的数据及数据关系的一个完整、一致的描述。一个主题通常与多个事务处理信息系统相关,如电信企业管理者需要经常了解和把握高价值客户的情况,针对该主题组织数据,即从传统业务多个数据源提取以下信息:①计费数据库(客户的消费情况);②财务数据库(客户缴费情况);③客户服务数据库(客户咨询与投诉情况);④市场信息数据库。

(2)多元数据。数据仓库可存储和管理历史数据。这些历史数据源自多个数据库,与特定业务应用相关。各个数据库可能存在独立性或异构性,数据仓库必须对数据库进行抽取、清理、转换、装载,通常由ETL(extraction, transformation and loading)模块完成,用以消除源数据中的不一致性,形成全局一致的数据。

ETL是数据仓库系统的一个重要组成部分。ETL提取和清理数据的能力,在很大程度上决定了数据仓库所能够获得数据的质量。

(3)非易失性。数据仓库的目标是应用大量的历史数据,并通过历史数据的分析确认模式,预测趋势,从而达到决策支持的目的。因此,数据仓库的历史数据一般将长期保留,不做修改或删除。

(4)时变性。数据仓库中大量综合数据通常都与时间有关,随时间推移,由ETL模块定期从多个数据库中进行抽取、转换、加载和刷新数据内容。通过这些信息,可以对企业的发展历程和未来趋势做出定量分析和预测。

另外,数据仓库与数据库也存在着联系与区别。

(1)数据仓库中包含大量数据,这些数据可能来自企业组织内部,也可能来自企业外部。这些数据是从业务系统和外部数据源中抽取、经过"净化"了的、消除了不一致性,并加以集成的历史数据。

数据仓库技术运用的前提是运用于具有良好数据管理基础的企业组织。在当今这个充满竞争和快速发展的世界上，数据仓库可为商务运作和战略决策提供有价值的信息。数据仓库一般是非常庞大的数据库，包容了数以百万或千万计的数据记录。由于数据是从不同的生产系统中收集而来，因而为进行业务分析建立了一个历史基础。为保持最新及最准确的数据，数据仓库需定期接收增加的新数据。定期加入新数据及删除不再需要的数据被称为数据的净化，这在刷新周期中进行。刷新周期必须做到快速、有效且自动化，否则就丧失了数据仓库的根本价值。数据仓库中包容了 5～10 年间有价值的当前数据和历史数据。数据净化工具可将来自多处的数据合并到一个数据库中，自动收集数据并检验，删除不需要的数据，从而维护数据库中数据的时效性。

(2)以数据仓库方式进行数据组织和管理之目的是为了能够更好地支持复杂决策。企业组织制定正确的企业决策所需的关联的时序跟踪、追加汇总等复杂数据，主要源于企业内部运营数据或外部数据，这些数据是以不同的格式存放在不同的地点，格式可有层次数据库、网状数据库、扁平文件、电子表格等。这些数据往往是由为支持组织日常运营而设计的事务处理系统来获取、组织、存储和管理的。如企业用他们的联机事务处理系统 OLTP 来收集运行、销售和财务数据。此外，存储在 OLTP 数据库的数据是经常变化的，以反映出企业运转的当前事务处理状态。由于 OLTP 数据库中缺少历史数据，这使得趋势分析几乎不可能。由于数据来自面向应用、各种非集成化的数据源以及缺少历史数据，因此企业实际存取和使用数据的能力受到了限制。因而，尽管 OLTP 系统所收集的总累积数据量每隔两年就成倍增长，但这大量的数据并不能满足企业决策者的需要，因为他们是数据的富有者但却是信息的贫穷者。数据仓库为用户提供了功能强大的存取、分析数据的工具，如复杂查询工具、在线分析处理工具、数据挖掘工具等。对这些数据仓库中数据进行多方位的分析，可以帮助企业决策者做出更符合业务发展规律的决策。数据库与数据仓库的区别如图 4-9 所示。

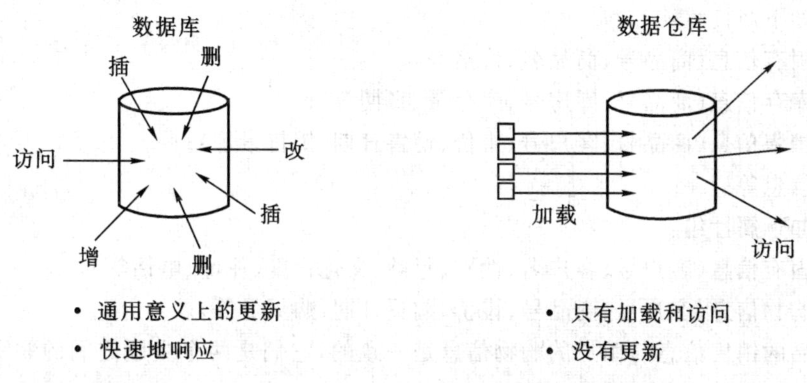


图 4-9　数据库与数据仓库的区别

表 4-2 给出了数据库与数据仓库的比较。

表 4-2 数据库与数据仓库的比较

| | 数据库 | 数据仓库 |
|---|---|---|
| 数据特性 | 无重复数据 | 重复数据 |
| | 详细、少量汇总(微观) | 详细、大量汇总(宏观) |
| | 数据处理量(数个月) | 数据处理量(5～10 年) |
| | 经常异动 | 不常异动 |
| 作业特性 | 提供作业层数据处理服务 | 提供管理层信息服务 |
| | 支持每日交易的操作(增添、删除、查询、打印) | 支持管理决策的需求(查询打印) |
| | 在线交易处理(OLTP) | 在线分析性处理(OLAP) |
| | 要求操作有效率且快速回应 | 对效率及快速回应不特别要求 |
| 开发特性 | 软件开发生命周期 | 动态反复分析 |
| | 交易系统导向,适于大量交易 | 决策分析导向,适于复杂查询 |
| 总评 | 作业用数据处理特性 | 分析用数据处理特性 |

## 4.3.2 数据仓库设计

建立数据仓库的最大好处在其可用全新的、创造性的方式来关联数据。数据仓库设计由概念模型设计、逻辑模型设计与物理模型设计三个部分组成

1. 概念模型设计

数据仓库一般建立在关系数据库的基础之上,与数据库的概念模型相一致,所以采用E-R图作为数据仓库的概念模型仍然是较为适合的。数据仓库的概念模型将需求分析过程中得到的用户需求抽象为计算机表示的信息结构,真实反映现实世界中用户对数据分析的需求,达到决策支持的要求。

通过一个例子来示意数据仓库的概念模型的设计,有两个主题——商品和客户,主题也是实体。

商品有如下属性组:

①商品固有信息(商品号、商品名、价格等);

②商品库存信息(商品号、库房号、库存量、日期等);

③商品销售信息(商品号、客户号、售价、销售日期、销售量等);

④其他信息等。

客户有如下属性组:

①客户固有信息(客户号、客户名、性别、年龄、文化程度、住址、电话等);

②客户购物信息(客户号、商品号、售价、购买日期、购买量等)。

其中商品的销售信息与用户的购物信息是一致的,它们是两个主题之间的联系。将两个主题的概念模型用 E-R 图画出,如图 4-10 所示。

2. 逻辑模型设计

逻辑模型设计是把概念模型设计好的 E-R 图转换成计算机所支持的数据模型。数据仓库在计算机中的数据模型是星型模型,又称多维关系模型。由此可知,数据仓库的逻辑模型设计主要是将用 E-R 图表示的概念模型转换成星型模型。

数据仓库逻辑模型设计的主要工作为以下方面:

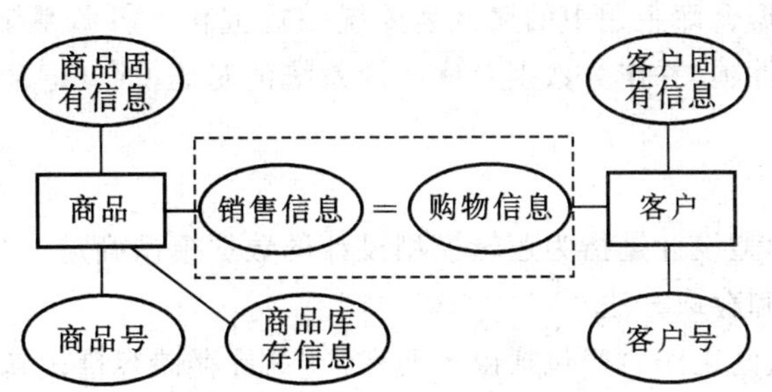


图4-10 商品与客户两主题的概念模型

(1)主题域进行概念模型(如E-R图)到逻辑模型(如星型模型)的转换。

①确定决策主题及分析需求。数据仓库是面向决策分析的多维关系型数据库,决策需求是建立多维数据模型的依据,如确定商品销售业务决策主题、分析销售额趋势、对比商品销售量、分析促销手段对销售的影响等。

②识别出事实。在决策主题确定的情况下,选择或设计反映决策主题业务的事实表,例如在"商品"主题中,以"销售数据"作为事实表。

③确定维。确定影响事实的各种因素,如影响销售业务的维度,一般包括商店、地区、部门、城市、时间、商品等,

④确定数据汇总的水平。数据仓库中对数据不同粒度的汇总综合,形成了多层次的数据结构。例如,对于时间维,可以用"年"、"月"或者"日"等不同水平进行汇总。

⑤设计事实表和维表。

⑥按使用的数据库管理系统(DBMS)和用户分析工具,证实设计方案的有效性。

⑦随着应用需求变化,允许修改设计方案。

(2)划分粒度层次。所谓粒度是指数据仓库中数据单元的详细程度和级别。在数据仓库环境中,一般需要将数据划分为详细数据、轻度综合、高度综合三级或更多级粒度,粒度划分与数据仓库中数据量及查询性能相关。如每种商品(按商品号)的周统计销售数据、月统计销售数据以及季统计销售数据,每类商品(按商品类型)的周统计销售数据、月统计销售数据以及季统计销售数据等等。

(3)定义关系模式。定义关系模式是指对选定的当前实施的主题进行模式划分,形成多个表,并确定各个表的关系模式。

(4)定义记录系统。数据仓库中的数据来源于多个已经存在的事务处理系统及外部系统。由于各个原系统的数据都是面向应用的,不能完整地描述企业中的主题域,并且多个数据源的数据存在着许多不一致,因此要从数据仓库的概念模型出发,结合主题的多个表的关系模式,确定现有系统的哪些数据能较好地适应数据仓库的需要。这就要求选择最完整、最及时、最准确、最接近外部实体的数据作为记录系统,同时这些数据所在的表的关系模式最接近于构成主题的多个表的关系模式。记录系统的定义要记入数据仓库的元数据。

以商场的数据仓库为例,"商品"主题的有关内容分散在原有的销售子系统、库存子系统、采购子系统等事务处理的数据库中。不同数据源的有关商品的信息有相交的部分,可能存在不一致的信息。从记录系统的要求出发,选择原有的分散在数据库中最接近外部实体的数据定义作为数据仓库的记录系统。

需要说明的是,数据仓库主题中的属性名要统一规范化。各源系统的数据库中相关属性名,应去掉不需要的属性项,并作为数据仓库和源系统的对比说明(记录系统的定义)放入元数据中。

3. 物理模型设计

数据仓库的物理模型设计是指为逻辑模型设计的数据模型确定一个最适合应用要求的物理结构(包括存储结构和存取方法)。

物理模型设计所做的工作主要包括以下两点:①估计存储容量;②确定数据的存储计划。

其中,确定数据的存储计划是重点,它主要包括以下内容:

a. 建立汇总(聚集)计划:根据查询需求,决定应该建立汇总表的数量。

b. 确定数据分区方案:对事实表、维表进行分区,确定如按时间顺序分区,或按产品分区之类的方案。

c. 建立聚类选项:聚类是将相关的数据放在存储介质的相邻物理块上进行管理。这种安排使相关联的数据能够在一次输入操作中全部取出,提高查询效率。

d. 确定索引策略:建立专用的、复杂的索引,以获得最高的存取效率,因为在数据仓库中的数据是不常更新的,也就是说每个数据存储都是稳定的。虽然建立索引有一定的代价,但是一旦建立就几乎不需要再维护索引。

e. 确定数据存放位置:要按数据的重要程度、使用频率以及对响应时间的要求进行分类,并将不同类的数据分别存储在不同的(速度、成本)存储设备中。

f. 确定存储分配。

## 4.3.3 联机分析处理

联机分析处理(on-line analytical processing,OLAP)是针对特定问题的联机数据访问和分析。联机分析处理是可以通过对信息(数据)的多种可能的观察形式,进行快速、稳定、一致和交互性的读取,以求剖析数据更深入内涵的一类软件技术。

联机分析处理的目标是满足决策支持或者满足在多维环境下特定的查询和报表需求,它的技术核心是“维”这个概念。“维”是人们观察客观世界的角度,亦是一种高层次的类型划分。“维”一般包含着层次关系,这种层次关系有时会相当复杂。通过把一个实体的多项重要的属性定义为多个维,用户便可以对不同维上的数据进行比较。例如以下两个例子:

①中西部以及山地区域的商店在11月份售出的滑雪橇有多少是由A公司制造的?与去年和前年相比销售额有何不同?与实际计划相比又有何不同?本月的销售额度应该是多少?

②公司在本季度末应该保存有多少辆蓝色小型运货车的库存?这些货车应该具有CD唱机,拥有3个座位,标价小于87000元。这就需要对过去五年内每一季度的存货进行统计,与实际的计划相比,并比较季度前后的季度存货。

上述是在多个维度(产品、地域和顾客等)和不同粒度(城市、省、国家,月、季度、年)上进行数据查询与分析。OLAP也可以说是多维数据分析工具的集合,支持管理者或用户从不同的维度(即视角)查询和分析数据。

一般OLAP是基于数据仓库系统的主要应用,支持复杂的分析操作,侧重决策支持,并且提供直观易懂的查询结果。在20世纪60年代,关系数据库之父E. F. Codd提出了关系模型,促进了联机事务处理(OLTP)的发展(数据以表格的形式而非文件方式存储)。1993年,

E. F. Codd提出了OLAP概念，认为OLTP已不能满足终端用户对数据库查询分析的需要，SQL对大型数据库进行的简单查询也不能满足终端用户分析的要求。用户的决策分析需要对关系数据库进行大量计算才能得到结果，而查询的结果并不能满足决策者提出的需求。因此，E. F. Codd提出了多维数据库和多维分析的概念，即OLAP。

OLTP和OLAP的关系如图4-11所示。

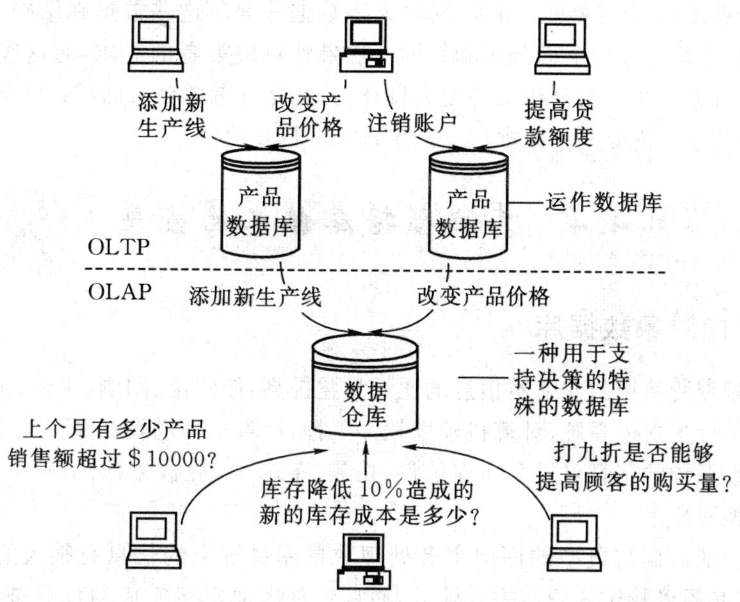


图4-11　OLTP和OLAP的关系

OLAP与OLTP有着明显的区别。OLTP是传统的关系型数据库的主要应用，服务于基本的、日常的事务处理，面对的是操作人员或低层管理人员，主要进行对基本数据的查询和增、删、改等操作，以快速事务响应和频繁的数据修改为特征，如银行交易业务处理等。而OLAP通常是以数据仓库为基础的，面对决策人员和高层管理人员，支持复杂的查询和分析操作，侧重决策支持，并且提供直观易懂的查询结果。两者主要区别如表4-3所示。

**表4-3　OLAP与OLTP的区别**

| | OLTP | OLAP |
|---|---|---|
| 用户 | 操作人员、低层管理人员 | 决策人员、高级管理人员 |
| 功能 | 支持日常操作处理 | 支持决策分析 |
| 数据模型设计 | 面向业务应用 | 面向决策主题 |
| 数据特征 | 当前的、细节的、离散的、原始的、可更新的 | 历史的、综合的、集成的、导出的、较长周期内不可更新的 |
| 存取 | 可读写 | 多种扫描方法，如下钻、旋转、切片等 |
| 工作单位 | 简单的事务 | 复杂的查询 |
| DB大小 | 100MB-GB | 100GB-TB |
| 时间要求 | 具有实时性 | 对时间的要求不严格 |
| 主要应用 | 数据库 | 数据仓库 |

总而言之，数据仓库是将原始的操作数据进行各种处理并转换成综合信息，提供功能强大的分析工具，并对这些信息进行多方位的分析，以帮助企业决策者做出更符合业务发展规律的决策。建立数据仓库的目的是把企业的内部数据和外部数据进行有效的集成，为企业的各层决策和分析人员使用。企业内部数据是指通过业务系统收集到的数据，这些数据可能分布在不同的硬件、数据库、网络环境中，为不同的业务部门服务。比如对一个制造业用户来说，可能有生产数据、销售数据、财务数据、市场数据、人事数据等等。这些数据在结构上相互独立的，因而不利于企业决策者进行全面分析和查询。如果针对决策者的需求，对这些数据进行面向决策上的重组，按更方便决策分析的角度去设计，并且充分考虑今后的扩展性与外部数据的接口，就会使企业的宝贵资源——数据——产生真正的信息价值。

## 4.4 其他数据库技术的发展

### 4.4.1 面向对象数据库

针对当今管理所使用的非文本信息的比例日益提高，如图像、图画、声音、录像等非文本数据。这些数据是由多媒体系统、计算机辅助软件工程、计算机辅助设计及其他工程设计系统产生的。这些信息系统的信息可以分布在信件、报表、备忘录、杂志文章、工程草图、图表、图形、教学影片或其他对象中。

这些对象中的数据与典型的面向事务处理数据库系统中的信息有很大的区别。对于后者，具体的信息必须以特定的规范方式输入，而且管理者通常想完成的也只是做总结、合计或列出某些选项数据等。对于前者，数据可以不是事务，取而代之的可以是许多在类型、长度、内容和形式上有实质差异的复杂数据类型。如今，面向对象数据库技术最适于管理上述种种数据类型。

在面向对象数据库中，每个对象的数据、描述对象的行为、属性的说明三者是封装在一起的。其中对象之间通过消息互相作用，且每个对象都由一组属性来描述。例如，在一个建筑图纸数据库中，“建筑”这一对象与其他数据一样都要包含类型、尺寸、颜色等属性。每个对象还要包括一套方法或例行过程。例如，与某建筑的图纸封装在一起的方法包括在屏幕上显示、旋转、收缩、爆破等。具备相同属性及方法的对象被归为一个类。例如，建筑、楼层、房间就是建筑图纸数据库中分属三个类的对象，更进一步说，某对象的行为及属性可以由同一个类中的其他对象所继承。这样，与该建筑在同一个类中的建筑可以继承该建筑的属性及行为。这种方式减少了编程代码总量，加速了应用程序的开发，结果产生了一个巨大的“可重用对象库”，其中的对象可以重复使用。将库中对象集成到一起，就可以生成新的应用程序，就如同一辆车由许多零部件组装在一起一样。

### 4.4.2 超媒体数据库

超文本文件是以卡片、页和书等为文件单位组织起来的文件，包括与其他卡片、页和书的链接。超媒体数据库是以超文本作为记录的系统。超媒体系统可以由一个组织的内、外部文件构成。例如，这些文件可以位于一个或多个与万维网连接的计算机上，web 网是互联网(一种全球范围的互联网)的一部分。超媒体数据库也可以由属于组织内的超文本文件构成。这些文件在组织内部网络上就可以得到。

大多数公司之所以对超媒体数据库感兴趣，是因为超媒体文件包括文本、图片、声音、视频等多种数据类型，而且读取这种文件——无论文件是在同一个楼内的计算机系统，还是在其他国家的计算机系统上，都只需一种软件——浏览器。更进一步，以超媒体文件存储的信息可以用非连续方式存取，只需在文章中找到链接处，用鼠标单击一下便能做到。事实上超媒体文件中的每个链接都与其他的数据、图片、声音以及文本相连。这些信息既可以是内部资源，也可以是外部资源。

在许多组织中，只要将现存的文件，包括复合文件都转换成 HTML 格式，并让用户通过 Intranet 系统来访问这些文件，组织中的每个人就能够快速地利用组织现有的信息。例如，在一套常用的文件中，包括职工培训材料、设备使用手册及面向新员工的文件，通过将这些文件保存在数据库中，并转化为 HTML 格式，这些文件就很容易传到组织的各个角落，并且更新时也更加快捷方便。这就为公司节省了大笔的打印费和分发文件的费用。

### 4.4.3 图像数据库

如今多媒体、CAD/CAM、画图程序以及许多制作一种或多种图像的软件常用来制作图像。如果这些图像能够转换成员工所需的格式，整个组织的员工就可以利用这些图像。图像管理软件的功能就是将图像存入图像数据库以便快速查找和访问，同时将其转化为所需的格式时也比较方便。

有些数据库系统允许在记录中如同存储数据一样存储图像。例如，有些 DBMS 就允许在记录中存储图片。这些图片可以摄自照相机，也可以由扫描仪扫入，或从计算机屏幕复制下来。因此应用这种软件，员工记录不仅能包含员工的传统文本信息、数字数据，还可包含员工的照片。可想而知，在一个大公司中，员工的照片对于人事部门来说用处很大。在打招呼的时候，管理者就可以叫出员工的名字，从而增强管理者的亲和力。在自动保险业中存储数据和图像也是一种很好的应用。存货的照片对于库存管理员也可以派上用场，因为库存管理员可以知道货品在货架上的具体信息，在取货时就不会出错。

### 4.4.4 文档数据库

在信件、备忘录、报告及组织的其他文档中的数据称为组织的文档数据库。文档数据在数量、重要性上可以与组织的财务数据相匹敌。然而，一个组织的文档总是分散在组织各部门或分部的各种能够找到的存储介质上，如文件柜、硬盘等。要想迅速找到一份需要的文件如大海捞针一般。文档管理软件则可以解决此类问题，不论文档位于何处都可以方便地进行查找和选择，或以其他方式操作这些文档。查找和选择功能通常是通过应用关键字来实现的。

文档管理系统也可以处理复合文档，即那些不仅包含文本，而且包含图像、声音等的文档。功能齐全的文档管理系统应该提供以下服务方式：扫描、索引、存储、转换、分发、搜索、查看和打印。索引功能应该有为文件图像和声音提供关键字的能力。转换处理通常包括扫描文档的功能，即文档能被文字处理软件处理。

文档建立以后，由用户完成对文件的简要描述，其中包括作者、主题词以及其他有关的文档数据。文档管理系统为每个文件的关键信息建立一个索引，并负责对索引的维护。系统可以使用索引搜索文件，也可以直接查找文本里的字符串。

文档管理系统可以从许多来源获得文档，如扫描仪、传真以及文本格式、图形格式存储的文件，还可以直接从E-mail系统接收文档并允许用户对文本和图像做注释。

### 4.4.5 通用数据管理系统

许多数据库管理系统的开发商已将其产品升级为可容纳各种数据类型的系统，并将其称为通用数据管理系统。通用数据管理系统能处理各种类型的数据，包括传统文本数据以及图像声音、超媒体文件、标准文本等。

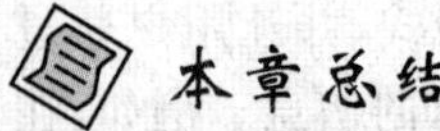

## 本章总结

本章以数据管理技术基础为主题，阐述了数据管理的概念、内容以及其发展历史。首先，阐述了数据库技术的主要内容，并从数据库概念、数据库设计以及数据库应用三方面进行了介绍；其次，是对数据仓库技术内容的阐述，从其概念、设计到应用都进行了介绍；最后，介绍了数据库技术的新发展。

数据库技术是信息系统的重要技术之一。企业组织日益依赖于数据和信息来获得竞争优势，由不同而又相互联系的多个数据库联接起来共同组成企业级数据库，反映出企业组织中各业务之间活动及状态，以力图尽可能减少企业数据存储冗余、实现数据共享、保障数据安全，以及高效地检索数据和处理数据。数据仓库技术目的是把企业的内部数据和外部数据进行有效的集成，提供功能强大的分析工具，以帮助企业组织的决策者作出更符合业务发展规律的决策。

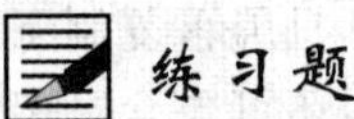

## 练习题

**一、选择题**

1. 在信息世界中，实体集之间的联系有三种：一对一联系、一对多联系和（ ）

A. 多对多联系　　B. 单对单联系　　C. 逻辑联系　　D. 数据联系

2. 下列属于现实世界术语的是（ ）

A. 字段　　B. 对象　　C. 关键字　　D. 记录

3. 数据模型是按计算机系统的观点对数据建模，主要用于数据库管理系统的实现。数据模型包括：层次模型、关系模型、面向对象模型和（ ）

A. 分支模型　　B. 关系模型　　C. 网状模型　　D. 系统模型

4. 在关系型数据库中，数据表的结构中包括（ ）

A. 字段、行、列　　B. 表名、记录、属性

C. 数据、数据项、记录　　D. 字段名、字段属性、主键

**二、简答题**

1. 数据仓库的设计过程是由哪几个部分组成？各自有什么特点？

2. 数据库设计的主要步骤是什么？

3. 数据库、数据仓库的概念是什么？它们二者之间的关系是什么？

4. 对下列观点进行诠释：

(1)如果没有数据及处理数据的能力，则组织就无法成功地完成绝大部分的业务活动：数据库可帮助公司组织管理不断增长的数据量，从而使这种有价值的资源最大化。

(2)经常必须将多个不同但又彼此相关的数据库链接起来形成企业级数据库以满足现代组织的需要,决定数据库中应收集哪些数据及谁能存取这些数据是在组织数据库中的数据时应重点考虑的问题。

(3)分布式数据库可允许更多的用户直接访问存储在不同地点的数据,因而控制谁能访问或修改数据就存在一些困难。

(4)组织数据以支持联机事务处理(OLTP)与组织数据以支持有效的管理决策的联机分析处理(OLAP)这两者是截然不同的。因此,就为每种需要分别开发了特殊形式的数据库及相关工具。

5.为什么管理信息系统需要采用数据库技术管理业务数据?

6.数据仓库技术支持决策分析的基本工具是什么?

**三、案例分析题**

**数据库给音像公司带来了和谐**

百代北美音像公司是一家销售额达22亿美元的音像分销商,它作为一个营运小组,为不同的音像商标服务。

尽管百代公司有流行乐坛中某些最受欢迎的歌星作为它的签约歌手,并拥有14.5%的市场份额,但它的业务流程和支持信息系统却是整个音像界最差的。百代的一个主要问题是它无法共享一些重要的信息,如艺术家的合同及在公司所管理的音像商标中创建新音乐包装所常要的产品细节。每种商标依靠的是一种纸式系统。这使得共享信息很困难且费时。

在经历信息系统缺陷导致的多年挫折后,百代公司对从制造到销售中的所有事项做了一次彻底的检查,包括对其整体信息技术的基础设施进行了更新换代。百代公司将它的运行从原来的大型机转移到中型计算机系统上,并运行了J.D.Edwards公司的库存和订单管理软件。另外,还建立了一些数据库来链接它的各项运营。其中一个数据库就是合同追踪系统,百代公司的商务部门创建该系统用于存储详细的艺术家合同;另外一个数据库是曲目管理系统,它通过对CD上每首曲目的播放时间进行追踪来辅助生产。

百代公司签约歌星有的合同可多达50~100页,而且十分复杂。合同中包含了有关版税、录像及录音的各项权利,以新形式发行(如通过因特网分销)的权利等信息。早先,如果某个涉及法律的合同变更了,百代公司不得不人工地在其所有标识艺术家的商标中搜查所有的合同,以找出哪些艺术家的标准合同条款会受到影响,这将花费数周时间。但随着合同追踪系统的到位,通过访问中央数据库,这样的搜索在几秒钟内便可完成。

曲目管理系统用来处理其他难以控制的、数据量极大的音像业务领域。对于磁带或CD上的每首曲目,百代公司都需知道由谁作词作曲,以及拥有词曲的各项权利的出版公司,因为百代公司要为作曲及演奏付款。百代公司若想知道是谁演奏何种乐器,就需为每位艺术家垫付包装费。

因为百代公司要重复使用某些歌曲,并需要了解每次新版时的背景信息,所以曲目管理数据库节省了相当多的搜寻时间。例如,要发行一张最热销的CD时,百代会司可能有一种选择,在一张70分钟的CD上录制12首歌。其中要确保所选的歌曲是恰当的,这是以前它无法做到的。

数据库的发展加速了信息的存取,反过来,快捷地存取信息又使公司可更快速地创造业务机会。

问题：

1. 假想一下你正要将有关新唱片集的数据输入到曲目管理系统中去，对于唱片集中的每首歌曲哪些数据项是你所必需的？你必须输入哪些有关唱片集的数据？

2. 试描述百代公司的经理们可能使用的合同数据库的方法。

## 孟山都公司的IT计划

孟山都公司（Monsanto）的总部设在美国密苏里州（Missouri）的圣路易斯市（St. Louis），是一家农产品、药品、食物配料和化学品的供应商，总资产为90亿美元。这是一个全球化气息很浓的公司，大约50%的公司资产都位于美国本土以外。因此公司传统的组织结构是分布式的。在公司CEO对未来的构想中包括以下五个方面的全球性目的：

①可以快速有效地满足客户的需求；

②从全球角度思考和行动；

③在进入新市场的时候考虑一些可能存在的风险；

④将地球看做一个封闭的系统，不能浪费和污染有限的资源；

⑤创建一个信任、诚实、开放和自主的环境，使人们可以在这个环境中健康成长。

**1. 交易系统**

全球性的运作和财务计划都受SAP的控制，一个ERP产品涵盖了所有核心的商业交易工作，包括财务、订单处理、库存管理、产品计划和生产资源管理。SAP是全球化的，它可以处理多种语言和多种货币的交易。

孟山都的公司结构非常庞大和复杂，以至于不能将SAP作为一个单独的设备进行操作。因此，他们要创建一个分布式的SAP结构，使每一个业务部门都可以要求SAP提供参考数据、财务和运作服务，而主要的参考数据可以将这些分散的部分集成起来。

**2. 知识管理**

孟山都使用数据仓库将SAP数据转变成知识，它面向的是中、高级管理层。这些数据仓库中主要存放的是整个公司的数据，包括从内部和外部资源中提取的数据。人们可以利用钻取功能对摘要数据进行切片和切块，从而获得各种详细资料所需的数据。此外，参考数据允许数据仓库在整个孟山都公司的范围内来比较信息并对信息进行补充。

**3. ERD**

ERD是SAP中一个单独的应用部分，它是存放公司主要目录信息的仓库。这些信息包括卖主、客户、供应商、材料、财务信息和控制目录。每一个目录都有多种界面，例如，材料目录针对购买、设计、会计和安全部门会呈现不同的界面，其他的也是如此。使用像SAP这样的系统的优点是，它可以确保参考数据的完整性（使复杂的关系规则不会改变）。

主要数据的唯一来源是ERD，但是当一个交易性SAP系统或数据仓库需要它时，它可以被分发出去。即使像SAP这样的综合性系统仍旧不能包含所有的参考数据。因此孟山都除了使用SAP外，还存储例如产量统计数据和经济趋势这样的外部数据。

ERD的目标是实现全面集成。纵向集成可以加强与供应商的协作，这样可以减少孟山都的工作成本并且可以提高客户服务水平。孟山都公司业务部门之间的横向集成有助于团队营销、杠杆采购和工厂间制造。例如，公共的卖主和材料目录有助于孟山都在全公司范围进行杠杆采购。对于公司每年约55亿美元的采购额，即使几个百分点的变动也会产生显著的节约效

果。如果没有ERD,孟山都只能依靠许多采购职能一部分的调查进行处理,这样处理过程将难以维持。

**4.整理公司数据**

对于一个过去都是分布式组织结构的大型公司来说,要将数据转化成公司资源是非常不容易的。为了完成这个任务,孟山都必须改变自己的整个数据管理过程。开始阶段公司创建一个被称为EDR管理的正式部门,这个部门与管理信息系统或其他任何职能都是分离开的,其工作是建立数据标准和提高数据质量——因此他的绰号是“数据警察”。

ERD管理的第三个部分是管理数据的分析员。在许多情况下,他们的工作是维护系统,而且必须遵守新的ERD规则。这个要求导致了一种巨大的文化转变,因为这些分析员以前只维护局部的数据,现在他们要维护的是供整个公司使用的全球性资源。目前公司的想法是改变系统以适应局部差异性,这些差异性在以前就是普遍存在的,但是现在它们将会引起操作中的重大失误或者基于错误数据的错误决策。

使数据一开始就可以被存储在正确的地方是一个艰巨的任务,从每张表中提取数据、将数据放入一个公共表、去掉重复的数据、添加遗失的数据然后将数据加载到EDR中,这每一项工作都可能要花费几个工作年。即使有了工具的帮助,这仍旧是一个劳动密集型的职业。孟山都在可以的地方都使用标准的内部编码,例如邓白氏(Dun&Bradstreet)编码、全球产品编码或欧洲文献号码,这样公司的交易合作者可以识别参考数据以便进行电子商务。但不幸的是,这些代码中没有一个是真正全球化的,所以需要建立、维护和对参考数据进行互相参考成为不可避免的工作。孟山都通过这个方法进行工作,并且由于较好的完整性(横向的和纵向的)和灵活性,孟山都已经获得了最基本的收益。

ERP的一个优点是,它为公司带来了一个已经建立好的IT架构。但是Mead公司的John Langenbahn质疑ERP要求公司的每个部门都必须与其他部门步调一致,这样是否会降低公司的灵活性?而在Mead公司,作为Langenbahn继任者的McGrane却持有不同的观点,他认为如果有了ERP,一旦作出一个决定,这个决定就可以很快地在整个公司中实施。因此关于ERP灵活性的问题仍旧在讨论中。一旦公司对它的数据进行了整理,这些数据就可以更加容易地被转化为信息。

**问题:**

为了实现公司全球性目标,孟山都制定的大型IT计划包括哪三个公司级的系统?哪个系统实现了孟山都想从全球集成和局部灵活性上获益,从而成为“虽然小但却连接紧密”这两方面目标的关键因素?

# 第5章 数据通信技术基础

## 学习目的

- 了解数据通信、通信系统以及通信原理
- 明确应用系统的数据传输要求
- 了解计算机网络及网络拓扑结构
- 了解计算机网络的应用
- 了解网络体系结构
- 了解企业级计算模式
- 了解互联网技术在企业级的应用

## 引导案例

**阿诺德—克拉克公司利用无线网络系统实现商品精确定位**

阿诺德—克拉克公司是欧洲最大的独立汽车经销商，它和波士顿网络建立了长期的合作伙伴关系。波士顿网络为阿诺德—克拉克提供网络基础设施解决方案和服务，并利用网络来加强其业务运作实现真正的商业获益。

阿诺德—克拉克公司的成功案例是对无线应用网络的创新，如果将1000辆汽车排成一线将有4英里长，立即为客户寻找合适的车子如同大海里捞针，这对阿诺德—克拉克的商业影响是巨大的，因为汽车每天都在贬值。

波士顿网络帮助阿诺德—克拉克公司建设了高性能、可靠灵活的室内和室外统一无线网络，该网络还通过内嵌定位引擎实现对车辆的跟踪解决方案，其中包括1500多个Wi-Fi标签、定位点和定位接收器。

在过去，阿诺德—克拉克的工作人员需要亲自在店内搜索满足客户要求的汽车，这一过程效率极低，往往导致客户失去购买兴趣而离开。现在，进店销售的汽车都放置有一个Wi-Fi标签，该汽车的信息和规格都可在一小时内输入了库存管理系统，而以前这一过程需要一至三天才能完成。当客户需要购买的汽车时，销售人员只需要进入库存管理系统按照客户的需求搜索，系统就会立即显示有关车辆在该店的位置，无论车辆是在室内还是在室外。

无线网络还有助于防止存货损耗和盗窃，定位点被部署在经销店的关键区域，一旦未经授权的汽车离开所在位置，它可以触发放在汽车上的Wi-Fi标签报警并提醒工作人员，使他们能够作出相应的反应和处置。

**思考：**

除了阿诺德—克拉克公司，你还知道哪些企业成功地运用了无线网络系统。

# 5.1　数据通信

## 5.1.1　通信系统

1. 通信系统的结构

广义上来说，用任何方法通过任何介质将信息从一地传递到另一地都可称为通信。实现传递所需的一切设备就构成了通信系统。通信系统要解决两大问题：一是如何表示信息，即信息采用什么样符号表示，如何编码；二是如何传输信息，即如何根据通信媒体的物理特性来传输编码数据。通信系统概念模型的结构如图 5-1 所示。

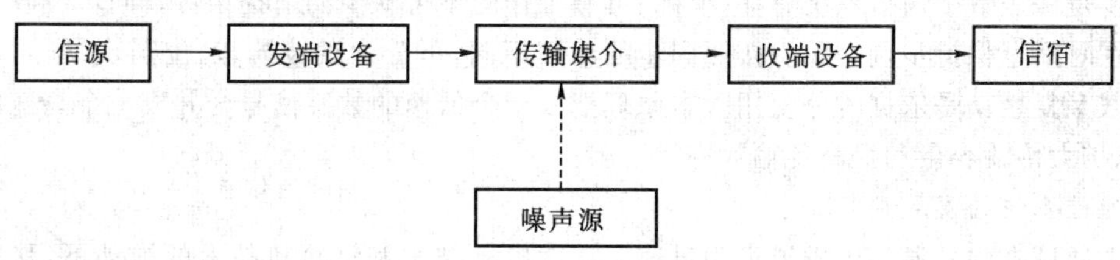


图 5-1　通信系统概念模型

图 5-1 中，信源的作用是把待传输的消息转换成原始电信号。待传输的消息可分为两大类，即连续消息和离散消息。

发端设备的基本功能是将信源和信道匹配起来，即将信源产生的原始电信号变换成适合在信道中传输的信号。变换的方式多种多样，调制是最常见的变换方式。对传输数字信号来说，发送设备又常常需要进行信源编码和信道编码等。按信号参量的取值方式不同可把信号分为模拟信号(或称为连续信号)和数字信号(或称为离散信号)。凡信号参量的取值是连续的或取无穷多个值的，称为模拟信号，如电话机送出的语音信号。凡信号参量只能取有限个值，称为数字信号，如电报信号、计算机输入输出信号。

传输媒介是指信号传输的通道，可以是有线的，也可以是无线的，甚至还可以包含某些设备。无线信道可以是人气(自由空间)，有线信道可以是明线、电缆、光纤。

图中的噪声源，是信道中的所有噪声以及分散在通信系统中其他各处噪声的集合。

在接收端，接收设备的功能与发送设备的功能相反，即进行解调、译码、解码等。它的任务是从带有干扰的接收信号中恢复出相应的原始电信号来。

信宿是将原始电信号转换成相应的消息，如电话机将对方传来的电信号还原成了声音。

2. 数据通信的原理

数据通信是指在两点或者多点之间以二进制形式进行信息传输与交换的过程。由于现在大多数信息传输与交换是在计算机之间或计算机与打印机等外围设备之间进行，数据通信有时也被称为计算机通信。

数字通信的技术主要涉及信源编码/译码，信道编码/译码，数字调制/解调，数字复接、同步以及加密技术等。

信源编码的作用之一是当信息源给出的是模拟语音信号时，信源编码器将其转换成数字信号,以实现模拟信号的数字化传输。作用之二是提高数据传输的有效性。在保证一定质量的前提下,设法减少码元数目和降低码元速率,即通常所说的数据压缩。

数字信号在信道传输时,由于噪声、衰落以及人为干扰等,将会出现差错。为了减小差错,信道编码器对传输的信息码元按一定的规则加入保护成分,接收端的信道译码器按一定规则进行解码,从解码过程中发现错误并纠正错误,从而提高通信系统抗干扰能力,实现可靠通信。

编码器输出的信号是数字基带信号,这种信号具有频率很低的频谱分量,一般不宜直接传输,这就需要把基带信号变换成适合在信道中传输的信号,并在接收端进行反变换。完成这种变换和反变换的通常是调制器和解调器。经过调制以后的信号称为已调信号。把数字基带信号的频谱搬移到高频处的过程叫数字调制,数字调制之后形成适合在信道中传输的频带信号。在需要实现保密通信的场合,需在发送端对信号进行加密,然后再接收端解密。

同步是保证数字通信系统有序、准确、可靠工作的不可缺少的前提条件。同步使收发两端的信号在时间上保持步调一致。按照同步的功用不同,可分为载波同步、位同步、群同步和网同步。数字复接就是依据时分复用基本原理把若干个低速的数字信号合并成一个高速的数字信号,以扩大传输容量和提高传输效率。

**3. 通信系统的发展趋势**

移动通信在现代通信中发展最为迅速。在微电子技术和计算机技术的推动下,移动通信从过去简单的无线对讲或广播方式发展成为一个把有线、无线融为一体,固定、移动相互连通的全国规模,甚至全球范围的通信系统。移动通信的发展方向是数字化、微型化和标准化。移动通信使用的是数字蜂窝移动通信系统。

数字蜂窝移动通信系统是将通信范围分为若干相距一定距离的小区,移动用户可以从一个小区运动到另一个小区,依靠终端对基站的跟踪,使通信不中断。移动用户还可以从一个城市漫游到另一个城市,甚至到另一个国家与原注册地的用户终端通话。通过控制交换中心进入公用有线电话网,从而实现移动电话与固定电话、移动电话与移动电话之间的通信。

移动通信技术发展迅速。1G 流行于 20 世纪 80 年代,2G 技术在 20 世纪 90 年代取而代之。现在广泛使用的是 3G 技术。3G 技术标准有四类:TD－SCDMA、WCDMA、CDMA2000 和 WiMAX。我国的自主技术为 TD－SCDMA。3G 技术的蓬勃发展大大促进了无线网络的广泛应用,实现了无线与有线网络的融合,一步步实现了网络通信无处不在。由于 3G 在数据传输速率上的限制,特别是在视频传输方面的局限性,4G 应运而生。4G 主要使用数字宽带技术,通信具有高速率、灵活、强兼容性、服务多样化、接入无时无刻和网络结构自治等特点。4G 技术将带来通信领域的又一次革命,更便捷与舒适的通信体验将会使全球化网络互联、信息服务迈向新的天地。

## ➢5.1.2 组织中数据通信技术应用

计算机网络从 20 世纪 60 年代开始发展,由简单到复杂,由低级到高级,发展迅速。计算机网络技术的发展主要经历以下阶段。

**1. 单计算机为中心的联机系统阶段**

20 世纪 60 年代初,计算机庞大而且昂贵。为了共享资源,实现信息采集和处理,相对便宜的远程终端利用通信线路和中央计算机连接起来,形成了面向终端的以单计算机为中心的联机系统,如图 5－2 所示。在这个阶段,计算机系统都是由专业的程序员和系统操作员高度集中控制的，包括软硬件在内的各个组成部分几乎都是由同一家生产厂商提供。

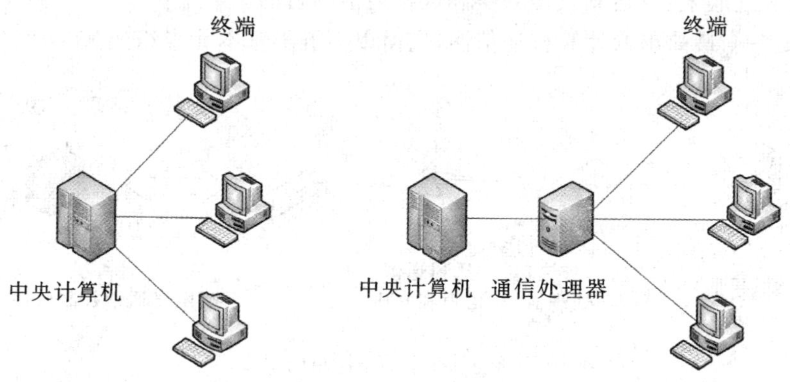


图 5-2　面向终端的以单计算机为中心的联机系统

2. 个人计算机阶段

1981 年 IBM PC 的出现标志着个人计算机时代的开始，因为这一时期 IBM PC 在美国的商业机构中第一次得到普遍应用。随着 20 世纪 80 年代和 90 年代初个人计算机的普及浪潮，出现了大量的软件工具，如文字处理软件、电子表格软件、电子简报软件、小型数据管理软件等，这些软件在组织中得到广泛应用。

3. 客户机/服务器阶段

在客户机/服务器阶段中，被称为客户机的台式计算机或便携式电脑通过网络与服务器连接在一起，服务器向客户机提供各种所需的服务。计算机处理过程被分配在这两种设备上。该架构使得组织可以将计算任务分散到较小的、较便宜的计算机上，与采用小型计算机或主机系统相比，成本大大降低，这使得组织的计算能力迅速增加，相应的计算机应用也得到飞速发展。

4. 企业互联网计算阶段

20 世纪 90 年代初期，企业开始应用一些网络标准和软件工具把分散的网络和应用进行整合，形成覆盖整个企业的基础设施。随之形成的一些技术基础设施把不同类型的计算机硬件连接成一个网络，使得信息可以在组织内部以及不同组织之间流动，出现企业应用和 web 服务。

5. 云计算阶段

互联网宽带性能的提升，推动客户机/服务器模式进一步发展成为“云计算模式”。云计算模式是指公司和个人不额外购买硬件和软件进而通过互联网获得运算和软件资源。企业对于计算机的应用更加成熟。组织中常用的通信工具有电话、电话会议、传真、网络会议、视频会议、语音信箱、电子邮件、EIM 软件、可视图文业务等。

## 5.2　计算机网络技术基础

### 5.2.1　计算机网络的概念与组成

计算机网络是一种将地理位置不同的、具有独立功能的计算机通过通信设备和线路连接起来，按照网络协议进行通信以实现信息传递和资源共享的系统。其本质是把具有独立功能的计算机系统互连起来，以达到资源共享和远程通信的目的。

图 5-3 是一个最简单的计算机通信网，它由以下五类基本元素组成。

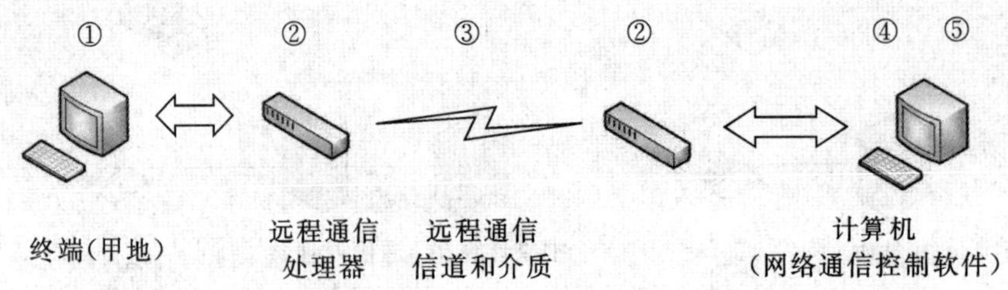


图 5-3　计算机通信网络的组成

(1)终端。任何一个输入/输出设备都可以作为终端使用远程通信网发送和接收数据，包括微型计算机、电话、传真等办公设备。

(2)远程通信处理器。远程通信处理器支持终端与计算机之间的数据传送和接收。这些设备有调制解调器、多路复用器、路由器及前端处理器等，可实现各种控制和支持通信的功能。

(3)远程通信通道和介质。数据是在通道和介质上进行传输的。远程通道是多种介质的组合。例如，双绞线、同轴电缆、光纤电缆、微波系统及卫星，通过连接网络中的端点形成远程通信通道。

(4)计算机。不同类型与规格的计算机经远程通信通道连接在一起完成指定的信息处理。

(5)网络通信控制软件。网络通信控制软件由控制远程通信活动及管理远程通信功能的程序组成。例如，用于主计算机的通信管理程序，用于小型计算机网络服务器的网络操作系统，用于微型计算机的通信软件包。

### 5.2.2　计算机网络拓扑结构

网络拓扑结构是指用传输介质互联各种设备的物理布局，用来描述网络的连接形状和组成形式。网络拓扑结构有总线结构、环型结构、星型结构、树型结构、蜂窝结构和网状结构。

#### 1. 星型结构

星型网络由中心节点和从节点组成，中心节点可直接与节点通信，而节点间必须通过中心节点才能通信。在星型网络中，中心节点通常由一种称为集线器或交换机的设备充当，因此网络上的计算机之间是通过集线器或交换机来相互通信的，这是目前局域网最常见的互联方式。

#### 2. 总线结构

总线网络是一种比较简单的计算机网络结构，它采用一条称为公共总线的传输介质，将各计算机直接与总线连接，信息沿总线介质逐个节点广播传送。

#### 3. 环型结构

环型网络将计算机连成一个环。在环型网络中，每台计算机使用公共传输线缆组成的闭环连接，数据信息携带着主机地址在环路中沿着一个方向在各节点间传输。采用这种结构，网络可以延伸到较远的距离，线缆连接费用较低。但由于连接的自我闭合，某处断接也会导致整个网络失效。

4. **树型结构**

树型结构是分级的集中控制式网络，与星型相比，它的通信线路总长度短，成本较低，节点易于扩充，寻找路径比较方便，但除了叶节点及其相连的线路外，任一节点或其相连的线路故障都会使系统受到影响。

5. **网状结构**

在网状结构网络中，网络的每台设备之间均有点到点的链路连接，这种连接并不经济，只有每个站点都要频繁发送信息时才使用这种方法。网状结构网络的部署很复杂，但系统可靠性高，容错能力强，有时也称分布式结构。网状结构主要用于地域范围大、入网主机多、主机类型各异的环境，常用于构造广域网络。

6. **蜂窝结构**

蜂窝结构是无线网络所使用的结构，它以无线传输介质（微波、卫星、红外等）点到点和多点传输为特征，形成蜂窝状（六边形耦合）区域无线信号覆盖，使该区域内无线终端能连入网络。它适用于城市网、校园网和企业网。

计算机六种网络拓扑结构如图 5－4 所示。

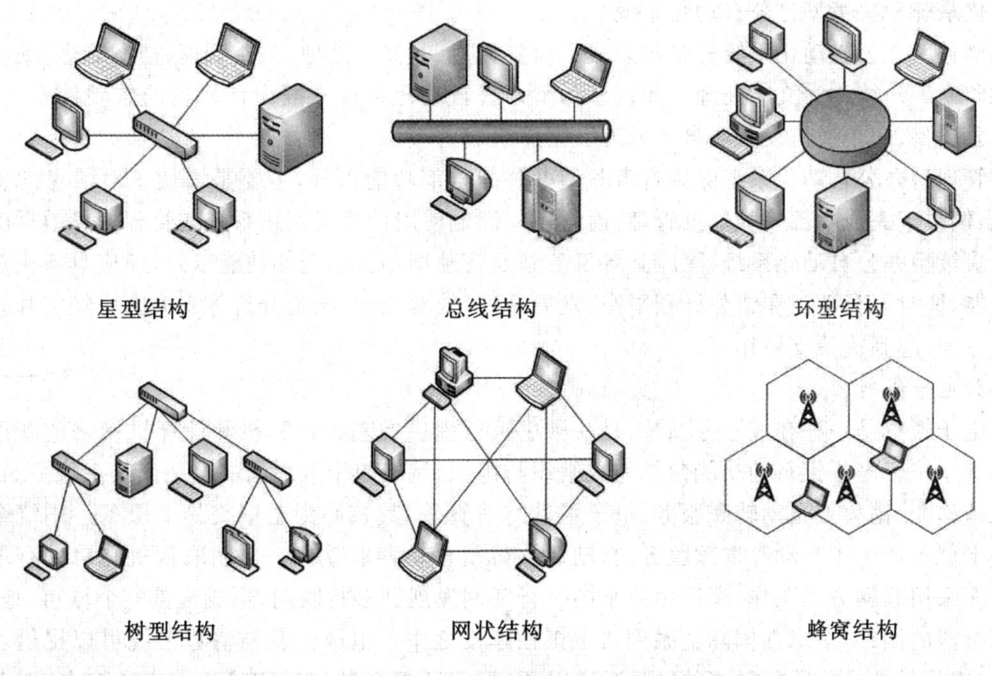


图 5－4　计算机网络拓扑结构

## 5.2.3　计算机网络应用

计算机网络所具有的高可靠性、高性能价格比和易扩充性等优点，使得它在工业、农业、交通运输、邮电通信、文化教育、商业、国防以及科学研究等各个领域、各个行业获得了越来越广泛的应用。我国有关部门也已制订了“金桥”、“金关”和“金卡”三大工程，以及其他的一些金字号工程。这些工程都是以计算机网络为基础设施，是为促使国民经济早日实现信息化的主干工程。典型的应用有办公自动化、电子数据交换、远程交换、远程教育、电子商务、电子银行、电子公报板系统(BBS)、证券及期货交易、广播分组交换、校园网、智能大厦和机构化综合布线等。这里挑选组织内部常用的办公自动化系统，与组织间常见的电子银行系统和电子商务进行介绍。

1. **办公自动化**（office automation，OA）

在组织内部办公自动化的应用最为广泛。办公自动化系统集计算机技术、数据库、局域网、远距离通信技术以及人工智能、声音、图像、文字处理技术等综合应用技术之大成，是一种全新的信息处理方式。办公自动化系统的核心是通信，其所提供的通信手段主要为数据/声音综合服务、可视会议服务和电子邮件服务。

办公自动化系统使用的硬件设施通常有各种计算机、打印机、复印机、扫描仪、传真机、电话等。比较常用的有以下应用软件：文字处理软件，例如Word、WPS；电子表格软件，如Excel；图形图像处理软件，如 Auto CAD；网页制作软件，如 Dreamweaver；课件制作软件，如PowerPoint。办公自动化并不局限于上述几种软件，还有财务管理软件、档案管理软件、商业管理软件、各种计算机辅助设计工具等等。

办公自动化是为各部门的办公活动服务的，一般分为事务型办公自动化系统、管理型办公自动化系统和决策型办公自动化系统。

事务型办公自动化系统通常将以文字对象为主(如文字处理、公文管理、档案管理、编辑排版和印刷等)，统称为文字处理工作。事务型办公自动化系统一般由计算机的软硬件系统、基本办公设备、简单通信设备和事务处理数据库组成。

管理型办公自动化系统除具备事务型办公的全部功能以外，主要是增加了对信息的管理功能，侧重于完成本部门的信息管理，通常还广泛地使用计算机网络系统和管理信息数据库。

决策型办公自动化系统，除应具备事务型及管理型办公的全部功能以外，还应具备决策支持功能，即对办公部门在诸如计划平衡、发展规划、效益预测、结构分析等有关国民经济和企业发展方面，起到决策支持作用。

2. **电子银行**

电子银行是一种在线服务系统，是一种由银行提供的基于计算机和计算机网络的新型金融服务系统。电子银行的功能包括完成组织与组织、组织与个人之间的金融交易卡服务、自动存取款作业、销售点自动转账服务、电子汇款与清算等，其核心为金融交易卡服务。围绕金融交易卡服务产生了自动存取款服务、自动取款机及自动存取款机。自动取款机与自动存取款机大多采用联网方式工作，现已由原来的一行联网发展到多行联网，形成覆盖整个城市、地区，甚至全国的网络，全球性国际金融网络也正在建设之中。电子汇款与清算系统可以提供客户转账、银行转账、外币兑换、托收、押汇信用证、行间证券交易、市场查证、借贷通知书、财务报表、资产负债表、资金调拨及清算处理等金融通信服务。由于大型零售商店等消费场所采用了终端收款机，从而使商场内部的资金即时清算成为现实。销售点的电子资金转账是依靠 POS 机与银行计算机系统互连完成的。

3. **电子商务**

20 世纪 90 年代以来，随着互联网及其相关技术的日益成熟，电子商务蓬勃发展，逐渐改变企业的经营方式与人们的消费习惯，成为组织之间、组织与个人之间进行交易的常见模式，极大地方便了业务的开展与贸易活动的进行。

电子商务的发展经历以下四个阶段：电子宣传、电子交易、电子商务和电子企业。

电子宣传阶段是电子商务的初级阶段，企业将互联网视为一种媒体、一种低成本的宣传方式。在电子交易阶段，企业与客户可以在互联网上更好地互动、交流并可以在网上达成交易。这一阶段的互联网商务的特征是企业在网上买货物和服务。在电子商务阶段，互联网商则倾向于把企业的各种事务，包括内部管理、生产管理、产品销售等全部架构在互联网上运作。当企业将所有活动“整合”在网络上开展时，就进入电子企业阶段。这种“整合”包含两个方面：一方面是企业技术的整合，即对企业资源规划（ERP）、供应链管理（SCM）、客户关系管理（CRM）、电子交易（e-commerce）、商业智能（business lntelligence）等的整合；另一方面则是对企业能力的整合，即对业务流程、组织结构、知识资产、合作伙伴等的整合。

一个电子商务系统主要包括以下内容：

(1)网络及安全协议。网络包括企业内部网 Internet、企业外部网 Extranet 和互联网 Internet 3 个部分。在网络安全协议方面，目前广泛使用的有两种安全的在线支付协议，一个是安全套接层（secure socket layer，SSL）协议，另一个是安全电子交易（secure electronic transaction，SET）协议。它们一同保证电子交易与信息的真实性、完整性，身份的合法性、防抵赖性。

(2)消费者。消费者包括企业用户和个人用户。

(3)电子商店。电子商店是指在网上搭建的为消费者提供商品和服务的商店。

(4)认证中心。认证中心是法律承认的权威机构，主要工作是发放管理电子证书，为网上交易各方提供身份认证。

(5)物流公司。物流公司的工作是完成实体商品流通部分的任务，将商品由商家送至消费者。

(6)网上银行。网上银行可以实现在线结算，为交易双方提供全天全时服务。

(7)商务活动管理机构。商务活动管理机构包括工商、税务、海关和经贸等部门。

根据参与电子商务的三大交易主体——企业、消费者、政府，通常将电子商务分为四种类型——企业与消费者之间的电子商务（B2C）、企业与企业之间的电子商务（B2B）、消费者与消费者之间的电子商务（C2C）、企业与政府之间的电子商务（B2G）。

B2C 电子商务也称为网上购物，即通过网上商店实现网上在线商品零售和提供服务，付款方式可以是网上支付，也可以是货到付款。B2C 是大多数人熟悉的电子商务模式，这种方式的电子商务成功案例很多，如全球最大网上书城亚马逊以及我国的当当网。

B2B 电子商务是指在 Internet 上采购商与供应商进行谈判、订货、签约、接受发票和付款，以及索赔处理、商品发送管理和运输跟踪等所有活动。它是以企业为主体，通过 Internet 或专用网络实现电子交易。据估计，在今后几十年 B2B 电子商务模式会成为主流。阿里巴巴（中国）电子商务网站就是这种模式的典型例子。

C2C 是消费者与消费者在网络平台上完成交易，例如网上拍卖、在线竞价等。目前我国最大的两个 C2C 电子商务交易平台是淘宝网和拍拍网。

B2G 电子商务覆盖政府与企业组织间的各项事务，包括政府采购、税收、商检、管理条例发布、法规政策颁布等。它是政府机构应用现代信息和通信技术，将管理和服务通过网络技术进行整合，在 Internet 上是实现政府组织机构和工作流程的优化重组，超越时间、空间及部门之间的分隔限制，向社会提供优质、全方位、规范、透明和符合国际标准的管理和服务。

# 5.3 互联网络技术

## 5.3.1 网络体系结构

为了更好地搭建和理解互联网,人们通常将多种多样的网络基础设施与网络互连协议按照不同的模型划分为不同的层次。下面介绍两种典型的网络体系结构划分模型。

1. OSI/RM 模型

在 Internet 中包含的网络多种多样,它们的硬件组成不同,运行的协议也不同,需要国际通用的规范标准将异构网络和形形色色的网络硬件设施连接起来,协调通讯。OSI/RM (Open System Interconnection/Reference Model)是 1983 年发布的网络体系结构标准,是一个七层模型,各层之间逻辑上相互独立,并且由下层向上层服务,其结构如图 5-5 所示。

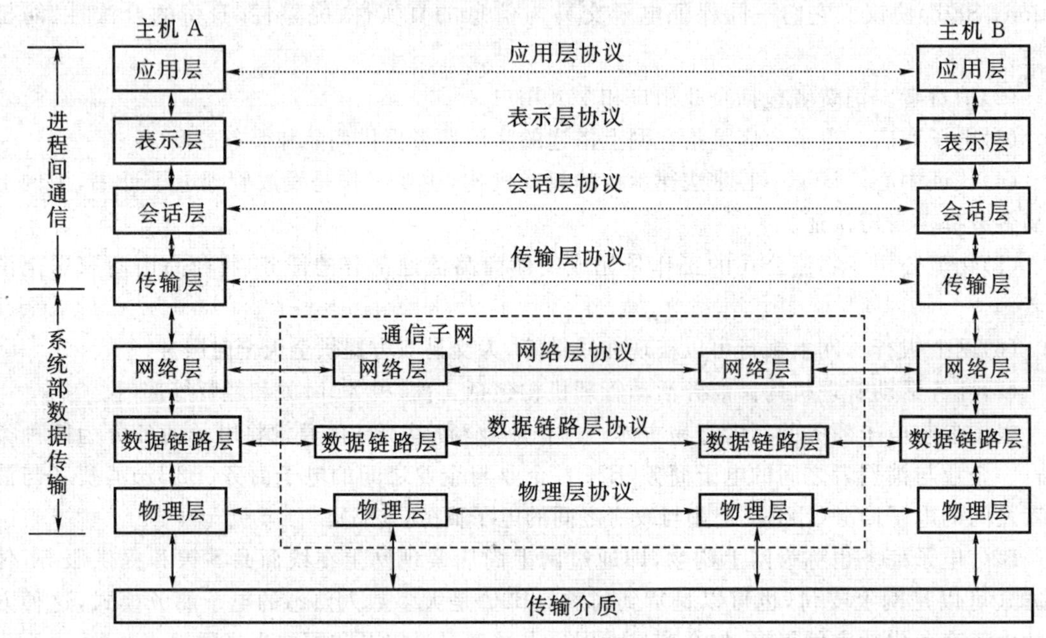


图 5-5 OSI/RM 模型

在 OSI/RM 模型中,每一层的功能都在下一层的支持下实现。OSI/RM 模型中的下三层通常归入通信子网的功能范畴,一般由硬件——通信卡或通信处理机——实现;模型中的上三层归入资源子网的功能范畴,通常由软件——网络操作系统和应用软件——实现;中间的传输层形成高层和低层之间的接口,有时也把它归入高层。

从通信对象来看,由会话层、表示层、应用层构成的上三层为进程间的通信,主要解决两台通信的主机间信息传输问题;由物理层、数据链路层、网络层构成的下三层为系统间的通信,主要解决通信子网中的数据传输问题;传输层位于两部分的中间,可以看做是系统通信与进程通信间的接口层。

下面从最下层开始,依次讨论 OSI/RM 模型的各层。由于 OSI/RM 本身并未确切地描述用于

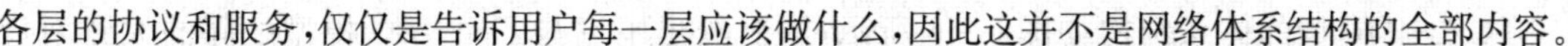

各层的协议和服务，仅仅是告诉用户每一层应该做什么，因此这并不是网络体系结构的全部内容。

(1)物理层。物理层是OSI/RM模型的最底层，也是OSI/RM模型分层结构体系中最重要和最基础的一层。该层建立在通信介质基础上，是实现设备之间联系的物理接口。物理层主要具有以下作用：定义了数据编码和流同步，确保发送方和接收方之间的正确传输；定义了比特流的持续时间及比特流如何转换为可在通信介质上传输的电信号和光信号；定义了电缆线如何连接到网络适配器；定义了通信介质发送数据所采用的技术。

(2)数据链路层。该层负责从网络层向物理层发送数据帧。数据帧是存放数据的有组织的逻辑结构，接收端将来自物理层的比特流打包为数据帧进行传送。该层包含媒体访问控制子层(又称为介质访问控制子层)和逻辑链路控制子层。数据链路层指明了将要发送的每个数据帧的大小和目标地址。该层提供基本的错误识别和校正机制，以确保发送和接收数据一致。

(3)网络层。数据链路层从一条传输链路的角度来解决传输中的可靠性问题。网络层则是从整个网络的角度来处理数据传输中的有关问题，处理问题过程中需要考虑通信双方的终端节点及中间节点间的关系，具体内容包括：

①路由选择如何在组成网络的各子网之间找到到达传送目的地的最佳路径；

②流量和拥塞控制防止在子网中间出现过多的分组，造成通路阻塞，形成瓶颈；

③差错及故障的恢复。

(4)传输层。网络层考虑的是网络的细节，而传输层屏蔽了这些细节，只从主机间逻辑连接(或进程间通信)的角度来处理数据的传输问题。传输层是计算机网络中非常关键的一层。当在传输层中解决了两台主机间的通信问题后，在其上就可以进一步解决通信双方的交互问题、数据的表示问题和具体应用问题了。

传输层也与数据链路层不同。数据链路层处理的是相同网络中两个节点间的数据通信；而传输层处理的是主机间的数据通信，是源节点到目的节点之间的传输。

(5)会话层。会话层是建立在用户与网络间的接口，好像两台主机间的联络官，主要控制两台计算机通信的建立、组织、重建与主控，简单地说，即解决两个主机之间如何会话。会话层工作的具体内容有：通信协议是什么；确认通信模式是全双工、半双工还是单工；传输工作如何调试，如何结束等。

(6)表示层。表示层主要处理两个应用实体间数据交换的语法问题，以及解决数据交换中存在的数据格式不一致和数据表示方法不同等问题。例如，IBM系统采用EBCD编码，而其他一些系统用户采用ASCII编码，表示层就要为它们的转换服务，转换后传输给会话层。此外表示层还进行加密、压缩或终端仿真处理。

(7)应用层。应用层主要进行应用管理和系统管理，直接为用户服务，在信息网络用户之间形成一个交换信息的界面——用户应用程序，如电子邮件、文件传输等。简单地说，就是接收用户数据。信息网络系统接受了用户的数据后，立即把它们传输给表示层。

**2. TCP/IP模型**

与OSI/RM模型相似，传输控制协议和网际协议(Transmission Control Protocol/Internet Protocol，TCP/IP)也能够连接异种计算机和异种计算机网，使之协调工作，进行通信。随着Internet的广泛应用和被全世界承认，Internet所使用的TCP/IP体系结构在计算机网络领域亦占有特殊重要的地位，成为一种实际的标准。TCP/IP模型是在物理网基础上建立的，包括网络接口层、网际层(IP层)、传输层(TCP层)和应用层。

TCP/IP 模型的体系结构如图 5-6 所示，同时给出了它与 OSI/RM 模型之间的大致对应关系。其核心是 IP 层和 TCP 层。

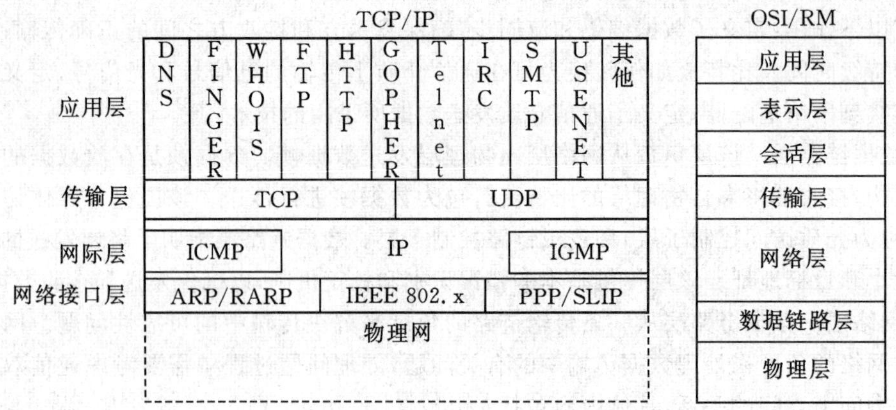


图 5-6　TCP/IP 模型

(1)网络接口层。TCP/IP 模型没有数据链路层和物理层，因此不能完成计算机网络的全部功能，必须与其他协议协同工作。网络接口层负责将 IP 分组封装成适合在具体的物理网络上传输的帧结构并交付传输。

(2)网际层。网际层的主要作用是解决网络互连中的问题，即网际寻址(包括地址格式、地址转换等)。网际层主要包含以下协议：①IP 协议。网际层规定一种统一的地址格式——协议地址，任何基于 TCP/IP 的数据在网络层都是以 IP 包的形式传输的。②网际控制信息协议(Internet Control Message Protocol，ICMP)。网际层 IP 数据包的传输是不可靠的，即一个数据包在传输过程中如果发生某种错误，就简单地将其丢掉，然后只发一个消息给消息源。网际控制信息协议就是提供差错报告机制的协议。③路由协议。路由协议负责数据的包装、寻址并处理用于指导 IP 数据包发送的地址信息。

(3)传输层。传输层负责维护信息的完整性，它提供端到端的通信服务，即提供一个应用程序到另一个应用程序之间的通信服务。传输层有如下功能：解决不同应用程序的识别问题，但要附加从何处(信源)来到何处(信宿)去的应用程序信息；提供可靠传输，为此传输层的每个分组均含有校验字段；对信息流进行格式化。传输层提供传输控制协议(Transmission Control Protocol，TCP)和用户数据报协议(User Data Protocol，UDP)。

(4)应用层。TCP/IP 模型的应用层包含一些可以在各种机型上广泛实现的协议，如文件传输协议(File Transfer Protocol，FTP)、远程终端访问协议 Telnet、域名服务程序(Domain Name Service，DNS)、简单邮件传输协议(Simple Message Transfer Protocol，SMTP)等。

**3. OSI/RM 模型与 TCP/IP 模型的比较**

OSI/RM 与 TCP/IP 是两个独立的协议体系结构模型，它们有许多相似之处，如在主要层上有一定的对应关系。但是 OSI/RM 是作为计算机网络的标准制定出来的，TCP/IP 则是在 Internet 发展的实践中产生的。两者的背景不同，出发点不同，并且各具特色。除表现结构上的不同之外，还需要说明几点。

(1)层次性是否严格。OSI/RM 模型最大的贡献在于它作为一种理论模型，有清晰的层次结构，并且用服务、接口和协议三个基本概念作为每一层的核心，其概念清晰，便于理解，目的是使各种硬件在相同层次的户型上通信。TCP/IP 协议并不完全符合 OSI/RM 的七层参考模型，它关注于实现便捷的网络互连，更具有实际操作性，在逻辑层次性方面相比前者较弱。

(2)可靠性第一还是效率第一。可靠性是指网络正确地传输数据的能力。OSI/RM 模型以可靠性第一作为其基本宗旨，每一层都要进行差错检测和处理，因而按 OSI/RM 模型构建的网络可以适应较恶劣的传输条件，但额外传输开销大，传输效率低。TCP/IP 模型则以效率第一作为其基本宗旨，它不是在每一层中都进行差错检测和恢复，而只是把可靠性看做传输层的任务，丢失和损坏数据的恢复只由传输层完成。

(3)主机负担重还是通信子网负担重。OSI/RM 模型认为通信子网是提供传输信息的设置，它把与传输有关的问题都放在通信子网中处理，如监视数据流量、控制网络访问、记账收费、选择路径、控制流量等问题，而给主机留下的任务并不太多。同时，它在运输层只提供面向链接的服务。因此，OSI/RM 模型系统中通信子网负担较重，主机负担较轻，所以它对主机的要求不高。TCP/IP 模型主要的功能是实现异种网之间的互联。它没有定义自己的通信子网，而是把其他的通信子网作为考虑的基础，并把它们都看成是不可靠的，不管通信子网是复杂还是简单，都要在传输层要求主机参与几乎所有复杂性问题的处理过程。因此，在 TCP/IP 模型中主机的负担较重。

(4)异种网互连的能力。TCP/IP 模型从一开始就考虑到异种网的互连问题，并用网际层来处理异种网的互连问题；而 OSI/RM 最初并没有考虑网络互连问题。

### 5.3.2　企业计算模式

计算机应用系统中数据与应用程序的分布方式称为企业计算机应用系统的计算模式，也称为企业计算模式。管理信息系统经历了三类企业计算模式，即集中式计算模式、分布式计算模式和云计算模式。这三类计算模式是随着计算机技术、网络技术的发展而产生的，并由此决定了计算机应用系统中硬件结构和软件结构的特征。

**1. 集中式计算模式**

集中式计算模式包括主机/终端结构和工作站/文件服务器结构，前一种的各种计算主要集中在主机上，而后一种的各种计算主要集中在工作站上完成。

(1)主机/终端结构。主机/终端结构又简称主机系统，如图 5-7 所示。在该系统中，用户通

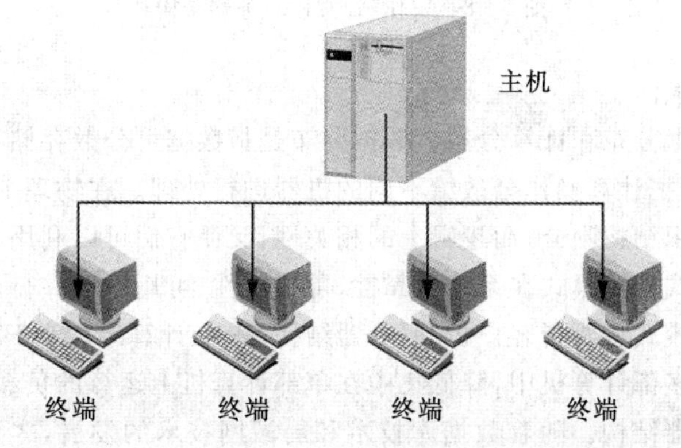


图 5-7　主机/终端结构图

过终端与主机相连,在主机操作系统的管理下共享主机的硬件资源,包括中央处理器、内外存储器、输入/输出设备等。其特点是可同时为多个用户服务。在主机/终端系统中,所有数据和程序都在主机上进行集中管理,各终端相当于显示器加键盘的功能。这种系统便于集中处理大量的信息,如大型科学计算、人口普查和航空购票系统等。该系统的主要缺点是:①主机负担过重,一旦主机出故障,系统将全面瘫痪。②扩充不易。③系统的购置、安装、维护费用较高,不易普及。

(2)工作站/文件服务器结构。20世纪80年代初,随着局域网的兴起,联网的微机被分为两类:一类为服务器,专门为网络上的其他用户提供共享文件(或数据),因此被称为文件服务器,它是网络的核心,管理网络通信,网络操作系统也安装在文件服务器中;另一类为工作站,它可访问文件服务器中的数据和文件,而本工作站的资源不被其他工作站或服务器共享。在工作站/文件服务器中,机构如图5-8所示,数据库和全部应用程序都存储在文件服务器上,但应用程序的执行是在微机工作站上进行,从而增加了网络传输负荷。这种系统由于数据的安全性较差,无法发挥服务器的信息处理能力,现在已很少采用。

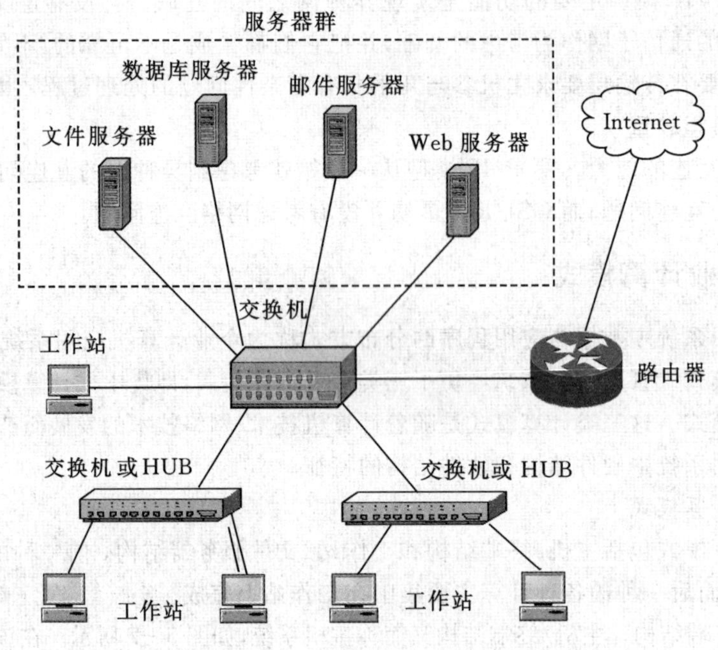


图5-8　工作站/文件服务器结构

2. **分布式计算模式**

分布性主要指数据分布和计算分布。数据分布是指数据可分散存储在网络上的不同计算机中;计算分布则是指把计算操作分散给不同的机器进行处理。在物理上,分布式数据库的资源结构与分布式的组织结构吻合;而逻辑上的相关性,又使它们可以利用计算机网络集成为功能强大的系统。分布式计算模式在系统可靠性、可扩展性、可用性和并行处理等方面具有明显的优势。分布式计算模式主要指客户机/服务器结构、Web计算结构和P2P计算模式,其目的是将计算工作分摊到多部计算机中,降低集中在单部计算机上运算的负载及可能的风险。

(1)客户机/服务器结构。随着数据库技术和局域网技术的发展,客户机/服务器(client/server,C/S)结构应运而生。C/S结构与工作站/文件服务器结构在硬件组成、网络拓扑结构、通信连接等方面基本相同，结构如图5－9所示。两者的最大区别在于，在C/S结构中，服务器控制管理数据的能力由文件管理方式上升为数据库管理方式，原先在工作站/文件服务器中由工作站所承担的数据加工任务（即应用的一部分），现改由服务器来承担，从而使整个系统的性能有了质的飞跃。一方面使高档微机组成的数据库服务器的效率得到了充分的发挥；另一方面数据经服务器加工后在局域网中传输的仅仅是客户机所需的那一小部分而不是整个文件，从而大大降低了网络流通量。

分布式计算模式的出现，让客户机同样可提供服务，即客户机可以处理服务器提出的申请。随着应用的深入和规模的不断扩大，应用程序日趋复杂，C/S结构暴露出许多问题，如客户机需要更多的软件，从而变“胖”了，客户机的管理越来越困难，这不仅给应用软件的实现带来了不便，而且使软件维护费用越来越高。此外，C/S结构所采用的软件产品大都缺乏开放的标准，一般不能跨平台运行。

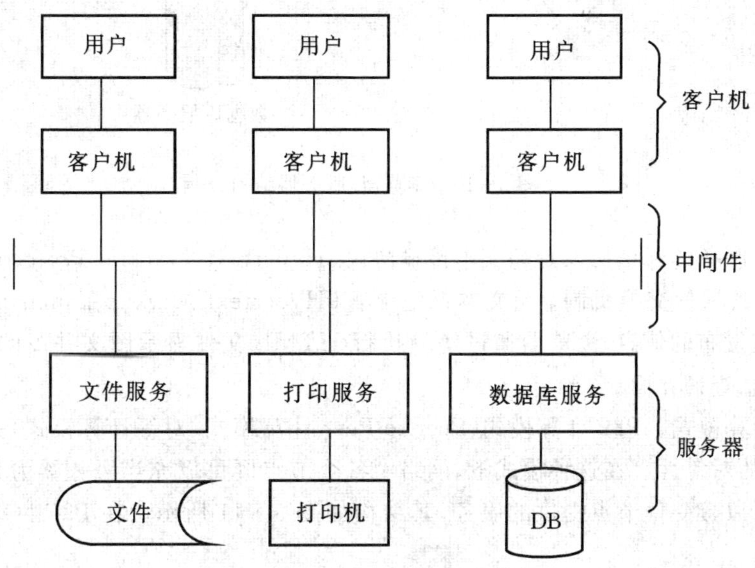

图5－9 客户机/服务器结构

（2）浏览器/服务器结构。20世纪90年代中期，出现浏览器/服务器（B/S）结构，如图5－10所示。B/S结构是在传统C/S结构的基础上发展起来的适用于分布环境的新型网络计算模式，人们常常称之为三层C/S结构模型。B/S结构把C/S结构的服务器端进一步细化，分解为一个应用服务器（Web服务器）和一个或多个数据库服务器。三层C/S结构模型中，第一层是表示层，即Web浏览器层，主要完成用户接口功能。用户在客户端使用浏览器由统一资源定位器（uniform resource locator，URL）指定Web服务器地址，并提出服务申请，Web服务器根据用户的申请用超文本传输协议把所需的文件资料传送给用户，客户端接收文件资料，并显示在浏览器上。第二层是功能层，即Web服务器层，主要利用Web服务器完成客户的应用功能。Web服务器接受客户申请，然后启动CGI程序或其他相关程序（ODBC，开放数据库互连；JDBC，Java数据库互连），建立与数据库系统的连接，进行查询、添加等处理，而后通过Web服务器传送到客户机端。第三层是数据层，即数据库服务器层，主要利用数据库服务器完成数据的存储和管理功能，数据库服务器应客户请求独立地进行各种处理。以上三层 B/S 结构模型各成体系且相互独立，当软硬件环境发生变化时，其适应能力比 C/S 结构更强，更具有可伸缩性和可扩展性。Web 计算结构适用于局域网、广域网和国际互联网。B/S 结构不仅统一了用户界面，而且实现了跨平台操作，使系统更具可控性，给系统维护带来了极大的方便。

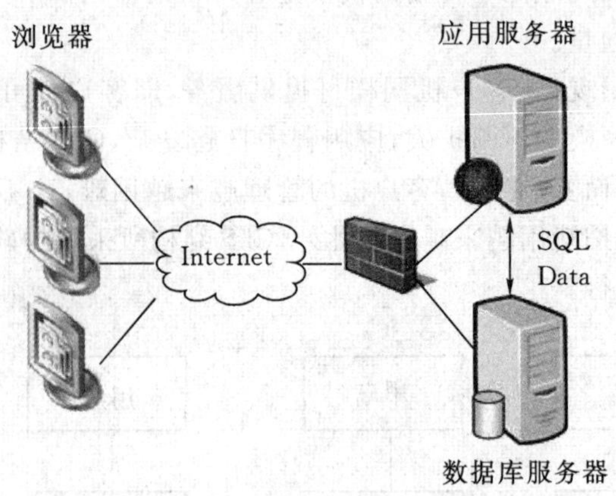


图 5-10　浏览器/服务器结构

实现 Web 服务的通信协议是超文本传输协议(Hypertext Transfer Protocol，HTTP)，它定义了 HTTP 的通信交换机制。超文本标记语言(Hypertext Markup Language，HTML)用来描述 Web 上发布的信息，浏览器通过解释执行 HTML 文件显示图文并茂的信息，向用户提供良好的信息查询界面。

(3)P2P 计算模式。P2P 计算模式(Peer to Peer 计算模式、对等计算模式)强调网络中的每个节点地位的对等性。在这种模式下，网络中各个节点既可以充当服务器为其他节点提供服务，同时也可以接受他节点提供的服务，其结构如图 5-11 所示。在 P2P 网络上的应用主

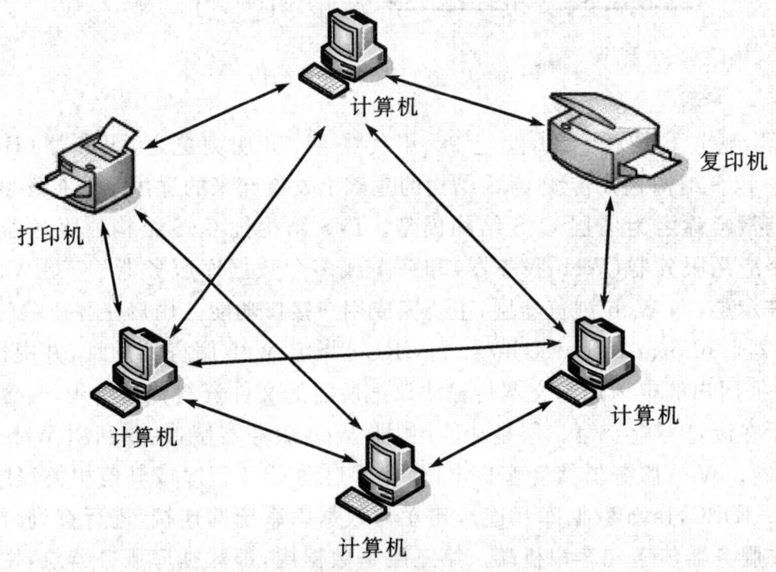


图 5-11　P2P 计算模式结构图

要包括文件共享、即时通讯、分布式计算等，具体的应用软件有 Napster、Bit Torrent、Skype 等。

P2P 计算模式的理念是在节点之间直接交换和共享文件与资源，其最大特点是不需要中央服务器，充分发挥了每一台连入 P2P 网络的计算机的资源使用效率，通过利用大量闲置资源来减轻或避免企业在中央服务器上的巨大开销。这些闲置资源包括大量计算处理能力以及海量储存潜力和网络通信带宽，从而使系统具有很低的使用成本和极强的延伸能力。

P2P 技术不仅可以消除使用单一资源所造成的瓶颈问题，还可以用来通过网络实现数据分配、控制及满足负载平衡的请求。除了可帮助优化性能之外，P2P 模式下用于数据检索和备份的数据存储可在客户机上进行。P2P 基础平台允许直接互联或共享空间，并可实现远程维护功能。P2P 计算模式将通过互联网进行共享和合作的想法扩展到分享大型计算任务、合作创建媒体或软件、在线直接交谈以及组建在线社区等方面，很大程度上提高了信息系统的运行能力。

3. 云计算模式

云是网络、互联网的一种比喻说法。云计算是分布式计算、并行计算、效用计算、网络存储、虚拟化、负载均衡等传统计算机和网络技术发展融合的产物。狭义的云计算是指 IT 基础设施的交付和使用模式，即通过网络以按需、易扩展的方式获得所需资源。广义的云计算是指服务的交付和使用模式，即通过网络以按需、易扩展的方式获得所需服务。这种服务可以与 IT、软件、互联网相关，也可以是其他服务。云计算意味着计算能力也可作为一种商品通过互联网进行流通。继个人计算机变革、互联网变革之后，云计算被看做第三次 IT 浪潮，是中国战略性新兴产业的重要组成部分。一般意义上的云计算模式结构如图 5 - 12 所示。

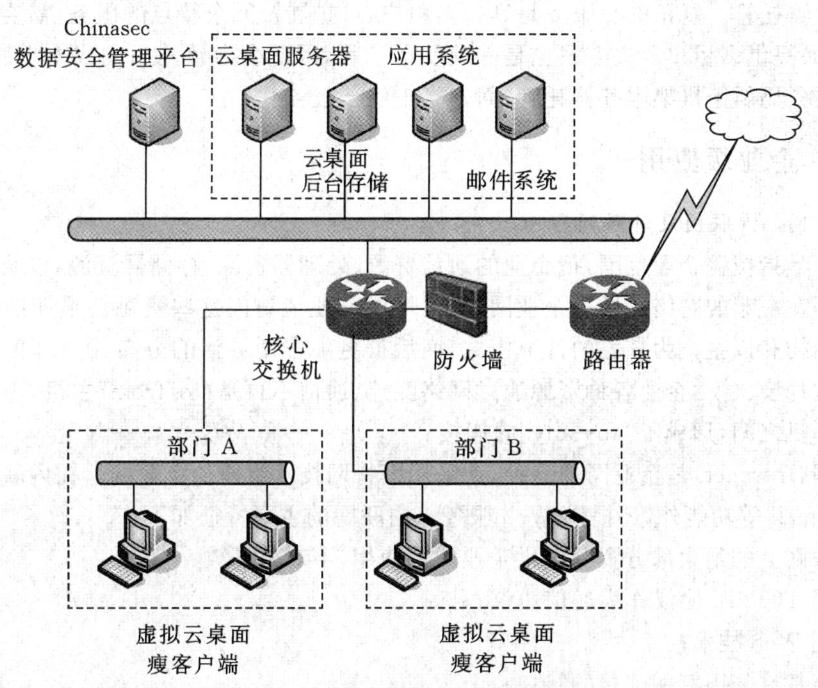


图 5 - 12 云计算模式结构

通过将计算分布在大量的分布式计算机上，而非本地计算机或远程服务器中，企业数据中心的运行将与互联网更相似。这使得企业能够将资源切换到需要的应用上，根据需求访问计算机和存储系统。云计算具有以下特征：资源配置动态化，即根据消费者的需求动态划分或释放不同的物理和虚拟资源，当增加一个需求时，可通过增加可用的资源进行匹配，实现资源的快速的弹性提供；需求服务自助化，即云计算为客户提供自助化的资源服务；网络访问便捷化，即客户借助不同的终端，对网络的访问无处不在；服务可计量化，即资源的使用可被监测和控制；资源的虚拟化，即借助于虚拟化技术，将分布在不同地区的计算资源进行整合，实现共享。

云计算可以认为包括以下四个层次的服务：基础设施即服务（IaaS）、平台即服务（PaaS）、软件即服务（SaaS）和门禁即服务（ACaaS）。

（1）基础设施即服务（Infrastructure-as-a-Service，IaaS）。

IaaS 通过网络向用户提供计算机（物理机和虚拟机）、存储空间、网络连接、负载均衡和防火墙等基本计算资源，用户在此基础上部署和运行各种软件，包括操作系统和应用程序。

（2）平台即服务（Platform-as-a-Service，PaaS）。

PaaS 实际上是指将软件研发的平台作为一种服务，以 SaaS 的模式提交给用户。因此，PaaS 也是 SaaS 模式的一种应用。

（3）软件即服务（Software-as-a-Service，SaaS）。

SaaS 是一种通过 Internet 提供软件的模式，用户无需购买软件，而是向提供商租用基于 Web 的软件，来管理企业的经营活动。

（4）门禁即服务（Access-Control-as-a-Service，ACaaS）。

ACaas 是基于云技术的门禁控制。当今市场有两种典型的门禁即服务，即真正的云服务与机架服务器托管。真正的云服务是具备多租户、可扩展及冗余特点的服务，需要构建专用的数据中心，而提供多租户解决方案也是一项复杂工程，因此会导致高昂的成本。所以，大部分的门禁即服务仍属于机架服务器托管，而非真正的云服务。

### 5.3.3 企业级应用

**1. 企业网、内联网及外联网技术**

企业网是指覆盖企业范围，把企业的通信资源、处理器资源、存储器资源，以及企业的信息资源等捆绑在一起的网络。通过企业网，员工可以方便地访问这些资源。早期的企业网具有星型拓扑结构和以主机为核心的计算模式，而后被更加方便灵活的分布式处理模式逐渐取而代之。在这种模式下，企业各种资源通过网络互连，通信不再是“to/from”主机，而是发生在任何两台计算机之间，形成了“any-any”的连接。

内联网（Intranet）是企业网的一种，是采用因特网技术组建的企业网。在内联网中除了提供 FTP、E-mail 等功能外，还提供 Web 服务。内联网的主要特征如下：

①内联网上的绝大部分资源仅供企业内部使用，不对外开放；

②采用 TCP/IP 协议作为通信协议；

③采用 Web 技术；

④对外具有与因特网连接的接口；

⑤有安全设施，防止遭受内部和外部的攻击。

外联网（Extranet）则是一种使用因特网/内联网技术使企业与其客户和其他企业相连，完成其共同目标的合作网络。严格地说，外联网是一种企业网通过公用网进行互连的技术，或者视为一个由多个企业合作共建的、能被合作企业的成员访问的更大型的虚拟企业网。外联网访问是半私有的，用户是由关系紧密、相互信任的企业结成的小组，信息在信任的圈内共享。因此，安全和可靠是外联网建设考虑的主要因素，可采用的技术包括隧道技术、访问控制技术、身份认证技术等。

**2. 网络安全技术**

网络安全技术是指致力于解决诸如如何有效进行介入控制，以及如何保证数据传输的安全性的技术手段，主要包括物理安全分析技术、网络结构安全分析技术、系统安全分析技术、管理安全分析技术，以及其他的安全服务和安全机制策略。

下面介绍七种主要的网络安全技术。

(1)虚拟网技术。虚拟网技术(virtual local area network，VLAN)主要基于近年发展的局域网交换技术(ATM和以太网交换)。它将局域网设备在逻辑上划分为一些网段，从而实现虚拟工作组的数据交换技术，主要在交换机和路由器中实现，主流应用在交换机之中。

虚拟网技术能够保证信息只到达应该到达的地点。通过设置访问控制，在虚拟网外的网络节点不能直接访问。因此，防止了大部分基于网络监听的入侵手段。但是，虚拟网技术也有新的安全问题，例如，执行虚拟网交换的设备越来越复杂，从而成为被攻击的对象；基于MAC的VLAN不能防止MAC欺骗攻击等。

(2)网络防火墙技术。网络防火墙技术是一种用来加强网络之间访问控制，防止外部网络用户以非法手段通过外部网络进入内部网络的特殊网络互联技术。它对两个或多个网络之间传输的数据包，如链接方式按照一定的安全策略实施检查，以决定网络之间的通信是否被允许，并监视网络运行状态。

防火墙产品主要有堡垒主机、包过滤路由器、应用层网关(代理服务器)以及电路层网关、屏蔽主机防火墙、双宿主机等。防火墙处于五层网络安全体系中的最底层，属于网络层安全技术范畴。作为内部网络与外部公共网络之间的第一道屏障，防火墙是最先受到人们重视的网络安全产品之一。虽然从理论上看，防火墙处于网络安全的最底层，负责网络间的安全认证与传输，但随着网络安全技术的整体发展和网络应用的不断变化，现代防火墙技术已经逐步走向网络层之外的其他安全层次，不仅要完成传统防火墙的过滤任务，同时还能为各种网络应用提供相应的安全服务。另外，还有多种防火墙产品正朝着数据安全与用户认证、防止病毒与黑客侵入等方向发展。

(3)病毒防护技术。病毒历来是信息系统安全的主要问题之一。由于网络的广泛互联，病毒的传播途径更加多样化，传播的速度也大大加快。病毒防护的主要技术如下：

①阻止病毒的传播。在防火墙、代理服务器、SMTP服务器、网络服务器、群件服务器上安装病毒过滤软件，在个人计算机上安装病毒监控软件。

②检查和清除病毒。使用防病毒软件检查和清除病毒。

③病毒数据库的升级。病毒数据库应不断更新，并下发到桌面系统。

④在防火墙、代理服务器及PC上安装Java及ActiveX控制扫描软件，禁止下载和安装未经许可的控件。

(4)安全扫描技术。安全扫描技术为网络安全漏洞的发现提供了强大的支持。安全扫描工具通常分为基于服务器的扫描器和基于网络的扫描器。基于服务器的扫描器主要扫描服务器相关的安全漏洞，如 password 文件、软件、系统漏洞等，并给出相应的解决办法建议。基于网络的扫描器主要扫描设定网络内的服务器、路由器、网桥、变换机、访问服务器、防火墙等设备的安全漏洞，并可设定模拟攻击，以测试系统的防御能力。该类扫描器通常限制使用范围(IP 地址或路由器跳数)。网络安全扫描的主要性能应该考虑以下方面：

①速度。在网络内进行安全扫描非常耗时。

②网络拓扑。通过 GUI 的图形界面，可选择某些区域的设备。

③能够发现的漏洞数量。

④是否支持可定制的扫描方法。安全扫描技术通常提供强大的工具构造特定的扫描方法。因为网络内服务器及其他设备对相同协议的实现存在差别，所以预制的扫描方法肯定不能满足客户的需求。

⑤报告。扫描器应该能够给出清楚的安全漏洞报告。

⑥更新周期。提供该项产品的厂商应尽快给出新发现的安全漏洞扫描特性升级，并给出相应的改进建议。

(5)认证技术和数字签名技术。认证技术主要用于网络通讯过程中通讯双方的身份认可。数字签名技术是认证技术中的一种具体技术。数字签名技术可用来保证通信的不可抵赖性。

认证技术可应用到企业网络中的以下方面：①路由器和交换机之间的认证；②操作系统对用户的认证；③网管系统对网管设备的认证；④VPN 网关设备之间的认证；⑤拨号访问服务器与客户间的认证；⑥应用服务器(如 Web Server)与客户的认证；⑦电子邮件通讯双方的认证。

数字签名技术主要用于以下方面：①基于公钥基础设施(public key infrastructure，PKI)认证体系的认证过程；②基于 PKI 的电子邮件及交易(通过 Web 进行的交易)的不可抵赖记录。

(6)VPN 技术。企业总部和各分支机构之间采用 Internet 网络进行连接，我们将利用公共网络实现的私用网络称为虚拟私用网(birtual private network，VPN)。

因为 VPN 利用了公共网络，所以其最大的弱点在于缺乏足够的安全性。企业网络接入到 Internet，暴露出两个主要危险：一个是未经授权而对企业内部网的访问；另一个是当企业通过 Internet 进行通讯时，信息可能受到窃听和非法修改。完整集成化的企业范围的 VPN 安全解决方案可以提供在 Internet 上安全的双向通讯，以及透明的加密方案以保证数据的完整性和保密性。

(7)应用系统的安全技术。由于应用系统的复杂性，有关应用平台的安全问题是整个安全体系中最复杂的部分。下面的几个部分列出了在 Internet/Intranet 中主要的应用平台服务的安全问题及相关技术。

①域名服务。几乎所有的网络应用均利用域名服务。但是，域名服务通常为黑客提供了入侵网络的有用信息，如服务器的 IP、操作系统信息、推导出可能的网络结构等。因此，在利用域名服务时，应该注意到以上的安全问题，主要的预防措施有：

a. 内部网和外部网使用不同的域名服务器，隐藏内部网络信息。

b. 域名服务器及域名查找应用安装相应的安全补丁。

c. 对付 Denial-of-Service 攻击，应设计备份域名服务器。

②Web Server 应用安全。Web Server 是企业对外宣传、开展业务的重要基地。Web Server 经常成为 Internet 用户访问公司内部资源的通道之一，如 Web server 通过中间件访问

主机系统,通过数据库连接部件访问数据库,利用 CGI 访问本地文件系统或网络系统中的其他资源。

由于 Web Server 具有极高的重要性,因为它成为黑客攻击的首选目标之一。而且,随着 Web Server 越来越复杂,安全漏洞也会越来越多。为防止 Web Server 成为攻击的牺牲品或成为进入内部网络的跳板,我们需要采取以下措施:

a. 将 Web Server 置于防火墙保护之下。

b. 在 Web Server 上安装实时安全监控软件。

c. 在通往 Web Server 的网络路径上安装基于网络的实时入侵监控系统。

d. 经常审查 Web Server 配置情况及运行日志。

e. 运行新的应用前,先进行安全测试。

f. 认证过程采用加密通讯或使用数字证书。

g. 设置 Web Server 的访问控制表。

③电子邮件系统安全。电子邮件系统也是网络与外部必须开放的服务系统。由于电子邮件系统的复杂性,因此其被发现的安全漏洞非常多,并且危害很大。加强电子邮件系统的安全性,通常可采用如下措施:

a. 设置一台位于停火区的电子邮件服务器作为内外电子邮件通讯的中转站(或利用防火墙的电子邮件中转功能),所有出入的电子邮件均通过该中转站中转。

b. 为该服务器安装实时监控系统。

c. 把该邮件服务器作为专门的应用服务器,不运行任何其他业务(切断与内部网的通讯)。

d. 将该邮件服务器升级到最新的安全版本。

④操作系统安全。市场上几乎所有的操作系统均已发现有安全漏洞,并且越流行的操作系统发现的问题越多。对操作系统的安全,除了不断地增加安全补丁外,还需要采取如下措施:

a. 检查系统设置,包括敏感数据的存放方式、访问控制以及口令选择/更新。

b. 检查基于系统的安全监控系统。

## 本章总结

通信是指用任何方法通过任何介质将信息从一地传递到另一地。数据通信是指在两点或者多点之间以二进制形式进行信息传输与交换的过程。由于现在大多数信息传输与交换是在计算机之间或计算机与打印机等外围设备之间进行,数据通信有时也被称为计算机通信。通信系统由信源、信宿、发端设备、传输媒介、接收设备几部分组成。

计算机网络是计算机技术和通信技术相结合的产物。凡将地理位置不同且具有独立功能的多个计算机系统,通过通信设备和线路将其连接起来,由功能完善的网络软件实现网络资源共享者均称为计算机网络。计算机网络的本质是把两个以上具有独立功能的计算机系统互连起来,提供计算机之间的连通性,以达到资源共享和远程通信的目的。计算机网络由终端、远程通信处理器、远程通信通道和介质、计算机以及网络通信控制软件组成。从功能上说,计算机网络系统可以分为通信子网和资源子网两大部分。OSI/RM 模型是一个逻辑上的定义,它把网络协议从逻辑上分为七层,具体分为物理层、数据链路层、网络层、传输层、会话层、表示层和应用层。TCP/IP 模型将网络体系结构划分为四层,分别是网络接口层、网际层、传输层和应用层。

网络拓扑结构是指用传输介质互联各种设备的物理布局，用来描述网络的连接形状和组成形式。网络拓扑结构有总线结构、环型结构、星型结构、树型结构、蜂窝结构和网状结构六种结构。

管理信息系统经历了三类企业计算模式，即集中式计算模式、分布式计算模式和云计算模式。这三类计算模式是随着计算机技术、网络技术的发展而产生的，并由此决定了计算机应用系统中硬件结构和软件结构的特征。

##  练习题

### 一、简答题

1. 简述几种网络拓扑结构及其各自特点。
2. 简述通信系统的组成及通信原理。
3. 举例说明计算机网络的应用。
4. 简述企业级计算模式。
5. 简述 OSI/RM 模型，并说明各层的内容。
6. 简述常用的网络安全技术。

### 二、名词解释题

1. 数据通信　　2. 网络拓扑结构
3. OSI/RM 模型　　4. TCP/IP 模型
5. 云计算模式　　6. 内联网
7. 外联网　　8. 网络安全技术

### 三、案例分析题

#### 信息技术变革引领银行再造

世纪之交，曾有人预言商业银行将成为 21 世纪的恐龙，会在金融脱媒和网络技术的双重挤压下走向灭亡。可是十多年时间过去了，在全球范围内商业银行模式不仅没有没落，反而是压过了一度风光无限的独立投行，进一步确立了在金融业中的主导地位。究其原因，除了国际金融危机引发的行业变革和秩序重组之外，更重要的还应该归功于信息技术在银行经营管理中深入而广泛的应用，归功于信息技术使传统银行服务模式的重构成为一种可能。从全球银行业的发展趋势看，信息技术已全面融入到现代商业银行的各项经营管理活动之中，成为决定商业银行客户服务以及经营管理水平高低的重要因素。

值得注意的是，中国大型银行在积极推进综合改革的同时，紧跟全球银行业信息技术革命的浪潮，在高起点上完成了现代银行科技平台的建设，实现了信息技术开发应用的跨越式发展，为提高客户服务水平提供了最强有力的支撑，迈出了建设国际领先银行的坚实步伐。

**1. 十年磨一剑**

中国大型商业银行的信息化建设走过了一条不平凡的道路。以中国工商银行为例，1984 年成立之初时该行 99%的业务操作还是靠算盘当家，全行仅有小型计算机 7 台，微机几十台。就是在这样的起点上，工行几代人不懈努力，从营业网点电子化操作入手，从单兵作战的微机发展到了以中小型机为主的局域网，又通过大机延伸，形成了以各省分行为单位的分中心，2002 年完成了省级中心向南、北两个数据中心的集中，2004 年成功实施两大数据中心的整合，

成为国内首家实现数据大集中的银行。所谓大集中，就是将银行各级各类机构的各种数据都集中在一套系统中集中处理，这使得工商银行的上万个机构从彼此隔绝的信息孤岛整合成了一个统一高效的电子化网络，为全面应用信息化手段改造银行业务奠定了坚实的基础。

目前，工商银行的“IT大脑”——大型数据中心达到了国际先进水平，其业务处理能力在全球同行业中首屈一指，管理和维护着约6亿个账户的数据，日均业务处理量1.7亿笔，峰值业务量超过2.1亿笔，现每秒钟同时处理5000多笔业务。同时，该行的业务营运能力也是同行业中的翘楚。遍布全球的1.6万多家营业机构、5.9万台自动柜员机、3.9万台自助终端、80多万台POS机，以及强大的电子银行系统，可为全球客户提供全天候、全方位的金融服务。现在工行每年的人民币结算量达1350亿元，每年电子银行的交易额接近300万亿元，每年自动柜员机的交易金额为4.8万亿元。在业务量迅速攀升的情况下，工商银行信息系统的整体可用率始终保持在99.98%以上的水平，无论是处理能力还是系统稳定性都达到了国际先进水平。

如果将银行大型数据中心比作信息高速公路，那么应用系统则好比是一套高性能的管理调度体系。自20世纪80年代中期第一代业务应用系统诞生以来，工商银行始终坚持自主研发的原则，先后推出了四代核心业务应用系统。其中，第一代系统是工商银行电子化从无到有、业务处理从手工到自动化的标志性产品，为工行信息化建设奠定了业务和技术基础；第二代系统是工行向商业银行转变进程中具有划时代意义的产物，是工行第一个自主研发的、全行统一的大型核心银行应用系统，依托该系统实现了全行数据大集中；第三代系统形成了集业务操作、经营管理、分析决策于一体的全功能银行系统，包含7大功能版块、19个子系统、202个应用系统、近5万张数据库表和超过15万个程序，在客户服务、电子银行、信用风险管理、决策支持等方面的系统建设上取得了重大突破，为工行顺利实现股改、建设现代金融企业提供了强大的技术支撑。在此基础上，工商银行又于2008年启动第四代IT系统建设并于2011年底基本完成，全面实现了“客户视图统一、核算相对独立、产品灵活配置、境外应用一体、管理信息集中、全面风险管理”的系统建设目标，进一步巩固了在国内同业中的信息科技绝对领先优势，并成功跨入全球最优秀IT银行的行列。

应该说，中国大型银行在信息化建设上取得的辉煌成就来之不易。首先这需要银行对信息化建设的前瞻性认识和合理的“顶层设计”。工商银行信息化的成功在很大程度上归功于其对银行特性与信息技术发展的透彻了解和准确把握。再者，信息化建设需要大规模地持之以恒地资金投入，近年来工行IT年均投入超过50亿元。更为重要的是，科技优势是买不来的，要形成“学不走、复制不了”的科技竞争力，必须拥有一支自己的科技队伍。截至目前，工商银行已经建成了一支规模达1.3万人的科技专业人才队伍，是目前各商业银行中规模最大，集约化、专业化水平最高的科技队伍。工商银行还拥有国内规模最大的软件研发中心，全行软件开发人员达到了5000人。通过持续的科技创新和业务创新，工商银行每年有近千个应用创新项目投入使用，在客户服务、金融市场、银行卡、电子银行等领域推出了一大批基础服务平台和创新拳头产品，为全行提升服务水平、加快经营改革、推进国际化进程、强化风险管理提供了强有力的技术支撑。

在实现集中管理、便捷服务的同时，工商银行高度重视信息科技系统的安全建设。工行始终坚持“安全生产第一”的指导思想，不断提升安全生产运行和信息科技风险防范能力，持续发挥出全行集中生产运行的优势，真正实现生产运行的一体化。同时，工商银行加大对生产环境的基础设施建设，于2005年建成了国内银行业中规模最大的千公里级灾难备份系统；2011年建设了数据中心（上海）新园区，在国内率先实现了系统不停机的园区级切换和业务接管；针对所有应用系统实施分等级的灾备保护措施，确保所有应用系统都具有灾备恢复能力；2012年全面完成各以一级分行灾备机房建设工作，进一步提高全行上下突发事件应急响应和处理能力，确保分行辖内生产系统的连续性运行。

**2.信息科技变革铸就核心竞争力**

如今，每一位客户都可以轻松享受到银行先进的信息技术所带来的便利：大型集团企业可将本企业遍布在全国乃至世界各地的成百上千个账户中的资金瞬间归集在总部指定的一个账户里；只要上网操作，就可以随时完成贷款申请、提款和还款；一笔汇款瞬间即可划转至远在千里之外的银行账户上；通过一部电话就可以随时随地下单买卖黄金；足不出户就可以完成水、电、煤气和手机费的缴纳；手持一张信用卡便可轻松畅行全球；发一条短信就可以得到金融问题的专业解答；用一部手机即可完成电子快速支付……这些变化所折射出的，正是十多年的信息科技建设给银行核心竞争力带来的巨大提升。以工商银行为例，依托不断提升的信息科技实力，工行彻底摆脱了过去一把算盘一支笔的手工模式，解脱了劳动密集型的束缚，开始踏上技术驱动、技术主导的金融创新之路。在这一过程中，工行坚持以客户需求为导向，积极推进服务优化进程和产品创新能力提升，持续加强创新成果转化应用，将信息科技优势迅速转化成服务供给能力、产品创新能力和客户服务水平的全方位提升。同时，依托强大的信息系统平台，工商银行还不断优化管理模式，实现了向现代商业银行管理体制的变革。

首先，先进的系统和强大的研发能力使得贴近客户需求的金融产品创新成为可能。工行仅2011年就新获国家各项专利48项，目前拥有的国家专利数累计已达178项，在我国银行业全部专利数量中的占比超过60%，2010年工行荣获世界知识产权组织（WIPO）颁发的“世界知识产权组织版权金奖（中国）”，成为国内首家获得该奖项的金融机构。更重要的是，这些自主创新成果迅速转化应用到服务领域，对提升工行服务能力和服务水平产生了巨大的推动作用，也为工行更好地服务经济社会奠定了坚实的基础。

以对企业的金融服务为例，该行创新推出的银企互联服务将网上银行系统与企业财务软件系统等有机互联，深度整合银企双方的系统资源，带给企业安全、实时和个性化的网上银行服务，改变了过去企业财务人员来回奔波于企业和银行之间的状况。通过这项创新产品，工行可以为客户提供账户管理、付款业务、收款业务、资金管理、投资理财、电子票据、电子商务、供应链金融和国际结算等9大类产品、209个功能。而企业将财务系统与工行银企互联平台对接后，还可以通过自身财务系统轻松实现账户管理、资金归集下拨、综合收付款和多项特色服务，有效降低了企业的财务管理成本，提升了管理水平。

截至2011年末，工商银行产品总数已达到3243个，推出了一批紧密契合客户金融服务需求的新产品，构建了跨资本市场、货币市场、保险市场的全领域产品体系，成为中国金融市场上产品最丰富、门类最齐全、服务供给能力最强的金融机构。同时，该行目前正在立项开发的业务与产品创新项目有1354个，始终保持着向社会持续投放高质量创新金融产品的强劲势头。在大幅提升服务水平的同时，信息技术的广泛应用对于商业银行降低管理和营运成本的效用也逐渐显现，并对银行经营转型发挥出重要的推动作用。例如，随着客户规模和服务能力迅速发展，网上银行等电子银行渠道的兴起也对工商银行发展方式的转变发挥了举足轻重的作用。

目前，电子银行已经成为工商银行交易和服务的主渠道，在提升银行服务客户能力和水平的同时，也引领着银行服务进入电子金融、绿色金融的发展阶段。同时，电子银行业务的快速发展还缓解了银行业务量快速增长与物理网点资源相对有限之间的矛盾，促进了业务的发展和效益的提升。如今，每天通过工商银行电子银行办理的业务量已经超过了全行全部营业网点办理的业务规模，10笔业务中就有7笔是通过电子渠道办理的，在服务客户办理业务方面相当于在电子渠道上再造了一个同等规模的银行。若以每笔电子银行与柜面业务成本的差额计算，仅2011年工行电子银行就节约经营成本约300亿元。

科技实力的提升还大大拓展了工商银行的服务和管理半径，实现了从本土发展到全球拓展、从分散式经营到境内外互动互联发展的飞跃。为了更好地服务中资企业"走出去"，工行积极推进国际化发展与全球产品线建设。为此，工行启动了自主研发的FOVA科技系统建设，目前FOVA系统已在工行全部35个境外国家和地区机构成功投产，推出境外网上银行、单证中心、信贷管理、信用卡、外汇买卖、账户贵金属等一大批适应境外客户需要的产品和有竞争力的增值服务，推进了客户服务、操作风险管理、审计处理等系统向境外延伸，为全球客户提供"同一个ICBC"的服务体验。

**3.信息技术变革促进银行业务流程再造**

信息技术变革在显著改善商业银行服务面貌的同时，也对银行自身的经营管理模式产生了根本性的改变。业务自动化和管理信息化在银行的组织结构、业务管理、流程设计、激励机制等诸多领域的深入运用，推动了银行"流程再造"的实现。

首先，信息技术的深度应用使银行业务的集中处理成为可能，大大提高了网点的业务处理效率。如今，工商银行在接受客户的业务申请以后，很多业务是在中后台集中处理的。比如说过去工行柜面业务的授权管理职能是分散在各个网点的，不仅效率低，而且授权的质量也不容易把控。对授权实现集中处理后，可以通过远程授权的方式进行管理，客户在柜台等候时间短了，比过去分散授权的效率提高了5倍。截至2011年末，工行已全面完成了37大类、135个品种业务集中处理新流程的设计，其中33个业务大类在全行1.6万家营业网点推广，个人外汇汇款、借记卡批量发卡、银行卡申请等占用柜面资源较多、使用率高的非实时业务全面纳入集中处理，对公非现金业务集中处理占比提高到83%。业务集中处理后，对于不需要实时处理业务，柜员可以只受理不处理，从而在很大程度上解放了柜员，促进了网点从传统的业务受理型向营销服务型的转变。又比如目前工商银行正在大力推广远程集中的小微企业审批模式，由最优秀审批人员组成的专业团队集中审批分散在各地的营销团队发来的贷款申请。由于有现代网络技术和大型数据库系统的支持，工行可以将现场调查的视频、照片传送到远程的终端，可以把电子的书面报告直接发送给审查审批人员，甚至可以依靠视频同基层信贷员或客户面对面沟通，直接了解客户信息。依托这样一个系统，工行可以不增加中后台人员投入就大大提高对小微企业贷款的审批效率，从而大大降低了小微企业的贷款成本。

再者，对于商业银行来说，统计信息是介于前台业务操作系统和后台管理决策分析系统之间至关重要的环节，是决策层准确把握、科学决策的前提和基础。2002年，工商银行在同业中率先投产了综合统计系统，在强化统计监测能力、全面提升统计自动化水平方面实现了历史性跨越。依托信息技术，这一系统彻底颠覆了过去银行"自下而上、逐笔核对"从最基层的网点开始层层报送、层层汇总业务信息的方式，转而由计算机从生产主机中直接下载基础数据直接生成上至总行，下至每一个网点的报表。这一方面大大提高了银行的管理效率，各类报表包括以往需要全行数万员工连续加班几天赶制的年度报表都可以实现"T+1"发布，即每日早晨都可获得前一天的统计结果。另一方面消除了报表生成过程中人工干预的可能性，确保了各类经营信息的准确传递。

又比如，工商银行持续深化信息技术在内部财务管理、经营决策和绩效考核等领域的应用，大大优化了内部管理流程，节约了管理成本，提升了管理水平。2011 年，工商银行先后完成了绩效考核管理 MOVA 系统和全球信息资讯平台等重大信息技术应用项目。目前 MOVA 系统已覆盖了工行各个层级、各个专业部门的 27 万用户，定制考核方案达 9.7 万个，实现了机构、部门、产品、客户、员工五个维度的考核评价，推动了以价值为导向的考核目标。而工行全球信息资讯平台自投产以来，已有 37 家境内外机构转化信息应用成果 1766 例，使信息集成迅速转变为业务成果。

**问题：**

1. 结合本案例，简要说说信息技术变革为中国工商银行带来的改变。

2. 说说在现实生活中你感受到的但本案例未提及的信息技术变革给银行业带来的改变。

# 第6章 数据采集技术基础

 学习目的

- 掌握数据采集、自动识别技术
- 掌握全球定位技术的概念与基本原理
- 了解组织应用系统的数据采集、条形码技术和射频技术
- 了解GIS技术

 引导案例

**智能电子车牌**

智能电子车牌是将普通车牌与RFID(射频识别)技术相结合形成的一种新型电子车牌。电子车牌实际上是一个无线识别的电子标签。电子车牌中存储了经过加密处理的车辆数据，其数据只能由经过授权的无线识别器读取。车辆经过监测基站，摄像机会拍摄车辆的物理车牌，经监测基站图像识别系统处理后，得到物理车牌的车牌号码；与此同时，射频读卡器读取电子车牌中加密的车辆信息，经监测基站解密后，得到电子车牌的车牌号码。

由于经过硬件设计、软件设计、数据加密后的电子车牌是不可能被仿制的，且每辆车只配备一个车牌。如果是假套牌车辆，则物理车牌的车牌号码必然没有与之相对应的电子车牌的车牌号码，监测基站立即将物理车牌的车牌通过WLAN发送至前方的交警，提示交警进行拦截。类似的原理，智能车牌系统也可同时完成对黑名单车辆、非法营运车辆的识别。

智能电子车牌在无接触的情况下获取车辆信息，完成数据采集，进而将信息送至信息系统进行处理。由于其方便、快捷、准确，数据采集技术在生活中的类似应用将会越来越广泛。

**思考：**

现代数据采集技术在生活中的类似应用将会越来越广泛，很多人已经在期盼全面物联网时代的到来，你能想到物物相连能为我们的生活提供什么意想不到的方便？

（资料来源：http://kjc.jstu.edu.cn/news.aspx? id=409）

## 6.1 数据采集

数据采集技术(data acquisition)是信息科学的一个重要分支，它研究信息数据的采集、存贮、处理以及控制等作业。在智能仪器、信号处理以及工业自动控制等领域，都存在着数据的测量与控制问题。数据采集技术已在雷达、通信、水声、遥感、地质勘探、震动工程、无损检测、语声处理、智能仪器、工业自动控制以及生物医学工程等领域有着广泛的应用。

### 6.1.1 数据采集概述

1. 数据采集的概念

数据采集，又称数据获取，是指利用装置从系统外部采集数据并输入到系统内部。数据采

集技术广泛应用在各个领域,比如摄像头、麦克风,都是数据采集工具。

被采集的数据是被转换为电讯号的各种物理量,如温度、水位、风速、压力等,可以是模拟量,也可以是数字量。采集一般是采取采样方式,即隔一定时间(称采样周期)对同一点数据重复采集。采集的数据大多是瞬时值,也可以是某段时间内的一个特征值。准确的数据量测是数据采集的基础。数据量测方法有接触式和非接触式,检测元件多种多样。不论哪种方法和元件,均以不影响被测对象状态和测量环境为前提,以保证数据的正确性。

在互联网行业快速发展的今天,数据采集已经被广泛应用于互联网及分布式领域,且数据采集领域已经发生了重要的变化。首先,分布式控制应用场合中的智能数据采集系统在国内外已经取得了长足的发展。其次,总线兼容型数据采集插件的数量不断增加,与个人计算机兼容的数据采集系统的数量也在增加。

数据采集的目的是为了测量电压、电流、温度、压力或声音等物理现象。基于 PC 的数据采集,通过模块化硬件、应用软件和计算机的结合,进行测量。尽管数据采集系统根据不同的应用需求有不同的定义,但各个系统采集、分析和显示信息的目的却都相同。数据采集系统整合了信号、传感器、激励器、信号调理、数据采集设备和应用软件。

**2. 数据采集的基本原理**

在计算机广泛应用的今天,数据采集的重要性是十分显著的。它是计算机与外部物理世界连接的桥梁。各种类型信号采集的难易程度差别很大。

假设有一个模拟信号,每隔时间 t 采样一次,时间 t 为采样周期,1/t 称为采样频率,每次采样获得的信号值称为采样值。进行采样的频率过高或者过低都会使原始信号失真。为避免这两种情况的出现,通常将过低频率和过高频率下采集的信号过滤掉。那么采样频率应当怎样设置?如果使用采集卡支持的最大频率,长时间高频率采样会导致内存不足或者硬盘数据存储速度太慢。理论上设置采样频率为被采集信号最高频率成分的 2 倍就已足够,实际上工程中选用为被采集信号最高频率 5～10 倍的采样频率,有时为了较好地还原波形,甚至更高一些。

通常,信号采集后需要进行适当的处理。样本数据要求提供 5～10 个周期,甚至更多的采集结果,且样本总数最好是采样周期的整数倍,这样获得的信号更便于处理。

### 6.1.2 组织应用系统的数据采集

根据用途的不同,数据采集器大体上可分为两类,即在线式数据采集器和便携式数据采集器。在线式数据采集器又可分为台式和连线式,它们大部分直接由交流电源供电,一般是非独立使用的,在采集器与计算机之间由电缆连接传输数据,不能脱机使用。便携式数据采集器是为适应一些现场数据采集和扫描笨重物体的条码符号而设计的,适合于脱机使用的场合。识读时,与在线式数据采集器相反,它是将扫描器带到条码符号前扫描,因此,又称之为手持终端机、盘点机。数据采集在科研实践、物流业和地理信息的获取上应用广泛。这三者都要求数据采集准确、迅速,而且信息量巨大,因此极大地促进了数据采集技术的发展于应用。以下我们对数据采集在科研实践、物流管理、海洋和地震相关方面的应用进行介绍。

**1. 数据采集器在实验室中的应用**

由美国 PASCO 公司生产的“科学工作室”(Science Work Shop)是将数据采集应用于物理实验的崭新系统,它由以下三部分组成:传感器,利用传感技术实时采集物理实验中各物理量;计算机接口,将来自传感器的数据信号输入计算机,采样速率最高为 25 万次/s;相关应用软件。

Science Work Shop 数据采集器有以下几种应用方式:

① 数据采集器与计算机结合提高了实验的测量精度，实现了测量数据和实验结果的自动输出，消除了传统实验中多次采样造成的误差；

② 可在可见度小、显示瞬间变化的物理实验中运用；

③ 可在某些不易直接观察物理变化规律的实验中运用；

④ 对于易出错的物理概念，可以通过实验用数据采集器去检验；

⑤ 可运用物理概念和规律到野外开展探究性研究活动。

**2. 数据采集器在物流供应链管理中的应用**

便携式数据采集器与计算机之间的通信与扫描并不同时进行，它有自己的内部储存器，在适当的时候将这些数据传输给计算机。多数条码便携式数据采集器都有一定的编程能力，再配上应用程序便可成为功能很强的专用设备，从而可满足不同场合的应用需要。国内已有一些物流企业将条码便携式数据采集器用于仓库管理、运输管理以及物品的实时跟踪方面。例如，使用便携式数据采集器实现零部件仓库管理，去掉手工书写票据和信息录入环节；进行生产线人员管理；流水线的生产管理，对订单、零件等进行记录；还有进行产品仓储配送管理等方面。数据采集系统的应用不仅可节省时间、减少工作量、降低管理费用、有效改善库存结构，而且有利于物流企业管理的网络化和自动化。

**3. 数据采集器在海洋站数据采集中的应用**

数据采集器在海洋站自动监测系统中起到中坚作用，它是海洋站业务化运行能否实现自动化的关键。目前，该领域国外数据采集器SU YRON 8200、SU YRON 9000、DT 50、DT 500都有一些共同点，即模块化程度高，灵活方便，稳定可靠，具有仿真功能等。但根据用途、使用环境的不同，其特点也不尽相同。结合海洋站自动监测系统的特点，使用的数据采集器具有的特性如下：

① 抗强弱电磁干扰，有防雷击措施；

② 设计模块化，维修方便，功耗低；

③ 气温、气压、风、湿度、雨量、水位、水湿和盐度等多种信号接入灵活方便；

④ 打印、发报等多方面的控制功能；

⑤ 实用方便的仿真功能；

⑥ 打印机、MODEM、电台、卫星通信等丰富的外设接入；

⑦ 具有交直流通用、太阳能电池接入、欠压过压保护等可靠的供电电源。

**4. 数据采集器在地震数据采集中的应用**

地震数据采集设备是数字地震台网的关键设备之一，其主要功能是将地震计输出的模拟电压按规定的格式转换为在时间上和幅度上均量化了的数字量输出。数字地震台网的几项主要技术指标都取决于地震数据采集设备的基本技术参数。

近年来，我国成功研制了动态范围更大、线性度更高、兼容性更强、功耗更低、可靠性更高的TDE-324C型地震数据采集器。该数据采集器对拾震计输出的电信号模拟放大后送至A/D数字化。A/D采用同时采样，采样数据经DSP数字滤波处理后，变为带内的数字地震信号。使用拾震计获得地震信息的电信号，对电信号进行数字化、过滤等处理后进行打包，送至地震数据采集器。整个采集器无设置开关和按键，所有参数均通过软件自动获取。

## 6.2 自动识别技术

自动识别技术就是应用一定的识别装置，通过被识别物品和识别装置之间的接近活动，自动地获取被识别物品的相关信息，并提供给后台的计算机处理系统来完成相关后续处理的一种技术。例如，商场的条形码扫描系统就是如此。售货员通过扫描仪扫描商品的条码，获取商品的名称、价格，输入数量，后台即可计算出该批商品的价格，完成结算。

在当前比较流行的物流研究中，基础数据的自动识别与实时采集更是物流信息系统(logistics management information system，LMIS)的存在基础，因为物流过程比其他任何环节更接近于现实的"物"，物流产生的实时数据比其他任何工况都要密集，数据量都要大。

自动识别技术近几十年在全球范围内得到了迅猛发展，初步形成了一个包括条码技术、磁条磁卡技术、IC 卡技术、光学字符识别、射频技术、声音识别及视觉识别等集计算机、光、磁、物理、机电、通信技术为一体的高新技术学科。中国物联网校企联盟认为自动识别技术可以分为光符号识别技术、语音识别技术、生物计量识别技术、IC 卡技术、条形码技术、射频识别技术。

一般来讲，在一个信息系统中，数据的采集(识别)完成了系统的原始数据的采集工作，为计算机信息处理提供了快速、准确地进行数据采集输入的有效手段，因此自动识别技术作为一种革命性的高新技术，正迅速为人们所接受。自动识别系统通过中间件或者接口(包括软件的和硬件的)将数据传输给后台处理计算机，由计算机对所采集到的数据进行处理或者加工，最终形成对人们有用的信息。

完整的自动识别计算机管理系统包括自动识别系统(auto identification system, AIS)，应用程序接口(application interface, API)或者中间件(middleware)和应用系统软件(application software)。

自动识别系统完成系统的数据采集和存储工作，应用系统软件对自动识别系统所采集的数据进行应用处理，而应用程序接口软件则提供自动识别系统和应用系统软件之间的通讯接口，将自动识别系统采集的数据信息转换成应用软件系统可以识别和利用的信息并进行数据传递。

## ➢6.2.1 条形码技术

20 世纪 80 年代中期，我国一些高等院校、科研部门及一些出口企业把条形码技术的研究和推广应用逐步提到议事日程。一些行业，如图书馆、邮电、物资管理部门和外贸部门也已开始使用条形码技术。1991 年 4 月 9 日，中国物品编码中心正式加入了国际物品编码协会，国际物品编码协会分配给中国的前缀码为"690、691、692"。许多企业获得了条形码标记的使用权，使中国的大量商品打入了国际市场，给企业带来了可观的经济效益。

条形码技术广泛应用于商业、邮政、图书管理、仓储、工业生产过程控制、交通等领域，它是在计算机应用中产生并发展起来的，具有输入快、准确度高、成本低、可靠性强等优点。

### 1. 条形码技术原理

条形码技术是一种实用的自动识别技术。根据条形码的产生和录入过程划分，它主要包括条形码编码规则研究、条形码印刷技术、条形码扫描技术(包括人使用扫描装置的熟练程度)、数据通讯技术(译码、传输)、计算机技术等。可见，条形码技术是光电技术、通讯技术、计算机技术和印刷技术相结合的产物。条形码系统可以分成八部分，如图 6-1 所示。

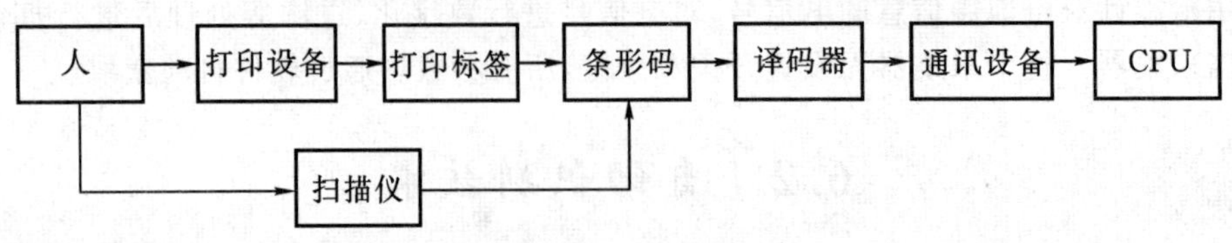


图 6-1 条形码系统结构

在这个系统中，人的作用是最关键的，没有高素质的人，这项技术就无法迅速发展。

扫描器通常产生一束光照射到条形码符号上，然后测出其反光率（反光强度），并产生一个与接收光的强度成正比的微小电流，经过放大器的放大、整型电路的整形，将形成的矩形波（二进制信号）输送给译码器而完成自己的使命。

扫描器种类很多，如手持固定光速接触式、非接触式等，但所有扫描器都是对条形码符号在特定波长上的反光率进行测定，此波长是所使用的光源及使用的滤光器的函数。尽管一种扫描器只用单一的波长，但它通常工作在以一标定波长为中心的一定的频带上。有些扫描器可选用几种波长。

条形码打印设备是条形码系统的制作系统，它决定条形码质量，最常用的是机械类打印设备。机械类打印设备种类比较多，如点阵打印机、滚筒打印机、热敏打印机等。使用何种打印设备，主要由需要使用的条形码精度来决定，选择不当将会使条形码系统无法运行。但一般都要求条形码精度应达到边缘清晰，即黑白对比系数 PCR 应大于 50%，具体公式如下：

$$\mathrm{PCR} = \frac{R_L - R_o}{R_L}$$

其中：$R_L$—— 间隔的反射率；

$R_o$—— 条的反射率。

条形码是条形码系统研究、制作、使用的对象，是该系统的核心。条形码是由一组黑白相间、宽窄不等的条形符号组成的信息代码。之所以称之为信息代码是因为以下原因：

①它遵循信息分类编码的基本定义。信息编码就是将事物或概念（编码对象）赋予一定规律性的，易于计算机和人识别与处理的符号，如图 6-2 所示。

(a)表示数字

(b)表示字母

图 6-2 信息编码

②它具有代码所应有的全部功能，如标识、分类、排序、特定含义等。

③它完全合乎编码的基本原则，即唯一性、合理性、可扩充性、简单性、适用性以及规范性等。

条形码的符号结构如图 6-3 所示。

图 6-3 条形码结构符号图

一个完整的条形码由两侧空白区、起始区、数据段、校验符、终止符组成。起始位和终止位用于标示条形码的开始与结束。校验位是可选项,有些条形码编制需要进行自校验。信息段是条形码的主体,用于表达用户需要计算机自动识别处理的各种数据,其条符的宽窄、组合方式等都表达信息,通常会包含产品的重量、包装、规格、颜色、形状等信息。对于不同类型的条形码,其总体结构是基本相同的,但内部结构也就是信息段内黑白符组合及各区间隔是完全不同的。

条形码译码器是条形码系统中阅读系统的译码部分,其功能是分析由扫描器产生的信号,并解释出条形码的编码信息。译出的数据或是自身储存起来,或是传送给计算机,或是使用自身的应用程序进行处理,如图 6-4 所示。

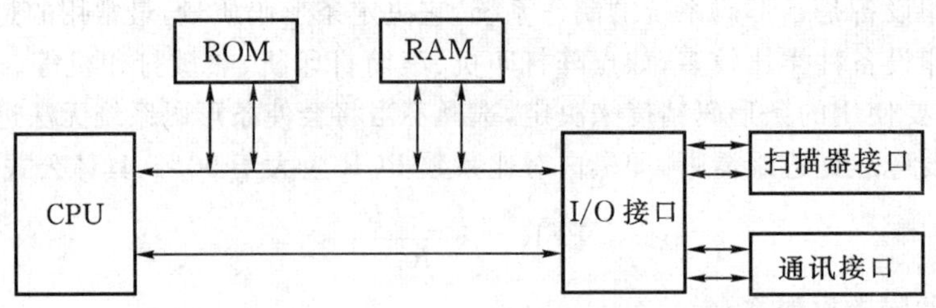


图 6-4　译码方法示意图

通讯设备主要是指传输信息的电缆等,这些一般由计算机及其相关的生产厂家根据需要生产。但是无论生产还是购置,都需掌握通讯设备的有关原则,如抗冲击、抗拉、耐磨、弯曲程度等等。

由上可知,所谓条形码技术,实质上是一个由人作为端点,计算机作为另一端点的无限循环的数据收集、处理的系统。认识了这一点,对于我们讨论条形码输入的精度和误差,去研究打印装置、扫描装置、译码器,甚至标签的改进与使用会大有益处。

为了便于条形码系统研究的深入开展,这里把条形码系统常用的名词术语参照国内外有关资料加以解释:

①条形码符号(bar code symbol):这是由一组规则排列的条、间隔及两侧空白区域或条、间隔、字符符号、间隔及两侧空白区表示信息的图形。

②条形码(barcode):由黑白相间、宽窄不等的条形符号组成的信息代码。

③条(bar):条形码符号中,反射率较低的部分。

④间隔(space):条形码符号中,字符符号间隔以外的反射率较高的部分。由于 space 词义广泛,有的译成空白。

⑤条长(bar length):条的二维尺寸中较长的尺寸,又称条形符号高度。

⑥条宽(bar width):条的二维尺寸中较短的尺寸。

⑦条宽比(bar width ratio):条形码符号最宽条(间隔)与最窄条(间隔)的宽度比。

⑧条形码符号长度(bar code symbol length):从条形码符号起始符的前端到终止符的末端的长度。

⑨特征比(aspect ratio):条形码符号的高度与长度比。

⑩条形码符号密度(bar code symbol density):每毫米长度的条形码符号所表示的字符个数。

⑪起始符(start character):代码方向上位于条形码符号的起始位置,用于提示阅读器开始阅读的若干条与间隔。

⑫终止符(stop character):代码方向上位于条形码符号的终止位置,用于提示阅读器终止

阅读的若干条与间隔。

⑬中间分隔符(central separating character):规则排列,位于条形码符号中间,用于区分左右字符符号的若干条与间隔。

⑭模块(model):组成条形码符号的基本单位。

⑮疵点(point):条上出现的与间隔反射率相近的点,这是一种印刷缺陷。

⑯污点(spot):间隔及空白区内出现的与条反射率相近的点,这是一种印刷缺陷。

⑰全向阅读(omnidirectional reading):条形码符号以任意角度通过扫描窗口均可被阅读的性能。

⑱双向阅读(bidirectional reading):条形码符号的左右两端均可作为扫描起点而被阅读的性能。

⑲首次读出率(first read rate):正确读出同一条形码符号的扫描次数占全部扫描次数的百分率

⑳分辨率(resolution):扫描器能分辨出的最窄条或间隔的量度。

**2. 常用条码**

条形码技术应用最为广泛、人们最熟悉的领域莫过于商品销售。这种应用在国外统称为销售终端或扫描系统,即 POS 系统。北美、欧洲地区的国家和日本早已开始采用 POS 系统,其普及率已达 95%以上。目前,国际广泛使用的一维条码有以下种类:

(1)EAN 码和 UPC 码,称商品条码,用于在世界范围内唯一标识一种商品。超市中最常见的是 EAN 和 UPC 条码。其中,EAN 码是当今世界上广为使用的商品条码,已成为电子数据交换(EDI)的基础; UPC 码主要为美国和加拿大使用。

(2)Code39 码,因其可采用数字与字母共同组成的方式而在各行业内部管理上被广泛使用。

(3)ITF25 码,在物流管理中应用较多。

(4)Codebar 码,多用于血库、图书馆和照相馆的业务中,另还有 Code93 码、Code128 码等。

除以上列举的一维条码外,二维条码也已经在迅速发展,并在许多领域得到了广泛应用:

(1)PDF417 码,是一种堆叠式二维条码,目前应用最为广泛。PDF417 条码是由美国 SYMBOL 公司发明,PDF(Portable Data File)意为“便携数据文件”。组成条码的每一个条码字符由 4 个条和 4 个空,共 17 个模块构成,故称为 PDF417 码。

(2)QR Code 码,是由日本 Denso 公司于 1994 年 9 月研制的一种矩阵二维码符号,它具有一维条码及其他二维条码所具有的信息容量大、可靠性高、可表示汉字及图像多种文字信息、保密防伪性强等优点。

**3. 条形码应用示例**

条码技术已应用在社会生活的很多方面。

(1)零售业应用案例——条码防伪防窜货。

产品条码防伪管理系统可帮助企业对关键商品在分销网络中的有序流动实现严格的监督和控制,提高企业的渠道管理水平,降低和规避渠道风险。系统通过应用加密型二维条码技术,对关键商品可进行精确和保密的标识。通过外地分支机构的商品核查职能,可有效杜绝产品跨区销售和窜货,防范假冒伪劣产品的冲击。

(2)生产制造业应用案例——生产流水线条码系统。

在自动化装配生产线和各加工过程中,使用条码为主要零部件上打上条码标签,条码识读器采集并译码后,将条码信息输入计算机服务器的数据库里,每个产品和主要部件都会有一个唯一的条码,不管产品发往何处,都会有记录。如果发生质量问题,只需读入保修卡上的条码,就可在数据库里调出该产品的相关资料,利于产品的质量追踪和售后服务。

(3)医疗卫生行业应用案例——医疗条码管理系统。

条码在医疗行业的应用主要有病房管理、病历管理、诊断和处方管理、化验管理和药品管理等几个主要部分,按软件功能可分为移动查房子系统、移动护理子系统、药品管理子系统、即时通讯与定位子系统。通过条码作为信息传递载体,实现了对医院日常业务中产生的病历、住院费用、药品药库、器械等物流和信息流的实时跟踪,帮助医院实现从粗放式经营向精细化、规范化管理转型,提高医院的竞争能力和经济效益。

(4)物流行业应用案例——二维条码用于物流管理的解决方案。

在 ERP/MRPⅡ系统中,如果基础数据的采集与传递中出现失实,则决策系统得出的数据就变得毫无意义。分析国内外一些企业实施 ERP 系统失败的原因,大部分是由于失败的数据采集所致。

在数据采集、数据传递方面,二维条码具有天然的优势。首先,PDF417 二维条码存储容量多达上千字节,因而可以有效地存储商品的信息资料;其次,由于 PDF417 二维条码采用了先进的纠错算法,在部分损毁的情况下,仍然可以还原出完整的原始信息,因此利用 PDF417 二维条码技术存储、传递、采集商品的信息具有安全、可靠、快速、便捷的特点。

(5)其他行业的应用。

条形码在其他行业领域也得到了广泛的应用,常见的如期刊文献条码管理、税务系统解决方案、工商移动执法解决方案、城管通一移动城管执法系统、二维条码在机关公文中的应用技术白皮书、机动车路面核查系统、收费账单条码走向标准化和服装企业条码应用整体解决方案等。

总之,应用条形码技术,可以极大地克服传统纸单作业存在的劳动强度大、效率低、容易出错、数据重复录入、处理延迟、工作量大等缺点,在提高产品质量、客观评价供应商、降低成本、制订合理的服务战略、加强对市场的控制与管理等方面起到了重要的作用。

### 6.2.2 无线射频识别技术

自 2004 年起,全球范围内掀起了一场无线射频识别技术(RFID)的热潮,包括沃尔玛、宝洁、波音在内的商业巨头无不积极推动 RFID 在制造、物流、零售、交通等行业的应用。RFID 技术及其应用正处于迅速上升的时期,被业界公认为是 21 世纪最具潜力的技术之一,它的发展和应用推广将是自动识别行业的一场技术革命。

RFID 是一种非接触式的自动识别技术,它通过射频信号自动识别目标对象并获取相关数据,识别工作无须人工干预,可工作于各种恶劣环境。RFID 技术可识别高速运动的物体并可同时识别多个标签,操作快捷方便。

短距离射频产品不怕油渍、灰尘污染等恶劣的环境,可在这样的环境中替代条码,例如用在工厂的流水线上跟踪物体。长距射频产品多用于交通上,识别距离可达几十米,如自动收费或识别车辆身份等。

射频识别系统最重要的优点是非接触识别,它能穿透雪、雾、冰、涂料、尘垢和条形码无法使用的恶劣环境阅读标签,并且阅读速度极快,大多数情况下不到 100 毫秒。有源式射频识别系统的速写能力也是重要的优点,可用于流程跟踪和维修跟踪等交互式业务。

制约射频识别系统发展的主要问题是不兼容的标准。射频识别系统的主要厂商提供的都是专用系统,导致不同的应用和不同的行业采用不同厂商的频率和协议标准,这种混乱和割据

的状况已经制约了整个射频识别行业的增长。许多欧美组织正在着手解决这个问题，并已经取得了一些成绩。标准化必将刺激射频识别技术的大幅度发展和广泛应用。

1. RFID技术原理

通常情况下，RFID的应用系统主要由读写器和RFID卡两部分组成的，如图6-5所示。其中，读写器一般作为计算机终端，用来实现对RFID卡的数据读写和存储，它由控制单元、高频通讯模块和天线组成。而RFID卡则是一种无源的应答器，主要是由一块集成电路(IC)芯片及其外接天线组成，其中RFID芯片通常集成有射频前端、逻辑控制、存储器等电路，有的甚至将天线一起集成在同一芯片上。

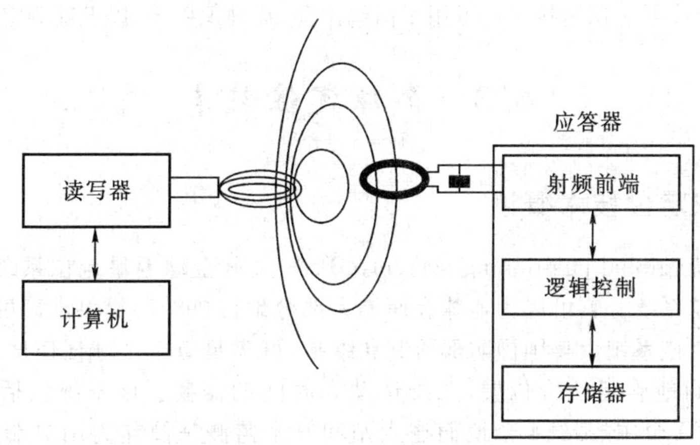


图6-5 射频识别技术原理图

RFID应用系统的基本工作原理是RFID卡进入读写器的射频场后，先由天线产生感应电流，该感应电流作为芯片电源的同时经射频前端电路检测获得数字信号，再由逻辑控制电路对该数字信号进行处理，从存储器中读取回复信息，并由天线发回读写器。可见，RFID卡与读写器实现数据通讯过程中起关键作用的是天线。一方面，无源的RFID卡芯片要启动电路工作需要天线提供足够的电量；另一方面，天线决定了RFID卡与读写器之间的通讯信道和通讯方式。

2. RFID应用示例

无线射频识别技术在国外发展非常迅速，射频识别产品种类繁多。在北美、欧洲、大洋洲、亚太地区及非洲南部，无线射频识别技术被广泛应用于工业自动化、商业自动化、交通运输控制管理等众多领域。随着大规模集成电路技术的进步以及生产规模的不断扩大，射频识别产品的成本将不断降低，其应用将越来越广泛。

以下列举了无线射频识别技术几个典型的应用。

(1)车辆自动识别管理。铁路车号自动识别是无线射频识别技术最普遍的应用。

(2)高速公路收费及智能交通系统。高速公路自动收费系统是无线射频识别技术最成功的应用之一，它充分体现了非接触识别的优势。在车辆高速通过收费站的同时完成缴费，解决了交通的瓶颈问题，提高了车行速度，避免了拥堵，提高了收费结算效率。

(3)货物的跟踪、管理及监控。无线射频识别技术为货物的跟踪、管理及监控提供了快捷、准确、自动化的手段。以无线射频识别技术为核心的集装箱自动识别，成为全球范围最大的货物跟踪管理应用。

(4)仓储、配送等物流环节。无线射频识别技术目前在仓储、配送等物流环节已有许多成功的应用。随着无线射频识别技术在开放的物流环节应用的统一标准的研究开发，物流业将成为无线射频识别技术最大的受益行业。

(5)电子钱包、电子票证。无线射频识别卡是无线射频识别技术的一个主要应用。无线射频识别卡的功能相当于电子钱包，可实现非现金结算，目前主要应用在交通方面。

(6)生产线产品加工过程自动控制。无线射频识别技术应用在大型工厂的自动化流水作业线上，实现自动控制、监视，提高生产效率，节约成本。

(7)动物跟踪和管理。无线射频识别技术可用于动物跟踪。在大型养殖场，可通过采用无线射频识别技术建立饲养档案、预防接种档案等，达到高效、自动化管理牲畜的目的，同时为食品安全提供了保障。无线射频识别技术还可用于信鸽比赛、赛马识别等，以准确测定到达时间。

## 6.3 全球定位技术

### 6.3.1 全球定位技术概述

全球定位系统(global positioning system，GPS)，又称全球卫星定位系统，是一个中距离圆形轨道卫星导航系统。它可以为地球表面绝大部分地区(98%)提供准确的定位、测速和高精度的时间标准。该系统由美国国防部研制和维护，可满足位于全球任何地方或近地空间的军事用户连续精确地确定三维位置、三维运动和时间的需要。该系统包括太空中的24颗GPS卫星，地面上1个主控站、4个地面注入站和6个监测站及作为用户端的GPS接收机。GPS最少只需其中3颗卫星，就能迅速确定用户端在地球上所处的位置及海拔高度；所能联接到的卫星数越多，解码出来的位置就越精确。

GPS拥有如下多种优点：①使用低频讯号，纵使天气不佳仍能保持相当的讯号穿透性；②全球覆盖高达98%；③三维定速定时精度高；④快速、省时、高效率；⑤应用广泛、功能多；⑥可移动定位；⑦不同于双星定位系统，使用过程中接收机不需要发出任何信号，增加了隐蔽性，提高了其军事应用效能。

1. GPS技术原理

GPS定位的基本原理是根据高速运动的卫星瞬间位置作为已知的起算数据，采用空间距离后方交会的方法，确定待测点的位置。如图6-6所示，假设t时刻在地面待测点上安置GPS接收机，可以测定GPS信号到达接收机的时间△t，再加上接收机所接收到的卫星星历等其他数据便可确定以下四个方程式。

GPS主要由空间星座部分、地面监控部分和用户设备部分组成，如图6-7所示。

(1)空间星座部分。GPS卫星星座由24颗卫星组成，其中21颗为工作卫星，3颗为备用卫星。24颗卫星均匀分布在6个轨道平面上，即每个轨道面上有4颗卫星。卫星轨道面相对于地球赤道面的轨道倾角为55°，各轨道平面的升交点的赤经相差60°，一个轨道平面上的卫星比西边相邻轨道平面上的相应卫星升交角距超前30°。这种布局的目的是保证在全球任何地点、任何时刻至少可以观测到4颗卫星。

GPS卫星重774kg，使用寿命为7年。卫星采用蜂窝结构，主体呈柱形，直径为1.5m。卫星两侧装有两块双叶对日定向太阳能电池帆板(BLOCK I)，全长5.33m，接受日光面积为6.2$m^2$。对日定向系统控制两翼电池帆板旋转，使板面始终对准太阳，为卫星不断提供电力，并给三组15Ah镍镉电池充电，以保证卫星在地球阴影部分能正常工作。在星体底部装有12个

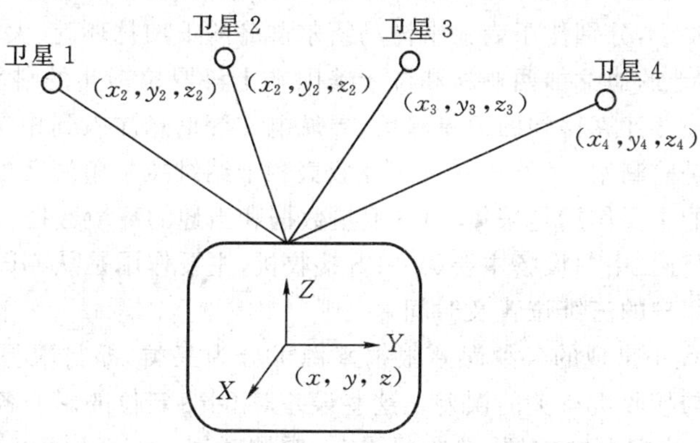


$$[(x_1-x)^2+(y_1-y)^2+(z_1-z)^2]^{1/2}+c(v_{t_1}-v_{t_0})=d_1$$
$$[(x_2-x)^2+(y_2-y)^2+(z_2-z)^2]^{1/2}+c(v_{t_2}-v_{t_0})=d_2$$
$$[(x_3-x)^2+(y_3-y)^2+(z_3-z)^2]^{1/2}+c(v_{t_3}-v_{t_0})=d_3$$
$$[(x_4-x)^2+(y_4-y)^2+(z_4-z)^2]^{1/2}+c(v_{t_4}-v_{t_0})=d_4$$

图 6-6　GPS 定位原理

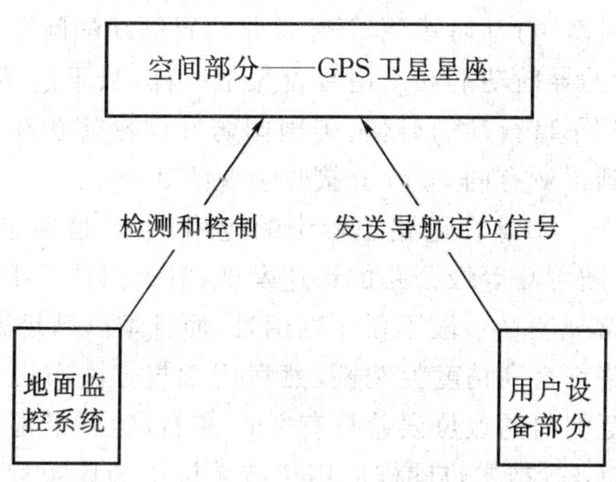


图 6-7　GPS 系统组成图

单元的多波束定向天线，能发射张角大约为 30°的两个 L 波段(19cm 波和 24cm 波)的信号。在星体的两端面上装有全向遥测遥控天线，用于与地面监控网的通信。此外卫星还装有姿态控制系统和轨道控制系统，以便使卫星保持在适当的高度和角度，准确对准卫星的可见地面。

由 GPS 系统的工作原理可知，星载时钟的精确度越高，其定位精度也越高。早期试验型卫星采用由霍普金斯大学研制的石英振荡器，相对频率稳定度为 $10^{-11}$/秒，误差为 14m。1974 年以后，GPS 卫星采用铷原子钟，相对频率稳定度达到 $10^{-12}$/秒，误差为 8m。1977 年，BOKCKⅡ型采用了马斯频率和时间系统公司研制的铯原子钟后相对稳定频率达到 $10^{-13}$/秒，误差则降为 2.9m。1981 年，休斯公司研制的相对稳定频率为 $10^{-14}$/秒的氢原子钟使 BLOCKⅡR 型卫星误差仅为 1m。

(2)地面监控部分。地面监控部分主要由 1 个主控站、4 个地面注入站和 6 个监测站组成。

主控站位于美国科罗拉多州的谢里佛尔空军基地，是整个地面监控系统的管理中心和技术中心。另外还有一个位于马里兰州盖茨堡的备用主控站，在发生紧急情况时启用。

注入站目前有 4 个，分别位于南太平洋马绍尔群岛的瓜加林环礁、大西洋上英国属地阿森松岛、英属印度洋领地的迪戈加西亚岛和位于美国本土科罗拉多州的科罗拉多斯普林斯。注入站的作用是把主控站计算得到的卫星星历、导航电文等信息注入到相应的卫星。

注入站同时也是监测站，另外还有位于夏威夷和卡纳维拉尔角的 2 处监测站，故监测站目前有 6 个。监测站的主要作用是采集 GPS 卫星数据和当地的环境数据，然后发送给主控站。

(3)用户设备部分。用户设备主要为 GPS 接收机，主要作用是从 GPS 卫星收到信号并利用传来的信息计算用户的三维位置及时间。

GPS 在定位过程中出现的各种误差根据来源可分为三类，即与卫星有关的误差、与信号传播有关的误差及与接收机有关的误差。这些误差对 GPS 定位的影响各不相同，且误差的大小还与卫星的位置、待定点的位置、接收机设备、观测时间、大气环境以及地理环境等因素有关。针对不同的误差有不同的处理方法。

2. GPS 应用示例

(1)军事应用。1989 年，一群认真专注的工程师和一个伟大的产品构想，造就了今日全球卫星定位导航系统的领导品牌 GARMIN，它兼具最佳的销售成绩与专业技术。由制造初在海湾战争中被联军采用的第一台手持 GPS，到现今成为 GPS 的第一品牌，GARMIN 的产品以更优良的功能和用途远远超越传统 GPS 接收器，并为 GPS 立下一崭新的里程碑。

为了缓解当时“沙漠风暴”行动时军用 GPS 接收装置短缺的问题，美军考虑购买民用 GPS 接收装置。民用接收装置的导航功能和军用装置完全一样，只不过不能识别军用加密信号而已。因此，到了“沙漠盾牌”军事行动的时候，美国国防部就提前购买了数千套民用 GPS 接收装置装备各参战部队，占到了所有的 5300 套接收装置的 85%。

(2)道路工程中的应用。GPS 在道路工程中的应用，主要是用于建立各种道路工程控制网及测定航测外控点等。随着高等级公路的迅速发展，对勘测技术提出了更高的要求，由于线路长、已知点少，因此，用常规测量手段不仅布网困难，而且难以满足高精度的要求。我国已逐步采用 GPS 技术建立线路首级高精度控制网，然后用常规方法布设导线加密。实践证明，应用 GPS 技术在几十公里范围内的点位误差只有 2cm 左右，达到了常规方法难以实现的精度，同时也大大提前了工期。GPS 技术也同样应用于特大桥梁的控制测量中。由于无需通视，可构成较强的网形，提高点位精度，同时对检测桥梁常规测量的支点也非常有效。GPS 技术在隧道测量中也具有广泛的应用前景，它减少了常规方法的中间环节，速度快、精度高，具有明显的经济和社会效益。

(3)汽车导航和交通管理中的应用。

a. 车辆跟踪。利用 GPS 和电子地图可以实时显示出车辆的实际位置，并可任意放大、缩小、还原、换图，可以随目标移动，使目标始终保持在屏幕上，还可实现多窗口、多车辆、多屏幕同时跟踪。利用 GPS 该功能可对重要车辆和货物进行跟踪运输。

b. 提供出行路线规划和导航。提供出行路线规划是汽车导航系统的一项重要的辅助功能，它包括自动线路规划和人工线路设计。自动线路规划是由驾驶者确定起点和目的地，由计算机软件按要求自动设计最佳行驶路线，包括最快的路线、最简单的路线、通过高速公路路段次数最少的路线等计算。人工线路设计是由驾驶员根据自己的目的地设计起点、终点和途经点等，自动建立路线库。线路规划完毕后，显示器能够在电子地图上显示设计路线，并同时显示汽车运行路径和运行方法。

c. 信息查询。GPS 可为用户提供主要物标，如旅游景点、宾馆、医院等数据库，用户能够在电子地图上显示其位置。同时，监测中心可以利用监测控制台对区域内的任意目标所在位置进行查询，车辆信息将以数字形式在控制中心的电子地图上显示出来。

d. 话务指挥。利用 GPS，指挥中心可以监测区域内车辆运行状况，对被监控车辆进行合理调度。指挥中心也可随时与被跟踪目标通话，实行管理。

e. 紧急援助。通过 GPS 定位和监控管理系统可以对遇有险情或发生事故的车辆进行紧急援助。监控台的电子地图显示求助信息和报警目标，规划最优援助方案，并以报警声光提醒值班人员进行应急处理。

(4)其他应用。GPS 除了用于导航、定位、测量外，由于 GPS 的空间卫星上载有的精确时钟可以发布时间和频率信息，因此，以空间卫星上的精确时钟为基础，在地面监测站的监控下，传送精确时间和频率是 GPS 的另一重要应用。应用该功能可进行精确时间或频率的控制，为许多工程实验服务。此外，据国外资料显示，还可利用 GPS 获得气象数据，为某些实验和工程所用。

GPS 是当今世界开发的最具有开创意义的高新技术之一，其全球性、全能性、全天候性的导航定位、定时、测速优势必然会在诸多领域中得到越来越广泛的应用。在发达国家，GPS 技术已经开始应用于交通运输和交通工程。GPS 技术在我国道路工程和交通管理中的应用还刚刚起步，随着我国经济的发展、高等级公路的快速修建和 GPS 技术的应用研究的逐步深入，其在道路工程中的应用也会更加广泛和深入，并发挥更大的作用。

## 6.3.2 地理信息系统与技术

地理信息系统(geographic information system，GIS)有时又称为“地学信息系统”或“资源与环境信息系统”。它是一种特定的十分重要的空间信息系统。它是在计算机硬件、软件系统支持下，对整个或部分地球表层(包括大气层)空间中的有关地理分布数据进行采集、储存、管理、运算、分析、显示和描述的技术系统。地理信息系统的组成如图 6－8 所示。

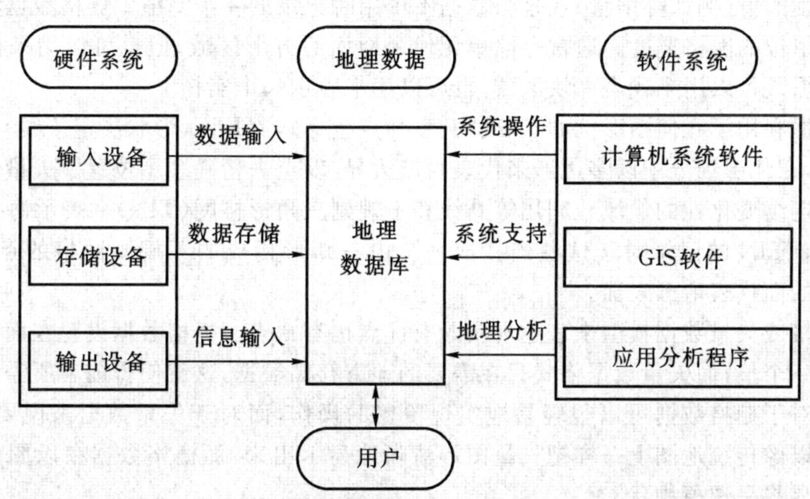


图 6－8 地理信息系统的组成

1. GIS 技术原理

GIS 是一门综合性学科，结合地理学与地图学，已经广泛地应用在不同的领域，是用于输入、存储、查询、分析和显示地理数据的计算机系统，也有称 GIS 为“地理信息科学”(geographic information science)。GIS可以分为以下五部分：

①人员。人员是GIS中最重要的组成部分。开发人员必须定义GIS中被执行的各种任务，开发处理程序。熟练的操作人员通常可以克服GIS软件功能的不足，但是相反的情况就不成立，即最好的软件也无法弥补操作人员对GIS的一无所知所带来的副作用。

②数据。精确的、可用的数据可以影响到查询和分析的结果。

③硬件。硬件的性能影响到处理速度、使用是否方便及可能的输出方式。

④软件。不仅包含GIS软件，还包括各种数据库、绘图、统计、影像处理及其他程序。

⑤过程。GIS要求用明确定义一致的方法来生成正确的可验证的结果。

(1)信息来源。如果能将你所在地的降雨和你所在地上空的照片联系起来，就可以判断出哪块湿地在一年的某些时候会干涸。一个GIS系统就能够进行这样的分析，它能够将不同来源的信息以不同的形式应用。对于源数据的基本要求是确定变量的位置。位置可能由经度、纬度和海拔的x，y，z坐标来标注，或是由其他地理编码系统比如ZIP码，又或是高速公路公里标志来表示。任何可以定位存放的变量都能被反馈到GIS。一些政府机构和非政府组织正在生产制作能够直接访问GIS的计算机数据库，它可以将地图中不同类型的数据格式输入GIS。GIS系统同时能将不是地图形式的数字信息转换为可识别利用的形式。例如，通过分析由遥感生成的数字卫星图像，可以生成一个与地图类似的有关植被覆盖的数字信息层。同样，人口调查或水文表格数据也可在GIS系统中被转换成作为主题信息层的地图形式。

(2)资料展现。GIS数据以数字数据的形式表现现实世界客观对象，如公路、土地利用、海拔等。现实世界客观对象可被划分为两个抽象概念，即离散对象和连续对象，例如房屋就是离散对象，而降雨量和海拔就是连续对象。这两种抽象体在GIS系统中的两种主要存储形式为栅格(网格)数据和矢量数据。

栅格(网格)数据由存放唯一值的存储单元的行和列组成。它与栅格(网格)图像是类似的，除了使用合适的颜色之外，各个单元记录的数值也可能是一个分类组(例如土地使用状况)、一个连续的值(例如降雨量)或是当数据不可用时记录的一个空值。栅格数据集的分辨率取决于地面单位的网格宽度。通常存储单元代表地面的方形区域，但也可以用来代表其他形状。栅格数据既可以用来代表一块区域，也可以用来表示一个实物。

矢量数据利用了几何图形例如点、线(一系列点坐标)，或是面(形状决定于线)来表现客观对象。例如，在住房细分中以多边形来代表物产边界，以点来精确表示位置。矢量同样可以用来表示具有连续变化性的领域。利用等高线和不规则三角形格网(TIN)来表示海拔或其他连续变化的值。TIN的记录对于这些连接成一个由三角形构成的不规则网格的点进行评估。三角形所在的面代表地形表面。

利用栅格或矢量数据模型来表达现实既有优点也有缺点。栅格数据设置在面内所有的点上都记录同一个值，而矢量数据格式只在需要的地方存储数据，这就使得前者所需的存储空间大于后者。对于栅格数据可以很轻易地实现覆盖的操作，而对于矢量数据来说要困难得多。矢量数据可以像传统地图上一样把矢量图形清晰地显示出来，而栅格数据在以图像显示时显示对象的边界将呈现模糊状。

(3)数据采集。数据采集即向系统内输入数据，它占据了GIS操作人员的大部分时间。向GIS中输入数据有多种方法，在其中数据以数字格式存储。印在纸或聚酯薄膜地图上的现有数据可以被数字化或扫描来产生数字数据。数字化仪从地图中产生向量数据作为操作符轨迹点、线和多边形的边界。扫描地图可以产生能被进一步处理生成向量数据的光栅数据。

测量数据可以从测量器械上的数字数据收集系统中被直接输入到GIS中。GPS中的测量数据，也可以被直接输入到GIS中。遥感数据同样在数据收集中发挥着重要作用，并由附在平台上的多个传感器组成。传感器包括摄像机、数字扫描仪和激光雷达，而平台则通常由航空器和卫星构成。大部分数字数据来源于图片判读和航空照片。这些系统允许数据以二维或三维的形式捕捉，它们的海拔直接从用照相测量法原理的立体对象中测量得到。卫星遥感提供了空间数据的另一个重要来源。这里卫星使用不同的传感器包来被动地测量从主动传感器如雷达发射出去的电磁波频谱或无线电波的部分的反射系数。遥感收集通过可以进一步处理来标识感兴趣的对象和类例，如土地覆盖的光栅数据。除了收集和输入空间数据之外，属性数据也要输入到GIS中。例如，对于向量数据来说，其属性数据包括在系统中的对象的附加信息中。

输入数据到GIS中后，通常还要通过编辑来消除错误，或进一步处理。对于向量数据必须要"拓扑正确"才能进行一些高级分析。比如，在公路网中，线必须与交叉点处的结点相连，如反冲或过冲的错误也必须消除。对于扫描的地图，源地图上的污点可能需要从生成的光栅中消除。例如，污物的斑点可能会把两条本不该相连的线连在一起。

(4)资料操作。由于数字数据以不同的方法收集和存储，两种数据源可能会不完全兼容。因此GIS必须能够将地理数据从一种结构转换到另一种结构。

GIS可以将数据转换成不同的格式。例如，GIS可以通过在具有相同分类的所有单元周围生成线，同时决定单元的空间关系，如邻接和包含，来将卫星图像转换成向量结构。

(5)系统转换。财产所有权地图与土壤分布图可能以不同的比例尺显示数据。GIS中的地图数据必须能被操作以使其与从其他地图获得的数据对齐或相配合。在数字数据被分析前，它们可能要经过其他一些将它们整合进GIS的处理，如投影与坐标变换。地球可以用多种模型来表示，对于地球表面上的任一给定点，各个模型都可能给出一套不同的坐标(如纬度、经度、海拔)。最简单的模型是假定地球是一个理想的球体。随着地球的更多测量逐渐累积，地球的模型也变得越来越复杂，越来越精确。事实上，有些模型应用于地球的不同区域以提供更高的精确度(如北美坐标系统，1983 - NAD83 -只适合在美国使用，而在欧洲却不适用)。

投影是制作地图的基础部分，它是从地球的一种模型中转换信息的数学方法，它将三维的弯曲表面转换成二维的媒介(比如纸或电脑屏幕)。不同类型的地图要采用不同的投影系统，因为每种投影系统有其自身的合适的用途。

(6)空间分析。空间分析能力是GIS的主要功能，也是GIS与计算机制图软件相区别的主要特征。空间分析是从空间物体的空间位置、联系等方面去研究空间事物，以及对空间事物做出定量的描述。一般地讲，它只回答what(是什么?)、where(在哪里?)、how(怎么样?)等问题，但并不(能)回答why(为什么?)。空间分析需要复杂的数学工具，其中最主要的是空间统计学、图论、拓扑学、计算几何等，其主要任务是对空间构成进行描述和分析，以达到获取、描述和认知空间数据，理解和解释地理图案的背景过程，进行空间过程的模拟和预测，调控地理空间上发生的事件等目的。

**2. GIS应用示例**

(1)资源管理。GIS最初就是起源于资源清查，这是GIS的最基本的职能，是目前趋于成熟的主要应用领域。资源清查包括土地资源、森林资源和矿产资源的清查、管理，土地利用规划，野生动物的保护等。GIS的主要任务是将各种来源的数据和信息有机地汇集在一起，并通过统计、叠量分析等功能，按多种边界和属性条件，提供区域多种条件组合形式的资源统计和资源现状分析，从而为资源的合理开发、利用提供依据。GIS在国际上的应用典范有加拿大应用GIS完成全国土地资源潜力和的估算，利用GIS进行世界小麦大面积估产的高准确率。这些都说明GIS在资源清查方面的应用趋于成熟。

(2)区域和城乡规划。在进行区域和城镇规划的过程中，要处理许多不同性质和不同特点的问题，涉及多方面要素，如资源、环境、人口、交通、经济、教育、文化和金融等，GIS将这些数据信息归算到城市的统一系统之中，最后进行城市和区域多目标的开发和规划，包括城镇总体规划、城市建设用地适宜性评价、城市环境质量评价、道路交通规划、公共设施配置及城市环境动态监测等，这些功能的实现是以GIS的一些数据处理和分析算法作为保证的，如GIS的空间搜索方法、多信息叠加处理和一系列的分析软件，回归分析，投入产出计算，模糊加权评价等。

(3)灾害监测。GIS方法和多时相的遥感数据，可以有效地用于森林火灾的预测预报、洪水灾情监测和淹没损失估算，确定泄洪区内人员撤退、财产转移和救灾物资供应的最佳路线，为救灾抢险和防洪决策提供及时准确的信息。

(4)环境评估。GIS强大的空间数据管理和分析功能，是政府部门制定环保政策及环境应用的关键技术，为环境保护和规划提供了丰富的、科学的信息管理分析和决策手段。其主要应用有环境的评估研究、资源循环利用监测、水体与大气质量污染检测、大气和臭氧监测评估、放射性危险评估、地下水保护、建设许可评价以及海湾保护等等。

(5)作战指挥。GIS已成为军事和情报机构最主要的辅助决策工具，其被广泛应用于基地指挥和战术实施两个方面。

(6)交通运输。GIS运输调度分析被广泛应用于货运或客运部门，主要表现在以下方面：警车、运钞车、消防车等重要车辆的跟踪和调度；路径优化分析；设备管理；根据地址、货物接运要求到达的时间进行运输路线分析、安排车辆的行车路线以及制定派工单等。

(7)宏观决策。GIS利用地理数据库，通过一系列决策模型的构建和比较分析，可为国家宏观决策提供依据。例如，我国在三峡地区的研究中通过利用GIS和机助制图的方法，建立环境监测系统，为三峡工程的宏观决策提供了建库前后环境变化的数量、速度和演变趋势等可靠数据。

## 本章总结

本章主要介绍了数据采集技术的基本原理以及数据采集系统。在此基础上，阐述了自动识别技术中比较常见的条形码技术以及无线射频识别技术的技术原理与应用，同时，针对全球定位技术中的GPS和GIS技术也进行了详细的介绍，指出其工作原理和应用范畴。

## 练习题

**一、简答题**

1. 数据采集的任务是什么？
2. 数据采集系统主要实现哪些功能？
3. 试举例说明数据采集系统在生活中的应用。
4. 全球定位技术(GPS)都应用于哪些方面？
5. 举例说明射频技术和条形码技术在日常生活中的应用。

**二、名词解释题**

1. 数据采集　2. 自动识别技术　3. 全球定位技术
4. 条形码技术　5. 无线射频识别技术

## 三、案例分析题

### 海尔物流信息化

海尔集团创立于1984年，经过多年的艰苦奋斗和卓越创新，至2002年海尔集团实现全球营业额711亿元，跃居中国电子信息百强之首。目前，海尔集团已建立起具有国际竞争力的全球设计网络、制造网络、营销与服务网络，现有设计中心18个，工业园10个(其中国外2个)，营销网点58800个，服务网点11976个并且已在美国、欧洲初步实现了设计、制造、营销三位一体的本土化布局。

海尔集团在建设物流系统时，从一开始就突破了单纯降低成本的概念，而将物流定位在增强企业竞争力的战略高度上。“一个现代企业，如果没有现代的物流，就意味着最终会无物可流。”海尔集团董事局主席张瑞敏将发展现代物流与企业的生死存亡联系在了一起。

海尔实施物流战略以来，不断将新技术应用于其运作过程。如海尔国际物流中心采用了自动导引搬运车系统、条码自动识别系统等一系列先进技术，实现了物流的自动化和智能化。

该物流中心高22米，拥有原材料、成品标准托盘位共18056个，该物流中心7200平方米的货区，完成的吞吐量相当于普通平面仓库的30万平方米，而整个物流中心的操作人员仅有10名。

建设立体仓库并围绕它的运转改造业务流程，使海尔物流在很短时间内发挥效益。目前，海尔集团平均每个月接到6000多个销售订单，这些订单的定制产品品种达2000多个，需要采购的材料品种达15万余种，如此复杂的情况下，海尔不仅没有造成大量的物资积压，呆滞物资反而降低了73.8%，两座立体仓库基本承担了海尔在青岛所有工厂生产的物流需要，而实际仓库面积却减少了50%。

**1.数据终端采集系统在海尔配送中心的应用**

海尔集团在全国各地建有12个配送中心，为确保配送中心的高效运转，并为管理系统提供及时、准确的物流数据，配送中心建立了一套高效和准确的数据采集系统。针对海尔配送中心的业务特点，海尔集团决定在各地的配送中心，全面应用便携式数据终端设备，在配送中心的入库、出库、盘点、移库等作业环节，实现了高效、准确、及时的数据采集和管理功能。

(1)入库环节。在配送中心的入库作业环节，数据终端下载有关数据后，操作人员在数据终端上输入入库单据编号，便可获得详细的入库数据，具体包括入库产品条码、单位、数量等。操作人员通过对入库产品条码的扫描，将实收数据与应收数据核对，实现了对入库数据的高效采集和流程控制功能。最后，数据终端上采集的数据被上传到主机系统中，供物流管理系统作进一步的处理和分析。

(2)出库作业。在配送中心的出库作业环节，在数据终端下载主机系统的出库数据之后，操作人员在数据终端上输入相应的出库单据号，便可获得当前批次出库的产品条码和数量。依据数据终端中的出库数据，操作人员可实现对出库产品的扫描、核对和确认，从而实现了对出库作业的严密管理。最后，数据终端的实际出库数据被上载到主机系统中。

(3)盘点作业。在仓库盘点作业中，在数据终端下载由主机系统生成的盘点数据之后，操作人员便可在数据终端的操作提示下，对库存商品进行逐项扫描、清点和确认，待盘点数据上传到主机系统之后，便可获得库存的盘点差异数据。

(4)移库作业。在库位移动作业中，待数据终端从主机系统下载移库指令后，操作人员便可在数据终端的操作指示下，将某个库位的商品转移到目的库位，待所有移库操作完成后，再将数据终端上载至主机系统，实现移库作业的确认。

此外，在海尔集团的物流管理系统中，所有的物流资源包括作业人员、物流托盘、物流容器和作业表单等，都通过条码实现了数字化标识，并由数据终端扫描后实现数据采集，从而由物流信息系统实现了作业统计、流程控制、作业调度等功能，并实现了整个物流系统和资源的高效运作和管理。

**2. 无线数据终端在海尔生产基地装车中的应用**

无线数据终端产品在普通的数据终端产品上增加了无线网络功能，使数据终端在作业过程中可与主机系统进行实时通讯、交换数据、获得指令。这使操作人员免去了数据上传和下载的环节，缩短了作业时间，提高了劳动生产率，能够更有效地服务于大业务量的作业环境。

在海尔集团的各个生产基地，当产品制造完毕后，这些产品将根据业务需要发送给各地配送中心或其他生产基地。为加强在产品装车、退货和换货过程中的作业管理和数据采集，海尔集团采用了无线数据终端设备，通过在作业现场搭建无线局域网络，实现了数据终端与主机SAP系统的实时连接。

装车时操作人员通过扫描或手工输入装车单据号，通过无线数据终端实时提交到后台主机的SAP系统，SAP系统便实时将装车单据的明细数据发送给无线数据终端，操作人员根据这些详细的装车数据，开始扫描待装车产品的条码，并通过无线网络与SAP系统进行实时通讯，以对装车产品进行核对。当操作人员将扫描完毕的一批产品装车后，便可通过无线数据终端向后台主机的SAP系统进行实时提交，从而使SAP系统及时、准确地记录装车产品的实发数量、扫描开始时间和扫描结束时间，并进行进一步的统计和处理。

基于无线数据终端的作业管理系统，还便于后台主机系统根据实际作业进度，合理安排工作任务，实现对物流资源的统一调度，并实现物流管理和运作的最优化。

**问题：**

1. 海尔信息化物流过程中，使用到了哪些数据采集技术？

2. 现在实现物流信息化的案例很多，再找到一个类似案例，将两个案例进行对比，回答一下三个问题：

(1)在信息化物流过程中，它们使用的信息化工具有什么不同？

(2)海尔的信息化物流过程体现出哪些优势？又有哪些劣势？

(3)结合实际情况，包括企业的外部环境(政府、所在地域等)、内部环境(企业结构、组织目标等)，谈谈为何海尔会选择其目前的信息化方式。

# 第三篇

# 信息系统应用篇

# 第7章 信息系统与组织管理

## 学习目的

- 理解组织管理层次及其信息特点
- 掌握不同组织层次的信息系统的类型和作用
- 掌握业务处理系统、管理信息系统、决策支持系统、经理信息系统的含义和应用

## 引导案例

**美国最大户外用品零售商 REI 为何做的如此成功**

REI(Recreational Equipment, Inc.)是美国也是全球最大的户外用品零售商,不仅销售户外品牌还销售自己的品牌,REI 品牌的产品占总销量的 30%~40%。其最大的直营店面积超过 10000 平方米。此外,REI 还拥有极为忠诚的客户群,连续 11 年荣获《财富》杂志的"美国 100 家最适合工作的公司"奖。

REI 的最初发展并非一帆风顺。该公司最初由一群登山者创建。与大部分户外零售商一样,初期的发展相当缓慢。但是秉承其经营理念:扩展一个企业的最佳方法就是提高对客户的忠诚度,而不是投入更多的资本。发展至今,这家户外用品零售商的直营店遍布全美,包括在线商店 REI. com 和 REI - OUTLET. com,以及它的探险旅游部门 REI Adventures。

以下是 REI 的发展历程及零售历史:

**20 世纪 30 年代**

1938 年:23 名 Pacific Northwest 登山者创立了户外用品合作机构 REI。由此可以看出,欧美的户外运动和户外产业起步比我们国内要早,而这 23 名登山者预测到了户外运动的发展很有前景。

**20 世纪 40 年代**

1948 年:首次印刷并邮寄产品目录。时至今日,REI 一直运用此销售方式并取得良好的网上业务。

**20 世纪 60 年代**

1963 年:REI 的总裁 Jim Whittaker 成为第一个登上珠峰的美国人。由此可见,Jim Whittaker 既是户外运动的专业人士,同时又具有冒险精神和领先的商业经济头脑。这对 REI 的发展起了重大的作用。

1964 年:销售额突破 100 万美元。

**20 世纪 70 年代**

1975 年:在加利福尼亚州伯克利开设了华盛顿之外的第一家商店,从此 REI 开始遍布美国各地。

1976 年:开始将利润的一部分捐给当地的户外娱乐俱乐部和环境保护团体。REI 一直致力于户外及社会的公益事业,2007 年,REI 给地方和全国的非赢利组织捐赠 350 万美元来支持户外和休闲,其重点是鼓励年轻人参加户外休闲活动,并在全国范围内发起了 688 个服务项目,3.3 万名志愿者参与这些活动。由此可见,REI 在美国巨大的影响力。

**20 世纪 80 年代**

1985 年:销售额突破 1 亿美元。拥有 1064 名员工。REI 首次被《财富》杂志评为"美国 100 家最适合工作的公司"之一,此后《财富》杂志每年公布一次入选公司名单。REI 荣获 11 次该奖项。"美国 100 家最适合工作的公司"是评价公司雇员人数、薪水、福利、医疗保健、专业培训、员工生活、妇女和少数民族所占比例等方面的横向比较,该奖项在美国很有影响力。

1987 年:建立 REI Adeventuers,这是一个小团队旅游探险部门,发展至今已经成为 REI 的三大部门之一。

**20 世纪 90 年代**

1995 年:推出仅提供内容的网站。

1996 年:推出网上销售,现在 REI 网上销售的产品超过 45000 种。

1998 年:REI. com 网上业务开始赢利并采用了店内服务亭。

**21 世纪**

2001 年:在所有零售商店部署了无线局域网。

2002 年:统一采用一种开发平台,将渠道数据库集成为一个数据库。

2003 年:推出未来商店试点计划,在商店中测试基于 Web 的无线手持设备。

2007 年:REI 在宾夕法尼亚州贝德福德新建一个面积为 48790 平方米的批发中心,在科罗拉多州巨石城也成立一家配送中心。这两项工程均采用绿色环保技术。因此,REI 荣获美国绿色建筑委员会的"绿色建筑评估体系"银质奖。

以上是 REI 的发展历史,在这背后,是什么使 REI 发展成全球最大户外零售商呢?

REI 很重视产品的种类和质量、员工的能力、产品的广泛性和使用信息。这些是 REI 取得成功的最重要的因素。此外,REI 还有一些自己的优势,如:REI 公司从管理层到店员的全体员工都热爱和了解户外运动;REI 是一个会员制公司,会员只需一次缴纳 15 美元,就可以通过基于其购买额的年度会员返款,分享该公司的利润;REI 公司还通过推动跨渠道项目、制定整个公司的发展目标、重新分配部门,让网络技术成为公司的一个战略重点;REI 建立了自己的户外旅游部门;REI 直营店的建筑采取绿色环保。

REI 销售的产品广泛,不仅有自己的连锁直营店,还在网上销售。REI 的连锁店遍布美国各地,目前在美国的 28 个州开设了 132 家连锁店。其中在首都华盛顿开的直营店最多,有 33 家 REI 店,其次是加利福尼亚,有 25 家 REI 直营店。REI 不仅在连锁店里销售种类齐全的户外用品,而且网上销售的产品也很繁多。这为那些不能到 REI 直营店购买产品的顾客提供了方便。

此外,REI 还采取多种销售方式来销售产品,主要以零售、在线和目录销售为主。REI 自创立之初就很重视目录销售,至今,目录销售还是 REI 主要的销售方式并取得了良好的效益。为什么 REI 采取并重视这种销售方式呢? REI 的创始人 Lloyd Anderson 是名登山家,当时他想找一个质量高价格合理的冰镐,但是在当地没有找到。最终他在《奥地利登山装备》目录上发现了想要的冰镐,质量好而且价格不高,算上运费才 3.50 美元。目录销售在 REI 成立 10 年后即 1948 年就首次印刷并邮寄产品目录。在一些分店中,甚至每个帐篷的拉链上都带有产品信息页。在网上,REI的网上购物客户可以浏览超过4万页的产品信息,并可以通过不同的方式对产品进行搜索和比较。REI给顾客查找信息提供了很大的方便。

REI从一家普通的户外店逐渐发展成地区和全美国专业的户外零售商的过程中,除了重视产品的种类和质量、员工的能力、产品的广泛性这些重要的原因外,技术和互联网也起了很大的作用。正是由于REI积极地进行了技术创新,以至于轻松地度过零售行业艰难阶段并成为户外零售业的领先者。

REI的主要战略就是投资于一些将会为会员和公司带来长期效益的项目,而不是只关注眼下的市场热点,并长远地看待技术投资和行业趋势。REI通过一项有组织的测试计划来评估零售技术,在一个统一的开发平台上为所有渠道包括零售、在线销售和目录销售来制定计划,并通过网络将动态的数据和视频传送到店面。

REI是零售行业信息技术的早期使用者。从1996年开始就通过网络来销售产品,但是直到1998年开始盈利。直至今日,REI的两个网上销售即以及电话销售额占到了REI全部销售额的17%。该公司利用一个端到端的思科网络解决方案将其所有业务整合到一起,并从低速的广域网拨号连接升级到一个先进的可靠性高端网络。

此外,REI还在继续进行技术创新。2002年,REI为每个分店安装了一个Cisco Aironet无线局域网,将其用作支持条形码扫描、供货、收货、定价和库存。REI还在总部围绕一个统一的应用开发平台和集成化数据库整合了多项技术,以此来加强跨平台开发和客户关系管理。

因此,长期以来REI就成为了户外零售业的佼佼者。在利润、客户忠诚度、员工满意度等方面具有显著的优势。

**思考:**

1. 一般地,企业的经营管理包括哪几个管理层次?
2. 信息技术如何支持REI公司经营管理的不同层次?

## 7.1　组织管理层次及其信息特点

### 7.1.1　组织管理的层次

当组织规模有限时,一个管理者可以直接管理每一个成员的活动。当规模扩大至管理工作超出一个人所能承当的范围时,为了保证组织正常运转,管理者必须委托他人来分担自己的一部分管理工作。随着组织规模的进一步扩大,受托者又不得不进而委托他人来分担自己的工作,由此形成组织管理的层次结构。

组织管理的层次结构从表面上看,只是组织的纵向的等级和层次数量,但其实质上是组织内部纵向分工的表现形式,通过组织层次的划分,组织目标也随之作呈梯状的分化,因此,客观上要求每一管理层次都应有明确分工,担负不同的管理职能。

通常,一个组织的管理层次可以分为三个层次,即高层、中层和基层。

(1)高层位于组织最高层,需要对整个组织负责,通常包括CEO、总经理、总裁、副总裁等,其主要任务是从组织整体利益出发,制定组织目标及战略,对组织实行统一指挥和综合管理。高层管理属于战略级管理。

(2)中层是介于高层和基层之间的中间层次,主要任务是根据高层所确定的目标和战略,制定资源分配计划和进度表,协调所属部门的资源及活动,组织基层单位来实现总体目标。中层管理属于战术级管理。

(3)基层的主要任务是按照中高层制定的计划,具体去执行和完成计划。基层管理区别于中层管理和高层管理的特点是以执行为主。基层管理属于作业级管理。

美国斯隆商学院提出一种组织管理层次的"安东尼结构"(Anthony Structure),该结构把组织管理分成三个层次,即战略(strategy)层、管理(management)层和作业(operation)层。这大体相当于上面所说的高层、中层和基层,如图 7-1 所示。

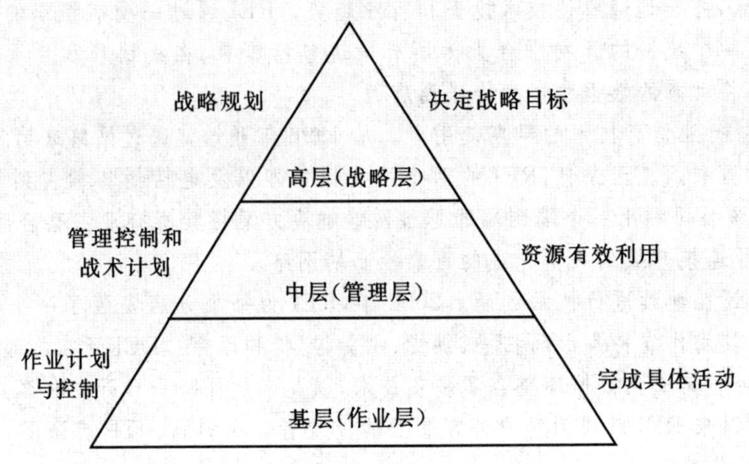


图 7-1　组织管理层次的"安东尼结构"

## 7.1.2　不同管理层次的信息需求特点

由于管理层次的构成和目的不同,每个层次的信息需求也不同。高层关注组织的全局性、方向性以及涉及与目标有关的大政方针和战略问题。组织的高层管理者在战略制定过程中,不仅需要使用组织内部的数据,还需要了解组织的外部数据和竞争情报,需要了解宏观环境、市场、竞争对手、顾客和行业发展、政府政策倾向等方面的信息,以决定未来的发展方向。其信息需求具有以外部信息为主、概括性高、面向预测和未来、不确定程度高等特点。

中层主要关注在既定组织战略方针下如何进行组织和安排。中层由组织的中层管理者构成,如财务、营销、生产、人力资源、研发等部门的主管等,他们需要对职能部门的业务数据进行概括、综合和分析,以确保对组织资源进行有效利用,计划并控制相关业务活动,确保组织总目标和部门分目标的实现。其信息需求具有以内部信息为主、概括性较高、面向阶段和综合、中等程度不确定性等特点。

基层关注怎样执行,如具体实行计划、进行生产等。基层由组织的基层管理者组成,如车间主任、财务会计、生产调度员等。他们收集、验证和记录事务处理数据,以监督日常业务活动,对其负责的业务活动进行指导以保证组织的正常运转。其信息需求具有来源于组织内部、详细程度高、重复性和可预见性程度高、精确性高等特点。表 7-1 描述了不同管理层次间信息需求特点的差别。

表7-1 不同管理层次的信息需求特点

| 信息需求特点 \ 管理层次 | 高层（战略层） | 中层（管理层） | 基层（作业层） |
|---|---|---|---|
| 信息来源 | 外部为主<br>内部为辅 | 内部为主<br>外部为辅 | 组织内部 |
| 概括性 | 概括 | 较概括 | 详细 |
| 时间性 | 预测和未来 | 阶段性综合 | 重复可预见 |
| 不确定程度 | 高 | 中 | 低 |

## 7.2 层次信息系统应用概述

不同管理层次的业务内容和信息需求不同，因此单个信息系统难以满足整个组织的信息需求，不同的管理层次使用的信息系统不同。一般来说，组织的三种管理层次对应着四种不同类型的信息系统，如图7-2所示。

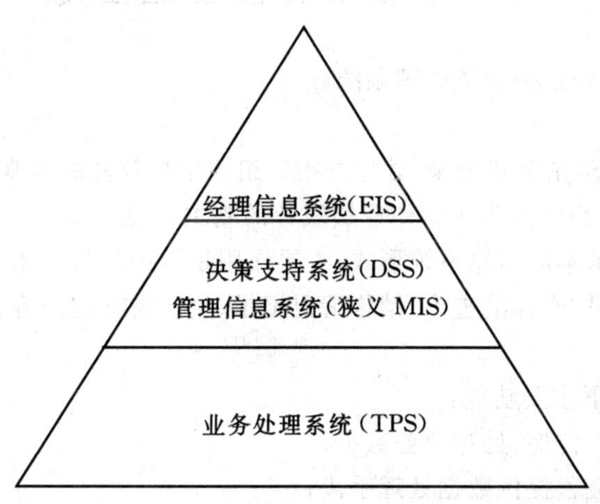


图7-2 层次信息系统应用

(1)经理信息系统（executive information system，EIS）：支持组织的战略层，帮助高层管理者进行长期战略计划活动的信息系统。

(2)决策支持系统（decision support system，DSS)和管理信息系统（management information system，狭义MIS)：支持组织中层管理者进行监督、控制、管理和决策的信息系统。

(3)业务处理系统(transaction processing system，TPS)：处理和记录企业经营运作所必需的组织基本活动和作业信息的计算机系统，服务于组织的作业层。

表7-2显示了上述四种不同类型信息系统的主要特性。

表 7-2 四种不同类型信息系统的主要特性

| 系统类型 | 信息输入 | 信息处理 | 信息输出 | 用户 |
| --- | --- | --- | --- | --- |
| EIS | 企业内外综合性数据 | 图形、模拟、人机交互 | 预测、查询响应 | 高层管理人员 |
| DSS | 少量的数据或大量用于数据分析的数据、分析模型或数据分析工具 | 人机交互、模拟、分析 | 专项报告、决策分析、查询响应 | 专家、决策分析人员 |
| MIS | 汇总的事务数据、大量数据，简单模型 | 例行报表、简单模型、低层分析 | 汇总报表和异常报告 | 中层管理人员 |
| TPS | 业务、事件 | 排序、列表、合并、更新 | 详细报告、列表、总结 | 操作人员、监督人员 |

## 7.3 基层的信息系统应用

基层的信息系统主要是指业务处理系统。

1. TPS 的定义

业务处理系统(TPS)是负责记录、处理并报告组织中重复性的日常活动，记录和更新企业业务数据的信息系统。TPS 是为组织作业层服务的基本信息系统，它是信息系统在组织中早期的应用形式，也是最基本的信息系统形式，主要作用是运用信息技术手段加工和处理业务信息，如财务上的应收应付、库存的进出、销售情况记录、生产情况记录等。

2. TPS 的功能

通常，TPS 包括以下主要功能：

(1)及时收集、保存、传递、处理业务数据；

(2)为标准的业务流程提供数据处理手段；

(3)建立并维持庞大的业务数据库；

(4)信息检索——例行的报告与查询服务；

(5)监控功能——维持系统的正常运作。

图 7-3 是库存处理的 TPS，这是企业库存管理领域的一个典型业务处理系统。库存处理 TPS 记录库存商品信息，并根据销售情况和采购情况进行库存信息的更新和维护，接受在线的库存信息查询，定期生成库存报告。

TPS 是任何企业都不可缺少的信息系统，企业任何一个职能领域都需要相关的支持，企业各职能领域典型的 TPS 如表 7-3 所示。组织中这些不同领域的 TPS 在处理企业信息过程中有着大量协作和信息交换。

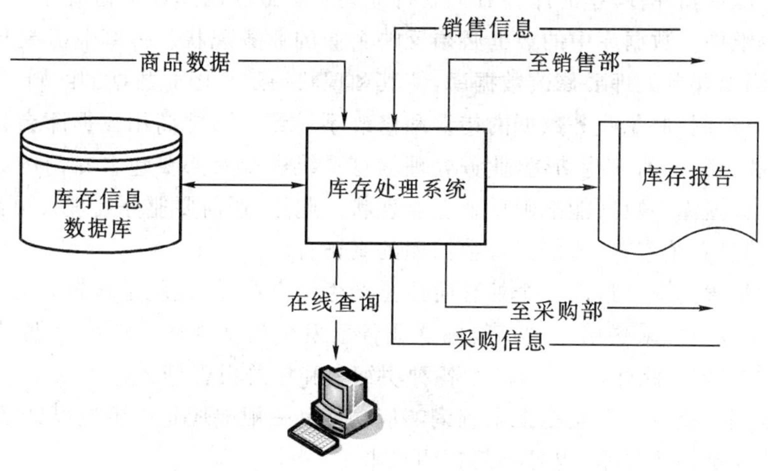


图 7-3　库存处理的 TPS 示意图

**表 7-3　企业各职能领域主要的业务处理系统**

| | 销售和营销 | 生产制造 | 财务/会计 | 人力资源 |
|---|---|---|---|---|
| 主要职能 | 销售管理<br>市场研究<br>促销<br>定价<br>新产品需求 | 生产调度<br>采购<br>收/发货<br>工艺管理<br>运行管理 | 预算<br>总账<br>成本会计 | 人员记录<br>劳保<br>福利<br>培训<br>劳工关系 |
| 主要应用系统 | 销售定单处理信息系统<br>市场信息收集系统<br>定价系统 | MRP<br>采购订单控制系统<br>工艺系统<br>质量控制系统 | 总账<br>会计应收/应付系统<br>预算编制<br>资金管理系统 | 工资单处理系统<br>员工档案管理系统<br>福利系统 |

3. **TPS 的处理过程**

各职能领域的业务处理有着类似的过程，这个过程叫做业务处理周期，通常包括数据输入、业务处理、数据库维护、文件和报告产生、查询处理五个基本活动，如图 7-4 所示。

(1)数据输入。数据输入是指收集数据，然后记录、编码和编辑，输入到计算机的过程。例如，收集顾客订单的手写凭证，然后输入计算机。输入的方法可以是传统手工方法，或通过扫描仪、POS 设备等数据自动录入设备。数据应尽量从源处获得，以保证其唯一性和正确性。

(2)业务处理。业务处理是指对输入的业务数据按照业务逻辑和数据流程进行处理。业务数据处理方式可分为批处理和实时处理。批处理(batch processing)是定期地周期性地收集源文件，然后进行成批处理。如财务部门将每天发生的所有发票集中在下午 5 点一次性地录入计算机，更新应收款数据库。实时处理是在处理业务时即进行了业务数据或文件的更新，因而这时的业务数据就能即时反应业务执行的真实情况。实时处理也叫做联机处理(online transaction processing，OLTP)。这时数据更新是即时的，响应查询也是即时的。例如，每到一批货物，就立即更新库存，这时库存查询就可立刻了解最新的库存货物情况。

(3)数据库维护。数据库中的数据必须反映企业的业务现状。每笔业务处理均是对企业现状的改变。因而业务处理要修改数据库，使其和现状一致。因此数据的编辑、修改和更新都应该经过严格的控制，避免业务数据的错误和修改不一致。通常商用数据库会包含类似的保证数据完整性和一致性的一些功能，业务处理信息系统也很有必要包含专门的数据库维护程序，以尽量保证数据库中数据能准确反映企业现状。此外，还需要业务处理人员具备良好的信息处理技能和信息系统素养，才能保证数据库的真正合用。

(4)文件和报告生成。最后一个处理阶段是产生信息产品，也就是报告和文件。如用来启动接受行动的文件——采购单、支票等，确认业务已发生的文件——销售收据、发票等，转回发送者的周转文件等。此外，还可以产生各种明细表和汇总报告等。

(5)查询处理。查询处理是指提供查询响应功能。一般响应是以事先设计好的输出格式，如表单等，在终端屏幕上显示，也可将其打印出来。

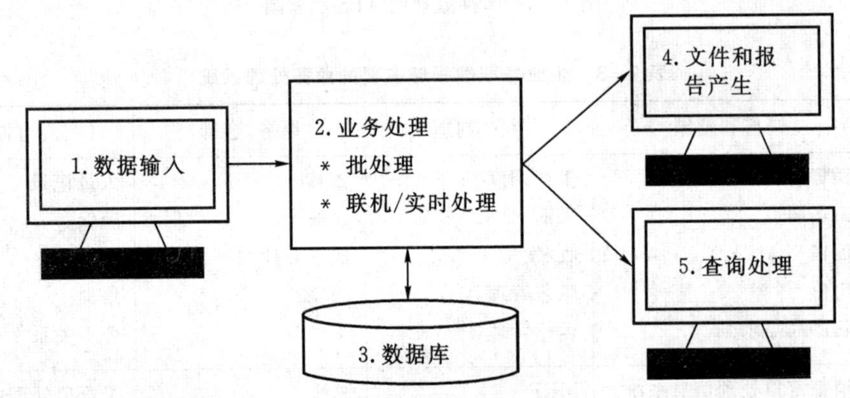


图 7-4　业务处理基本活动示意图

基于业务处理基本活动管理的需要，业务处理系统(TPS)具有这样一些典型的特点：

①TPS 支持的是每日的运作，处理的事务重复性强。

②TPS 要处理大量的数据。

③TPS 处理的数据详细度、精度要求高，逻辑关系简单，规律性和结构化程度高。

④TPS 支持的用户多。

⑤TPS 处理的信息多半来自企业内部信息源。

⑥TPS 服务对象主要是组织的作业层。

通过 TPS 处理业务信息可带来如下好处：一是有利于提高信息处理的准确度，与手工处理信息相比，TPS 按照既定的流程进行重复性的操作更准确，更不易犯错；二是有助于提高信息处理速度，TPS 可以比人工更快地处理信息，及时生成文档和报告；三是节省人力，提高劳动生产率，经过流程优化的 TPS 可以大大节省人力，从而降低成本、提高劳动生产率；四是改善服务水平，TPS 可以帮助企业记录、处理和跟踪许多细节信息，更好地满足客户对产品和服务的要求。

此外，TPS 还是企业中其他层次信息系统应用的基础。TPS 产生的数据，不仅反映了组织的基本业务性活动，也是中层和高层信息系统应用的原始资料，提供了辅助战略和管理决策的基础数据。

【TPS应用实例】

**联合包裹公司的业务处理系统**

联合包裹公司(United Parcel Service，UPS)是世界上最大的空中和地面包裹递送公司。1907年公司初建时，只是厕所大小的一间办公室。两个来自西雅图的少年吉姆·凯西和柯劳狄·瑞恩只有两台自行车和一部电话，当时他们承诺“最好的服务，最低的价格”。联合包裹公司成功地运用这个信条已超过百年。

今天联合包裹公司仍然兑现那个承诺，它每年向美国各地和185个以上的国家和地区递送的包裹和文件几乎达到30亿件。公司不仅胜过传统的包裹递送方式，并且可以和联邦快递公司的“不过夜”递送生意抗衡。

1992—1996年间，公司投资1.8亿美元，建设了信息系统。在业务处理方面，由于使用了一种叫做信息获取装置(DLAD)的手持计算机，联合包裹公司的司机可以自动地获取关于客户签名、运货汽车、包裹发送和时间表等信息，然后司机把系统接入卡车的接口上，包裹跟踪信息可以传送到公司的计算机网上，公司总部计算机可进行存储、处理，并向客户发送，客户可以查询、打印。

现在，联合包裹公司把这种业务扩大到海外，并与海关通关系统联系在了一起，即把每个托运的货物文件在托运货物到达之前直接输送到海关官员。海关官员让托运的货物过关或者标上检查标记。如果客户提出要求，联合包裹公司也能在送达之前拦截包裹，并派人将其返回或更改路线。

## 7.4 中层的信息系统应用

中层的信息系统主要是指管理信息系统(狭义)和决策支持系统。

### 7.4.1 管理信息系统(狭义)

**1. MIS（狭义）的定义**

对于管理信息系统(MIS)，广义的理解是凡是用于管理的信息系统都可以叫做管理信息系统。狭义的理解则是指那些能从内部和外部收集数据，经过加工处理，形成有用的信息，以预定的形式提供给以中层为主的各管理层使用的信息系统。这里的管理信息系统是指狭义的管理信息系统(MIS)。

因此，狭义的MIS是对企业的基本运行情况进行概括、总结和报告，将TPS中的数据进行汇集，按固定周期生成报表，提供企业当前运行状况和历史记录的查询功能，为管理人员的规划、控制和决策等功能提供支持的计算机系统。

**2. MIS（狭义）在组织信息系统中的角色**

在组织信息系统中，MIS(狭义)起着承上启下的连接作用。一方面，MIS(狭义)的运行很大程度上依赖于业务处理系统(TPS)所提供的数据，它通过对业务信息的汇总和分析，向管理者提供定期和预定的报告、报表和查询，支持管理层（主要是中层)高效地组织、计划和控制企业的运行。图7-5描述了MIS如何将TPS产生的数据汇总转换成MIS的报表。另一方面，MIS也为DSS和EIS提供数据支持，见图7-6。

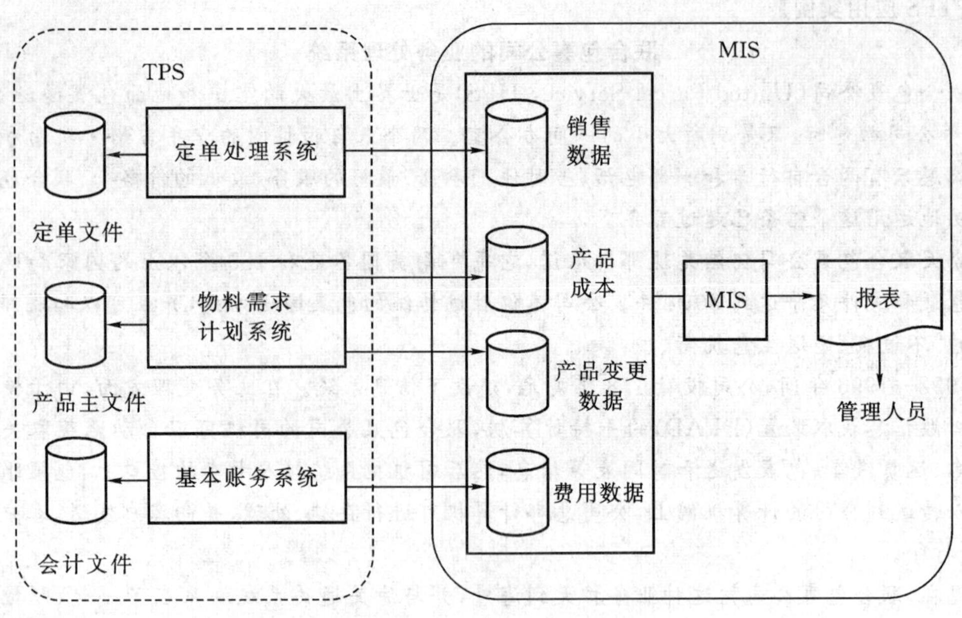


图 7-5　MIS 与 TPS 之间的数据关系

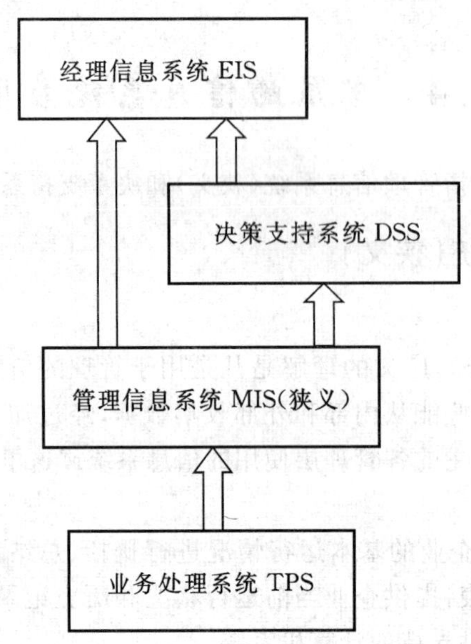


图 7-6　MIS(狭义)与 TPS、DSS、EIS 之间的关系

MIS 的组成粗略地可分为输入、处理及输出三部分。输入数据源来自组织内外两方面，最主要的是通过 TPS 获取的内部数据。MIS 的处理和输出是运用获取的数据，按照预先设定的数据处理要求，通过分类、汇总、排序、计算及数据的析取等工作，输出规定格式的报表，满足管理人员(以中层管理人员为主)的查询要求。MIS 输出各式报表，通常包括按周期生成的周期报表、按管理者要求提供的定制报表、报告异常情况的异常报表、提供详细数据的明细表和

提供纵向/横向对比的汇总对比报表等。

管理者（以中层管理者为主）借助 MIS(狭义)，可以了解企业在成本、利润、客户服务、产品销售等方面的执行情况，辅助完成如订货决策等一些高度结构化的决策活动，实现资源的调度和计划的制定、执行、控制和调整，及时发现企业运营中的存在的问题，寻求改善和提高，从而有效地控制企业的运行，以确保组织的战略目标通过管理层的战术运作得以实现。

**【MIS (狭义)应用实例】**

**燕京啤酒通过 MIS 实现财务、业务一体化**

北京燕京啤酒集团公司是 1993 年以原北京市燕京啤酒厂为核心发展组建的国家二级企业。北京燕京啤酒股份有限公司是燕京啤酒集团的上市公司，燕京啤酒拥有雄厚的技术力量、精良的生产装备、先进的生产工艺和国内最先进的产品检测仪器，综合实力处于世界先进水平。

燕京啤酒股份有限公司早在 1991 年就已经实现财会电算化，而业务处理一直处于手工状态。随着企业规模的扩大，业务量的增加，手工处理方式的弊端开始暴露，它侵蚀着企业的收益，阻碍先进管理方法的运用。特别是啤酒行业的特点，即啤酒是一种保质期短的液体饮料，这一特性决定了啤酒行业是一个地域性较强的行业，企业的兴旺很大程度上依赖于本地市场的占有率，因此加强销售管理十分必要。信息时代的销售管理对企业管理系统的建设提出了迫切要求，从而燕京啤酒股份有限公司开始制定新的战略目标：将企业管理与计算机技术、网络技术、数据处理技术相结合，将当代高新技术应用于业务流程管理与控制中，建立包括采购、库存、销售、财务管理和控制为一体的管理信息系统。

北京燕京啤酒股份有限公司是上市公司，其财务数据必须对外披露，为债权人、所有者、政府部门等利益相关者提供信息。燕京啤酒管理信息系统实现了财务和销售的集成，销售系统可以将有关业务信息实时进行提炼，编制成账务凭证，自动传递到财务系统，财务系统根据需要可快速生成企业所需的各种报表和分析图表。这不仅能保证对外报表能及时、快速获取，而且对外报表的准确性也有了可靠保障。

通过管理信息系统，燕京啤酒实现了财务、业务一体化，企业年完成啤酒销售量 141 万吨，实现销售收入 25 亿元，实现利税总额 9.2 亿元。

### 7.4.2 决策支持系统

1. DSS 的定义

决策支持系统(DSS)也是服务于管理层（主要是中层管理者）的信息系统。DSS 的概念最早是由斯科特·莫顿等于 20 世纪 70 年代提出。传统的 MIS 主要服务于企业的日常管理发展到一定阶段，随着高层人员对 MIS 的进一步需求决策支持系统随之产生。决策支持系统(DSS)的定义为：以信息技术为手段，应用决策科学及有关学科的理论与方法，以人机交互方式辅助决策者解决半结构化和非结构化决策问题的信息系统。

DSS 侧重于帮助管理人员解决一些无法预先设定、不能用已知方法求解的非结构化问题以及介于两者之间的半结构化问题，如产品的销售价格定为多少合适？如何确定明年的投资与预算？是否应该开发某一新产品？

2. DSS 的基本特征

基于 DSS 的上述出发点，DSS 具有如下一些基本特征：

①DSS主要用来解决半结构化和非结构化的决策问题，分析能力强；

②DSS主要面向决策者，特别是中高层的管理人员；

③DSS用于提供决策支持，而不能代替决策者决策，人仍然是决策的主体；

④DSS易于为非计算机专业人员(管理者)以交互会话的方式方便地使用；

⑤DSS引入了模型和分析技术，把模型或分析技术与传统的数据存取技术及检索技术结合起来；

⑥DSS强调对环境及决策问题变化的适应性和快速响应能力。

3. **DSS与MIS(狭义)的区别**

虽然同样服务于管理层，但DSS与MIS(狭义)的出发点不同，因而有着较明显的区别。表7-4列举了DSS与MIS(狭义)的主要区别。

**表7-4　DSS与MIS(狭义)的区别**

| | MIS(狭义) | DSS |
|---|---|---|
| 出发点 | 面向信息、报表和控制 | 面向特定的决策问题 |
| 解决的问题 | 多为结构化问题 | 非结构化、半结构化问题 |
| 特征 | 信息处理 | 决策支持 |
| 目标 | 效率 | 有效性 |
| 处理技术 | 以计算机为主进行处理 | 以人机会话为主进行处理 |
| 用户 | 组织 | 个人、群体、组织 |
| 驱动方式 | 数据驱动 | 模型驱动 |
| 典型问题 | "一切运行正常吗?" | "假如……怎么办?" |
| 分析能力 | 弱 | 强 |

MIS(狭义)强调信息、报表和控制，MIS(狭义)提供的报表和信息大多用于控制组织的运行，支持组织整体；DSS支持个人、群体和整个组织的问题解答。DSS可以支持一个特定的管理者做出一个特定的决策，从而解决一个特定的问题。MIS(狭义)处理的是结构化决策，而DSS主要解决非结构化、半结构化问题。MIS(狭义)主要采用数据驱动的分析技术，确定信息需求，完成例行业务的信息分析；DSS则根据决策问题，确定并建立决策过程中将要使用的分析模型和决策信息，除了采用数据驱动方式以外主要采用模型驱动和人工智能的设计方法，偏好于图形输出。DSS强调用户以交互方式允许终端用户控制数据、选择模型和对话，通过人机对话求解问题；而MIS(狭义)系统主要是基于固定的信息需求，通过按需求编制的计算机程序提供相对固定的信息处理功能。由于引入了模型以及人工智能技术，DSS相比MIS(狭义)有更强大的问题分析和求解能力。

4. **DSS的概念模式**

DSS概念模式反映了DSS与真实系统、人和外部环境之间的关系，如图7-7所示。决策者通过操作对话系统进行问题求解，对话系统调用了数据库和模型库系统，而这些系统也调用了关于决策问题的内部信息、外部信息、有关的环境方面的信息、与人有关的信息等。求解之后通过系统响应对决策者进行决策支持，然后再反馈作用到真实系统。可见，决策者通过与DSS的人机交互，把他自己的知识、经验和DSS的响应输出结合起来对他所管理的"真实系统”进行决策。问题来源于真实系统,而系统的目的仍然是真实系统。

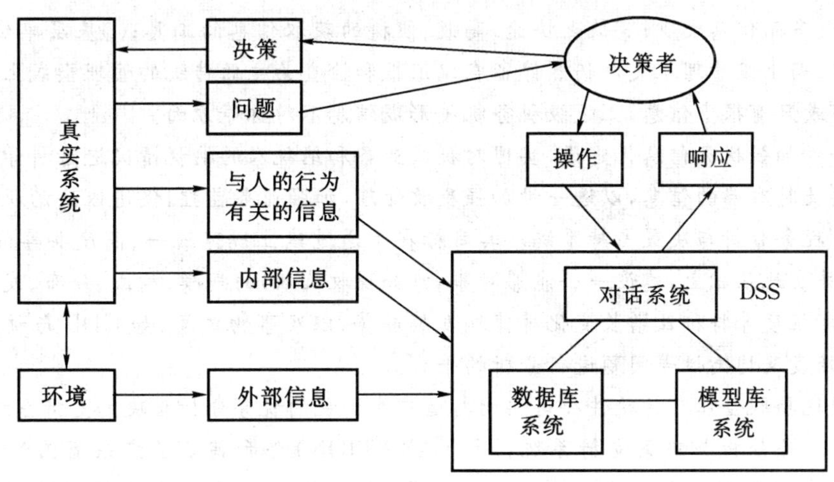


图 7-7 DSS 的概念模式

5. DSS 的基本结构

一个最基本的 DSS 系统由数据库系统、模型库系统与对话系统三个部分组成,三者呈三角形分布结构,这也是 DSS 最基本的结构,如图 7-7 所示。

(1)数据库系统。有效的信息和数据是减少不确定性、提高决策质量的关键所在,因此,数据库系统是决策支持系统不可或缺的重要组成部分。数据的一部分来自组织内部的信息系统,如 MIS(狭义)、TPS 等产生的企业各职能领域的有关数据;数据的另一部分来自组织的外部,如宏观经济、政策法规、技术、社会因素等有关数据。为了有效地管理数据,数据库系统要提供数据库安全功能、数据完整性功能和与使用决策支持系统相关的全面的数据管理任务。

(2)模型库系统。模型库系统存放和管理决策者求解问题所需的各种模型。这些模型通常以数学模型或逻辑规则模型的方式存在,常用的模型包括财务模型、统计分析模型、预测模型、What-if 模型、优化模型等。利用这些模型,可以基于已有的事实或数据,预测或推导对未来有意义的信息,辅助决策。在决策支持系统中,决策支持模型体现了管理者解决问题的途径,所以随着管理者对问题认识程度的深化,他们所使用的模型也必然会随之产生相应的变化。模型库系统要能够灵活地完成模型的存储、管理和运行以及动态建模的功能。

(3)对话系统。对话系统是 DSS 的人机接口,它负责接收和检验用户的请求,协调数据库系统、模型库系统之间的通信,为决策者提供信息收集、问题识别以及模型构造、使用、改进、分析和计算等功能。对话系统通过人机对话,决策者能够依据人的经验,主动地利用 DSS 的各种支持功能,从多种方案中选择一个最优决策方案。

DDS 具体详细介绍见本书第 9 章。

**【DSS 应用实例】**

**广东国税局税务分析与决策支持系统**

广东国税的业务系统在满足日常税收业务需求的同时也采集了大量的业务数据。例如,每年采集 2000 多万份的申报数据和 2000 多万份的税票数据,其中出口专用税票数据达 100

多万份。这些业务数据的背后隐含了十分丰富的信息和规律，也给税务信息化建设带来一些问题，主要体现在以下方面：①业务数据分散在不同的应用系统中，数据共享度低且格式不统一；②数据太多而信息太少；③缺乏快速、高效、便捷的获取信息的工具；④基层单位的管理手段日益先进，而上级管理机关却仍然停留在以汇报和检查为主的传统的管理模式上；⑤上级管理部门没有或只有很少信息，上下级税务机关形成信息不对称等方面。

为进一步加强税务信息化建设，实现对税收业务和纳税人的纳税情况进行科学分析，为管理决策提供及时准确的信息，以进一步加强税收管理，加强业务监控，促进依法治税，广东省国税提出建设税务分析与决策支持系统。其目标在于通过建立规范统一、高度共享的综合性主题数据库，并在此基础上，建设一个能够对事物（如税收收入）的规模、构成、分布、发展速度、平均水平、平衡程度等特征及增长变化规律和发展趋势，以及事物之间（如 GDP 与税收收入）的相关关系、强度及均衡性等问题进行分析的平台。

广东国税局联合菲奈特软件公司共同打造广东国税的税务分析与决策支持系统。菲奈特软件公司的税务分析与决策支持系统（BI. TAXATION）全面满足了广东省国税局的需求。该系统建立在商业智能平台 BI. Office 上，应用数据仓库、OLAP 分析和数据挖掘等技术，实现税收宏观分析、税收收入分析、税收征管分析、出口退税分析、专用发票分析、纳税人分析、纳税人审计分析等功能。它可以对经济和税收综合数据进行科学分析，研究经济与税收增长的弹性、发展的均衡性等数量关系，揭示税收收入和税收负担等重大指标的长期增长趋势、波动规律、发展速度、地区分布、行业分布、所有制分布和月度时序特征；运用对比分析方法揭示事物之间的关系、强度及均衡性；对税收收入、出口及出口退税等重大税收指标进行精确监控和科学预测；根据纳税人的生产经营情况和纳税情况对其申报的真实性进行量化评测和科学分类。

税务分析与决策支持系统（BI. TAXATION）将全面提高税务决策的科学性和规范性，增强税收对国民经济的杠杆作用，并加强业务监管力度，有效地打击偷漏税违法行为，从而极大地提高广东国税的税收管理水平。

## 7.5 高层的信息系统应用

高层的信息系统主要是指经理信息系统。

1. EIS 的定义

经理信息系统（EIS）是专门为组织的高层经理提供所需要的信息、为经理服务的信息系统。由于高层经理面对的环境复杂多变，遇到的决策问题许多都是非结构化的、战略性的问题，因此，在信息系统发展初期，人们认为信息系统很难为企业的高层管理人员提供支持。后来，随着信息技术的不断发展，以及高层管理人员对决策所需信息的及时性、完整性和准确性要求越来越高，高层管理者越来越需要利用信息系统收集、分析数据，便产生了经理信息系统（EIS）。

具体来说，经理信息系统（EIS）是服务于组织的战略层，通过先进的图形技术和通讯技术帮助高层管理人员解决非结构化决策问题，并由高层管理人员亲自使用的计算机信息系统。

2. EIS 的特征

高层管理者主要关注企业发展的大政方针和战略计划，经常思考类似这样的问题：企业长期战略和短期战略是什么？是否应该开发某新产品？如何激励员工的积极性？应该创建怎样的企业文化？要不要实施某战略信息系统？要不要和某企业合作研发？

高层管理者在思考这些战略性决策问题时，从信息需求范围广度上，除了需要组织内部的概括性信息外，还必须大量地使用外部环境中的信息，如经济、政治、社会、技术等宏观环境方面的信息，行业动态和竞争对手的信息等；从信息需求时间维度上，则需要过去、现在、将来的组织内外部的各种状态信息。高层管理者在收集所需信息的信息源上也是多种多样的，包括会谈、会议、报告、报表、信件、媒体、参加社会活动等。

大体上，高层管理者关注的信息具有以下特点：

①关于企业的关键成功因素(CSFs)的有关信息。高层管理者特别关心哪些因素能为企业带来成功。

②计划与实际的比较信息。高层管理者很关注企业的实际经营绩效与计划绩效的差别，希望能发现绩效差距，对差距产生的原因进行分析。

③个体思维偏好所要求的信息。不同的高层管理者有不同的思维模式和信息寻求偏好，并根据自己的经验或直觉，在掌握信息的基础上做出决策。

基于高层管理者信息需求的上述特点，开发一个有效的 EIS 并不是一个轻松的任务，过去几十年里 EIS 的开发和应用经历了多次低潮和波折，近年来随着微机技术的成熟和网络技术的发展，目前 EIS 受到越来越多的关注。但是由于 EIS 的开发难度大、费用高，目前 EIS 的开发和应用与人们理想中的目标还有很大的差距。

尽管都用于提供决策支持，但 EIS 和 DSS 仍有一些本质的区别：

①所解决问题的特点不同。高层管理要应对企业面临的各种环境挑战，EIS 的目标是用来帮助高层经理解决他们所面临的不断变化的各种管理和决策问题；DSS 则用来辅助一个或一群决策者解决一类特定的、往往是重复出现的半结构化或非结构化问题。

②设计导向不同。DSS 是以问题为导向的，设计目标是为了解决重复出现的某一类决策问题，一般需借助模型进行问题的解决；EIS 则是以决策者为导向，必须充分考虑决策者的个体特点偏好及其所面临的不断变化的环境，系统更多以图形的方式来表示各类信息，且应集成通讯功能和日程安排功能。

③系统的复杂性不同。DSS 将数据处理和复杂的分析模型结合起来进行半结构化或非结构化问题的解决，必须具有较强的适应性，因此一般来说 DSS 比较复杂；高层经理不可能有太多时间花费在这么复杂系统的使用上，因此 EIS 相对简单。

因此，EIS 一般具有如下特征：

①专门用于支持高层管理决策；

②操作简便，使用前不需要培训；

③一般为个体决策者量身定做；

④数据来源于组织内部和外部的各种信息源；

⑤采用图、表、文字等形式输出信息，内容直观、简明、一目了然；

⑥为决策者提供选择、析取、分离、追踪、钻取信息的功能；

⑦可提供决策者需要的各种报告，如状态报告、异常情况报告、趋势分析报告、数据挖掘报告等；

⑧为决策者提供各种方便的通信工具。

3. EIS的结构和功能

EIS的概念结构如图7-8所示，由于高层的经理、总裁等没有太多的时间接受培训，因此EIS界面应该十分友善，图文表并茂，层次清晰，使用户可在很短的时间内掌握使用方法。EIS提供的信息是关系到组织生存发展的关键信息，但又需要对其追根问底、提供细化的信息，因此系统要设置包含内外部信息的综合信息库，外部数据库也比内部数据库的地位更重要。由于高层经理面对的问题多是典型的非结构化决策问题，与DSS要解决的问题相比，分析与求解的难度更大，因此EIS必须基于人工智能技术，集成必要的案例、模型、知识库等。EIS还需具有丰富的经理办公支持功能，辅助高层经理完成通讯沟通、日程安排、公文处理等工作，因此需要集成办公文档库。

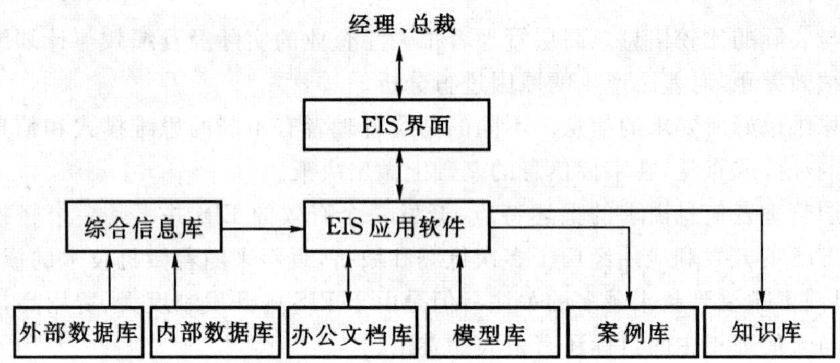


图7-8　EIS的概念结构以下方面

通常，EIS的基本功能包括：

(1)办公支持功能：提供如文字处理、日程安排、地址簿、待处理事务清单、电子邮件服务等办公自动化功能以及公司内外的产业新闻等。

(2)分析支持功能：提供非结构化问题的决策查询功能；调用DSS的功能；关于趋势、关键指标、异常报告等的图形分析输出功能；关键词查询、数据挖掘功能；帮助和解释文档的功能。

(3)个性化定制功能：允许对报告的形式、图表的类型和菜单的内容进行方便的修改。

(4)图示功能：能生成多种图形并可选择各种类型的显示。

(5)规划功能：项目管理、日程安排。

(6)数据集成功能：与组织中的计算机资源和其他类型的信息系统进行高效的集成和整合，具有远程访问功能和数据安全功能。

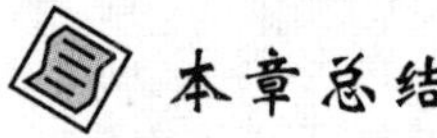

## 本章总结

本章介绍不同组织管理层次的信息系统应用。首先，介绍了组织管理层次的划分及其不同管理层次的信息需求与特点；然后，介绍了不同组织层次的信息系统类型和作用，重点介绍了业务处理系统TPS、管理信息系统MIS(狭义)、决策支持系统DSS以及经理信息系统EIS的含义和应用。

## 练习题

### 一、多选题

1. 组织管理层次的“安东尼结构”把组织管理分成三个层次，即(　)

A. 战略层　　B. 管理层　　C. 服从层　　D. 作业层

2. 一般情况下，可将管理分为三个层次，即高层、中层和基层，其中高层管理属于(　)

A. 战术级管理　　B. 战略级管理　　C. 控制层管理　　D. 作业层管理

3. 下面哪一项信息的精度高，使用频率高，使用寿命短(　)

A. 战略级信息　　B. 战术级信息　　C. 作业级信息　　D. 无法比较

4. 关于不同级别信息属性的正确描述是(　)

A. 战略级信息最为抽象　　B. 作业级信息寿命最长

C. 战术级信息精度要求最高　　D. 战略级信息主要来自内部

5. 在管理层上常用的信息系统是(　)

A. EIS　　B. DSS　　C. MIS(狭义)　　D. TPS

### 二、简答题

1. 不同管理层次的信息需求特点有什么不同？

2. 什么是DSS? DSS的基本特征有哪些？

3. EIS的功能是什么？

4. 业务处理系统TPS、管理信息系统MIS(狭义)、决策支持系统DSS、经理信息系统EIS之间的联系与区别是什么？

### 三、论述题

1. 针对组织中不同的管理层次，分别采用何种信息系统。这些系统在实际应用中有何区别和联系？

2. 企业如何利用TPS系统获取竞争优势？

# 第8章 信息系统与组织流程

## 学习目的

- 了解组织流程及管理的概念和内容
- 了解 ERP 的发展历程
- 了解 ERP、CRM、SCM、E-B 的概念及内容
- 掌握 ERP 的系统框架及实施过程
- 掌握 CRM 系统、SCM 系统、E-B 系统的关键技术及应用

## 引导案例

### 美国钢铁公司的困惑

美国钢铁公司是世界第十大、全美第一大的整合钢铁炼制商，福特汽车是其第三大客户。1996 年，福特汽车扬言要撤换美国钢铁公司。“美国钢铁从未能告知福特其订购的钢铁何时才能送达，让福特的生产无法有效率地进行，这对福特来说是相当严重的”。

福特的威胁正是一种警讯，促使美国钢铁公司检查其整个生产周期来找出问题所在。美国钢铁公司最大的问题反映在它的订单接收流程。它的订单通常是人工填写，非常不精确且充满错误，更糟糕的是，一旦收到订单后，美国钢铁公司竟然无法追踪订单在生产流程中的动向。美国钢铁公司拥有多达 120 家加工厂（其中有 35～40 家是专门制造福特所需的产品），在冶炼、塑形到完成产品的过程中，一块钢铁需要经过多达 5 种加工程序的处理流程。美国钢铁公司无法追踪每一张订单在处理与运送时的状态。每一个加工厂各自拥有一套追踪与订购系统，各自为其存货编定代码，使得流程追踪对美国钢铁公司来说是完全不可能的。

此外，各家加工厂使用一套拨接系统把它们的生产数据传送到美国钢铁公司。数据到达后，美国钢铁公司尚需手动将数据转换成其系统所能使用的格式，才能将信息送达客户手中，平均每转换一笔信息必须花费高达 90 分钟的时间。这是一套非常昂贵且没有效率的系统，客户缺乏足够的信息以帮助其制订生产计划。美国钢铁公司确实会传送预先送货通知给客户，告知他们产品送达的时间，但是客户却往往在钢铁送达之后才收到预先送货通知。

有些福特工厂距离美国钢铁公司的加工厂只有 20 分钟的路程，如果未收到预先送货通知，一车车的钢铁就运送到福特工厂内，福特的员工就必须手工记录送货信息，花费多余人力并产生更多错误。这套系统也造成预测与存货的问题，美国钢铁公司不得不持有过多的存货因而更提高其成本。

美国钢铁公司发现只有当客户订单与预先送货通知数据正确，客户才比较有可能重复向钢铁公司下订单。美国钢铁的订单处理主管 David Sherwin 说：“大家都制造相同的钢铁，但如何来满足订单需求将有相当大的差异。”

思考：

1. 美国钢铁公司的订单接收流程存在怎样的缺陷？

2. 如果你是公司主管，将采取何种措施改变这种状况。

## 8.1　组织应用集成

### 8.1.1　组织流程

组织流程(organization process)是指完成一项任务、一个事件或一项活动的全过程。这一全过程由一系列工作环节或步骤所组成，相互之间有先后的顺序，有一定的指向。组织流程的涵义还包括企业内正式或非正式的、约定俗成的做事方法。

### 8.1.2　流程管理

流程管理作为一种思想，蕴涵着一定的创新性，虽然在发展过程中出现了一些不和谐的音符，但总体而言它仍具有一定的价值，对管理理论的发展具有较大的推动作用。正因为如此，流程管理在各个领域都得到了广泛的应用，通常而言，流程管理的应用分为两大类，即组织内流程管理和组织间流程管理。

所谓组织内流程管理就是指对企业各部门内部或部门间的业务流程进行管理，以提高企业的整体运作效率，创造其所特有的竞争优势。如今，任何企业都处于以客户为中心、以竞争为主导、以变化为特征的市场环境中，为适应这一系列的改变，为在这样一个严酷的环境下得以生存，继而逐步发展，企业必须对其战略做出相应的调整。而战略是对企业长远目标的定义，为将这些目标付诸实践，有必要对企业最基本的运作流程进行改进，以体现战略的指导意义。另一方面，在经过若干年的运转之后，原先看似高效的流程也逐渐暴露出一系列的弊端，随着企业发展规模的日益扩大，因流程环节的不合理而产生的负面作用不断显现，并有日渐严重的趋向，这极大地阻碍了企业的进一步发展，形成了若干发展瓶颈。

基于以上这两点，有必要对企业内部的各类流程进行管理，以恢复其所应有的高效性和有效性，并最终为企业的发展战略所服务。组织内部的流程管理还可进一步分为两个层次，即部门内和部门间。部门内部的流程管理相对简单，涉及的面较小，相应的风险也较低，但所产生的收益有所差异，对战略实现的贡献程度也各不相同，这取决于该部门在企业经营中的具体地位和作用。而部门间的流程管理则更为复杂，因其涉及多个部门，风险也会随之提高，当然，所要求的收益回报也将更高。

总体而言，部门内部的流程管理仍属于局部调整，在短期内能产生一定的效果，但从长远来看，其结果也未必能尽如人意。在今天以供应链间的竞争为主要竞争形式的背景下，更值得广大企业关注的应是跨组织的流程管理。

组织间的流程管理是企业应对市场环境变化的产物。市场竞争日趋激烈，并呈现多样化的趋势，竞争的焦点也从原先的企业间转移到供应链间。任何一个企业即便拥有再高的运作绩效，如若缺乏与供应链上下游企业间的协作，也很难在市场上取得领先地位。因此，企业必须比以往任何时候都更为关注与供应链各环节间的联系，为实现供应链的一体化而努力。此外，近年来，业务外包日渐盛行，它有助于企业将更多资源集中于核心业务，而将非核心业务委托第三方专业公司来完成。这不仅提高了企业本身的业务能力，同时，外包部分也将因为得到了更为专业的服务而绩效倍增。但不可否认的是，外包也意味着企业失去了对该部分业务的直接控制权，为避免委托代理风险的产生，企业不得不加强与这些第三方企业的交互。从上述分析中不难发现，企业间的交流日渐频繁，跨越组织边界的流程也正随之增多，不合理之处当然也不可避免地产生并阻碍着供应链的发展，正如 BPR 的提出者之一 James Chmapy 所说：来自全球范围的强大竞争压力、企业内部令人沮丧的低效率以及存留在企业之间、企业与客户之间的冗余的工作联系，已经成为驱动这场席卷全球的大变革的主要动力。因此，对跨组织流程管理的研究已刻不容缓。

什么是跨组织流程管理呢？简而言之，就是对那些跨越组织边界，并延伸到供应商、客户、政府管理部门以及联盟企业等其他组织的业务流程所进行的综合管理。消除重复的流程、低效的信息传递，实现组织间、各业务伙伴之间的协作，合理调配供应链企业的资源，集成企业内外的各种应用，有利于更好地实现企业的并行运作，提高跨组织流程对客户需求的快速响应能力。

与组织内部流程管理相比，组织间流程管理涉及的范围更广，它不仅包括各类相关企业，同时还包括各级政府部门、客户，以及所有其他的利益相关者，因此所面临的风险较高，遭受的阻力较大，相应的投入也更为可观，包括人力、物力、财力、时间等各类资源。两者的异同点如表 8-1 所示。

**表 8-1　组织内和组织间流程管理的比较**

| | | 组织内流程管理 | 组织间流程管理 |
|---|---|---|---|
| 相同点 | | 对流程进行审视，以发现改进机会；<br>需要现代信息技术为其提供支撑；<br>强调以客户为中心 | |
| 不同点 | 对象 | 组织内流程 | 组织间流程 |
| | 风险 | 较小 | 较大 |
| | 变革的阻力 | 较小 | 较大 |
| | 牵涉范围 | 组织内各部门 | 供应链上各组织 |
| | 资源投入 | 较少 | 较多 |
| | 实施效果 | 提高组织自身的运作效率 | 提高供应链的整体绩效 |

正因为跨组织流程管理具有高风险、高阻力、高投入等特点，因此通常将其分为四个层次，以适应不同企业的实际需求。按简单到复杂、由低到高的顺序排列，这四个层次依次为流程开放、流程互连、流程整合和流程标准化，具体含义和涉及范围见表 8-2 所示。

表 8-2　组织间流程管理的层次划分

| 层次 | 描述 | 涉及范围 |
| --- | --- | --- |
| 流程开放 | 向合作伙伴开放运营流程，提高业务透明度，从而使外部实体了解主要流程的运作方式和当前的流程状态。 | 单个企业 |
| 流程互连 | 借助信息技术，实现组织间流程的电子化处理，增强企业间业务的协同程度，提高流程的效率。 | 两个企业 |
| 流程整合 | 对跨越多个企业的流程进行分析、调整或重新设计，在提升单个企业利益的同时，更注重实现群体利益和最大化。 | 两个或多个企业 |
| 流程标准化 | 建立全球通用的商务语言，使供应链的参与者都能用这一语言交流，确保企业间的战略联盟具有更强的柔性。 | 整个行业 |

随着跨地域经营的扩展，虚拟企业的逐渐增多，协同商务的日益发展，组织间流程对企业的绩效已具有相当大的影响，如何改进这些流程，如何在提高这些流程运作效率的同时，收获更多的效益，这些都应是各行业共同思考的问题。

## 8.1.3　流程管理中的技术因素

信息技术的发展对企业管理方式的变革起了举足轻重的作用，作为企业管理革命的一个分支，流程管理也与信息技术密切相关，两者相辅相成，共同推动了企业绩效的提高。流程管理和信息技术的关系大体分为三方面。

第一，信息化助力流程管理。随着电子商务、CRM 等概念的不断渗透以及我们思想观念的逐步转变，几乎企业中的任何一项活动都必须借助于信息技术来完成，信息技术俨然已成为企业管理中必不可少的工具。作为一种变革的思想，流程管理要求打破部门间的壁垒，穿越组织间边界，而这一切的实现已无法摆脱对信息技术的依赖，从某种程度上来看，信息化将推动流程管理的应用。首先，信息技术实现了五流合一，提高了业务流程的运作效率。所谓五流即指信息流、商流、资金流、事务流和物流。借助于现代信息技术和网络基础设施，企业可以以信息流的形式，瞬间完成商品所有权的转移、票据账单的传递、资金周转、公文流转和商品跟踪等活动，从而大大提高了业务的处理效率，为企业、为行业、为客户都创造了价值。其次，信息技术规范了流程的运作，提高了业务流程的有效性。在手工处理时代，员工拥有较大的自由空间，工作时往往会因一己私利而无法按规定处理手中的事务，各种不规范行为便应运而生，然而，信息技术的应用在一定程度上抑制了这些行为的发生，起到了约束作用。由于流程中每个环节的各项数据和处理结果都存储于数据库中，任何不规范的行为都得到了记录，这为今后的责任追究和惩处提供了便捷。同时，信息系统的铁面无私也迫使员工必须按照规定的流程操作，降低了随意变动流程所造成的风险。另外，信息技术在规范流程的同时，也提高了信息流转的准确性，改善了工作的质量。最后，信息技术也有利于优化企业的组织结构，从而建立以流程为导向的组织。过去，由于受客观条件的限制，个人的管理幅度较小，组织内的管理层次较多，从而形成了金字塔形的组织结构，这造成了组织内的机构臃肿，人浮于事，部门间缺乏有效的沟通，官僚主义作风盛行。然而，信息技术的发展为改变这一不合理的组织结构提供了可能，凭借网络通信、分布式系统和数据库等技术，管理层的管理幅度得到了有效的扩展，进而减少了组织内的层次等级，提高了组织内信息传递的速度，改善了组织的柔性和灵活性。另一方面，信息技术也有助于建立跨部门、跨组织的工作小组，通过公共系统平台和共享数据库，实现了各方的无缝衔接，为形成以流程为导向的协同工作方式奠定了基础。此外，信息系统本身便能完成某些事务型工作，从而能为组织精简和优化部门设置，进一步降低组织的运营成本和管理费用。因此，流程管理的开展必须借助于信息技术，信息技术将推动企业实现组织结构的调整，以及流程的整合与优化。

第二，流程管理推进信息化。据统计，企业的 IT 投资中，至少有 70%用于基础设施的建设，然而事实证明，这部分 IT 设施基本处于低效运行状态。一方面，硬件、软件和网络设施都未达到其所允许的负载，导致这些 IT 设施的利用率相对较低；另一方面，大部分企业的信息系统只是对手工系统的自动化处理，并没有改变原先不合理或冗余的环节，致使信息技术无法为企业生产率和业绩的提高起到应有的作用。因此，企业信息化必须以流程管理为依托。通过流程整合，有助于提高企业信息系统的利用率。随着企业并购的不断增多，加之虚拟企业的概念日渐盛行，不同组织在业务方面的联系越来越紧密，然而问题也随之产生，每个组织拥有各自独立的信息系统，这些系统提供不同的功能、不同的数据，但却在为同一个业务流程所服务，这不仅造成了系统资源的闲置，更重要的是，由于系统间缺乏数据、信息和流程的共享，致使信息化应用只是存在于流程上的每个处理环节，形成了一个个信息孤岛，信息流没能真正地流动起来。为此，在改革企业 IT 基础设施之前，有必要对流程进行整合，确保同一流程上的不同环节实现数据共享，保证数据的唯一性和准确性。信息技术应用目的在于改善企业的经营管理，提高经济效益。然而对于任何企业而言，在长期的经营过程中，业务流程会逐渐出现一些不合理之处，如果无法对这些复杂或不增值的流程进行改造，而仅仅是盲目将原有流程通过信息技术的应用实现自动化转变，那么投巨资所构建的企业信息化平台的应用效果可想而知，它只会导致成本和时间的浪费。因此，在信息化之前必须对流程进行优化并规范化，然后再按照新的业务流程实施 IS/IT 规划，在具体实施时，应遵循图 8－1 的步骤进行。

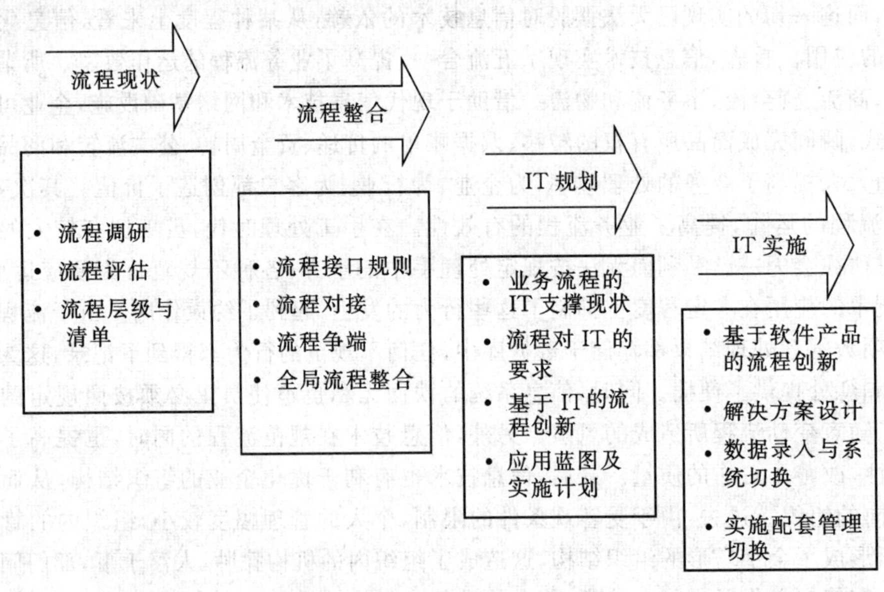


图 8－1 流程优化与 IT 规则

第三，流程管理中的信息技术。流程管理与信息技术之间有着千丝万缕的联系，信息技术为流程管理提供了有效的实现工具，而流程管理又对企业信息化有着较强的指导意义，两者相辅相成，互相支持，相互促进，缺失任何一方，都无法使企业的改革实现预期的结果。近年来，流程管理所涉及的信息技术也经历了快速的发展，其中最为显著的是 XML 与 SOA 技术，它们都为实现流程定义和执行的标准化做出了贡献。XML 全称是 Extensible Markup Language(可扩展标记语言)，它是由 W3C(world wide web consortium)于 1998 年发布的一种标准，它以一种开放的自我描述方式定义了数据结构，在描述数据内容的同时能突出对结构的描述，从而体现出数据之间的关系，以该种方式所组织的数据对于应用程序和用户都是友好的，可操作的。XML 除了易于建立和易于分析外，平台无关性也是其重要的特征。在流程管理中，借助于 XML 的这些优势，不仅能实现流程定义的标准化，统一流程数据的格式，而且能加快流程数据在异构系统间的传递，实现不同环、不同组织间业务流程的无缝连接。SOA 是 sevriee-oriented architecture(面向服务架构)的缩写，它建立在 Web 服务基础之上，利用广泛接受的标准(如 XML)作为传输载体，提供不同解决方案间的交互性。基于 SOA 的应用程序不是以一个具体的应用为核心，它是通过把企业的资源和应用转化为服务，来实现不同应用系统间的服务共享。SOA 中的 S(即服务)是指一个粗粒度的、可以被发现和绑定的软件实现实体，它以单一实例的形式存在，并与其他服务和应用通过松散耦合的、基于消息的通讯机制进行交互。因此，对于某个具体的应用而言，只需组合剪裁这些服务便能快速地构成一个个具体的应用程序，图 8-2 举例说明了 SOA 的理念。

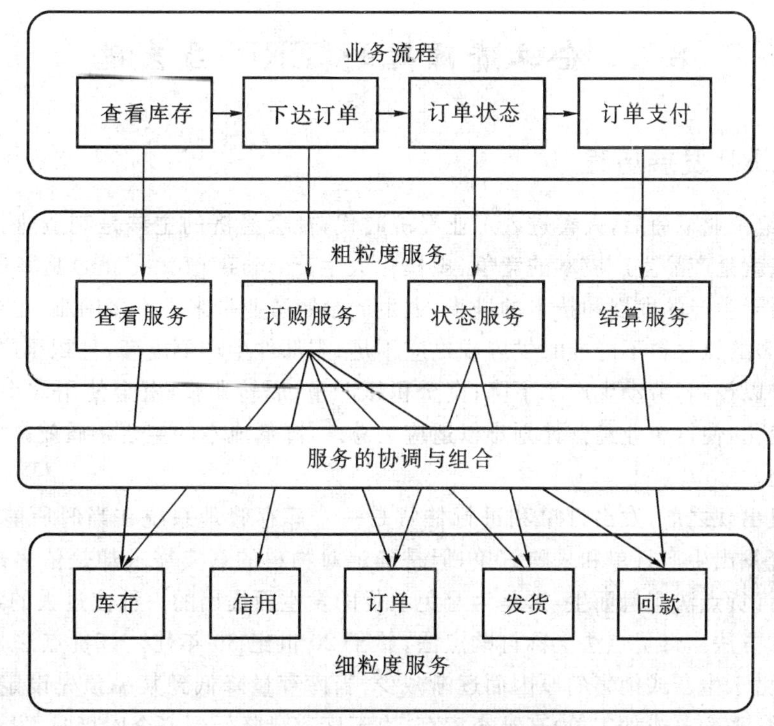


图 8-2　面向服务架构的实例

SOA 并非新概念，早在 1996 年，Gartner Group 就已经提出了 SOA 的预言，不过受当时软件发展水平的限制，并未得到多数人的认同。SOA 的最终目标是实现企业信息系统的高度灵活性，从而能更为快速地响应组织在业务需求方面的变化，在商业环境许可的时间内对变化的市场条件做出快速反应，成为真正意义上的实时企业(real-time enterprise)。从技术角度而言，SOA 要求开发人员从服务集成的角度来设计应用系统，摆脱原先面向单一应用的开发模式，这大大减少了企业业务集成方面所需的资源投入。从流程角度来看，SOA 与企业的流程管理密不可分，这在图 8－2 中已可见一斑。一方面，SOA 系统的服务模块必须通过业务流程来确定，通过分析企业中目前的业务流程，可以清楚地知道哪些功能是必须的，哪些功能是不合理的，而哪些功能又是为多个流程所共享的。在此基础之上，确定可以转换为服务的业务功能，并对某些不合理的流程加以改善。另一方面，流程管理也须充分利用 SOA 的优势。优化后的流程需要信息系统的支持，然而在过去，企业往往追求流程的固化，希望借助信息技术将改造后的流程封装起来，避免企业在运营一段时间后，又回复到原先不合理的流程状态。这种想法固然有其合理性，但在固化流程的同时，也使企业丧失了柔性，在瞬息万变的市场环境下，企业很难对外界的变化做出快速的响应，从而错失了无数商机。SOA 的提出为解决这一问题提供了可行的方案，通过拼接各种服务，很容易实现流程的电子化，与此同时，SOA 系统的可伸缩性也为今后流程的调整提供了便利，从此流程改造就如同积木游戏一般，只需更改所使用的服务和服务间的消息传递机制，便可根据流程优化方案轻松实现信息系统的升级，避免了新系统开发所耗费的时间、人力和成本。总而言之，以 XML 和 Web 服务为技术支撑的 SOA 充分体现了灵活性和业务相关性这两个重要的特征，这使得它当之无愧地成为适应企业长期发展需要的 IT 架构，对于持续改进的流程管理而言，更是极具价值的解决方案。

## 8.2 企业资源规划(ERP)及系统

### 8.2.1 ERP 发展历程

在 18 世纪工业革命后，人类进入工业经济时代，社会经济的主体是制造业。工业经济时代竞争的特点就是产品生产成本的竞争，规模化大生产(mass production)是降低生产成本的有效方式。由于生产的发展和技术的进步，大生产给制造业带来了许多困难，主要表现在以下方面：生产所需的原材料不能准时供应或供应不足；零部件生产不配套，且积压严重；产品生产周期过长和难以控制，劳动生产率下降；资金积压严重，周转期长，资金使用效率降低；市场和客户需求的变化，使得企业经营计划难以适应。总之，降低成本的主要矛盾就是要解决库存积压与短缺问题。

在计算机出现之前，发出订单和进行催货是一个库存管理系统在当时所能完成的一切。库存管理系统发出生产订单和采购订单，但是确定对物料的真实需求却是依靠缺料表。在当时的条件下，订货点法应运而生，这是为避免缺货的发生而提出的一种按过去的经验预测未来的物料需求的方法。订货点法又称订购点法，始于 20 世纪 30 年代。订货点法是指对于某种物料或产品，由于生产或销售的原因而逐渐减少，当库存量降低到某一预先设定的点时，即开始发出订货单(采购单或加工单)来补充库存，直至库存量降低到安全库存时，发出的订单所定购的物料(产品)刚好到达仓库，补充前一时期的消耗，此订货的数值点，即称为订货点。

订货点的基本公式是：

订货点数量＝单位时区的需求×订货提前期＋安全库存量

例如，假定某项物料的需求量为每周30件，提前期为5周，并保持100件的安全存量，那么该项物料的订货点可计算如下：

30×5+100=250(件)

当某项物料现有库存和已发出的订货之和低于订货点时，必须进行新的订货，以保持足够的库存来支持新的需求。

订货点法曾引起人们的广泛关注，按这种方法建立的库存模型也曾经被称作“科学的库存模型”。订货点法对原料的要求较高，要求原料具有以下特点：

①对各种物料的需求是相对独立的；

②物料需求是连续发生的；

③提前期是已知的和固定的；

④库存消耗之后应立即补充。

由于以上的四点在现实中很难得到满足，而且订货点法也无法很好地解决何时定货的问题，从而引发了MRP的出现。

1957年美国生产与库存控制协会成立，开始进行生产与库存控制方面的研究与理论传播。随着20世纪60年代计算机的商业化应用开始，第一套物料需求计划MRP(material requirements planning)软件面世并应用于企业物料管理工作中。20世纪70年代，一方面人们把生产能力作业计划、车间作业计划和采购作业计划纳入MRP中，另一方面在计划执行过程中，加入来自车间、供应商和计划人员的反馈信息，并利用这些信息进行计划的平衡调整，从而围绕着物料需求计划，构建了生产过程的闭环系统，这就是由MRP发展而来的闭环式MRP。闭环式MRP将物料需求按周甚至按天进行分解，使得MRP成为一个实际的计划系统和工具，而不仅仅是一个订货系统，这是企业物流管理的重大发展。

闭环式MRP系统的出现统一了生产计划的各种子系统。只要主生产计划真正制订好，那么闭环式MRP系统就能够很好运行。但这还不够，因为在企业中生产管理只是一个方面，它涉及物流，与物流密切相关的还有资金流。一般而言，资金流在许多企业中是由财会人员管理的，数据的重复录入与存贮，会造成数据的不一致，降低了效率，浪费了资源。于是，一体化的管理系统迫在眉睫，目的在于去掉不必要的重复性工作，减少数据间的不一致。资金流与物流的统一管理要求把财务子系统与生产子系统结合到一起，形成一个整体，这使得闭环式MRP向MRPⅡ前进了一大步。最终，人们把制造、财务、销售、采购、工程技术等各个子系统集成为一个一体化的系统，并称为制造资源计划(manufacturing resource planning)系统，英文缩写还是MRP，为了和物料需求计划(亦缩写为MRP)区别，制造资源计划记为MRPⅡ。MRPⅡ可在周密的计划下有效地利用各种制造资源、控制资金占用、缩短生产周期、降低成本，但它仅仅局限于企业内部物流、资金流和信息流的管理。它最显著的效果是减少库存量和减少物料短缺现象。

20世纪90年代中后期，现实社会开始发生革命性变化，即从工业经济时代开始步入知识经济时代，企业所处的时代背景与竞争环境发生了很大变化，企业资源计划(ERP)就是在这种时代背景下面世的。ERP系统设计中考虑到仅靠自己企业的资源不可能有效地参与市场竞争，还必须把经营过程中的有关各方如供应商、制造工厂、分销网络、客户等纳入一个紧密的供应链中，才能有效地安排产、供、销活动，满足企业利用一切市场资源快速高效地进行生产经营的需求，以期进一步提高效率和在市场上获得竞争优势；同时，也考虑了企业为了适应市场需求变化，不仅组织“大批量生产”，还要组织“多品种小批量生产”。在这两种情况并存时，需要用不同的方法来制定计划。图 8-3 便是 ERP 系统的发展历程。

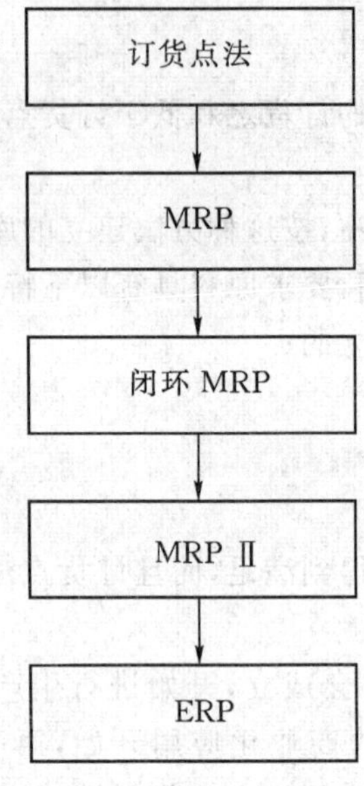


图 8-3 ERP 发展历程

### 8.2.2 ERP 的概念、管理思想、理论基础、特点及意义

1990 年 4 月 12 日，美国 Gartner Group 咨询公司发表了题为《ERP：下一代 MRPⅡ 的远景设想》(ERP：A Vision of the Next-Generation MRPⅡ)的研究报告，第一次提出了 ERP 的概念。这份研究报告虽然只有两页纸，但却提出了一个非常具有前瞻性的精辟设想。Gartner Group 在这份报告中提到了以下两个集成。

①内部集成(internal integration)：实现产品研发、核心业务和数据采集三方面的集成。

②外部集成(external integration)：实现企业与供需链上的所有合作伙伴的集成。

这两个集成既是 ERP 的核心，也是实现管理整个供需链的必要条件。之后，Gartner Group 公司又陆续发表了一系列的分析和研究报告，所有这些研究报告都归于 CIM，也就是计算机集成制造类别，说明 ERP 本来是一种用于制造业的信息化管理系统。

到了 1993 年，ERP 的概念已经比较成熟并且变得更为现实。综合一些早期文献，Gartner Group 对 ERP 的定义可以简明表达为：企业资源规划(enterprise resource planning，ERP)是 MRPⅡ 的下一代，它的内涵主要是"打破企业的四壁，把信息集成的范围扩大到企业的上下游，管理整个供应链"。

企业资源计划 ERP，它利用计算机技术，把企业的物流、人流、资金流、信息流统一起来进行管理，把客户需要和企业内部的生产经营活动以及供应商的资源整合在一起，为企业决策层提供解决企业产品成本问题、提高作业效率以及资金的运营情况一系列动作问题，使之成为能完全按用户需求进行经营管理的一种全新的行之有效的管理方法。

ERP 的管理思想主要体现在以下四个方面：

第一，对整个供应链资源进行管理。现代企业竞争已经不再是单一企业与单一企业间的竞争，而是一个企业供应链与另一个企业供应链之间的竞争。ERP 实现了对整个企业供应链的管理，适应了企业在知识经济时代市场竞争的需求。

第二，吸收容纳了精益生产、同步工程和敏捷制造思想。面对激烈的竞争，企业需要运用同步工程、精益生产和敏捷制造，保持产品的高质量、多样化和灵活性，最终实现精益生产。

第三，体现事先控制和事中控制的思想。信息系统的一个发展方向就是事先计划，ERP在这方面比 MRPⅡ更进一步，因为它对上下游企业和客户更了解。

第四，业务流程管理的思想。为提高企业供应链的竞争优势，必然带来企业业务流程的改革，而系统应用程序的使用也必须随业务流程的变化相应调整。

ERP 管理系统的主要特点如下：

第一，ERP 更加面向市场、面向经营、面向销售，能够对市场快速响应。它将供应链管理功能包含了进来，强调了供应商、制造商与分销商间的伙伴关系，并且支持企业后勤管理。

第二，ERP 更强调企业流程与工作流。通过工作流实现企业的人员、财务、制造与分销间的集成，支持企业过程重组。

第三，ERP 纳入了产品数据管理 PDM 功能。ERP 增加了对设计数据和过程的管理，并进一步加强了生产管理系统与 CAD、CAM 系统的集成。

第四，ERP 更多地强调财务，具有较完善的企业财务管理体系。这使价值管理概念得以实施，资金流与物流、信息流更加有机地结合。

第五，ERP 较多地考虑人。ERP 充分考虑人作为资源在生产经营规划中的作用，也考虑了人的培训成本等。

ERP 是信息时代的现代企业向国际化发展的更高层管理模式，它能更好地支持企业各方面的集成，并将给企业带来更广泛、更长远的经济效益与社会效益。

ERP 这样一个全面的管理信息系统对于加强企业的基础管理，实现从人工管理向科学化管理的转化，具有很重要的意义。具体而言，要实现三个过渡：一是从人工粗放型的经验管理过渡到以信息技术为基础的集约型管理。二是从以完成任务为主的生产管理过渡到以追求企业最佳综合效益为目标的价值管理。三是从以个人行为为主的行政管理方式，过渡到以数据分析统计为决策依据的科学管理方式。

### 8.2.3 ERP 系统框架及主要功能

ERP 的管理范畴包括企业内部的所有环节，如订单、采购、库存、计划、生产制造、质量控制、运输、分销、服务与维护、财务、人事等。ERP 是将企业所有资源进行集成的数字化管理，简单的说是将企业的“三流”——物流、资金流和信息流——进行全面一体化管理的信息系统。它的功能模块不同于以往的 MRP 或 MRPⅡ的模块，它不仅可用于生产企业的管理，而且在许多其他类型的企业，如非生产、从事公益事业的企业也可导入 ERP 系统。对于企业的“三流”不仅包括对于三流的管理，更反映了各流之间的广泛接口，从根本上支持了基于业务流程的部门间协同工作。一般而言，ERP 系统框架及功能可以划分为财务管理、物流管理、生产管理、人力资源管理等。

(1)财务管理。财务系统作为 ERP 系统的一部分，和系统的其他模块有相应的接口，能够相互集成，例如，它可将由生产、采购输入的信息自动计入财务模块并生成总账、会计报表，省略了输入凭证的过程，几乎完全替代传统的手工操作。

ERP 财务系统主要包括会计核算与财务管理两大部分。

会计核算部分的主要功能是记录、核算、反映和分析资金的动向，它由总账、应收账、现金、固定资产、多币制等部分构成。

财务管理部分的主要功能是基于会计核算的数据，再加以分析，从而进行相应的预测、管理和控制活动。财务管理部分侧重财务计划、控制、分析和预测。

(2)生产控制管理。生产控制管理是ERP系统的核心功能，它将企业的整个生产过程有机地结合在一起，使企业能够有效地降低库存，提高效率。同时，各个原本分散的生产流程自动连接，也使生产流程能够前后连贯，不会出现生产脱节，耽误交货时间。

ERP中的生产控制管理以计划为导向，首先确定一个总生产计划，再经过系统层层细分并下达到各部门执行，使生产部门和采购部门等都能按计划进行。

生产控制管理的主要功能包括生产计划、物料需求计划、能力需求计划、车间制造、制造标准等。

(3)物流管理。ERP系统中物流管理主要包括分销管理、库存管理和采购管理等三方面内容。

分销管理主要包括从产品的销售计划开始，对销售产品、销售地区、销售客户等各种信息进行管理和统计，并可对销售数量、金额、利润、绩效、客户服务等作出全面的分析。分销管理模块中主要包括信息的管理和服务功能、销售订单管理功能，以及销售的统计和分析功能。库存管理是用来控制存储物料的数量，以保证稳定的物流，支持正常的生产，但又最小限度地占用资本。它是一种相关的、动态的、真实的库存控制管理系统。它能够结合和满足相关部门的需求，随时间变化动态地调整库存，精确地反映库存现状。库存管理系统的主要功能包括为所有的物料建立库存，决定订货采购时间，为采购部门采购、生产部门制订计划提供依据，对物料和产品进行质量检验，以及物料和产品的收发等日常库存业务处理等功能。采购管理的功能是能够随时提供定购、验收的信息，跟踪和催促对外购或委外加工的物料，保证货物及时到达，建立供应商档案，用最新的成本信息来调整库存的成本等。

(4)人力资源管理。人力资源管理作为一个独立的子系统主要包括人力资源规划与决策、职务胜任力考核、招聘、工资、工时和差旅核算等功能。

ERP系统架构如图8－4所示。

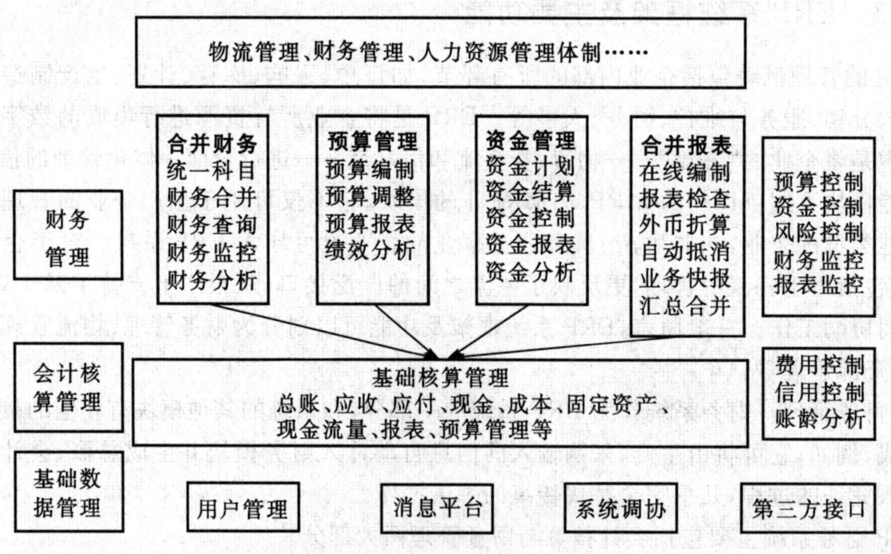


图8－4　ERP系统架构

### 8.2.4 ERP的实施

如何在一个企业里成功实施ERP项目,这是从事ERP项目人员所关心的话题,也是准备或正在实施ERP项目的企业所关心的话题。为了更好地实施ERP软件系统,应采用先进的项目管理思想,规范实施方法,提高实施工作效率,切实解决在实施过程中遇到的问题。

**1.前期工作**

(1)成立筹备小组。成立项目筹备小组的重要性有以下几点:①为企业正式导入ERP概念与必要的理论基础知识,为下一步工作打好基础;②对企业的ERP项目进行可行性研究,提出分析报告,对项目的预算与总体计划做安排,为领导决策提供依据;③进行实施ERP项目的需求分析,提供分析报告,为企业ERP系统的选型工作做好准备;④进行ERP系统的选择,包括选择ERP软件系统、实施的顾问公司等。

成立筹备小组的成员一般包括企业的管理者代表(如副总经理、副厂长等公司级或厂级领导)、企业管理部门(企管部、策划部等)主要领导、计算机信息部门主要领导、各业务部门的特选业务人员或管理人员(也可以作为联络员,并不全部参与)。概括地说是三种人员,即领导、熟悉管理业务的人员及熟悉计算机业务的人员。另外,企业最好请专门的咨询机构来参与企业的筹备工作,这样便于开展后续工作。

(2)ERP知识培训。要进行ERP知识培训,可以外派人员去学习,也可以请一些有关的咨询机构、软件公司进企业来授课。通过中间机构(咨询机构)可以了解更多的ERP行业情况,包括ERP的软件、实施力量、市场份额及后续服务的保证等。通过培训,可以让企业的更多人员接触ERP知识。

(3)可行性分析与立项。通过对ERP必要知识的理解,筹备小组要根据企业的现状提出可行性分析报告。经过企业领导决策批准后,正式对ERP项目进行立项,做出项目各种预算,并由筹备小组对有关的资源需求计划进行落实,同时启动各项计划。

(4)需求分析。立项后,筹备小组要对企业进行需求分析。每个企业都有自身的不同特点及不同的管理需求。需求分析的时间可能比较长,而且具有相当的专业性,分析结果的好坏关系到以后ERP的选型工作,因此,最好是在有关专家或咨询公司的指导下进行。需求分析报告是企业ERP软件实施选型的主要依据。需求分析的内容主要有以下方面:①各个部门需要处理的业务需求。如有关业务的数据流入、业务数据处理方式(处理步骤、处理点等)、业务数据流出的情况。尤其要注意产品的结构特点、物料管理特点、生产工艺特点与成本核算特点。再根据各项业务需求,标识出企业需求的分类级别,如重点要求、一般要求或可有可无的需求等。②考虑用计算机处理的业务中,数据的使用权限设置问题。有时企业的权限需求很特殊,例如,不只是对功能的控制权限有要求,而且对字段,甚至是字段内容的控制权限也有要求。③业务报表需求。对报表需求要列出清单,标识出必要需求、一般需求或最好需求等。④数据接口的开放性。企业已有或未来会有各种各样的信息系统,如CAM、CAI、CAD、PDM、DSS等,因此,要考虑这些数据的传输问题。

(5)测试数据准备。企业要从各主要业务数据中抽取一些典型数据,作为以后ERP选型的测试数据。

(6)选型。选择ERP软件与实施服务时一般应该参考和注意以下几个方面:①软件的功能是否适合本企业的需求与未来一段时期的发展。②软件供应商的维护以及二次开发支持能力。③文档资料的规范性。④实施服务的方法与质量。⑤软件供应商与实施服务供应商的持续发展能力与服务能力。⑥走访实施 ERP 成功的企业。⑦注意软件的运行环境。⑧ERP 软件与实施服务的价格。⑨方案比较。

总之，企业要对 ERP 的选型工作高度重视，这是 ERP 项目实施成败与优劣的基础。

**2.项目实施**

一般来说，ERP 的实施按项目管理的原则进行。一般实施的流程如下：

(1)成立三级项目组织。三级项目组织包括项目领导小组、项目实施小组和项目应用小组。

(2)制订项目实施计划。项目实施计划一般由经验丰富的咨询公司制订，或在其指导下制订，由企业的项目实施组织根据企业的具体情况讨论、修改，最后由项目的领导小组批准。项目实施计划一般分为两类，即项目进度计划与业务流程变革计划。

一般来说，ERP 的项目实施会分为两到三个阶段，也就是常说的一期、二期或更多。期数的划分要依据企业的 ERP 软件模块需求、二次开发量、企业的业务工作量、项目资源、企业的市场销售情况进行，要制订分阶段、分步实施的系统模块的细化计划，详细到各个业务的具体实施计划，并对负责人做出规定。

(3)调研与咨询。在该阶段对企业的 ERP 业务管理需求进行全面调研，并根据企业的管理情况提出管理改善方案。如果企业的业务复杂、规模较大，则花费的时间较多。调研报告与咨询方案要经实施小组与领导小组的讨论并通过。ERP 的调研报告与咨询方案通常包括以下几个部分：①企业管理现状描述。对企业的各种业务、各个部门的业务职责及业务关系进行准确描述，并经过企业确认。这样就保证了咨询、实施方对企业业务的充分熟悉及对管理充分了解，达到知己知彼。②ERP 的管理方式。描述与本 ERP 软件结合的管理方式。这部分也是软件公司的固有部分。③业务实现与变革。通过对业务的熟悉，ERP 系统的分析，确定企业的管理流程以及 ERP 实现业务流程的步骤。同时，根据 ERP 系统的需要与企业的实际管理现状提出业务变革方案，即业务流程重组(BPR)方案。④达到的效果。如管理数据与报表、直接效益及管理效益等。

(4)系统安装。系统安装设计包括软、硬件的设计与安装，尤其是硬件方案可以与调研同步进行，一定要考虑企业的现有资源，并通过与硬件供应商合作，制订与建立企业的硬件系统建设方案。在未详细规划企业的 ERP 应用工作点前，必须优先考虑在计算机中心或一些主要的业务部门建立初步的系统安装与测试工作点，等到建立后续的应用工作点时，再安装相应的软件。硬件的规划应做比较全面的考虑，包括考虑各种数据业务的采集。一般来说，该过程以安装服务器系统软件为主，而后根据需要进行工作点扩充。初步的安装是为了培训与测试的需要。

(5)开始培训与业务改革。应该说企业在推行 ERP 前，各个层次对 ERP 的理解参差不齐或理解不深。培训的目的就是为了企业顺利地实施 ERP 系统，贯彻 ERP 的思想与理论，使企业的管理再上一个台阶。ERP 培训的类型有理论培训、实施方法培训、项目管理培训、系统操作应用培训、计算机系统维护等。要根据不同的层次、管理业务对象制订不同的培训计划。

ERP 是管理软件，它的数据流反映企业的业务流程，各个子模块之间存在严密的逻辑关系，因此，制订培训计划要注意软件的逻辑流程，否则在培训时就会经常遇到流程不能通过的现象，影响培训效率与受培训人员的兴趣。另外，对各个业务岗位的操作培训，除了对本业务操作的培训外，还要对相关逻辑的上下流程关系进行培训。

各级组织，尤其是领导小组、实施小组，在进行 ERP 的相关培训后，增强了对 ERP 理论、管理思想、业务流程的理解，这样对业务及相关的改革就有了更深的理解。在调研咨询报告中，业务改革的内容是有关专家、顾问在了解了企业的实际管理运作后，利用他们对 ERP 理论与实际实施工作的经验，加上丰富的管理知识而提出的综合管理解决方案。经过系统的培训，领导小组、实施小组成员就可以对业务改革提出更为详细的执行计划，并且还会有一些补充意见与建议。因此，业务改革从这里开始较为成熟。

(6)准备数据。培训开展后就可以开始收集业务数据，也就是进入准备数据阶段。数据分为三类，即初始静态数据、业务输入数据和业务输出数据。

初始静态数据如物品代码、产品工艺路线、初始库存数据、工作中心数据等；业务输入数据如物品入库数据、出库数据与销售订单数等；业务输出数据如物品库存数据、可用库存量与物品的计划需求量等。

(7)原型测试。根据收集的数据，录入到 ERP 软件，进行原型测试工作。在这个阶段，企业的测试人员应在实施顾问的指导下系统地进行测试工作，因为 ERP 的业务数据、处理流程相关性很强，不按系统的逻辑处理，录入的数据无法处理，或者根本无法录入。

(8)用户化与二次开发。因为企业自身的特点，ERP 的软件系统可能会有一定量的用户化与二次开发的工作。用户化一般指不涉及关于业务流程的程序代码改动工作，这种工作可以由实施顾问对系统维护人员进行培训，以后长期的维护工作就由这些人员完成。这些工作大部分是报表工作，一些灵活的软件，含有工作流程定义的功能(各类业务处理的流程自定义等)，这些也必须由企业今后自己来维护。

二次开发会增加企业的实施成本和实施周期，并影响实施人员(服务方与应用方)的积极性。另外，二次开发的工作应该考虑与现有的业务流程实施并行操作和管理，减少实施周期，这也是制订实施计划要注意的一点。

当二次开发或用户化完成后，要组织人员进行实际数据的模拟运行，通过处理过程及输出结果的检验，确认成果。

(9)建立工作点。工作点也就是 ERP 的业务处理点、电脑用户端及网络用户端。建立工作点时一般要考虑以下几点：

①一般先考虑 ERP 各个模块的业务处理功能，如根据采购系统基础数据、采购订单处理等来划分工作点。

②结合企业的硬件分布，如电脑终端分布、工作地点等。

③考虑企业的管理状况，如人员配置、人员水平和管理方式等。

④建立工作点后，要对各个工作点的作业规范做出规定，也即确定 ERP 的工作准则，形成企业的标准管理文档。

(10)并行。在相关的工作准备(如系统安装、培训、测试等)就绪后，则进入系统的并行阶段。所谓并行是指 ERP 系统运行与现行的手工业务处理或原有的软件系统同步运行，保留原有的账目资料、业务处理与有关报表等。并行是为了保持企业业务工作的连续性和稳定性，同时也是 ERP 正式运行的磨合期。

(11)正式运行。正式运行也称系统切换，是并行运行过程的后期，确认了新的系统能正确处理业务数据，并输出满意的结果，这时新的业务流程运作也已进行顺利，人员可以合乎系统操作的要求，而决定停止原手工作业方式、停止原系统的运行，相关业务完全转入 ERP 系统的处理。正式运行要分系统模块、分步骤、分业务与分部门地逐步扩展。

## 8.3 客户关系管理(CRM)及系统

ERP的管理理念可以提高企业内部资源的计划和控制能力，讲究的是在满足客户、及时交货的同时最大限度地降低各种成本，通过提高内部运转效率来提高对客户的服务质量，可以说是以效率为中心。CRM的理念是以客户关系的建立、发展和维持为目的。当企业和上游供应商打交道时，企业是客户，因此需要"管理"供应商；当企业和下游或终端客户打交道时，企业是供应商，因此需要"管理"客户。

### 8.3.1 CRM的概念

客户关系管理(customer eelationship management，CRM)的概念最初是由Gartner Group提出的，1999年后在企业电子商务中开始流行。Gartner Group对CRM给出的定义是:CRM是代表增进赢利、收入和客户满意度而设计的商业战略。

可以看出Gartner Group的定义是从战略角度考虑的，如果从战术角度出发，则权威的定义为:CRM是一种以客户为中心的经营策略，它以信息技术为手段，对业务功能进行重新设计，并对工作流程进行重组，通过交流沟通，理解并影响客户行为，最终实现提高客户获得、客户保留、客户忠诚和客户创利的目的。

CRM最主要就是通过对客户详细资料的深入分析，来提高客户满意程度，从而提高企业的竞争力。客户关系是指围绕客户生命周期发生、发展的信息归集。CRM的核心是客户价值管理，它将客户价值分为既成价值、潜在价值和模型价值，通过"一对一"营销原则，满足不同价值客户的个性化需求，提高客户忠诚度和保有率，实现客户价值持续贡献，从而全面提升企业赢利能力。

CRM主要包含以下几个主要方面的内容(简称7P)：

①客户概况分析(profiling)指客户的层次、风险、爱好、习惯等；

②客户忠诚度分析(persistency)指客户对某个产品或商业机构的忠实程度、持久性、变动情况等；

③客户利润分析(profitability)指不同客户所消费的产品的边缘利润、总利润额、净利润等；

④客户性能分析(performance)指不同客户所消费的产品按种类、渠道、销售地点等指标划分的销售额；

⑤客户未来分析(prospecting)指客户数量、类别等情况的未来发展趋势，争取客户的手段等；

⑥客户产品分析(product)指产品设计、关联性、供应链等；

⑦客户促销分析(promotion)指广告、宣传等促销活动的管理。

### 8.3.2 CRM系统

CRM的产生和发展经历了一个漫长的过程，其类型多种多样，产品的性能也逐渐趋于成熟。CRM的分类方法多种多样，我们这里按照CRM的功能特点进行分类，对其进行分类说明。按照目前市场上流行的功能分类方法，CRM应用系统可以分为运营型CRM、分析型CRM、协同型CRM。如果把CRM比作一个完整的人，那么运营型CRM是CRM的四肢，分析型CRM则是CRM的大脑和心脏，而协作型CRM就是各个感觉器官。

1.运营型CRM系统

运营型CRM系统通过基于角色的关系管理工作平台实现员工授权和个性化,前台交互系统和后台订单执行系统可以无缝实时集成链接,并与所有客户交互活动同步。通过以上手段,相关部门的业务人员能够在日常的工作中共享客户资源,减少信息流动的滞留点,从而使企业作为一个统一的信息平台面对客户,大大减少了客户在与企业的接触过程中产生的种种不协调。

运营型CRM系统是建立在这样一种概念上的,即客户管理在企业成功方面起着很重要的作用,它要求所有业务流程的自动化,包括经由多渠道的客户"接触点"的整合,前台和后台运营之间的平滑的相互链接和整合。

运营型CRM是基于Web技术的全动态交互的客户关系应用系统。运营型CRM使企业在网络环境中以电子化方式完成从市场、销售到服务的全部商务过程。它主要有以下五个方面的应用:

(1)CRM销售套件。它为企业管理销售业务的全程提供丰富强大的功能,包括销售信息管理、销售过程定制、销售过程监控、销售预测、销售信息分析等。CRM销售套件将成为销售人员关注客户、把握机会、完成销售的有力工具,并支持其提高销售能力。CRM销售套件对企业的典型作用在于帮助企业管理跟踪从销售机会产生到结束的全程信息。

(2)CRM营销套件。它使企业可以由始至终掌握市场营销活动的信息管理、计划预算、项目跟踪、成本明细、效果评估等,帮助企业管理者清楚地了解所有市场营销活动的成效与投资回报率。(3)CRM服务套件。它帮助企业以最低的成本为客户提供包括服务请求及投诉的创建、分配、解决、跟踪、反馈、回访等相关服务环节的闭环处理模式,从而帮助企业留住老客户、发展新客户。

(4)CRM电子商务套件。它是使客户关系管理成为企业商务过程"E"化的"前沿阵地"(front office),帮助企业将门户站点、各种商务渠道集成在一起,开拓新的销售渠道及商务处理方式。

(5)CRM商务平台套件。它是产品的基础核心平台,实现产品的基础数据维护、安全控制、动态配置与工作流定制等功能。

2.分析型CRM系统

分析型CRM系统主要是分析运营型CRM中获得的各种数据,进而为企业的经营、决策提供可靠的量化的依据。分析时需要用到许多的先进的数据管理和数据分析工具,如数据仓库、OLAP和数据挖掘等。

分析型CRM系统具备如下六大支柱性功能:

(1)客户分析。客户分析(analysis)功能旨在让营销人员可以完整、方便地了解客户的概貌信息,通过分析与查询,掌握特定细分市场的客户行为、购买模式、属性以及人口统计资料等信息,为营销活动的开展提供方向性的指导。

(2)客户建模。客户建模(modeling)功能主要依据客户的历史资料和交易模式等因素来构造预测模型。例如,根据客户的促销活动回应率、利润贡献度、流失可能性和风险值等,为每一位客户赋予适当的评分。从技术方面看,客户建模主要是通过信息分析或者数据挖掘(data mining)等方法获得。

(3)客户沟通。客户分析的结果可以与客户建模所形成的一系列适用规则相联系。当这个客户的某个行为触发了某个规则,企业就会得到提示,启动相应的沟通活动。客户沟通(communication)功能可以集成来自企业各个层次的各种信息,包括客户分析和客户建模的结果，针对不同部门的不同产品，帮助企业规划和实施高度整合的营销活动。

(4)个性化。个性化功能帮助企业根据不同客户的消费模型建立相应的沟通方式和促销内容，以非常低的成本实现真正的一对一营销。例如，营销人员可以用鼠标点击的方式建立和编辑个性化的电子邮件模版，以纯文本、HTML 或其他适当的格式向客户发送促销信息。更重要的是，营销人员可以利用复杂的获利能力评估规则、条件与公式为不同的客户创建更具亲和力的沟通方式。

(5)优化。每个营销人员每天应当处理多少个目标客户？每隔多长时间应该对客户进行一次例行联络？各类营销方式对各类客户的有效程度如何？对于这些问题，分析型 CRM 的优化功能都可以提供答案，帮助企业建立最优的处理模式。优化功能还可以基于消息的优先级别和采取行动所需资源的就绪状况来指导和帮助营销人员提高工作效率。

(6)接触管理。接触管理(interaction)功能可以帮助企业有效地实现客户联络并记录客户对促销活动的反应，将客户所发生的交易与互动事件转化为有意义、高获利的营销商机。例如，当接触管理模块检测到重大事件时，即刻启动特别设计的营销活动计划，针对该事件所涉及的客户提供适用的产品或者服务，这种功能又被称作实时事件注入。

分析型 CRM 把大容量的销售、服务、市场及业务数据进行整合，使用数据仓库、数据挖掘、OLAP 和决策支持技术，将完整的和可靠的数据转化为有用的、可靠的信息，将信息转化为知识，进一步为整个企业提供战略上和技术上的商业决策，为客户服务和新产品的研发提供准确的依据，提高企业的竞争能力，使得公司能够把有限的资源集中到所选择的有效的客户群体，同这些客户群体保持长期且富有成效的关系。分析型 CRM 系统使这一切成为可能，它是一种处理大容量客户数据的方法，可以使企业获得可靠的信息支持策略和商业决策。

图 8-5 所示金蝶的 CRM 就是典型的运营型、分析型 CRM，可以和协作型 CRM 良好地集成运作。金蝶 K/3CRM 定位于为成长型企业提供完整的客户关系管理解决方案，市场定位

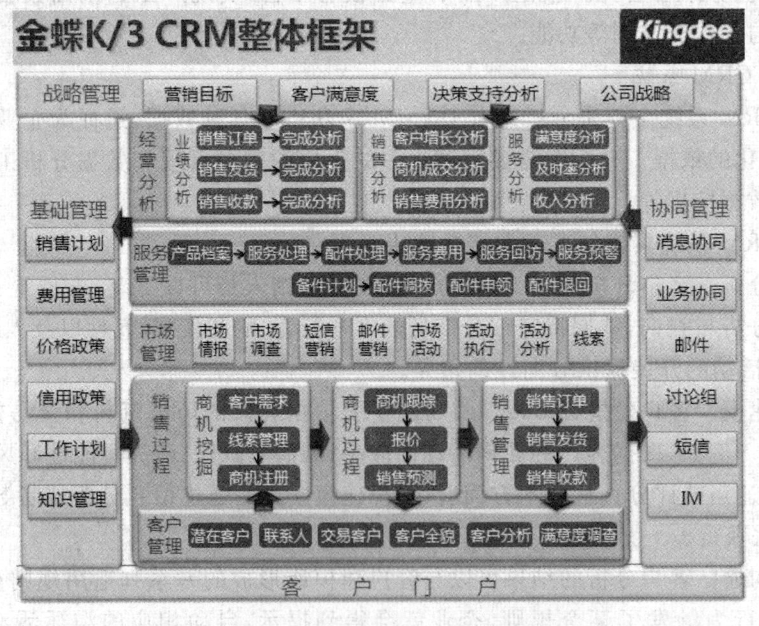


图 8-5 金蝶 K/3 客户关系管理系统整体框架

优先满足中小企业CRM复杂应用和大中型企业CRM的中端应用，逐步向部分行业的高端应用渗透。

**3.协作型CRM系统**

协作型CRM是指企业直接与客户互动(通常通过网络)的一种状态，它能实现全方位地为客户交互服务和收集客户信息，形成与多种客户交流的渠道。协作型CRM是一种综合性的CRM解决方式，它将多渠道的交流方式融为一体。

协作型CRM解决方案将实现全方位地为客户交互服务和收集客户信息，实现多种客户交流渠道(如呼叫中心、面对面交流、Internet/Web、E-mail/Fax等)的集成，使各种渠道相互交融，以保证企业和客户都能得到完整、准确和一致的信息。协作型CRM的主要功能有以下几点：

(1)电话接口。电话接口能提供与世界先进水平的电话系统集成的接口。

(2)电子邮件和传真接口。电子邮件和传真接口能与电子邮件和传真集成，接收和发送电子邮件和传真，能自动产生电子邮件以确认信息接受等。

(3)网上互动交流。网上互动交流能进一步加强与网络服务器的集成以支持互动浏览、个性化网页、站点查询等功能。

(4)呼出功能。呼出功能支持电话销售/电话市场推广，如预知拨号、持续拨号和预先拨号等功能。

图8-6示意的是赛捷软件针对制造业开发的协作型CRM系统，其目标在于推动企业内外部的协同工作。通过CRM系统，销售、市场、服务和财务实现了企业内部的协同工作，客户和合作伙伴实现企业外部协同工作，同时，SegaCRM系统还是企业内外部协同的平台。

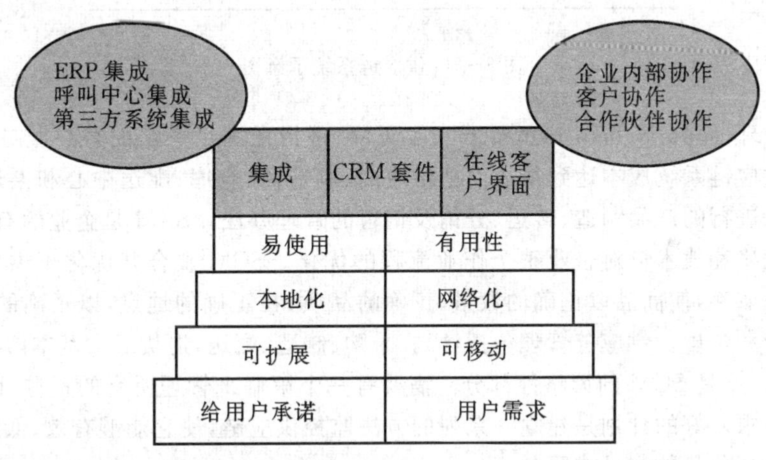


图8-6 针对制造业的协作型客户关系管理系统SegaCRM

## 8.4 供应链管理(SCM)及系统

供应链管理与传统的物流管理在存货管理的方式、货物流、成本、信息流、风险、计划及组织间关系等方面存在显著的区别，这些区别使得供应链管理比传统的物流管理更具优势。正如本章8.1所提到，供应链管理是ERP的核心，供应链不仅包括上游供应商，也包括下游客户。英国著名供应链专家马丁·克里斯托弗(Martin Christopher)曾说:"21世纪的竞争不是企业与企业之间的竞争,而是供应链与供应链之间的竞争,市场只有供应链而没有企业。"由此可见供应链管理的重要性。

## 8.4.1 SCM概念

供应链最早来源于彼得·德鲁克提出的"经济链",后经由迈克尔·波特发展成为"价值链",最终演变为"供应链"。它是指围绕核心企业,通过对信息流、物流、资金流的控制,从采购原材料,制成中间产品及最终产品,最后由销售网络把产品送到消费者手中的过程。它是将供应商、制造商、分销商、零售商,直到最终用户连成一个整体的功能网链模式。图8-7就是一个供应链的示意图。

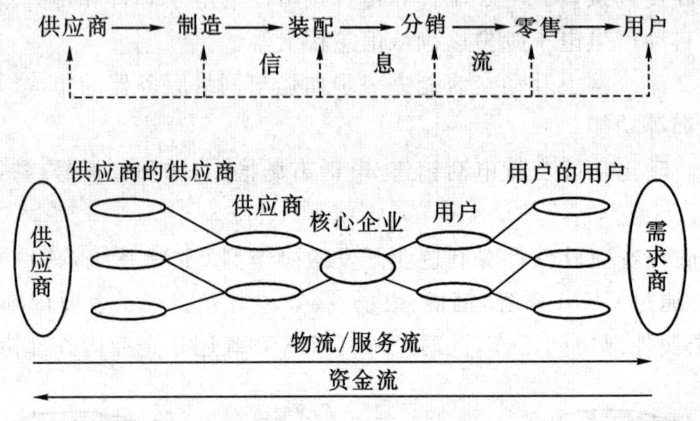


图8-7 供应链系统示意图

供应链管理(supply chain management,SCM)是指在满足一定的客户服务水平条件下,为了使整个供应链系统成本达到最小而把供应商、制造商、仓库、配送中心和渠道商等有效地组织在一起来进行的产品制造、转运、分销及销售的管理办法。SCM是企业的有效性管理,表现了企业在战略和战术上对企业整个作业流程的优化。SCM整合并优化了供应商、制造商、零售商的业务效率,使商品以正确的数量、正确的品质,在正确的地点,以正确的时间、最佳的成本进行生产和销售。供应链管理包括计划、采购、制造、配送、退货五大基本内容。

(1)计划。这是SCM的策略性部分。需要有一个策略来管理所有的资源,以满足客户对你的产品的需求。好的计划是建立一系列的方法监控供应链,使它能够有效、低成本地为顾客递送高质量和高价值的产品或服务。

(2)采购。选择能为自己产品和服务提供货品和服务的供应商,和供应商建立一套定价、配送和付款流程并创造监控方法和改善管理,同时把对供应商提供的货品和服务的管理流程结合起来,包括提货、核实货单、转送货物到制造部门并批准对供应商的付款等。

(3)制造。安排生产、测试、打包和准备送货所需的活动,是供应链中测量内容最多的部分,包括质量水平、产品产量和工人的生产效率等的测量。

(4)配送。很多人将此称之为"物流",具有调整用户的定单数据、建立仓库网络、派送人员提货并送货到顾客手中、建立货品计价系统、接收付款等作用。

(5)退货。这是供应链中的问题处理部分。它用于建立网络接收客户退回的次品和多余产品，并在客户应用产品出现问题时提供支持。

## ➢8.4.2　SCM 系统

SCM 系统中，原材料和零部件的供应商、产品制造企业、运输和分销公司、零售企业以及售后服务企业作为经济实体和供应链中的节点企业向最终消费者提供产品和服务，供应链系统同时连接业务伙伴间交付过程的物流、信息流和资金流。SCM 系统的主要内容可用图 8-8 所示。

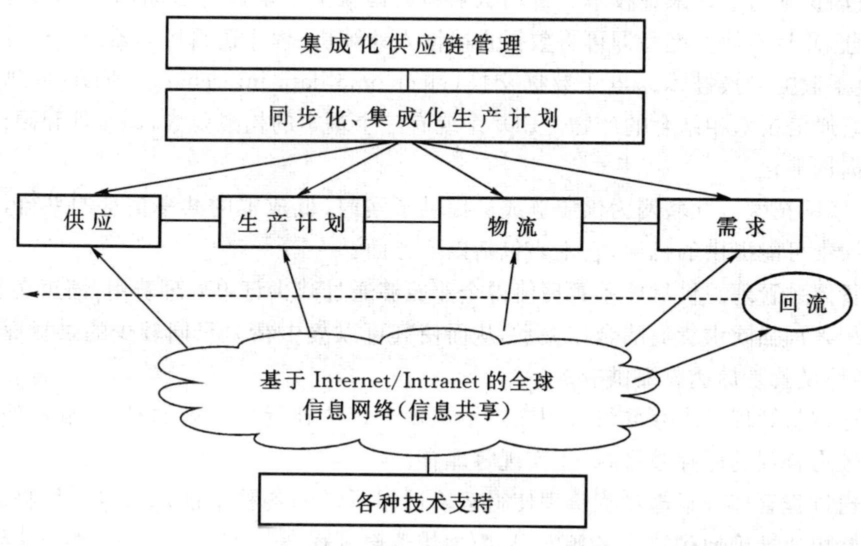


图 8-8　SCM 系统的主要内容

供应链可以划分为以下类型：

(1)稳定的供应链和动态的供应链。根据供应链的稳定性可以将供应链分为稳定的供应链和动态的供应链。相对稳定而且单一市场需求组成的供应链稳定性较强，相对频繁变化而且需求复杂的供应链动态性较高。实际运作中，需要根据不断变化的需求，相应地改变供应链的组成。

(2)平衡的供应链和倾斜的供应链。根据供应链容量与用户需求的关系可以将供应链分为平衡的供应链和倾斜的供应链。一个供应链具有一定的、相对稳定的设备容量和生产能力，但用户需求处于不断变化的过程中，当供应链的容量能满足用户需求时，供应链处于平衡状态；而当市场变化加剧，造成供应链成本增加、库存增加、浪费增加时，企业不是在最优状态下运作，供应链则处于倾斜状态。

(3)有效性供应链和反应性供应链。根据供应链功能模式可以将供应链分为有效性供应链和反应性供应链。有效性供应链是以最低的成本将原材料转化成零部件、半成品、产品，并以尽可能低的价格有效地实现以供应为基本目标的 SCM 系统。此类产品需求一般是可以预测的，在整个供应链各环节中总是力争存货最小化，并通过高效率物流提高物资、商品周转率，在不增加成本的前提下尽可能缩短导入期。选择供应商时着重考虑服务、成本、质量和时间因素。反应性供应链主要体现供应链的市场中介的功能，即把产品分配到满足用户需求的市场，对未预知的需求做出快速反应的 SCM 系统。此类产品需求一般是不可预见的，需要做到因商品脱销、降价销售和存货过时所造成的损失最小化，因而生产系统需要准备足够的缓冲生产能力，存货需准备有效的零部件和成品的缓冲存货，同时，需要以多种方式投资以缩短市场导入期。在选择供应商时主要考虑速度、灵活性和质量。

供应链管理的基础是信息技术的发展。信息技术发展为信息孤岛的集成提供了解决方案，为自动化快速捕获数据提供了技术支撑，为信息共享提供了平台，因此，SCM 的关键是信息技术的大量的运用。目前广泛应用在供应链体系中主要包括以下信息技术：

(1)自动识别与数据采集技术。自动识别和数据采集技术通过自动(非人工手段)识别项目标识信息，并且不使用键盘即可将数据直接输入计算机、程序逻辑控制器或其他控制设备。

(2)电子数据交换技术。电子数据交换(electronic data interchange，EDI)是现代计算机技术与网络通信技术相结合的产物。EDI 系统有三个基本的构成要素，即软件和硬件、通信网络以及数据标准化。

(3)互联网技术。互联网为供应链成员提供了实时、低成本的共享信息的平台，许多企业目前正在探索可能提供的机遇，它主要包括以下方面：

①供货体系管理。供货体系管理使得企业能够通过减少订单处理费用，缩短交易时间，减少人力占用来加强同供货商的合作关系，从而使其可以集中精力只同较少的供货商进行业务联系，概括地说就是加速收缩供应链。

②库存数量管理。库存数量管理缩短了从发出订单到货物装运的时间，从而使企业可以保持一个较为合理的库存数量，甚至实现零库存。

③运输过程管理。运输过程管理使得运输过程所需的各种单证，如订单、货物清单、装运通知等能够快速准确地到达交易各方，从而加快运输过程。

④信息流通。在电子商务的环境中，信息能够以更快、更大量、更精确、更便宜的方式流动，并且是能够被监控和跟踪的。

目前所说的 SCM 软件是按照过程观进行供应链组织间的计划、安排进度和供应链计划的执行与控制，着重于整个供应链和供应网络的优化以及贯穿于整个供应链计划的实现。好的 SCM 软件的供应商提供的套件包括了从定单输入到产品交付的全部业务过程，其中包括预测、生产计划、需求和分销管理、运输计划以及各种形式的业务智能。一般 SCM 软件都由五个主要的模块组成，即需求计划模块、生产计划和排序模块、分销计划模块、运输计划模块、企业或供应链分析。

## 8.5 电子商务(E-B)及系统

电子商务是一种新兴的商务模式，它能够提供准确、快速、高效的商务运作，是当今世界商务运作发展的主流方向。目前，世界上几个主要的发达国家都在大规模用电子商务来取代传统的商务活动方式，以达到全面提高其市场竞争力的目的。

### 8.5.1 电子商务的概念

电子商务，顾名思义是指利用现代信息技术和计算机网络所进行的各类商业活动，包括货物交易、服务交易和知识产权交易等。世界上对电子商务的研究始于 20 世纪 70 年代末，而 Internet 商务起始于 1995 年，当时最早的互联网门户网站之一 Netscape. com 最先接纳了大公司的广告业务，同时它推广了这样一个理念："Web是可以用于广告和销售的新型媒介。"

1997年底，亚太经济合作组织非正式首脑会议上，时任美国总统克林顿敦促世界各国共同促进电子商务的发展，引起了全球首脑的关注。有识之士指出，在电子商务问题上，迟疑一步就可能会丢失市场、丢失机会。

1998年11月18日，时任中国国家主席江泽民在亚太经济合作组织第六次领导人非正式会议上就电子商务问题发言时说，电子商务代表着未来贸易方式的发展方向，其应用推广将给各成员国家带来更多的贸易机会。

一般来说，电子商务经历了两个发展阶段，即基于EDI的电子商务和基于互联网的电子商务。

大体上，20世纪60—90年代属于基于EDI的电子商务。这一新的商务模式首先产生于美国，当时的贸易商们在使用计算机处理各类商务文件的时候发现，由人工输入到一台计算机中的数据70%是来源于另一台计算机的输出文件，由于过多的人为因素，影响了数据的准确性和工作效率的提高，人们开始尝试在贸易伙伴之间的计算机上自动转换数据，EDI应运而生。

EDI是将业务文件按一个公认的标准从一台计算机传输到另一台计算机上去的电子传输方法。由于EDI大大减少了纸张票据，因此，人们也形象地称其为无纸贸易或无纸交易。

基于国际互联网的电子商务始自20世纪90年代，从那时起，国际互联网迅速普及化，逐步从大学、科研机构走向企业和百姓家庭，其功能也已从信息共享演变为大众化信息传播。1991年开始，一直排斥在互联网之外的商业贸易活动正式进入到这个王国，因而使电子商务成为互联网应用的最大热点。以直接面对消费者的网络直销模式而闻名的美国戴尔公司1998年5月的在线销售额高达500万美元，2011年已经达到620.7亿美元；另一个网络新秀——亚马逊网上书店——的营业收入从1996年的1580万美元猛增到1998年的4亿美元，到2013年它的营业收入已经达到744.5亿美元。

## 8.5.2 电子商务技术及应用系统

1. 安全保密技术

电子商务的安全性并不是一个孤立的概念，它不但面临着系统自身的安全性问题；而且，由于它是建立在计算机和通信网络基础上的，因此计算机及通信网络的安全性问题同样会蔓延到电子商务中来。电子商务在这样的环境中，时时处处受到安全的威胁，其安全威胁可分为以下四大类：

①信息的截获和窃取。如没有采取加密措施或加密强度不够，攻击者通过采用各种手段非法获得用户机密的信息。

②信息的篡改。攻击者利用各种技术和手段对网络中的信息进行中途修改，并发往目的地，从而破坏信息的完整性。这种破坏手段有三种：

a. 篡改：改变信息流的次序。

b. 删除：删除某个消息或消息的某些部分。

c. 插入：在消息中插入一些无用的信息，让接收方读不懂或接收错误的信息。

③信息假冒。攻击者通过掌握网络信息数据规律或解密商务信息后，假冒合法用户或发送假冒信息来欺骗其用户。主要有两种方式：

a. 伪造电子邮件：如虚开网站和商店，给用户发电子邮件，收订货单。

b. 假冒他人身份：如冒充主机欺骗合法主机及合法用户。

④交易抵赖。这是指交易单方或双方否认曾进行的交易行为。

**2. 电子支付**

所谓电子支付，是指从事电子商务交易的当事人，包括消费者、厂商和金融机构，通过信息网络，使用安全的信息传输手段，采用数字化方式进行的货币支付或资金流转。随着计算机技术的发展，电子支付的工具越来越多。这些支付工具可以分为三大类：电子货币类，如电子现金、电子钱包等；电子信用卡类，包括智能卡、借记卡、电话卡等；电子支票类，如电子支票、电子汇款(EFT)、电子划款等。这些方式各有自己的特点和运作模式，适用于不同的交易过程。以下介绍下电子现金、电子钱包、电子支票和智能卡。

(1)电子现金。电子现金是(e-cash)一种以数据形式流通的货币。它把现金数值转换成为一系列的加密序列数，通过这些序列数来表示现实中各种金额的市值，用户在开展电子现金业务的银行开设账户并在账户内存钱后，就可以在接受电子现金的商店购物了。

(2)电子钱包。电子钱包是电子商务活动中网上购物顾客常用的一种支付工具，是在小额购物或购买小商品时常用的新式钱包。

电子钱包一直是全世界各国开展电子商务活动中的热门话题，也是实现全球电子化交易的一种重要工具，全球已有很多国家正在建立电子钱包系统以便取代现金交易的模式，目前，我国也正在开发和研制电子钱包服务系统。使用电子钱包购物，通常需要在电子钱包服务系统中进行。电子商务活动中的电子钱包的软件通常都是免费提供的，用户可以直接使用与自己银行账号相连接的电子商务系统服务器上的电子钱包软件。目前世界上有 VISA cash 和 Mondex 两大电子钱包服务系统，其他电子钱包服务系统还有惠普公司的电子支付应用软件 V-WALLET、微软公司的电子钱包 MS Wallet、IBM 公司的 Commerce Point Wallet 软件等。

(3)电子支票。电子支票(electronic check，e-check 或 e-cheque)是一种借鉴纸张支票转移支付的优点，利用数字传递将钱款从一个账户转移到另一个账户的电子付款形式。这种电子支票的支付是在与商户及银行相连的网络上以密码方式传递的，多数使用公用关键字加密签名或个人身份证号码(PIN)代替手写签名。用电子支票支付，事务处理费用较低，而且银行也能为参与电子商务的商户提供标准化的资金信息，故而可能是最有效率的支付手段。

(4)智能卡。智能卡是在法国问世的，20 世纪 70 年代中期，法国 Roland Moreno 公司采取在一张信用卡大小的塑料卡片上安装嵌入式存储器芯片的方法，率先开发成功 IC 存储卡。经过 20 多年的发展，真正意义上的智能卡，即在塑料卡上安装嵌入式微型控制器芯片的 IC 卡，已由摩托罗拉和 Bull HN 公司于 1997 年研制成功。

在美国，人们更多地使用 ATM 卡。智能卡与 ATM 卡的区别在于两者分别是通过嵌入式芯片和磁条来储存信息。但由于智能卡存储信息量较大，存储信息的范围较广，安全性也较好，因而逐渐引起人们的重视。

近年来，我国国家金卡工程取得了令人瞩目的成绩，目前 IC 卡已在金融、电信、社会保障、税务、公安、交通、建设及公用事业、石油石化、组织机构代码管理等许多领域得到广泛应用，如第二代居民身份证(卡)、社会保障 IC 卡、城市交通 IC 卡、电话 IC 卡、三表(水电气)IC 卡、消费 IC 卡等行业 IC 卡应用已经渗透到百姓生活的方方面面，并取得了较好的社会效益和经济效益，这对提高各行业及地方政府的现代化管理水平，改变人民的生活模式和提高生活质量，推动国民经济和社会信息化进程发挥了重要作用。

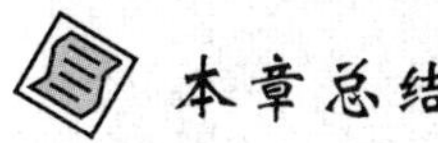

## 本章总结

本章从流程管理的概念入手，介绍了ERP系统、CRM系统、SCM系统以及E-B系统的定义、内容、关键技术应用等。

ERP系统是目前被企业广泛应用的信息系统，本章重点对其进行了介绍。首先，分析了ERP系统的发展历程。其次，对ERP系统的概念进行了详细分析。再次，重点介绍了ERP的系统框架及其实施过程。

## 练习题

### 一、单选题

1. 现代企业无法离开的信息系统是(　)

A. 数据处理系统　　B. 事务处理系统

C. 管理信息系统(狭义)　　D. 决策支持系统

2. MIS规划的关键问题包括(　)

A. 应选择先进的解决方案　　B. 要比组织发展战略更超前

C. 对环境变化要有应变能力　　D. 要特别重视技术因素

3. 比较常见的电子商务模式B2C(或称B to C)是指(　)

A. 消费者之间的直接电子商务

B. 企业与直接个人消费者间的电子商务

C. 企业与企业之间的电子商务

D. 以上都不对

4、数据流程图是对原系统进行(　　)的工具，也是用来描述新系统逻辑模型的主要工具。

A. 描述　　B. 分析和抽象　　C. 综合　　D. 调整

### 二、简答题

1. 试描述ERP系统的不同发展阶段。

2. ERP的主要特征是什么？

3. 什么是供应链？什么是供应链管理？

4. 供应链管理具有哪些功能？如何实施供应链管理？

5. 什么是客户关系管理？客户关系管理的功能模块有哪些？

### 三、案例分析题

#### 联想实施ERP项目台前幕后

**1. 联想ERP实施历程**

1998年11月9日，联想集团ERP项目实施启动会在联想集团总部大会议室召开，标志着ERP项目在联想集团正式启动运行。

1998年11月23日，联想集团ERP项目誓师大会在海淀工人俱乐部召开，柳传志、李勤参加了会议，吹响了联想ERP变革管理的号角。

1998年11月24日，“联想集团实施ERP新闻发布会及签约仪式”在中国大饭店举行，联想、SAP、德勤三方正式对外宣布联想集团开始实施ERP，公然把自己放在新闻舆论的面前，表明了联想 ERP 项目“只能成功,不能失败”的坚定决心。

2000 年 1 月 5 日,联想 ERP 系统正式上线。

2002 年 1 月 5 日,联想集团 ERP 系统正常运营两周年。

**2. 老 MIS 与京港整合**

联想 ERP 项目的最初动机源于 1998 年集团的京港整合问题。

ERP 实施前,联想非集成化的老 MIS 已经不能支撑集团日益庞大的数据处理。老 MIS 的集成性和实时性都落后于新发展的需要。MIS 老矣,不堪重负,系统慢、经常掉网、经常丢数据使得财务的结账工作周期长,时效性和准确性都难以保障。

ERP 实施前的 1998 年,联想香港公司是一个独立运作的部分,惠阳和深圳的公司分属香港管辖,其信息系统不由北京的 MIS 部门统一管理,分割而治的信息系统造成整个集团的 MIS 难以集成,很多数据处理不及时,致使管理层无法应时做出决策。

此时,联想集团的业务已经遍布全国,甚至跨到了海外,多语言问题、多币制问题都提上日程。缺少“共同语言”,不能做到资源共享,无法进行产品或地域的获利能力分析。实施全国性、集成性和及时性的系统势在必行。

内忧外患,来自联想外部的竞争压力亦与日俱增,IT 技术日新月异,国内外同行业竞争加剧,联想在新的机遇面前同时面临新的挑战。在与国内外对手的竞争中率先在内部管理上得分,是联想赢得最终胜利的必然选择。意识到问题的存在是变革自身的第一步,联想的非凡在于自省。

**3. 传道士麦肯锡**

柳传志最终决定为联想动 ERP 的手术,必然选择中掺杂了偶然因素。必然选择 ERP 的原因是联想不堪重负的 MIS 现状、竞争的压力以及联想的蓝图。但在看不清前景的情况下,企业的决策者不会轻易一掷千金,说服一把手最后决策的事件往往都带有偶然性。那么促成柳传志最后拍板的偶然因素是什么呢?说来有趣,麦肯锡在其中功不可没。

在联想 1998 年 11 月 9 日正式签署 ERP 合同之前,发生了许多故事。联想首先接触的咨询公司不是德勤而是麦肯锡。在柳传志决策前,麦肯锡的顾问曾来到联想,从战略的高度与企业老总探讨了世界 500 强的发展,认为联想要想进军世界 500 强必须应用先进的管理思想和管理工具。麦肯锡论述问题的角度和风格非常符合柳传志的口味,这种高屋建瓴的讨论是其他咨询公司望尘莫及的。在麦肯锡的启蒙教育下,柳传志终于下了决心,并希望请麦肯锡来做 ERP 项目的咨询顾问,但麦肯锡不能接受这种项目委托,麦肯锡的角色在于指路,至于你乘坐什么交通工具以及如何乘坐并不在麦肯锡的考虑范围之内。所以联想最终的 ERP 顾问不是麦肯锡而是德勤。

应该说柳传志的最终决策离不开麦肯锡的咨询,从这个角度讲,麦肯锡为后来的联想 ERP 项目成功启动培育了客户,但同时,麦肯锡的参与也为后来项目的艰苦卓绝埋下了伏笔。在麦肯锡的战略指引下,德勤和 SAP 无法控制客户的期望值,致使联想、SAP 和德勤三方经历了 14 个月浴血奋战,期间克服无数困难险阻方取得了今天大家看到的成绩。

**4. 在矛盾中永生**

世界永远通过各种各样的矛盾而存在。在 ERP 行业也有句俗话,叫“Always problems(永远都是问题,到处都是问题)”。不可避免地,联想 ERP 项目也充满了矛盾。

(1)沟通无极限。在中国,存在一种“咨询悖论”,姑且不说不少国际性的顾问公司出于运营成本等方面的考虑在使用外国顾问方面心有顾虑，即使有项目经验的外国咨询顾问也面临着不了解中国国情，存在文化、观念、思维模式以及语言等方面的障碍等问题。与此同时，有本国企业管理经验的人员则很难具备作为咨询顾问所要求的沟通能力、理论功底、方法论以及深厚的行业与业务经验等咨询素质。1998 年联想集团决定上 ERP 项目时，国内还没有真正成功实施过这种 ERP 项目的咨询顾问，中国顾问没有项目经验，对业务领域的实践经验也不足。德勤和 SAP 这样的优秀国际企业也不可避免出现这样的咨询悖论。

但联想的项目组成员并没有被困难吓倒，他们坚信沟通无极限，没完没了的 ERP 需要没完没了的沟通，只有及时和真诚的沟通才能解决问题。

(2)合同风波。联想 ERP 项目磕磕绊绊，经历了由于 SAP 和德勤在付款条件上的分歧而导致的第一次危机。付款分歧使德勤认为无法将项目进行下去，遂于 1998 年 12 月 31 日通知取消原定于 1999 年 1 月 4—8 日在上海进行的 Fast Track 实施方法培训，致使项目受到很大影响，原定方案无法进行。

一波未平，一波又起，当三方正在尽力进行商务协商时，德勤咨询项目经理突然辞职，同时德勤总部明确要求在没有签署协议并收到付款的条件下，禁止使用其标准模板 Industry Print。而此时，项目正进入最关键的时期，下面唯一的工作就是讲解和利用 Industry Print 设计未来业务流程草案。项目陷入僵局。

1999 年 1 月 26 日，咨询顾问离开联想，ERP 项目事实上被迫终止。

**5. 把 ERP 进行到底**

联想 ERP 举步维艰，ERP 项目组只能用热情一次次地冰释所有的绝望，没有任何退路可以走。

在一份资料中，我们看到这样一段话："虽然德勤某些顾问和人员处理问题的方式过于简单，给项目带来了直接影响，但德勤在没有任何协议与约定的情况下进行了大量投入，并在得到我们的要求后积极寻找资源，充分表现了对联想项目的重视与合作的诚意，我们不应过多指责，要理解他们的实际困难。事实上，只有我们采取积极主动的措施，才能最终取得胜利。"

在项目被迫停滞的痛苦时期，联想对项目进行了深刻的总结，认为三方都有不可推卸的责任：SAP 没有及时解决合同问题，在发生危机时未及时与联想方沟通；德勤公司虽情有可原，但部分人员采取极端做法，也似乎有失规范、职业的风范；而联想，缺乏经验，双方没有建立起起码的信任与团队工作方式，界面过于生硬。因此，项目必须在内外两方面都进行革命性"手术"：对外，积极与德勤、SAP 公司联系，为确保项目成功在付款方式上宁愿做出重大让步，与其高层联系建立必要的信任与联系机制，签订补充协议，增强约束；对内，寻找合适的项目推动与管理人选，全面改组项目组，加大业务部门的参与。

经过努力，项目于 1999 年 3 月恢复。4 月初，确定由时任联想电脑公司副总经理的王晓岩担任项目总监，投入 50%以上的时间，并由集团业务发展部参与，增加对项目的推进力度。与此同时，为增加业务部门的投入，由业务部门关键用户代表出任功能小组组长，并为每一个小组配备了有一定协调组织能力的项目助理。最后确定，ERP 成败最直接的责任在业务部门身上。如果 ERP 项目不能准时顺利上线，将对上至执委会、企划办，下至各子公司经理进行惩罚。

经历了坎坷，项目终于又走上轨道，时间已到 1999 年 5 月中旬。把 ERP 进行到底是联想、德勤和 SAP 的唯一的选择。

**6. ERP给联想带来什么**

企业成功实施ERP的标准是什么？业界认为衡量ERP成功实施的标准是“把企业所有的资源，通过ERP系统紧密地结合起来，以达到资源利用的协调；通过整合，业务各环节资源的利用效率可以得到提高。”按照这个标准，可以认为联想的ERP项目是成功的，因为通过ERP，联想整合了业务各环节的资源并提高了效率。

据统计，ERP系统正常运营后，联想为客户的平均交货时间从11天缩短到5.7天，应收账周转天数从23天降到15天，订单人均日处理量从13件增加到314件，集团结账天数从30天降低到6天，平均打款时间由11.7天缩减到10.4天，订单周期由75小时缩减到58小时，结账天数由20天降到1天，加班人次从70人削减为7人，财务报表从30天缩至12天。

但ERP的功效绝不仅仅在于此，更重要的，ERP是一场管理革命。

通过ERP项目，联想培养了一批国内领先的IT管理人才，他们是联想ERP项目的附属产品，但却是联想决战信息时代和服务经济的希望。正如联想2001年8月29日与广州华凌电器签约500万元ERP项目，联想ERP项目的功效已经超越了工作效率的提高，有人说它带动了联想由“产品”向“服务”的战略转型。虽然有一些经历过联想ERP项目的人员离开了联想，但他们却没有离开ERP实施。亲身经历联想ERP项目积累的经验和教训将是更多的中国企业实施ERP时的一笔宝贵财富。

信息化的过程就是体制与观念变革的过程。联想做的比较超前，体会也比较深入。联想在上ERP的过程中，体会到首先要学习和领悟先进的管理思想。先消化理解思想，再开发使用系统软件。信息化不是开发软件，更重要的管理思想的解放、管理制度的创新以及业务流程的重组，开发软件只是其中一部分工作。

**问题：**

1. 联想为什么要实施ERP？

2. 联想实施ERP时遇到了哪些障碍？这些障碍如何解决的？

3. ERP为联想带来了哪些竞争优势？

# 第9章 信息系统与组织决策

## 学习目的

- 理解决策的概念、过程和管理决策问题的分类
- 了解管理决策支持的理论基础及技术框架
- 掌握决策支持系统的概念、组成和应用
- 理解智能决策支持系统、群体决策支持系统、商业智能的概念和应用

## 引导案例

**西南航空公司应用DSS决策支持系统应对竞争**

2011年,在“9.11”事件及其引发的航空业收入持续下降大约一年后,美国西南航空公司为其财务管理部署了决策支持系统(DSS)。该系统扩展到部署公司的航班操作和维护系统,西南航空公司对它的应用表示十分满意。在这场危机中,西南航空公司成功地建立了Hyperion公司解决方案Essbase在线分析处理(OLAP)应用程序和Pillar预算软件。在严重的市场低迷期,西南航空公司仍能精确地做出财务预测。

许多公司并没有以适当的方式把财务应用程序连接到在线分析处理系统,分析数据,然后把有意义的分析结果返回给业务人员。西南航空公司之成功是因为它能将企业资源规划应用程序与OLAP软件相连接,然后把财务数据和方案提供给决策制定者。

西南航空公司负责财务计划和分析的副总裁迈克·范德文说:“在恐怖袭击之后,航空公司正处于一个世界范围内的完全不确定性环境中,这就要求我们公司在制定一系列决策的过程中应具有某种财务远见。”

1999年,在花费大约100万美元从Hyeprion(加利福尼亚森尼韦尔)安装Essbase之前,西南航空公司的分析师要用手工查询,然后再花上半小时去运行它们,最后把数据输入电子表格用于附加分析。整个过程总计需要花费4个小时。

Essbase把分析时间缩短至2分钟,极大地节省了时间。在运行最坏情况模型和最好情况模型并生成预测后,西南航空公司制定出一个有效的计划来稳定财务状况。这项计划能够帮助回答类似这样的问题,“我们用完现金还需要多久?”到了2002年7月,这些预见就已经有了2%的实际价值。分析师可以使用运营数据和财务数据进行分析,并认识到一个数集对另一个数集的影响,他们还可以通过发现两者之间的关系来改进预测。总体来说,应用程序可以通过自动化数据收集过程以减少成本减低费用。

西南航空公司能更好地控制成本结构。在2001年旅游业低迷时期,该公司仍然是保持盈利最大的航空公司。其他航空公司在2001年总计损失了70亿美元,而且预计在2002年的损失至少也和2001年一样。然而,西南航空公司却是在2002年唯一盈利的公司。尽管主体市场在滑坡,而且2002年第四季度盈利仅7500万美元,但西南航空公司仍然不断地成长壮大。

西南航空公司的新型商业智能工具能够帮助决策者准确地预测市场并决定扩大进入哪些市场。

**思考:**

1. 西南航空公司如何应用决策支持系统(DSS)带来更高利润和更有竞争力的市场地位?

2. 解释 DSS 思想如何在其他行业中应用(例如零售、保险、石油化工、大学)?

(资料来源:埃弗雷姆,特班,等. 决策支持系统与智能系统[M]. 北京:机械工业出版社,2009.)

## 9.1 组织的管理决策问题

### 9.1.1 决策的概念及过程

**1. 决策的概念**

决策是管理的基本职能,决策科学的先驱、著名的管理学者西蒙(Simon)认为决策贯彻于管理的全过程,管理的核心是决策。简单地讲,决策就是根据给定的决策标准做出尽可能好的选择。一个相对完整的定义,可以这样理解决策:决策就是要对未来的方向、目标以及实现途径做出决定,它是指个人或集体为了达到某一目标,借助一定的科学手段和方法,从若干备选方案中选择或综合成一个满意合理的方案,并付诸实施的过程。

决策伴随着组织管理的发展而发展。长期以来,决策主要依靠人的经验,称为经验决策。对于反复出现的相同或相似的决策问题,经验决策的优点是决策时间短、效率高。但对于以前未遇到的决策问题,或者重要又很复杂的决策问题,经验决策就容易出现失误。据美国近年统计,每百个新企业约有 1/2 在两年内倒闭,五年后只有 1/3 幸存,绝大多数的经营失败源于决策失误。所以,西方管理界流行这样一个说法:"管理的中心在经营,经营的关键是决策。"随着科学技术,特别是信息技术的迅速发展,经验决策正逐步被以先进的信息技术为手段,基于全面的信息,遵循科学的程序和方法的科学决策所替代。

**2. 决策的过程**

西蒙描述了一个经典的包括三阶段的决策制定过程,即情报(intellgence)、设计(design)和选择(choice)。

情报阶段,指进行情报(信息)的收集和处理、研究决策环境、分析和确定影响决策的因素或条件的一系列活动。

设计阶段,指发现、制订和分析各种可能行动方案的过程。

选择阶段,指从可行方案中选择一个特定的方案,对它进行评价和审核的过程。

后来有人在此基础上,在情报阶段之前增加了确定决策问题阶段,在选择阶段之后增加了决策实施阶段,变为五阶段决策过程,如下图 9-1 所示。

(1)确定决策问题。这是整个决策过程的起点。一旦问题得到确定,管理者就能够开始着手收集信息,判断某个行动过程可能带来的影响和结果。

(2)收集信息。信息是决策的客观依据,信息应具有一定的数量和质量,为此管理者应对收集到的信息进行整理、评估和分析。另外,管理者做出某些特别决策时可能必须咨询一些关键团体的意见,包括员工、顾客、供应商和其他利益相关者。

(3)拟订备选方案。为了解决问题,根据所确定的目标及搜集到的信息资料,管理者需要设计出多个可行的备选方案,在实现目标的前提下,提出尽可能多的方案。

(4)选择方案。选择方案是从若干个备选方案中,经过可行性研究,依据决策标准,选择具体方案的过程。

(5)决策实施。在决策方案确定后,下一步就是实施决策。在开始实施前,要研究实施决策的具体方案,即计划。有详尽的实施计划,按计划一步一步落实,最终才能完成决策。

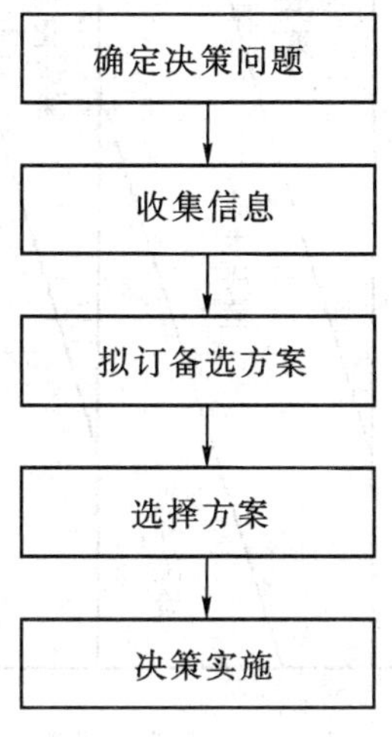


图 9－1　决策的过程

## 9.1.2　管理决策问题分类

依据不同的划分标准,管理决策问题可分为不同的类型。

(1)按决策的层次,可分为高层决策、中层决策和基层决策。高层决策是指组织最高管理层所做出的决策,大多是关系全局的重大问题,例如企业中的经营方针、市场开拓等。中层决策是指组织中层管理人员所做出的决策。基层决策是指组织中基层管理人员所做出的决策,一般解决日常工作中的问题。

(2)按决策的战略重要性,可分为战略决策、战术决策和业务决策。战略决策是指直接关系到组织的生存和发展,涉及组织全局的长远性的、方向性的决策,决策风险较大,一般需要长时间才可看出决策后果,所需解决问题复杂,对决策者的洞察力和判断力要求高。战术决策是指组织内部范围贯彻执行的决策,属于战略决策过程的具体决策,不直接决定组织命运,但会影响组织目标的实现。业务决策又称执行性决策,是日常工作中为了提高生产效率、工作效率所做出的决策,涉及范围小,只对局部产生影响。

(3)按决策的结构化程度,可分为结构化决策、半结构化决策和非结构化决策。结构化决策是一种有章可循的决策,可以重复出现,问题的本质与结构清楚,解决问题的方法与步骤是已知的和确定的,可制定固定程序来完成决策。非结构化决策表现为问题新颖,对问题的本质与结构不甚了了,解决问题的方法与步骤也知之甚少。非结构化决策主要靠决策者的知识、经验与智慧完成决策。半结构化决策则介于两者其间,对问题的本质与结构有所了解但不够清楚,解决问题可能采用的方法及其相互间的关系基本知道但不确切,解决问题的步骤尚难确定，要通过启发式的探索来做出决策。

一般说来，越往高层的决策越具有战略性、非结构化的特点，而越往基层的决策，就越具有战术性、执行性、结构化的特点。如图 9－2 所示。

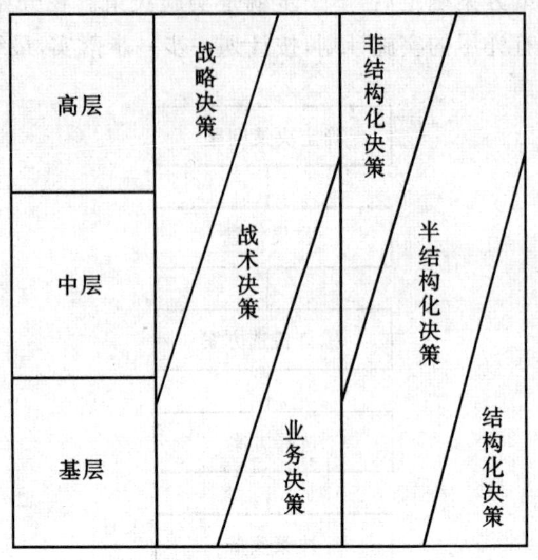


图 9－2　决策的类型

## ➢9.1.3　管理决策支持的理论基础及技术框架

关于管理理论与计算机技术如何支持组织不同层次、不同类型的管理决策，戈米（Gomy）和斯科特·莫顿（Scott Morton，1971）结合西蒙（Simon）和安东尼（Anthony，1965）工作基础上，提出了一个经典的决策支持框架，如表 9－1 所示。

表的左边部分是根据问题的结构化程度对决策类型的划分，从高度结构化到高度的非结构化。在结构化问题中，搜索最优解的过程是确定的，决策目标有着清晰的定义。一般的决策目标包括成本最小化或利润最大化。管理者可以使用数据处理和管理科学模型，有时也使用决策支持系统（DSS）和专家系统（expert systems，ES）等管理支持系统。在非结构化问题中，人的直觉通常是决策制定的基础。典型的非结构化决策包括开发新服务、聘用经理人员、选择明年的研发项目等。非结构化问题的决策不能完全由决策支持工具来解决，但可提供一定程度的辅助，如专家系统（ES）、群体支持系统（group support systems，GSS）、知识管理系统（knowledge management systems，KMS）等。半结构化问题是那些在结构化和非结构化问题之间的、既有结构化问题要素也有非结构化问题要素的决策问题，解决这一类问题要把标准的解决流程和人的判断结合起来，如证券交易、商品的营销预算、资本并购分析等问题都可归为半结构化问题。DSS 为决策问题和过程的结构化部分提供模型，这样 DSS 就可以提升信息的质量，基于这些信息产生不止是单一的，而是一系列的解决方案，并且可以分析这些方案的潜在影响。DSS 的这些特性能够帮助管理者更好地了解决策问题的本质，并更好地做出决策。

表的上部基于安东尼（Anthony，1965）的分类，将管理活动的层次分为战略层、管理层、作业层三个层次。不同的层次都面临着一些不同类型的决策任务，表中阴影部分的理论和技术可以提供支持。总体上，对于半结构化决策和非结构化决策来说，仅运用传统的管理信息系统(MIS狭义)和管理科学(management science, MS)方法是不够的，必须综合人类的智慧和其他不同类型的支持性信息系统，如DSS等。结构化和控制导向的任务(单元格1、2、4)由低层管理者完成，而单元格6、8、9的任务由高层者和训练有素的专家完成。KMS、神经网络等人工智能技术、专家系统(ES)就是专为解决特殊的、复杂的专业问题服务的。

需要说明的是，方法的运用不是绝对的，有时在解决非结构化问题中要应用结构化方法，反之亦有可能。工具的应用有时候也不是单一的，需要几种工具组合起来应用。

**表9-1 决策支持框架**

| 决策类型 | 管理层次 | | | 需要的理论基础与支持技术 |
|---|---|---|---|---|
| | 基层—作业层 | 中层—管理层 | 高层—战略层 | |
| 结构化决策 | 应收账款、应付账款、下订单 1 | 预算分析、短期预测、人事报告、制造或购买决策 2 | 财务管理、仓库选址、派送系统 3 | 管理信息系统(MIS狭义)、管理科学、业务处理 |
| 半结构化决策 | 生产排程、库存控制 4 | 信用评估、预算、生产布局、项目计划、薪酬系统设计、库存分类 5 | 建立新的生产厂、兼并和并购、新产品计划、薪酬计划、人事政策、库存计划 6 | 决策支持系统(DSS)、知识管理系统(KMS)、群体支持系统(GSS)、客户关系管理(CRM)、供应链管理(SCM) |
| 非结构化决策 | 选择杂志封面、购买软件、贷款服务的帮助席位 7 | 议价、高管聘用、硬件购置 8 | 研发计划、新技术开发、社会责任计划 9 | 群体支持系统(GSS)、知识管理系统(KMS)、专家系统(ES)、神经网络技术 |
| 需要的理论基础与支持技术 | 管理信息系统(MIS狭义)、管理科学 | 管理科学、决策支持系统(DSS)、经理信息系统(EIS)、专家系统(ES)、供应链管理(SCM)、客户关系管理(CRM)、群体支持系统(GSS) | 群体支持系统(GSS)、客户关系管理(CRM)、经理信息系统(EIS)、专家系统(ES)、神经网络技术、知识管理系统(KMS) | |

## 9.2 决策支持系统

### 9.2.1 决策支持系统发展概述

20 世纪 70 年代,人们认识到完成例行的日常信息处理任务,计算机在管理中仅仅发挥了初步作用,人们进而期望开发一种系统,来辅助或支持人们进行决策,以便促进提高决策的效率与质量。这种背景催生了决策支持系统(decision support system, DSS)。随着现代信息技术和人工智能技术的发展和普及应用,更有力地推动了决策支持系统的发展。

简要说来,DSS 大致经历了这样几个发展历程:20 世纪 60 年代后期,面向模型的 DSS 诞生,标志着决策支持系统这门学科的开端;20 世纪 70 年代,DSS 理论得到长足发展,80 年代前期和中期,实现了金融规划系统以及群体决策支持系统(Group DSS);20 世纪 80 年代中期,通过将 DSS 与知识系统相结合,提出了发展智能决策支持系统(IDSS)的设想;此后,开始出现了经理信息系统(EIS)、联机分析处理(OLAP)等。到了 20 世纪 90 年代中期,人们开始关注和开发基于 Web 的 DSS,随着 Internet 的革命性发展和深入应用,基于分布式的、支持群体网络化和远程化协同的情报分析与综合决策支持系统逐步浮出水面并开始走向应用;随着人工智能技术的不断发展,DSS 的智能化程度越来越高,对人们决策的支持能力也越来越强大。

### 9.2.2 决策支持系统的组成

决策支持系统的组成也是随着人们对决策支持系统的研究和应用发展而不断发展的。在 20 世纪 70 年代,研究开发出了许多较有代表性的 DSS,到 70 年代末,DSS 大都由模型库、数据库及人机对话子系统三个部件组成。三者成三角形分布,是最基本的结构,如图 9-3 所示。

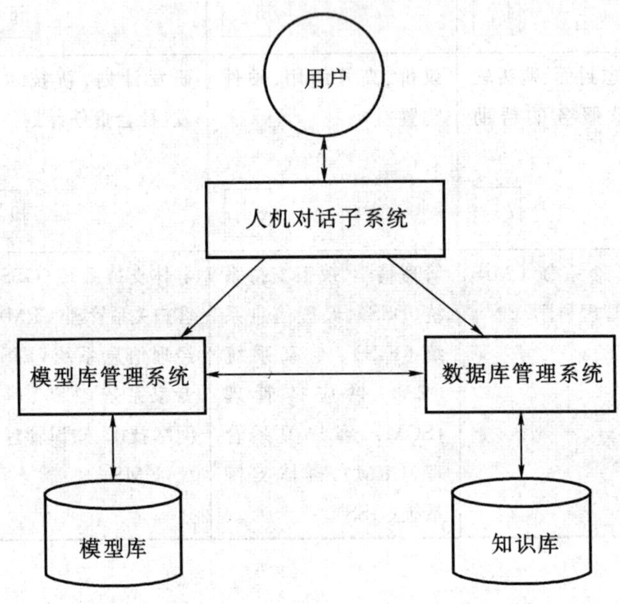


图 9-3 DSS 的"三部件"结构

20世纪80年代初，DSS增加了方法库与知识库，DSS结构也逐渐发展成由人机接口、数据库、模型库、知识库、方法库5大部件以及相应的管理系统组成。因此，从一般意义上说，DSS是由人机接口、对话管理系统、数据库、数据库管理系统、模型库、模型库管理系统、知识库、知识库管理系统、方法库和方法库管理系统10个基本部件进行不同的集成、组合而成的。如图9-4所示，大多数DSS都可以认为是这10个基本部件的不同的集成和组合。

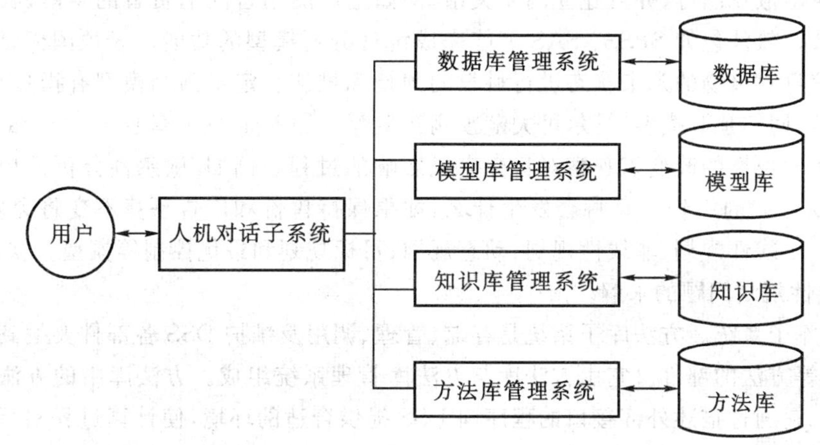


图9-4 DSS的一般结构

(1)人机对话子系统。人机对话子系统是DSS与用户之间的交互界面，用户通过人机对话子系统控制实际DSS的运行。DSS既需要用户输入必要的信息和数据，同时要向用户显示运行的情况以及最后的结果。它是DSS中的重要组成部分，因为在决策过程中，有大量是人和计算机相互配合共同完成的。

一个要能很好地实现计算机与用户之间人机交互的人机对话系统，通常必须考虑三个元素：一是交互设备，它是计算机系统的物质基础；二是交互软件，它是人机交互的核心，向用户提供各种交互功能，以满足系统预定的要求；三是人的因素，它是与用户的各种特征有关的因素。

人机对话子系统通常需要提供如下功能：一是提供丰富多彩的显示和对话形式，集成常见的人机界面技术，如菜单、窗口、命令语言、自然语言、多媒体和可视化技术等；二是数据的输入输出转换；三是控制DSS的有效运行，对话子系统在DSS中的主要任务就是组合模型和数据，并控制DSS的运行，人机交互正是DSS运行的特有表现形式。

(2)数据库子系统。数据库子系统是存储、管理、提供与维护用于决策支持数据的基本部件，由数据库和数据库管理系统两部分组成。近年来，逐渐成熟的数据仓库技术也被引入到DSS系统中，特别是一些对数据分析和挖掘能力要求高的一些大型分析类DSS中。集成了数据仓库功能的数据库子系统能对DSS分析与决策提供有力的数据部件支持。

(3)模型库子系统。模型库子系统是构建和管理模型的计算机软件系统，由模型库和模型库管理系统两部分组成。模型库用来存放模型。模型的表示通常以计算机程序形式表示，如子程序、语句等。模型的动态形式则可以以某种方法运行，通过输入、输出、计算等进行处理。模型库管理系统可进行模型的静态管理和动态管理(运行管理)。静态管理包括模型字典管理、模型文件管理，以及模型字典和文件的索引、增删等。动态管理则包括控制模型的运行、管理模型与数据库部件之间的接口等功能。模型库子系统是DSS的核心部件，通过模型或模型的组合来辅助决策是DSS的初衷和核心思想。

常用于决策分析的模型有：①财务模型——有现金流量、内部回报率、投资分析等模型，如Excel等电子表格程序具有这些简单模型的求解功能。②统计分析模型——包括计算均值、标准方差和输出散点图等，并可建立因果关系，例如把产品销售同消费者的年龄、收入或其他因素联系起来。软件包如SPSS、SAS等能完成统计分析模型的功能。③预测模型——用事物过去已知信息对事物的未来状态进行科学的预计和推测。定量预测模型有指数平滑模型、季节预测模型、回归预测模型、马尔可夫链预测模型等。④What-if模型——“what-if”分析对决策变量作假设性的改变以观察对目标变量影响的过程。例如，敏感性分析模型提高售价5%或追加10万元的广告预算将会发生什么，如果保持售价和广告预算不变将会发生什么。⑤优化模型——线性规划、非线性规划、动态规划、目标规划和最优控制等模型。软件包LINDO专用于线性规划问题的求解。

(4)方法库子系统。方法库子系统是存储、管理、调用及维护DSS各部件要用到的通用算法、标准函数等方法的部件。它由方法库与方法库管理系统组成。方法库中的方法一般用程序方式存储。它通过描述外部接口的程序向DSS提供合适的环境，使计算过程实行交互式的数据存取，从数据库中选择数据，从方法库中选择算法，然后将数据和算法结合起来进行计算，并以直观清晰的呈现方式输出结果，供决策参考使用。方法库内存储的方法程序一般有：排序算法、分类算法、最小生成树算法、最短路径算法、计划评审技术、线性规划、整数规划、动态规划、各种统计算法、各种组合算法等。

(5)知识库子系统。知识库子系统是有关规则、因果关系及经验等知识的获取、解释、表示、推理以及管理维护的部件。由知识库与知识库管理系统组成。知识库以结构化的形式存储了有关的经验和知识，通过推理机完成知识的推理过程。知识库管理系统主要集中管理决策问题领域的知识(规则和事实)的获取、表达、管理等功能。

从20世纪80年代开始，人们对于DSS结构的理解发生了一些变化，1981年，R. H. Bonczek提出另一种DSS组成——DSS的“三系统”结构，如图9-5所示。

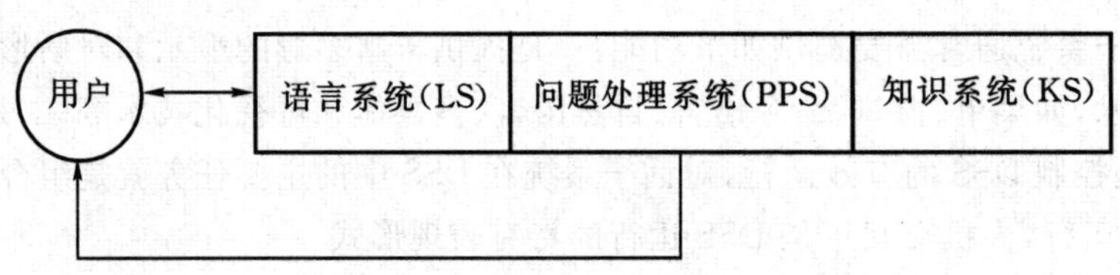


图9-5　DSS的“三系统”结构

在这一结构下，DSS由语言系统(LS)、问题处理系统(PPS)和知识系统(KS)三系统组成。语言系统(LS)提供人机交互过程中的语法、句法、语义、语用等分析；问题处理系统(PPS)提供识别问题和分析问题的能力；知识系统(KS)提供从基本的数据文件或数据库到更广泛的问题领域规律性描述以及定性的经验性知识等。

“三系统”结构如如下特征：

(1)强调语言(特别是自然语言)在接口中的重要作用；

(2)强调问题处理系统的重要性；

(3)把数据、模型、规则统一归为知识系统，强调知识在DSS中的作用。

上述结构的优点是突出了DSS的问题处理特性，明确了语言系统在人机交互中的作用以及统一了知识的看法；缺点则是忽略了数据库和模型库系统之间的区别和关系，其系统结构接近于专家系统(ES)。

**【DSS应用案例】**

**美国CSX运输公司计算机辅助路线安排及车辆调度DSS**

CSX是全球唯一的集铁路、集装箱运输和后勤服务于一体的排名第一的集团。公司的目标是：在业务的各个领域都处于领先地位，为顾客提供高效的、富有竞争力的运输及相关的服务，为股东带来很好的利润。

CSX在中国、澳大利亚、欧洲、俄罗斯和多米尼加共和国提供终点站到终点站的服务。公司还提供仓库管理，设备保养和终端系统服务，同时提供水运和其他内陆航线等广范围的服务。

CSX运输公司开发了一个名为计算机辅助路线安排及调度(Computer Aided Routing and Scheduling, CARS)的决策支持系统，该DSS被用来在CSX铁路系统内探索路线安排与高度之间的战略关系。路线安排是指为了将货物从出发点运到目的地所需要的经过的合适道路，调度是指货物应该在什么时间出发。在给定的一系列要求条件下，系统运用了一个被为模拟退火的启发式算法来确定较好的路线和调度时间。系统将收到的需求和成本作为输入数据，经过分析产生路线和调度时间安排，接着连同表示路线成本和运行状况的报单与表格一起显示调度时间及路线安排图形。在这个案例中，管理层将DSS作为一个战略决策工具，它也可以解决其他战略问题，例如购买或租赁列车，使用不同速度的火车，增加铁路调车场的吞吐量等。在上述的每一个例子中都需要往系统内输入历史需求数据，而且系统还要计算现实的调度时间和路线安排并且比较不同的报表。

## 9.3 智能决策支持系统

### 9.3.1 智能决策支持系统的概念

传统的DSS对复杂性、动态性高的非结构化问题的决策支持仍然不足，随着人工智能(artificial intelligence, AI)领域研究的推进，如何将人工智能技术引入到传统DSS中，形成智能型决策支持系统，成为一个重要的方向。

人工智能是指让机器模仿人类的思维与行为的一门学科。人工智能研究的是如何用人工方法和技术，即用各种自动机器或计算机模仿、延伸和扩展人的智能，实现某些“机器思维”或脑力劳动的自动化。人工智能是一个综合性很强的新兴学科，有多个分支领域，典型的有专家系统、神经网络、遗传算法等。

智能决策支持系统(intelligence decision supporting system, IDSS)，是决策支持系统(DSS)与人工智能(AI)技术相结合，应用人工智能技术，使DSS能够更充分地应用原有的知识，如关于决策问题的描述性知识、决策过程中的过程性知识、求解问题的推理性知识，通过逻辑推理来帮助解决复杂的决策问题的辅助决策系统。它既有处理定量问题的功能，又有处理定性问题的功能。IDSS 的核心思想是将 AI 与其他相关科学成果相结合，使 DSS 具有人工智能，可简单地表达为以下公式：

智能决策支持系统(IDSS)＝决策支持系统(DSS)＋人工智能(AI)

## 9.3.2 智能决策支持系统的基本结构

人工智能技术融入 DSS 后，使 DSS 在模型技术与数据处理技术的基础上，增加知识推理技术，提高辅助决策能力。智能决策支持系统(IDSS)的基本结构如图 9－6 所示。

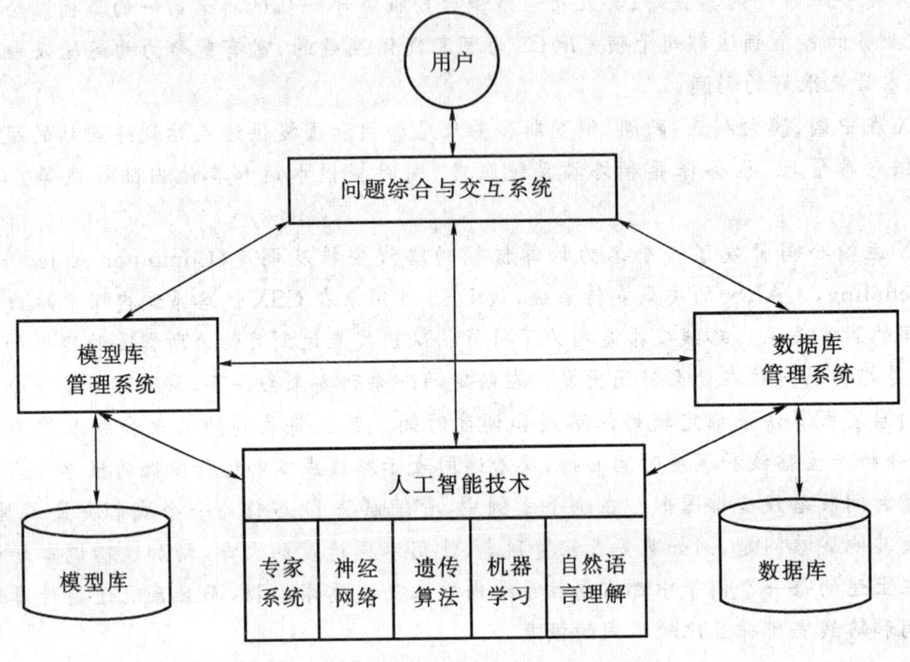


图 9－6　智能决策支持系统的基本结构

与决策支持有关的人工智能技术主要有专家系统、神经网络、遗传算法、机器学习、自然语言理解等。

(1)专家系统：用大量的专门知识解决特定领域中的实际问题的计算机系统，可以通过对问题进行推理而得出相应的结论，或者提出合适的建议。

(2)神经网络：利用神经元的信息传播模型进行学习和应用，可以通过训练学会识别模式。

(3)遗传算法：模拟生物遗传过程的群体优化搜索方法，通过这种方式，可以为具体问题产生循序渐进的解决方案。

(4)机器学习：让计算机模拟和实现人类的学习，获取解决问题的知识。

(5)自然语言理解：让计算机理解和处理人类进行交流的自然语言。

人工智能技术在智能决策支持系统(IDSS)的实际应用中，更多地表现为知识库和知识推理机，因此智能决策支持系统的结构可以简化为图 9－7 所示。

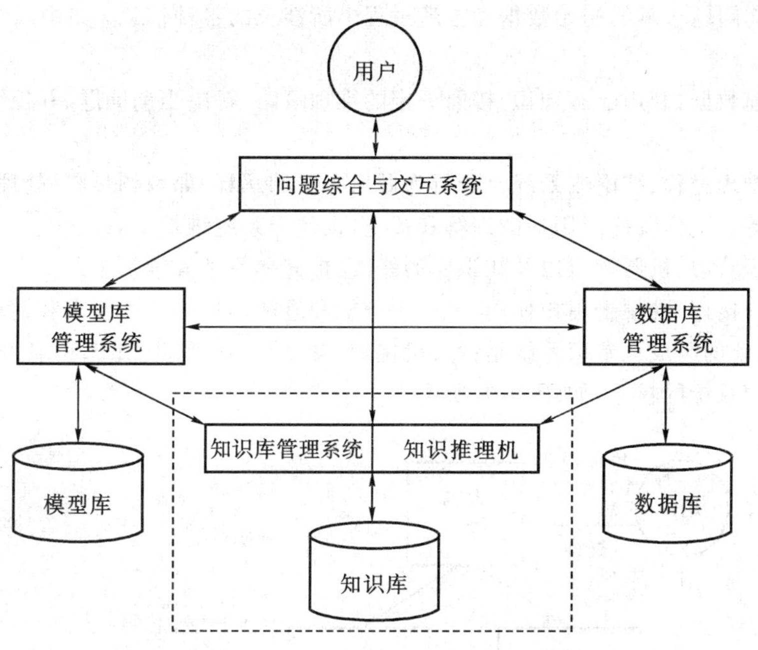


图 9-7 智能决策支持系统的简化结构

## 9.3.3 用于决策支持的智能技术

1. 专家系统技术及应用

(1)专家系统的概念。专家系统是一类包含知识和推理的智能计算机程序系统,含有大量的某领域专家水平的知识与经验,能够利用人类专家的知识和解决问题的方法来处理该领域的问题。简言之,它是一种模拟人类专家解决领域问题的计算机程序系统。

世界上第一个专家系统是 1965 年由 E. A. Feigenbaum 等人研究的 DENDRAL 专家系统,可以帮助化学家推断分子结构。目前专家系统是人工智能领域发展最为成熟的一个领域。

专家系统具有如下特点:

①具有丰富的经验和知识。专家系统包含了事实和规则等知识,并能基于知识高效地推出结论。

②能进行符号处理。专家系统采用符号表示知识,将问题的概念表示成符号的集合,通过各种推理策略和启发式经验进行问题求解。

③能根据不确定的知识进行推理。专家系统最重要的一个特点是能处理不完备或不十分准确的知识,专家系统通过运用概率学、统计学和启发学来解决处理此类问题。

④能对它们的推理或提议的决策做出解释。能解释其推理过程的能力是计算机化专家系统的最有价值的特点,专家系统的用户可以访问到结论后面的推理过程。

⑤推理形式不固定。随着问题的不同,推理过程也不一样。

通常,存放知识和运用知识进行问题求解是专家系统的两个最基本的功能,专家系统的具体功能如下:

①存储问题求解所需要的知识。

②存储具体问题求解的初始数据和推理过程中所涉及的各种信息，如中间结果、目标、假设等。

③根据当前数据，利用已有知识，按照一定的推理策略，解决当前问题，并控制和协调整个系统。

④能够对推理过程、结论或系统自身行为做出必要的解释，如解题步骤、处理策略、选择处理方法的理由等。这样既便于用户的理解和接受，也便于系统维护。

⑤提供知识获取、机器学习以及知识库的修改、扩充和完善等维护手段。

⑥提供用户接口，既便于用户使用，又便于分析和理解用户的各种要求和请求。

(2)专家系统的组成。专家系统是由人机接口、知识库、推理机、知识获取组成的，知识库和推理机是专家系统的核心，如图 9-8 所示。

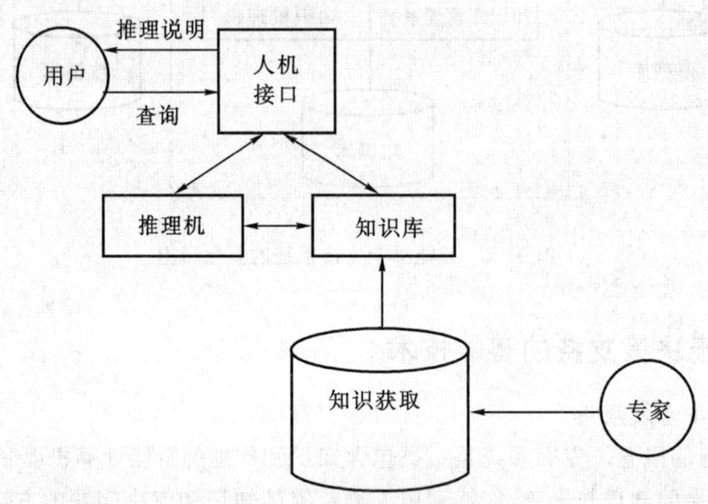


图 9-8 专家系统的构成

①人机接口：将用户的咨询和专家系统推出的建议、结论进行人机间的翻译和转换。

②知识获取：把专家的知识或从资料中获取的知识，按照一定的知识表示形式输入到知识库中，进行知识获取。

③知识库：存放领域专家提供的知识，是推理机工作的对象。

④推理机：利用知识库中的知识进行推理。

(3)专家系统的应用。专家系统被广泛应用到不同的领域，形成了以下各具特色、不同用途的专家系统。

①解释专家系统：对已知的信息和数据进行分析和解释，确定它们的含义。典型的例子有语言理解、图像分析、系统监视、化学结构分析和信号解释等。如通过解释扫描密度计上的数据诊断红肿情况的 SPE 系统，根据扫描密度计上的各种不同波形对病人身上引起红肿的不同原因进行解释。

②预测专家系统：根据过去和现在的情况，运用知识预测未来趋势。典型的例子有气象预报、军事预测、人口预测、交通预测、经济预测和粮食产量预测。如 PLANT/cd 可以预测黑夜中害虫对玉米的危害。

③诊断专家系统：根据观察或输入的数据，诊断对象存在的故障。典型的例子有医疗诊断、电子机械和软件故障诊断等。如用于诊断和治疗感染性疾病的 MYCIN 系统、诊断汽车柴油引擎故障原因的 CATS 系统等。

④设计专家系统：根据设计要求，满足设计问题约束的目标配置，涉及电路设计、土木建筑工程设计、计算机结构设计、机械产品设计、生产工艺设计等。如专门设计小型马达弹簧与碳刷的专家系统 MOTOR BRUSH DESIGNER。

⑤规划专家系统：找出某个能够达到给定目标的动作序列或步骤，包括生产调度、物资供应、交通运输计划等。如辅助规划 IBM 计算机主架构的 CSS 系统、辅助物资管理的PlanPower专家系统等。

⑥监控专家系统：对系统、对象或过程的行为进行不断观察，以发现异常并发出警报，可用于核电站的安全监视、防空监视与警报、国家财政的监控等。

⑦控制专家系统：自适应地管理一个受控对象或客体的全面行为，使之满足预期要求，可用于商业管理、作战管理、生产过程控制和生产质量控制等领域。如帮助 Digital Corporation 计算机制造及分配的控制系统 PTRANS。

⑧调试专家系统：可对已确认的故障给出排除方案，或根据对象和故障特点从多种纠错方案中选择最佳方案，可用于新产品或新系统调试、被修设备的测试与试验等。如分析电话交换机故障原因及建议该如何维修的专家系统 COMPASS。

⑨教学专家系统：可根据学生特点、弱点和基础知识以适当的教案和教学方法对学生进行教学和辅导。各种智能计算机辅助教学系统、智能模拟训练系统都属这类专家系统。如教导使用者学习操作系统的 TVC 专家系统等。

⑩修正专家系统：可制定并执行已经诊断出问题的修正计划。如航天控制系统、电话电缆维护系统等。

需要说明的是，一个专家系统并不一定只有单一用途，可能同时具备上述多种应用功能，如用于诊断和治疗感染性疾病的 MYCIN 系统兼具调试和诊断功能。

**2. 神经网络技术及应用**

神经网络，经常称为人工神经网络(artificial neural networks，ANN)，是在现代神经生物学研究成果的基础上发展起来的一种模拟人脑信息处理机制的网络系统，它不但具有处理数值数据的一般计算能力，而且还具有处理知识的思维、学习和记忆能力。简单地讲，它是一个数学模型，可以用电子线路来实现，也可以用计算机程序来模拟，是人工智能研究的一种方法。

神经网络反映了人脑功能的基本特性，但它不是人脑的真实描写，只是它的某种抽象、简化与模拟。神经网络系统是由大量的，同时也是很简单的处理单元——神经元，通过广泛的相互连接而形成复杂网络系统。虽然每个神经元的结构和功能十分简单，但由大量神经元构成的网络系统的行为却十分复杂，是一个高度复杂的非线性动力学系统，不但具有一般非线性系统的共性，还具有自适应性、自组织等特性。

神经网络系统在应用上具有如下一些特点：

(1)并行分布处理。神经网络具有高度的并行结构和并行处理能力，同时具有处理复杂多模式的能力，特别适于实时控制和动态控制。

(2)非线性映射。神经网络具有固有的非线性特性，可以建立复杂的非线性关系模型，给非线性控制问题的实现带来了希望。

(3)通过训练进行学习。神经网络具有学习和记忆的功能,可以通过历史数据或外界输入的数据进行训练,达到修改自身结构、优化自身功能的目的,因此神经网络具有自学习、自适应以及联想、推测和记忆的功能,可以处理不确定的或未知的系统。

(4)适应与集成。神经网络具有很强的信息综合能力,能同时处理定量和定性的信息,很好地协调多种输入信息,适用于多信息融合和多媒体技术,特别适用于复杂、大规模和多变量系统的控制。

(5)软件硬件实现。神经网络模型和算法可以通过软件、硬件进行实现。近年来,一些超大规模集成电路的硬件已经问世,且可从市场上购到,使得神经网络成为具有快速和大规模处理能力的实现网络。许多成熟的软件产品都包含了神经网络软件实现,如 Matalab、SAS 等。

神经网络无法代替人脑,但它能帮助人类扩展对外部世界的认识和智能控制。人的大脑神经系统十分复杂,可实现的学习、推理功能是人造计算机不可比拟的。但人的大脑在对于记忆大量数据和高速、复杂运算方面却远远比不上计算机。以模仿大脑为宗旨的神经网络模型,配以高速电子计算机,有望将人和机器的优势结合起来,大大提高人对客观世界的认识能力。

神经网络有着广阔的应用领域和应用前景。除了应用于语音识别、计算机视觉、智能机器人、故障检测、语言翻译等自然科学领域,在管理领域也有着广泛的应用:

①管理绩效评价,如供应链管理绩效评价、工程项目绩效评价等;

②风险管理,如银行贷款风险管理、企业财务风险预警等;

③人力资源管理,如人才选拔、胜任力测评等;

④市场分析,如金融、银行、证券、股票、保险等行业的分析、评估、预测等;

⑤运输优化,如物资调运的最小成本求解等;

### 3.遗传算法技术及应用

遗传算法(genetic algorithm,GA)模拟生物进化过程的自然界遗传学——选择、交叉、变异,把自然界有机体优胜劣汰的自然选择、适者生存的进化机制与同一群体中个体与个体间的随机信息交换机制相结合,是一种借鉴生物遗传机制的全局随机搜索算法。

1975 年美国密歇根大学的学者 J. Holland 首次系统地阐述了遗传算法的基本理论和方法。1980 年 Smith 教授将遗传算法应用于机器学习领域,研制出了一个著名的分类器(Classifier)系统。进入 20 世纪 90 年代后,遗传算法作为一种实用、高效的优化技术,得到了极为迅速的发展。

遗传算法模仿适者生存的进化过程,产生一个问题的逐步改进的解决方案,并使用生物进化的三个概念:

①选择:优先考虑好的结果;

②交叉:因为希望产生一个更好的结果,而将几个好的结果搭配在一起;

③变异:随机组合并评估其结果的成功与失败。

遗传算法的基本工作过程如下:

①首先将问题的每个可能的解按某种形式编码,编码后的解称作染色体(个体)。

②随机选取 N 个染色体构成初始种群,再根据预定的评价函数对每个染色体计算适应值,使得性能较好的染色体具有较高的适应值。

③选择适应值高的染色体进行复制,通过交叉、变异等遗传运算来产生一群新的更适应环境的染色体,形成新的种群。

④这样一代一代不断繁殖，最后收敛到一个最适应环境的个体上，求得问题的最优解或次优解。

遗传算法提供了一种求解复杂系统优化问题的通用框架，不依赖于问题的具体领域，对问题的种类有很强的鲁棒性，广泛应用于各种应用学科中：

①智能控制方面，如机器人控制、防避导弹控制等；

②决策规划方面，如生产规划、并行机任务分配、优化调度等；

③设计方面，如通信网络设计、发动机设计等；

④组合优化方面，如背包问题、图划分问题等；

⑤图像处理方面，如图像识别、图像恢复、特征抽取等；

⑥信号处理方面，如滤波器设计等；

⑦知识发现方面，如规则提取、数据挖掘等。

**4. 智能代理技术及应用**

智能代理，即 intelligent agent，又简称 agent。agent 是当前计算机科学领域中的一个重要概念，已被广泛应用于人工智能(AI)、分布计算、计算机支持协同工作(CSCW)、人机界面等计算机科学领域。智能代理是指在某一环境下能持续自主地发挥作用、具有生命周期的计算实体。

作为智能代理的软件或硬件系统一般具有如下基本特征：

(1)自主性。自主性是智能代理的一个重要属性。智能代理具有属于其自身的计算资源和局部于自身的行为控制机制。智能代理能在没有人类或其他 agent 的直接干涉和指导的情况下持续运行，并能根据其内部状态和感知到的环境信息，决定和控制自身行为。

(2)社会性。智能代理处于由多个 agent 构成的社会环境中，它的行为必须遵循和符合agent社会的社会规则。agent 拥有其他 agent 的信息和知识，并能通过某种 agent 通讯语言与其他 agent 实施灵活多样的交互和通讯，能够有效地与其他 agent 进行合作。

(3)反应性。智能代理能够感知所处的环境(可能是物理世界，或操纵图形界面的用户，或与它进行交互和通讯的其他 agent 等等)，并能对环境中发生的相关事件(如 agent 间的交互和通讯，系统中特定事件的发生)做出适时反应。

(4)主动性。智能代理能够遵循承诺采取主动的行动，它的行为是为了实现其内在的任务，因而智能代理是一个目标制导的行为实体，能够在条件满足时主动将相关信息提供给agent。

智能代理技术最初应用于商业领域，随着通信技术和网络信息技术的迅速发展，其特性和功能也不断地扩展，主要应用在智能搜索代理、数字图书馆、电子商务和远程教育的研究和开发等领域。

①智能搜索方面，如网络信息检索的智能化和个性化等；

②数字图书馆方面，如为用户提供主动、个性化的信息服务等；

③远程教育方面，如教师代理、学生代理等；

④电子商务方面，如电子商务交易过程自动化、商品信息检索等。

# 9.4 群体决策支持系统

## ➢9.4.1 群体决策与群体决策支持系统

在组织中，大多数重大决策都不是某个个体完成的，而是群体决策的结果。相比个体决策，群体决策具有如下特点：

①通常决策的正确性更高，但速度较慢；

②集思广益，决策可能更具创造性；

③可能出现风险极端化，可能过度保守或过度冒险；

④群体成员关系好坏可能左右决策效能；

⑤决策群体的构成对群体决策的影响较大。

传统的DSS无法支持多决策成员的协同和决策过程。为了支持群体决策过程，Desanctis和Gallupe于1987年提出了群体决策支持系统的概念，此后成为DSS领域的一个重要分支，代表着DSS未来的一种发展趋势。

群体决策支持系统(group decision support system，GDSS)，是指在系统环境中，多个决策参与者共同进行思想和信息的交流，群策群力，寻找一个令人满意和可行的方案，但在决策过程中只由某个特定的人做出最终决策，并对决策结果负责。

通过群体决策支持系统(GDSS)的引入，有助于为群体决策过程提供如下支持：

①提供一套方便操作和使用的决策规程；

②对决策过程中的信息交流进行控制，通过限制不必要的感情式的相互作用，控制、协调参与者的关系，加强通信，消除差异；

③提高决策成员对决策结果的满意度和置信度；

④自动选择合适的群体决策技术；

⑤对可行的决策方案进行分析计算和解释；

⑥如果群体决策无法得出一致，则讨论个体决策差异或提出重新定义问题的建议。

## ➢9.4.2 群体决策支持系统的基本结构

群体决策支持系统GDSS的基本结构如图9-9所示。

GDSS对传统DSS结构进行了扩充，扩充的内容包括：

①增加了一个通信库，方便决策参与者之间进行交流。

②加强了模型库功能，提供了投票、排序、分类评估等功能来实现达成一致的决策。

③系统使用前能够快速准备并具有协调能力，如安排会议议程，事先让与会者熟悉相关数据文件和决策模型等。

④扩充了必要的物理设备。

一个群体决策支持系统(GDSS)通常由硬件、软件、用户接口及人(群体决策者及其协调者)构成：

(1)硬件。GDSS的硬件包括主机、外部存储器(磁盘)、I/O设备、通信线路和用户接口。根据GDSS的类型不同，所使用的硬件也不同。简单GDSS应有一个分时系统的主机、I/O设

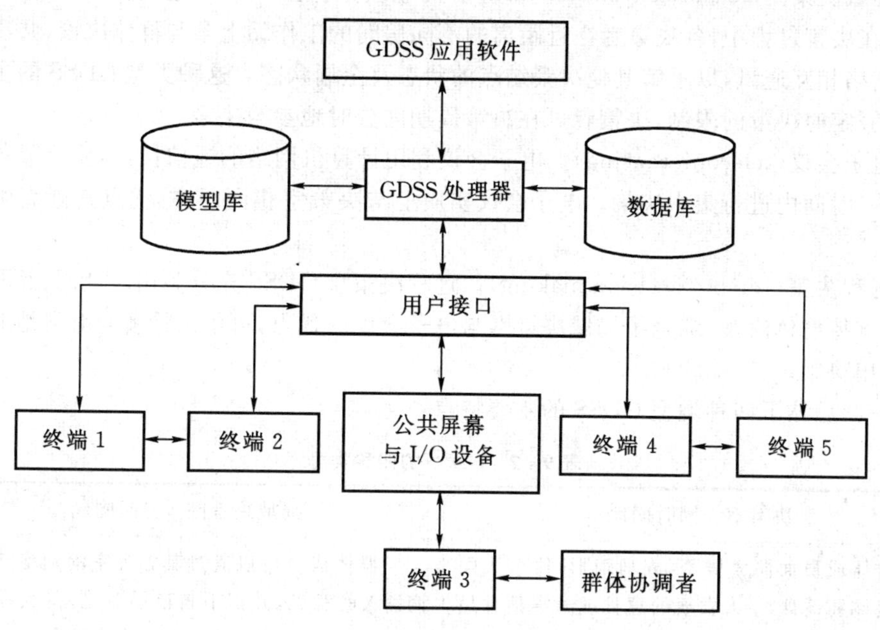


图 9-9 GDSS的基本结构

备、通信线路和给群体显示信息用的公共电视屏幕及用户接口。高级GDSS应有多个主机和计算机网络。对于GDSS环境中的通信技术的要求，取决于GDSS的所在地理环境，可以用公用电话线、专用线或无线电信道来支持联机系统，可以用局域网或广域网连接多个主机及微机工作站，从而使群体中的每个成员都能通信对话，实现电子邮件、计算机会议和电视声像会议。

(2)软件。GDSS软件包括GDSS处理软件、数据库、模型库、程序设计语言、操作系统、通信规程和用户软件接口等。GDSS处理软件负责以下事务：生成文本和数据；显示数据和图形；管理模型库、方法库和数据库；提供专门的群体决策会议程序；实现群体成员间、群体成员与协调员之间，及群体成员与计算机之间的数据传送。数据库主要提供解决问题的基础数据、决策事实和存放决策结果。模型库则提供各种决策模型、方法和处理模型。

(3)人——群体决策者及其协调者。系统中的群体协调者即系统操作员，他是群体成员与系统之间的桥梁，起着群体与系统技术之间接口的作用。他具体操作GDSS软件，必要时给群体显示所需要的信息，并协调群体成员之间的活动，以及群体成员与系统间的关系。决策者则是实际参与决策的人，他们往往需要GDSS提供有关数据、模型、方法等决策资源。

## 9.4.3 群体决策支持系统的应用

GDSS按照决策时间和群体成员地理上的邻近程度可分为决策室、局域决策网、电子会议、远程决策四种应用类型。

(1)决策室(decision room)。决策室的主要特征是决策者面对面地在同一时间和地点进行群体决策。设立一个与传统会议室相似的决策室，决策者通过互联的计算机站点相互合作完成决策。决策室是相对较简单的GDSS，主要缺点是不能有效地屏蔽各决策者之间的相互影响。

(2)局域决策网(local decision network)。局域决策网型 GDSS 建立在局域网(LAN)的基础上。在决策过程中,各决策者在近距离的不同房间的工作站上参与群体决策,共享决策资源,通过网络相互通讯,以了解其他决策结点的状态及全局状态。这种类型 GDSS 的主要优点是可以克服定时决策的限制,决策者可在决策周期内分时地参与决策。

(3)电子会议(teleconferencing)。电子会议利用计算机网络的通信技术,使分散各地的决策者在同一时间内进行集中决策。电子会议实质上与决策室相同,它的优点是能克服空间距离的限制。

(4)远程决策(remote decision making)。远程决策型 GDSS 充分利用广域网、互联网等信息技术来支持群体决策,综合了局域决策网与电子会议的优点,可使决策者异时异地共同对同一问题做出决策。

表 9-2 总结了四种类型 GDSS 的主要特点:

**表 9-2　GDSS 的四种类型**

| 决策室　同时同地 | 局域决策网　异时同地 |
|---|---|
| 群体成员面向大屏幕,成马蹄形,每个人面前有终端和键盘,个人发表的意见或所需信息显示在大屏幕上,计算机由群体协调人操纵。 | 群体成员可以通过其办公室的网络终端查询别人的意见,并留下自己的意见,待大家发表完意见后,由小组负责人归纳大家的意见。 |
| 电子会议　同时异地 | 远程决策　异时异地 |
| 群体成员同时在不同的地点参加会议,彼此在大屏幕上显见,通过 GDSS 应用软件和通信工具及时探讨问题。 | 处于地理分散的远程工作站保持不断的通信联系,支持决策群体按照一定的规则进行群体决策,不受时空的限制。 |

# 9.5 商业智能

## 9.5.1 商业智能的概念

商业智能(business intelligence,BI)的概念最早是 Gartner Group 于 1996 年提出来的。Gartner Group 当时将商业智能定义为:商业智能描述了一系列的概念和方法,通过应用基于事实的支持系统来辅助商业决策的制定。

此后人们给商业智能下了许多不同的定义。目前,商业智能通常被理解为:运用数据仓库、联机分析处理和数据挖掘等技术来分析和处理数据,将企业中现有的数据转化为知识,帮助企业做出明智的业务经营决策的工具。

商业智能的概念和决策支持系统有一定交叉,又不完全相同。有人认为商业智能范围广,涵盖了决策支持系统;有人认为商业智能只是决策支持系统的一类。这些争议目前尚无定论。总体上,商业智能可看做一类技术或解决方案的总称,这一类技术或解决方案的目的是连接企业的数据和决策,关键是从许多来自不同的企业运作系统的数据中,提取出有用的数据,进行清理以保证数据的正确性,然后经过抽取(extraction)、转换(transformation)和装载(load),即 ETL 过程,合并到一个企业级的数据仓库里,从而得到企业数据的一个全局视图,在此基础上利用合适的查询和分析工具、数据挖掘工具、OLAP工具等对其进行分析和处理(这时信息变为辅助决策的知识),最后将知识呈现给管理者,为管理者的决策过程提供支持。图9－10显示了商业智能的基本框架。

从管理的角度看,商业智能能提供迅速分析数据的技术和方法,包括收集、分析和管理数据,将这些数据转化为有用的信息,然后分发到企业各处,辅助商业决策的制定。从技术角度看,商业智能是将数据仓库、联机分析和数据挖掘等技术与业务结合起来应用于商业决策的过程,实现技术服务于商业决策的目的。

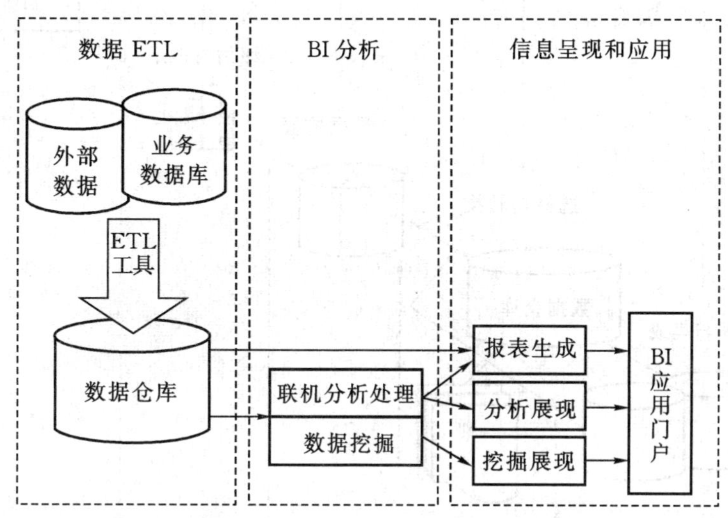


图9－10　商业智能的基本框架

## 9.5.2　商务智能的主要分析工具

**1.联机分析处理**

联机分析处理(on-line analytical processing, OLAP)是使分析人员、管理人员或执行人员能够从原始数据中转化而来的、能够真正为用户所理解的,并真实反映企业维特性的信息同时进行快速、一致、交互的存取,从而获得对数据的更深入了解的一类软件技术。数据仓库则是该类分析的数据基础环境。“维”的概念是联机分析处理的一个核心概念。简而言之,它是人们观察数据的特定“维”角度,如表示产品销售随时间变化的时间维、随地区分布变化的区域维等。因此,OLAP也可以说是多维数据分析工具。

在企业组织的商务智能系统中,联机分析处理是基本的支持复杂分析的工具,可以应管理决策人员的要求,灵活进行大数据量的复杂查询处理,从多方面和多角度以多维的形式来观察企业的状态、了解企业的变化,并且以直观易懂的形式查询结果。例如,一个典型的OLAP查询可能要访问一个多年的销售数据库,以便找到在每一个地区的每一种产品的销售情况;得到数据后,分析人员可能会进一步细化查询,在以地区、产品分类的情况下查询每一个销售渠道的销售量;最后,分析人员可能会对每一个销售渠道进行年与年或者季度与季度的比较。

**2.数据挖掘及应用**

(1)数据挖掘的概念。随着数据库管理系统的广泛应用和企业数据库存储数据量的急剧增大,在大量的数据背后隐藏着许多重要的信息,如何能够把这些信息从存储的大量数据中提取出来,为企业创造更多的价值就成为企业的迫切需要。数据挖掘技术就是这样一种能够从海量数据中挖掘信息的技术。

数据挖掘(data mining, DW)是运用基于计算机的方法(包括新技术),从大量数据中提取出隐藏在数据中的有用信息的过程。简而言之,数据挖掘的目的就是从大量数据中提取或"挖掘"知识。它是从数据库中进行知识发现(KDD)过程的核心部分,如图 9-11 所示。

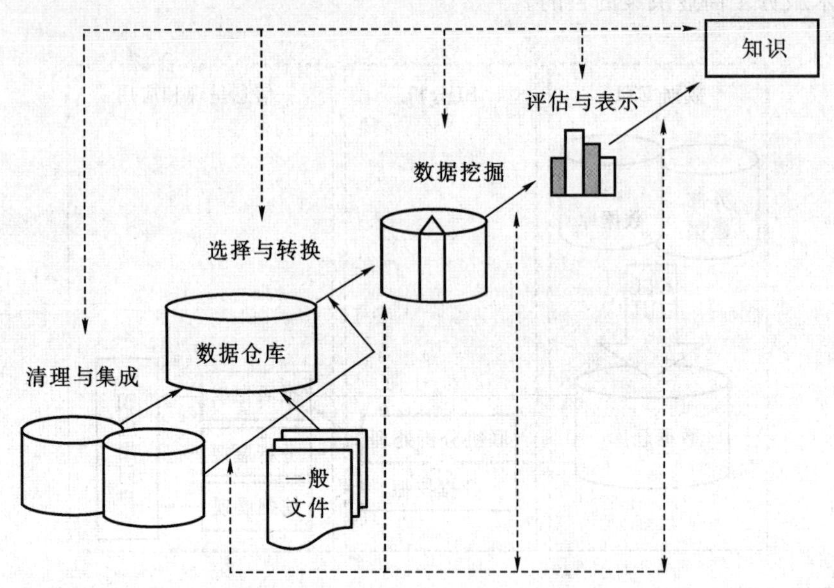


图 9-11　数据挖掘作为知识发现(KDD)过程的核心步骤

①数据清理:消除噪音或不一致数据。

②数据集成:多种数据源可以组合在一起。

③数据选择:从数据库中提取与分析任务相关的数据。

④数据变换:数据变换或统一成适合挖掘的形式。

⑤数据挖掘:核心步骤,使用智能方法提取数据模式。

⑥模式评估:根据某种兴趣度度量,识别提供知识的真正有用的模式。

⑦知识表示:使用可视化和知识表示技术,向用户提供挖掘的知识。

(2)数据挖掘的主要功能和应用。数据挖掘技术是计算机科学、统计学等多学科的汇集,综合了各个学科技术,可以完成多种数据挖掘功能。主要的数据挖掘功能有六类:

①数据特征总结与区分。数据特征总结是对目标类数据的一般特征进行汇总,可以以直方图、饼状图、多维数据方、交叉表等多种形式进行输出,如对某一类顾客的特征汇总。数据区分是将目标类对象的一般特性与一个或多个对比类对象的一般特性比较,如对不同年龄段顾客购买行为的比较等。

②关联分析。关联分析用来寻找数据库中值的相关性。两种常用的技术是关联规则和序列模式。关联规则是寻找在同一个事件中出现的不同项的相关性,如哪些商品经常一块被购买;序列模式与此类似,寻找的是事件之间时间上的相关性,如银行利率调整与随后股市的

变化。

③分类。分类是描述或识别数据类或概念的过程。如银行部门根据以前的数据将客户分成了不同的类别，现在就可以根据这些来区分新申请贷款的客户，以采取相应的贷款方案。

④预测。预测是把握分析对象发展的规律，对未来的趋势做出预见。如对销售活动效果的预测。

⑤聚类。聚类是在不考虑已知分类的情况下对数据类或概念进行区分。它可以在未知分类的前提下，将数据分成不同的群组，使群与群之间差别最大化，同时使同一个群之间的数据相似性最大化。如在不知道要把客户分成几类的情况下进行客户细分，在此基础上可以制定一些针对不同客户群体的营销方案。

⑥孤立点分析。孤立点表示了这一些数据对象，它们与数据的一般行为或模型不一致。孤立点分析可以对分析对象的少数的、极端的特例进行挖掘，揭示内在的原因。如对银行交易数据中隐藏的少量潜在欺诈行为的检测。

数据挖掘技术目前在金融、医药、保险、零售、制造、工程等多个领域得到广泛的应用，如银行利用数据挖掘分析客户使用分销渠道的情况和分销渠道的容量、建立利润评测模型、进行客户关系优化及风险控制等；电信、保险等行业用数据挖掘进行客户流失分析和欺诈甄别等；电子商务网站利用数据挖掘进行商品推荐和服务营销等。在此，不再一一赘述。

## 本章总结

本章介绍信息系统在管理决策方面的支持和应用。首先，介绍了决策的概念、过程和管理决策问题的分类，介绍了管理决策支持的理论基础及技术框架；然后，重点介绍了决策支持系统、智能决策支持系统、群体决策支持系统、商业智能的概念和应用。

## 练习题

### 一、多选题

1. 决策的过程包括(　)

A. 收集信息　　B. 选择方案　　C. 决策实施　　D. 拟定备选方案

2. 大部分 DSS 由(　)三个部件组成。

A. 人机对话子系统　　B. 模型库管理系统　　C. 数据库管理系统　　D. 数据分析子系统

3. 智能决策支持系统(IDSS)＝(　)＋(　)

A. DSS　　B. AI　　C. BI　　D. MIS

4. 决策支持有关的人工智能技术主要有(　)

A. 专家系统　　B. 神经网络　　C. 遗传算法　　D. 机器学习

5. 专家系统的核心是(　)

A. 人机接口　　B. 知识库　　C. 推理机　　D. 知识获取

### 二、简答题

1. 管理决策问题按决策的战略重要性和决策的结构化程度分别可以分为几层？

2. 决策支持系统的结构和功能是什么？

3. GDSS 按照决策时间和群体成员地理上的邻近程度可分为哪些类型？

三、案例分析题

## 上海天马微电子有限公司

上海天马微电子有限公司于2006年4月成立，主要从事液晶显示器及相关产品的设计、制造与销售，进行相关技术的研究开发并提供相关技术的咨询和服务。作为深圳天马微电子股份有限公司的子公司，上海天马微电子公司是前者产业布局中的重要一步。

销售负责人关心产品的如期提交；生产负责人则需按优先级别排定计划，并随时关注设备的质量状况及折旧率；而管理层关心生产线利用率、成本等问题。“必须引入BI，否则玩不转。”面对紧迫的战略目标，上海天马上下对商务智能的企业应用达成共识。上海天马于2007年10月引入商务智能系统，选择了商务智能全球领导厂商Business Objects。上海天马Business Objects项目于2008年4月完成。

随着Business Objects产品Web Intelligence应用的实现，上海天马4.5代TFT-LCD生产线实现了数据的整合，数据访问得以改善，数据准确性大幅提升；在报告制作方面，报告流程效率、精确性有明显改进；沟通状况方面也获得显著提高，生产部门与计划部门、生产部门与物料部门、生产部门与商务部门之间的沟通变得顺畅自如。

Business Objects可以帮助上海天马实现生产现场和生产计划的动态平衡。“未来的目标是将车间管理、质量管理、设备管理等模块与生产现场数据自动采集系统结合起来，实现把计划管理与MES集成，达到对生产过程动态的产量、质量、消耗的实时跟踪，并通过生产过程的反馈数据对生产计划实现动态调整，达到管理控制一体化。同时，实现生产管理与工艺数据、库存数据、成本数据的集成，实现动态物流、动态成本的跟踪管理。”项目负责人表示。

问题：

通过该案例，谈一谈你对商业智能的认识。

# 第10章 信息系统与组织变革、战略

## 学习目的

- 了解组织的基本特征、组织变革的概念
- 了解信息系统与组织变革的关系
- 理解信息系统与组织业务流程重组的关系
- 理解信息系统与组织战略的关系
- 理解信息系统与企业价值链的关系

## 引导案例

**eBay 微调策略**

eBay 已经成为网络拍卖的同义词。它是第一批成功的网络拍卖商中的一员，爆发式发展为一个巨大的电子市场，在线店面有 532000 家。2007 年 eBay 市场收入约达 770 亿美元。无数人在 eBay 上销售商品，数百万人通过 eBay 来贴补收入。eBay 拥有的实时用户达 8300 万。

eBay 的收入主要来源于商品销售费用和拍卖佣金，还有部分收入来源于广告费，此外，还有一些收入来自终端对终端的服务，如 PayPal，它的服务解除了 eBay 的交易障碍，使 eBay 的交易速度加快。

eBay 的增长策略集中于区域扩张，以及持续革新其网站上产品的品种和影响力。eBay 已经开始开发和寻求新产品、新服务，其中包括实时用户在互联网上的操作。它正在形成多元化投资组合，触及互联网每一个赚钱的领域——购物、通信、搜索和娱乐。

PayPal 可以使个人与个人之间通过互联网支付钱款，这给 eBay 带来了额外的交易佣金。eBay 在 PayPal 上的方式使其成为在线交易的保准支付模式，而这个业务中的 40%并非来自 eBay。

2005 年，eBay 获得 Shopping. com(一个在线购物比较网站)的 Skype 技术，该技术可以提供免费或费用很低的网络语音电话服务。一些 eBay 传统上难以渗透的市场，如房地产、旅游、新车销售和高价收藏，与现在提供的服务相比，需要买家和卖家之间更多的沟通，而 Skype 提供的语音通信服务刚好可以解决这个问题。

eBay 正在寻求票据再销售网站 StubHub，并购买了分类广告网站 Craigslist 25%的股权，还并购了 Kurant，现在 Prostores 技术有助于 eBay 用户设置在线店面。一些分析家认为，当 eBay 的个别并购成功时，其并没有创造预期中的协同效应，多样化已经弱化了 eBay 的核心业务——拍卖。

eBay 的拍卖业务也在发生变化。eBay 以固定价格销售大量商品，其固定价格销售收入已占总收入的 40%。以固定价格销售这种业务的增长比在线拍卖的增长速度快。亚马逊和其他竞争对手也在用固定价格吸引更多的消费者。为了转向这种模式，eBay 和网络零售巨人

Buy. com 达成交易，以比零售商更低的服务费，在 eBay 上销售降低了其登记服务费。

虽然经销商强烈反对，但 eBay 认为，由可靠的零售商以固定价格销售可以使在线购物以客为本，并有利于预测。“我们正在挑战我们过去业务的核心假设。”Stephanie Tilenius，eBay 北美区域总经理评价说，“不再关注于仅作为一家拍卖企业，我们现在正在寻找最佳的市场增长点。”这是否会带来大量的网络卖家，淡化 eBay 的品牌和声誉，使其成为一个跳蚤市场，还是会引导 eBay 向电子商务增长最快的方向发展？圈里人对此密切关注。

**思考：**

在 eBay，信息系统是如何有助于企业竞争并且助于企业基于信息技术实现组织内外部环境的相互交融，以保持其竞争优势会遇到的挑战。

（资料来源：Laurie J. Flynn，“EBay Is Planning to Emphasize Fixed－Price Sales Format Over Its Auction Model”，The New York Times，August 20，2008；BradStone，“Buy. Com Deal with Ebay Angers Sellers”，The New York Times，July14，2008，“Profit Climbs for eBay，but Auction Growth Is Slowing”，The New York Times，July 17，2008，and ”EBay’s Leader Moves Swiftly on a Revamping，” The New York Times，January 24，2008；Catherine Holahan，“eBay Changing Identity.” Business Week，April23，2007；and Associated Press，“eBay Rethinks Its Ways as It Enters Middle Age，” accessed via CNN. com，June 18，2007.）

## 10.1 信息系统与组织变革

### 10.1.1 组织的基础知识

1. 组织

组织是人类社会生活中最常见、最普遍的社会结构。组织中人们为了一个明确的目标而在一起工作，彼此分担职责、权利和义务，并通过规章制度、角色分工以及有意识的协作活动来实现目标。组织同时与外部环境保持密切联系，从环境中获取资源、能源和信息，经过转换后又将生成物输送到外界去。

在组织内部，结构是组织为达到目标而设立的关于工作、工作关系和过程的框架，内部有一套管理规则与运行模式。组织文化所代表的核心价值观和行为准则来指导与协调组织行为，在协调过程中，要求作为组织行为主体的人员的价值观念、行为规范应尽量有利于组织的发展，与组织目标一致。组织的结构和过程如图10－1所示。

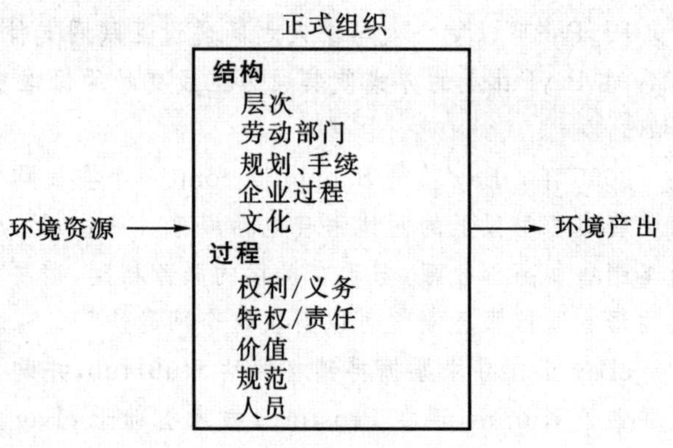


图 10－1　组织的结构过程

2. 组织特性

现代组织具有一定的特征，这些特征会影响组织应用的信息系统类型。下面从组织规程与过程、组织政治、组织文化、组织环境、组织结构这五个方面阐述组织的基本特征。

(1)组织规程与过程。任何一个组织都是由一定数量的人组成的。人员在组织中占核心地位,不仅构建了组织的结构,而且操纵组织的运行,因而人员的行为决定组织目标的实现,人员在工作中开发、生产产品和提供服务的办事规程(routines)决定组织的效率。

组织规程,有时叫做标准运行程序,是在组织文化的指导下,针对组织运作可能出现的所有情况而开发出的规则、标准程序以及实际操作方法。

组织过程是这些办事规程的总和,是组织协调工作、信息和知识的独特方式,以及管理层选择协调工作的方法,是组织产生价值的途径。组织按时间顺序通过过程产生特殊的结果,如开发一个新产品、产品质量检验、客户订单处理、招聘员工都是企业过程,如图10－2所示。

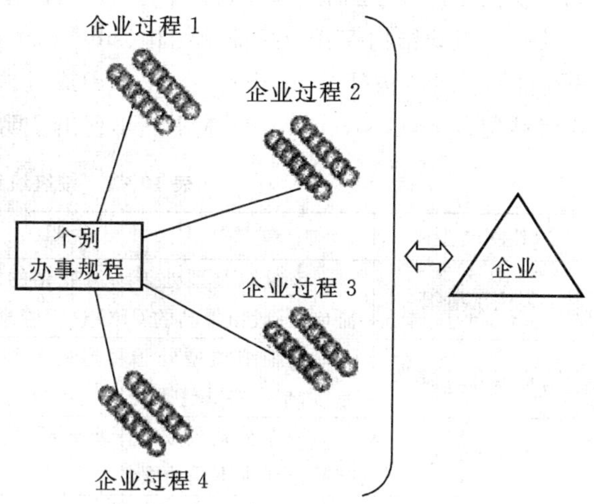


图10－2　办事规程、企业过程和企业

(2)组织政治。组织政治是指组织内为一段时期的任务和路线而规定的行动准则。组织中的每个工作岗位都会安排与之相适应的人员。不同的人有不同的技能、专业知识、阅历,因而对工作、问题的认识、报酬都会有差异。正是因为存在这些差异,所以每个组织内部就会存在权利的斗争、利益的竞争和冲突、工作安排上的矛盾等。好的政策会协调矛盾、激发人们的工作热情和创造力。每当组织发生重大变革时,例如开发一个新的管理信息系统,必然出现政策阻力,因为重大变革会直接触及某些人的切身利益,使某些人的工作岗位、工作条件、工作报酬等发生变化。

(3)组织文化。组织文化是组织自身发展过程中,在处理外部环境和内部出现的种种问题时,所发明、发现或发展起来的具有自己独特的价值观念、职业道德、行为规范和准则的总和,并为全体组织成员普遍认可和遵循。依据组织内涵,组织是组织成员为了实现特定的目标而形成的合法的有机统一体,是一个利益共同体。因此,它要求组织内部成员拥有共同的目标、共同的追求、共同的行为准则以及与之相适应的机构和制度,否则组织就无法正常运作。而组织文化就是努力创造这些共同的价值观念体系和共同的行为准则的基本假说,它揭示了该组织中人们如何处理决策与问题的共识和思维模式以及组织形象。

(4)组织环境。组织环境是组织所处的内外部环境,是客观世界与组织相关联的一部分,是影响组织生存和发展的一切要素的总和。组织外部环境通常分为宏观环境和微观环境。宏观环境包括自然环境、经济环境、政治和法律环境、社会文化环境、科学技术环境以及全球环境;微观环境包括顾客、供应商、竞争对手、政府机构以及特殊利益集团。组织的内部环境包括人力资源、物资设备、资金等物质的实体性因素,也包括法规、章程、规则、条例和规章等制度或体制因素,还包括经营理念、心态、价值观、人际关系等组织文化因素。

环境是组织生存的土壤,它既为组织活动提供资源,同时也必然对组织的活动起制约作用,它们之间相互影响、相互依赖。一方面,组织依赖于组织的内外部环境,没有内部人力资源和生产的管理,没有外部物质与信息的交流,组织就无法发展;另一方面,组织会选择和改造它所处的环境。对环境动态适应的过程中，组织从环境中选择它需要的资源进行输入，而它的输入又将改变外部环境使之朝着对组织有利的方向发展。例如，企业形成联盟影响竞争格局。

(5)组织结构。组织结构是为了实现组织目标，组织内部关于分工协作、职能、责任、权利关系的一套制度体系，它阐明各项工作如何分配，谁向谁负责及内部协调机制。管理者在进行组织结构设计时，必须考虑六个关键因素，即工作专门化、部门化、命令链、控制跨度、集权与分权和正规化。此外，还需遵循相应的、组织结构设计的基本原则。

典型的组织结构模式包括简单结构(simple structure)或创业型结构(entrepreneur structure)、官僚层级结构(bureaucracy structure)或机械型组织、事业部结构(divisional structure)和矩阵结构(matrix structure)。表 10－1 列出了明茨伯格的组织分类法，一共五种基本类型。

**表 10－1　按组织结构分类**

| 组织类型 | 说明 | 例子 |
|---|---|---|
| 创业型组织 | 该组织类型处于动态变化的环境中。该类型结构简单，一般由最高的 CEO 进行管理。 | 小的创业企业 |
| 机械型组织 | 该组织类型处于稳定的环境中，生产标准化的产品，由于集中式管理团队和集中式制定决策而占据优势。 | 中型制造企业 |
| 事业部组织 | 一个公司分成若干事业部，每个事业部生产不同的产品或提供不同的服务。 | 通用汽车 |
| 专业型组织 | 以知识为基础的组织，其产品和服务依赖于专家的专业和知识，在集中化较弱的组织中该类型占有优势。 | 律师事务所、学校、医院 |
| 灵活型组织 | 该组织必须对环境变化快速做出反应，由大批的专家组成项目小组，项目小组的存续时间较短，并且集中式管理较弱。 | 咨询公司如兰德公司 |

3. **组织变革**

组织在一段时间内，处于稳定有序的结构和平衡状态，但在内外界某一因素的影响下，原有的平衡可能被破坏，因素之间出现冲突，于是组织内部便会分析出现的问题、寻求解决方案，以求取得新的平衡。组织总是进行在由“平衡→冲突→解决冲突→新一轮的平衡”的演变过程中，这种周而复始的演变推动着组织的发展。

组织变革是指组织根据内外部环境的变化，调整并改善自身结构与功能以提高生存和发展能力的过程。一般组织变革的经历着四种方式，即自动化、合理化、流程重组和立足点转移，四种方式的风险性和回报的可能性逐渐加大，如图 10－3 所示。

(1)自动化。自动化是对组织业务环节工作模式的改善，通过导入基于先进技术的应用，代替由人工完成的业务环节，以提高工作质量和服务效率。自动化是信息技术支持组织变革的最基本的方式。例如，自动化计算工资、打印报表可以使会计人员可以快速、高质量地完成工作。

(2)合理化。合理化是适应自动化发展的需求而对生产过程的变革。由于自动化改善了生产过程中的某些环节，也会产生新的瓶颈，暴露出原有过程的烦琐和不便。过程合理化就是简化标准的操作过程和不必要的环节，消除明显的瓶颈，使自动化操作过程更为有效。

(3)流程重组。流程重组是更为强有力的组织变革方式。它要对企业的业务过程进行分析、简化和重新设计，包括对工作流程的重新认识，为降低成本而重新审视企业原有的产品制造和服务过程等。企业的业务流程是指为企业产出而执行的一系列逻辑相关的任务。

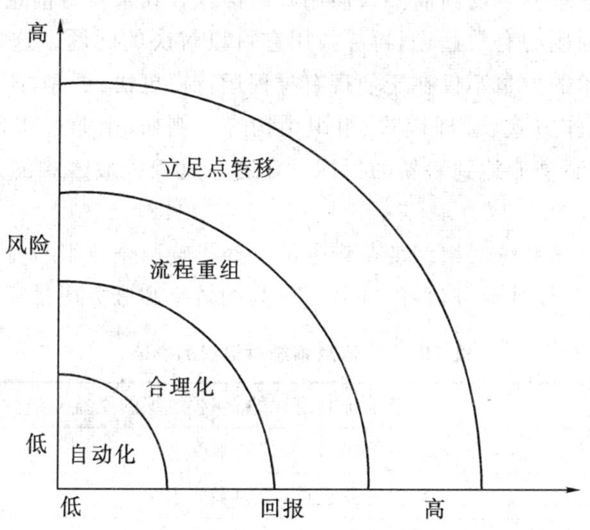


图10-3 组织变革的方式:风险与回报

(4)立足点转换。立足点转移是组织为更为适合环境而进行的组织变革形式,它包括对企业性质及组织工作自身性质的重新认识。例如,一家运输公司可能不再将着眼点放在内部运力组织和运输质量的提高,而是对运输业本身的意义进行重新思考,并从"物流服务"这一新的定义出发,决定成为开发利用互联网技术,从事连接客户和企业的供应链上物流业务的服务商。

## 10.1.2 信息系统与组织变革

1.信息系统与组织变革的关系

信息系统与组织变革是相互影响的关系。一方面,信息系统是推动组织变革的诱因;另一方面,组织变革又进一步促进信息系统应用。信息系统是根据组织实际需要,来计划、开发和执行以支持和服务于组织变革的使能器。二者相互影响,同时也受许多中介因素影响,如组织决策、组织政治、组织文化和组织环境等,如图10-4所示。

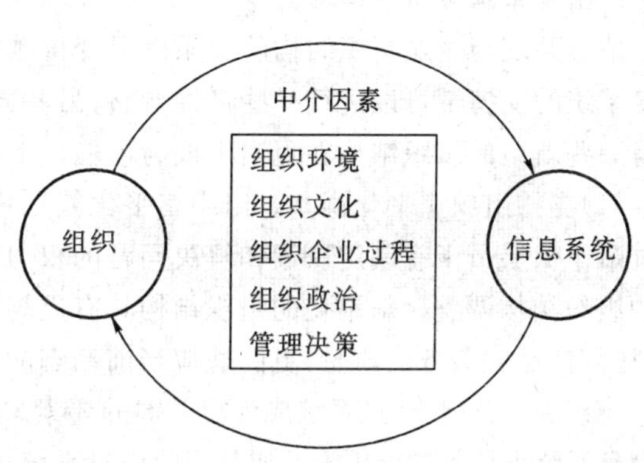


图10-4 信息系统与组织变革相互影响

信息技术和信息系统正以指数级的速度在发展,其应用已经影响到人类社会的各个方面,其巨大的潜能为企业传统的组织及经营管理带来了变革。人们在认识和利用信息技术时最容易犯的错误是考虑"如何用这些新的技术来改善或提高现有的工作"。这只能实现原有过程的自动化、电脑化。导致问题的原因是由于人们习惯于演绎推理的思维方式,即先定义问题,再寻找和评价解决问题的途径。演绎推理的思维方式一方面忽视了新技术中真正重要的、最具创新意义的部分,另一方面过分强调了新技术中为人所熟知的而实际上又不甚重要的部分。

企业组织及经营管理变革创新需要人们用归纳推理方式来看待信息技术和信息系统。归纳推理是先认识解决问题的有效途径，再寻找用它可以解决的问题。这些问题甚至可能是企业从未意识到的。技术的力量不仅在于使现有过程运行得更快、更好，还在于使组织打破传统的规则，建立全新的工作方式、管理模式、组织结构等。例如，企业过程创新不是简单的自动化，而是利用技术的最新潜能达到崭新的目标。在这一过程中最困难的是认识到新技术中人们不熟悉的潜能。

表 10 - 2 列出了信息系统对组织变革产生的一些影响。企业组织变革可以基于信息系统的支持，审视、优化、重新设计业务流程，并获得较高的效率和服务质量。

**表 10 - 2　信息系统对组织的影响**

| 组织概念 | 信息系统对组织的影响/组织的受益 |
|---|---|
| 阶层化 | 减少层次，扩大控制幅度 |
| 专业化 | 减少专业人员，增加多面手 |
| 规范化 | 增加规范 |
| 集中化 | 减少权力集中 |
| 组织文化 | 组织文化影响信息系统的行为 |
| 组织权力 | 信息系统会影响组织权力 |
| 组织的生长周期 | 信息系统应配合组织的生长阶段 |
| 目标的转移 | 要防止组织目标转移 |
| 组织学习 | 信息系统可提供偏差报告，供组织学习用 |

### 2. 信息系统与组织结构变革

信息系统与企业组织结构的关系已经变得越来越广泛和深入。一方面，传统组织结构在信息系统的支持下可以进行一些良性调整；另一方面，信息系统也带来了一些新的协调手段，使得一些新型的组织结构在现实中成为可能。下面阐述信息系统对组织结构变革的影响。

(1)支持组织扁平化调整。组织扁平化就是减少管理的层次，扩大管理的幅度。扁平化是通过赋予低层员工有制定决策和解决问题的权力(也称为授权)，而无须等待中层管理者的批准的组织结构调整。扁平化的组织结构具有更高的灵活性和更快的反应能力，它可以降低成本、提高产品和服务的质量，更能适应当前动态的全球经济。

组织扁平化时，信息系统成为很关键的要素。一方面，相应的管理层级变少，授权后的员工在信息系统支持下进行决策。如公司的信息系统可为销售员所用，以取消某一订单及对某个客户的账单做出调整，车间的操作员也可利用信息系统来停止自动装配线以解决问题。另一方面，基于信息技术的支持，强化组织内部通信、监控协调能力，控制跨度可以得到显著的扩大。

(2)支持新型组织结构。从 20 世纪 80 年代开始，在信息技术的支持下，一些组织设计并应用了一些新型的组织结构以增强组织竞争力，其中最为重要的是团队结构和虚拟组织。

①团队结构(team structure)是以团队作为协调组织活动的主要方式，团队成员在动机、价值取向和目标追求上具有高度的一致性，要求成员既是全才又是专才。团队具有高度的自主性，对大多数操作性工作负全部责任。信息技术使得团队之间的沟通和组织对团队的有效

监督成为可能。

②虚拟组织(virtual organization)是组织扁平化在企业之间的形式,是当市场出现新机遇时,具有不同资源与优势的企业为了共同开拓市场,共同对付其他的竞争者而组织、建立在信息网络基础上的共享技术与信息,分担费用,联合开发的、互利的企业联盟体。虚拟企业运用网络来联系人员、资产和创意,不受传统组织边界或地理位置的限制,制造产品,提供服务。通过组建虚拟企业,一个企业可以突破自身能力的限制,追求一种完全靠自身资源或能力难以达到的目标。只有依托于强有力的计算机网络,这种以信息流管理为核心能力的组织形式才可能存在。这种结构的优点在于灵活性强,有利于很快地重组社会的资源适应市场的需要。具体如图10-5所示。

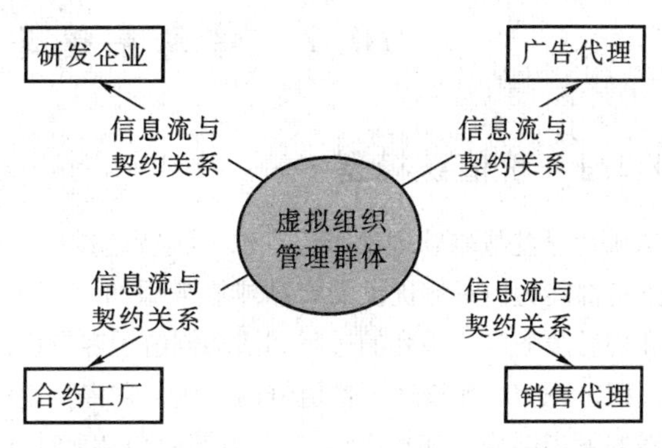


图10-5 虚拟组织

许多具有重大影响的企业都采取了虚拟组织的形式,其中包括耐克公司、利丰(Li&Fung)集团,美特斯·邦威公司。如美特斯·邦威公司把自身有限的资源集中于商品企划、产品设计等高附加值的核心环节,而将较低附加值的生产、物流、销售等部分外包给其他企业或特许专营店完成。公司先后与广东、上海、江苏等地的300多家生产企业建立了合作关系,为公司进行定牌生产。物流方面,公司将物流配送有限度地外包给物流公司,整个调配数据则由公司自己掌握。销售网络方面,公司的2000多家专营店中,只有20%是公司自己投资的直营店,其余大部分都是特许加盟店,商品由美特斯·邦威提供,销售收入25%归加盟者,其余收入则归属美特斯·邦威所有,加盟者与公司有效地成为了一个利益共同体。美特斯·邦威在整个生产经营链中处于中枢位置,完全主导和控制了这个虚拟企业联盟的运作,通过ERP等信息系统,统筹管理和掌握着虚拟企业运作的核心数据。什么时候该和哪个供应商下多少订单,该往哪个地区运送多少产品,全部由公司借助网络和信息系统统一调度监控。

**3.信息系统与业务流程重组**

企业的业务流程是企业实现目标的决定性因素。传统的企业管理模式下的业务流程,非增值的环节比较多,信息传递较为缓慢,流程中各环节的关系混乱。特别是一个完整的业务流程被不同的职能部门分割开来,降低了流程的效率和效益,难以及时获得迅速变化的市场机会,以致整个企业对市场形势与用户需求的变化反应迟钝,应变能力差,从而使企业的效率低下,竞争力减弱。因此,只有对企业的流程进行改造与创新,才能在新的环境与市场形势下得以生存与发展。

20世纪90年代初,美国的Micheal Hammer把“重新设计”的思想引入管理领域,提出了业务流程重组(business process reengineering,BPR)的概念。业务流程重组,简称重组,是通过对业务流程彻底地再设计而大幅度改善成本、质量、进度和服务效益,企业从而可以在市场上成为一名成功的竞争者的过程。

业务流程重组是企业过程创新活动,需要人们用归纳推理方式来看待信息技术和信息系统。信息处理能力以及计算机与互联网技术的连通性增加了组织信息和知识的存取性、存储量和传播性,不仅可以大大提高业务流程的效率,使现有过程运行得更快、更好,还在于使组织打破传统的规则,建立全新的工作方式。企业过程创新不是简单的自动化,而是利用技术的最新潜能达到崭新的目标。信息技术在重组业务流程中起到重要的作用。

## 10.2 信息系统与企业价值链

### 10.2.1 价值链模型

哈佛商学院战略管理学家迈克尔·波特教授提出的价值链模型把整个企业看做一系列过程,每个过程都能为向顾客提供的产品或服务添加一定的价值。企业正是通过产品设计、生产、销售、交货和售后服务等一系列的过程和活动创造了客户价值。这也正是为什么顾客愿意为产品支付利润的原因。图 10-6 描述了价值链的构成。它将企业的生产经营活动分为基本活动和辅助活动两类。图的下半部分是基本活动,包括内部后勤、生产作业、外部后勤、市场销售、服务等。图的上半部分是支持基本活动的辅助活动,包括采购、技术开发、人力资源管理和企业基础设施等。这些互不相同但又相互关联的企业活动和过程,构成了一个创造价值的动态过程,即价值链。

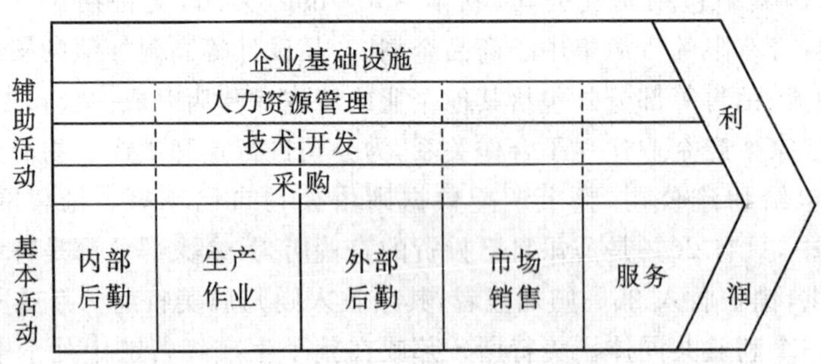


图 10-6 企业价值链模型

### 10.2.2 信息系统与企业价值链的关系

在价值链的每一个阶段,都可以考虑如何利用信息系统来改善运行效率,提升增值过程,为客户创造更多的价值。客户享受获得企业向其传递的满意价值同时,企业也获得客户为其带来的价值、利益回报。

一般首先对每项活动都要进行调查,以决定其如何增加客户所认可的价值。价值意味着价格低廉、服务优质、更高的质量或产品的无二性。价值来自于公司所投入的技能、知识、时间和能源。只有为产品及服务增加相当数量的价值,才能保证组织未来的成功。

在这些增值过程中,信息系统究竟起了什么样的作用呢?

组织利用信息系统来控制和监督企业的增值过程,以确保效益和效率。信息系统可将来自增值过程中的反馈转化为更有意义的信息,以供组织中的员工所用。这些信息已对系统的活动做了归纳总结,可作为变动系统运行方式的依据。变动可能涉及使用不同的原材料(输入)、设计新的装配线(产品转换)或开发新产品和服务(输出)。以这种观点看来,信息系统是在流程之外的，用于控制和监督流程运作。

然而，更现代的观点是，信息系统是与内在的增值过程紧密相连的，甚至可看做流程本身的一部分。从这种观点来看，信息系统是内部的，通过提供输入、辅助产品转换或产生输出在流程内发挥作用。如某个为跨国企业提供电话簿的电话目录公司，其客户需要列出西欧所有钢铁供应商的电话目录。通过公司的信息系统，可以找出供应商的名字和电话号码，并按字母顺序进行组织，说明信息系统本身已成为这个过程中的组成部分。事实是信息系统不仅是从外部来监控流程，而且作为生产产品的流程的一部分，即完成将原始数据输入(名字和电话号码)并转化为一可售输出(电话簿)。信息系统对企业价值链的支持如图 10－7 所示。

| | | | | | | |
|---|---|---|---|---|---|---|
| 辅助活动 | 基础管理：电子日程安排和消息传送系统 | | | | | 公司价值 |
| | 人力资源：人力资源管理系统 | | | | | |
| | 技术：计算机辅助设计系统 | | | | | |
| | 采购：计算机化订货系统 | | | | | |
| 基本活动 | 内部后勤 | 生产作业 | 外部后勤 | 市场与销售 | 服务 | |
| | 自动仓储系统 | 计算机控制的生产制造系统 | 自动化运输调度系统 | 计算机化的产品订购系统、自动销售系统 | 设备维护系统、客户在线服务系统 | |

图 10－7　信息系统对企业价值链的支持

由图 10－7 可知，信息系统对价值链基本活动的支持，可以通过自动仓储系统和自动化运输调度系统来提升企业内外部物流运作效率，通过计算机控制的生产制造系统提升生产运作效率，通过计算机化的产品销售和服务系统提升销售与服务的效能。信息系统对价值链辅助活动的支持，可以通过计算机辅助设计系统来提升技术研发效能，通过人力资源管理系统提升人力资源效能，通过计算机化订货系统加强采购效率，通过办公自动化技术或电子化的日程安排和消息传送系统提升基础管理。

信息系统能够帮助企业全面渗透到企业价值链的各主要环节，有效降低成本，提升客户价值，赢得一种竞争优势。例如，思科的生产由遍布全球的众多工厂支撑，但思科只拥有其中的少数几家，用以生产最尖端的设备，其他的产品则通过合约由遍布世界的其他厂商供货，思科通过网络给这些厂商传送订单、测试软件、设计方案，保证产品的标准。客户下的订单直接在网络系统中分解，分发给不同的生产厂商。思科产品的销售代理商也全部利用思科提供的系统网上下订单，并利用这个系统进行库存管理、订单跟踪等应用。

## 10.3　信息系统与组织战略

在竞争激烈、变化快速且不可预测的时代里，灵活地响应市场需求，创新产品和业务已经成为企业的战略利器，而 IT 则成为企业赢得竞争优势(竞争力)的基于信息技术的技术解决方案。

## 10.3.1 信息系统与竞争战略

1. 竞争战略模型

竞争优势是一种企业通过竞争而获得的长期的利益。建立和维持竞争优势是很复杂的，但一个企业的生存却有赖于它能否获取竞争优势。迈克尔·波特提出，一个行业中的企业面临着五种主要竞争压力，即供应商的议价能力、购买者的议价能力、新进入者的威胁、替代品的威胁，以及来自同行企业间的竞争，如图 10-8 所示。

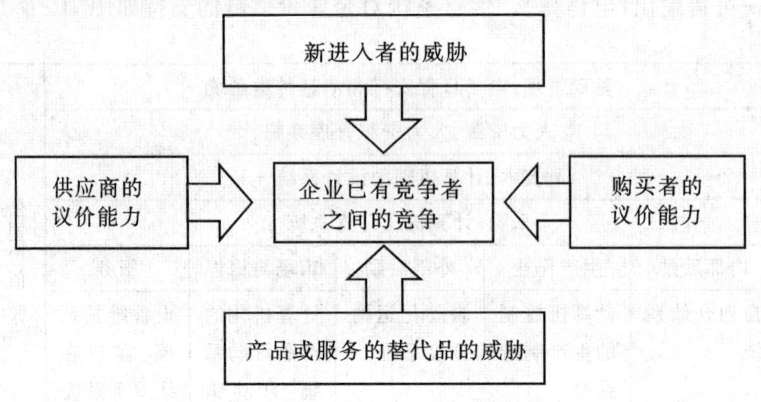


图 10-8　五种竞争力量模型

行业中的每一个企业或多或少都必须应付以上各种竞争力量的威胁。当企业面对这五种竞争力量时，如何能够在竞争中获胜？迈克尔·波特提出了企业经常采用的三种基本竞争战略，即成本领先战略、差异化战略、集中化战略。

(1)成本领先战略，是指企业通过有效途径，在研发、生产、销售、服务和广告等领域把成本降到最低限度，成为行业中的低成本厂商，从而获取竞争优势的一种战略，也称为低成本战略。

(2)差异化战略，是指通过满足顾客的特殊需求，提供与众不同的产品和服务，使企业产品与竞争对手产品产生明显的差别，从而获取竞争优势的一种战略。

(3)集中化战略，是指企业把经营战略的重点放在一个特定目标市场上，为特定的地区或特定的购买者集团提供特殊的产品和服务，从而获取竞争优势的一种战略。具体而言，集中化战略还可以分为产品线集中化战略、顾客集中化战略、地区集中化战略等，也称为目标焦聚战略。

迈克尔·波特指出，通常企业只适合从这三种战略中选择一种作为其主导战略，如图 10-9 所示。

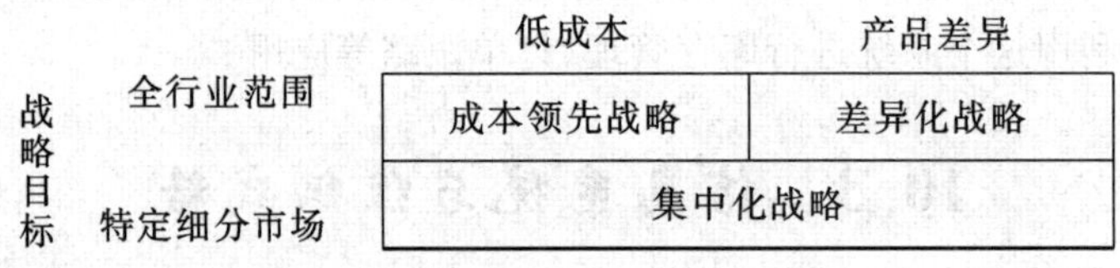


图 10-9　三种基本竞争战略

2.信息系统与三种组织战略

(1)信息系统与成本领先战略。信息系统在企业中的应用可以帮助企业在生产、工程、设计、服务等环节有效降低成本,甚至达到行业中最低的运营成本。典型的例子就是沃尔玛公司,它通过和供货商之间构筑有效的自动补货系统,使供货商能够对其所供应的各类货物在门店的库存、销售情况了如指掌,从而自动跟踪补充各门店的货源。由于可以快速补充库存,沃尔玛无需在仓库中保存大量库存,供货商承担了部分管理零售库存的任务,使沃尔玛可以降低库存成本。成功应用自动补货系统后,沃尔玛有效减少了门店库存,增加了存货的流动速度,大大降低了物流成本。据统计,沃尔玛的管理费用只占总销售额的16.6%,低于同行业竞争对手。较低的运营成本使沃尔玛成为本行业中的成本领先者,能够以比其他商店更低的价格销售商品。沃尔玛经营的商品与当地同类商店相比,其价格低于一般商场20%～30%,从而使沃尔玛能够实现"天天平价,始终如一"这一宗旨,真正做到天天平价,吸引了大量消费者。

(2)信息系统与差异化战略。企业可以借助信息系统推出区别于竞争对手的新产品、新服务,从而获取竞争优势。借助这类信息系统,企业可以不需再响应竞争对手基于价格上的竞争,而是通过提供难以复制的产品和服务,拉开与竞争对手的差距,阻断竞争对手。许多公司利用这一信息系统战略取得竞争优势。例如,戴尔公司可以满足客户对计算机特性和部件的个性化需求。客户可以通过电话或戴尔网站下订单,一旦戴尔收到客户订单,它就指挥组装厂装配相应的电脑,并通过直销的方式销售给客户。苹果公司的成功很大程度上依赖于其能够不断推出以强大创新能力为后盾的新产品、新服务。苹果公司的产品,外观上善于把握时尚、引领时尚,功能上也往往独具特色。以iPhone为例,它首先以多点触摸屏取代传统手机键盘,并采用了经过界面优化的桌面电脑操作系统Mac os x,并且在配置上远远高于竞争对手。在功能上,它似乎是MP3、便携照相机、掌上游戏机、掌上电脑的集合体,引领了手机市场的风潮。苹果公司不仅为顾客提供差异化的产品,还为顾客提供独特的服务,在顾客购买iPhone以后,就可以通过在线软件销售商店App store获得手机软件服务。依靠iPhone＋App store的差异化组合模式,苹果公司在手机市场一举击溃其他竞争对手,获得了巨大成功。

借助信息技术,已经有许多新产品和新服务被开发出来,如表10-3所示。

**表10-3 基于信息技术的新产品、新服务**

| 新产品与服务 | 所依赖的信息技术 |
|---|---|
| 在线银行 | 保密的通讯网络、Internet |
| 现金管理账户 | 全社会范围的客户记账系统 |
| 衍生投资 | 交易管理系统、大型事务处理系统 |
| 国际范围的航空、旅馆、自动预约系统 | 基于全球通讯的预约系统 |
| 邮件快递 | 全国范围内的包裹追踪系统 |
| 邮寄购物 | 共同客户数据库 |
| 语音信箱服务系统 | 公司内部网络化的数字通讯系统 |
| 自动存取款机 | 客户账户管理系统 |
| 服装定制 | 计算机辅助设计和制造系统 |

(3)信息系统与集中化战略。借助信息系统,可以帮助企业聚焦于目标市场,并在目标市场的竞争中胜出。借助类似数据挖掘这样的信息技术,企业可以利用产品销售和客户数据分析消费者的购买模式和偏好,从而更好地发现目标客户、服务于目标市场,并针对性地开展营销和市场竞争活动。典型的例子如亚马逊公司,依靠挖掘分析顾客数据获得潜在竞争优势。亚马逊认为收集和分析顾客数据是保持客户满意度和忠诚度的最佳方法,通过数据挖掘,亚马逊有时甚至能够知道一些消费者自己可能都不知道的信息。借助对消费者购买经历、对产品的评价、产品浏览和搜索行为,亚马逊可以有的放矢地向消费者推荐商品。调研数据显示,亚马逊网站推荐商品的销售转化率可以高达60%。正是借助数据挖掘和独特的推荐系统,亚马逊能够更好地了解和取悦目标客户,取得巨大成功。

以数据挖掘为代表的信息技术在识别集中化战略中包括以下一些典型应用:确认哪些从你的企业购买同一种产品的顾客的共性,预测哪些顾客将可能离开你投入你的竞争者的怀抱里,确认哪些客户可以被列入邮售名单以达到高的收益率,预测哪些访问网站的客户是否对所看到的产品有兴趣,了解哪些产品与服务通常被一起销售,揭示本月与上个月典型顾客的差别等。

## 10.3.2 信息系统与共赢战略

1. 价值网模型

价值网模型是美国管理学家亚当·布兰德伯格(Adam Brandenburger)和巴里·纳尔波夫(Barry Nalebuff)在网络经济背景下提出的概念,价值网是由利益相关者之间相互影响而形成的价值生成、分配、转移和使用的关系及其结构。价值网络强调"以顾客为中心",在专业化分工的生产服务模式下,把处于"价值链"上不同位置并存在密切关联的企业或者相关利益体整合在一起,建立一个以顾客为核心的价值创造体系,共同为顾客创造价值。当顾客出现新的价值需求时,网络成员也可以联合起来进行共同研发,迅速地满足顾客需求。通过充分整合价值网络中相关成员的价值创造能力,可以更好地为顾客提供个性化的价值。价值网成员建立的相互关系不是零和博弈下的背弃式竞争,而是基于双赢思想的紧密合作,成员公司之间建立合作关系能够实现核心能力优势互补,共担风险和成本,共享市场和顾客忠诚。

价值网理论对价值链理论进行了拓展和提升。价值网络是围绕顾客价值重构原有价值链,通过网络中不同层次和不同主体之间的互动关系而形成的多条价值链在多个环节上网状的联系和交换关系。由这些关系形成的网络将产生网络效应,处于每个网络节点上的个体或组织可以从这种聚合作用中创造或者获取更多的价值。价值网在战略思维上发生了巨大的变化,它强调竞争和合作两个方面。以顾客价值为核心,与顾客、供应商及互补者共同合作创造出价值(即双赢的过程),同时它又要同顾客、供应商、互补者竞争以便获得价值(即赢输的较量)。这种竞争和合作的结合被称为合作竞争(co-competition)。

例如,价值网把供应商看做是经营一体化的合作伙伴,而且网络的每一位成员对其整体的价值观有高度的认同;而价值链仅仅把供应商看做供求的交易关系,公司与供应商的关系是对立性的,常常以供应商利益为代价,达到降低成本、提高利润的目的。

又如,价值网把顾客作为企业经营的参与者,营销成为价值网的一个部分,有效地降低营销成本、强化与顾客的沟通方式的目的使他们与顾客一同创造价值;而价值链是将顾客看成营销对象,通过营销手段向他们推销产品,并开展售后服务。

比起价值链,价值网更多是"以客户为本",很少以线性方式运作。图10-10显示了价值网络在本行业或相关行业中与供应商、顾客和贸易伙伴的同步企业过程。这些由多价值链灵活适应供求的变化，作为对市场的反应，它们之间的关系可以或紧或松。企业可以通过优化价值网络来快速决定谁能以合适的价格提供顾客所要求的产品和服务，从而加速其进入市场和顾客响应的时间。

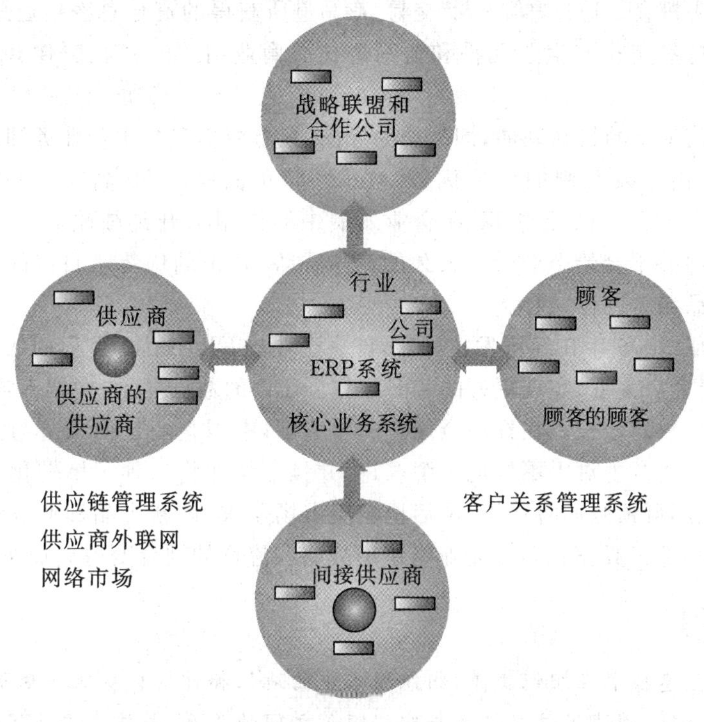


图10-10 价值网

2.信息系统与企业生态系统

企业生态系统(business ecosystems)的概念建立在价值网理念基础上，是有别于传统企业竞争模型的一种新的商业模型。企业生态系统是以组织和个人的相互作用为基础的经济联合体，该系统超越了传统价值链，也不局限于行业部门，而是涉及供应商、分销商、外包服务公司、融资机构、关键技术提供商、互补产品制造商，甚至包括竞争对手、客户、监管机构与媒体等对公司经营产生直接或间接影响的诸多因素。企业生态系统中相互依赖的企业通常是跨行业合作的，形成一个像自然生态系统的商业生态系统，类似一个由合作企业之间、企业与环境之间相互作用而形成的社会，每家企业最终都与整个企业生态系统共进化、共命运。其主要特点包括以下方面：

(1)由一个或少数几个企业统领着这个生态系统，并建造了平台以供其他专业定位企业应用。可以突破传统的组织边界限制，实现跨企业、跨区域、跨行业，甚至全球化的发展和合作。

(2)信息技术在企业生态系统建立与运作中扮演着强有力的角色。价值网络中的企业通过网络技术等构筑的信息系统平台凝聚在一起，形成整体运作的企业生态系统。

例如，亚马逊网站就是这样一个平台。亚马逊网站成功地通过互联网平台将大量客户及合作伙伴凝聚在一起，扩展成今天这样一个网上购物中心。1995—2002年期间，亚马逊网站一共花费了800万美元来建立这一平台，并只花费了仅仅几个月的时间就聚集了许多合作伙伴,如在网站中增加了数千家销售高品质珠宝或美食的商店。亚马逊网站还利用这一平台的强大在线基础设施为全球最大的玩具及婴幼儿用品零售商玩具反斗城公司提供了一个强有力的在线展示能力,在展示商品的同时接受和完成订单,而玩具反斗城公司则只负责挑选玩具和进行库存管理。亚马逊网站是一个基于创新的商业平台,为许多寻求甩掉多余存货的零售商提供了更多的销售机会。通过"第三方"交易,亚马逊所获得的资金总额接近总收入的1/4,远远高于其利润。这些交易产生了几乎和亚马逊核心商业(比如书籍、影像、CD销售)同等的收入。

中国现阶段信息化的最新动向,即战略为导向,只有将信息技术与业务和产品创新进行有机结合,才能创造出难以复制的竞争优势。在2005年上榜的50名"中国优秀CIO"中,有86%的获奖理由在于企业已经将IT在企业发展中的作用上升到战略高度。如今人们认识到,先进的IT本身并不会给企业带来长久的竞争优势,真正的优势来自以战略为导向,将IT与商业流程和产品创新进行融合。

IDC调查发现,2006年在经济发达国家,许多企业的CIO关注IT应用的几大领域包括实现产品创新、改善客户关系、实现更好的实时运作。IDC的数据显示:中国市场的IT投入发展速度保持高达两位数的增长。在经济全球化的影响下,中国企业正面临着与国外企业相似的挑战,成败取决于"比竞争对手更好地了解客户,并且更快地将这种了解转化为行动",在竞争激烈、变化快速且不可预测的时代里,灵活地响应市场需求,创新产品和业务流程已经成为企业的战略利器,而IT工具正在帮助企业组织中战略和流程的耦合变得更加切实可行。

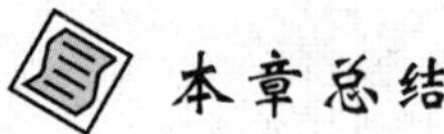

本章介绍了信息技术在组织变革、组织战略中的地位和作用。从组织变革角度,描述了企业组织的概念及特征,阐述了信息技术与组织变革之间的关系,并重点阐述了信息系统对组织结构变革、信息系统对业务流程重组中的作用。从组织核心竞争力形成与发展角度,分别介绍了企业价值链概念、组织战略概念,进而介绍了信息系统在基本竞争战略中的应用、信息系统对企业价值链及企业生态系统的支持作用。

所有的组织是层次型的、专业化的和公正的,应该使用公开透明的办事规程以使其效率最大化。组织因目标、服务对象、社会角色、领导风格、激励、执行任务的类型和结构形式的不同而不同。这些特性帮助我们阐明组织应用信息系统的不同。

信息系统和应用它的组织相互交融、相互影响。引入信息系统将会影响组织结构、目标、工作设计、价值、利益群体的矛盾、决策方式和日常行为。同时信息系统必须服务于重要的组织群体,并服从组织的结构、企业过程、目标、文化、政治和管理,由于新的系统中断了已建立的工作模式和权利关系,因此当它被引入时将会遇到强大的阻力。

在迈克尔·波特的竞争力模型中,公司的定位和它的战略是由和传统的直接竞争者的竞争决定的。它们也受到新的市场进入者、替代商品和服务、供应商和顾客的强烈影响。信息系统可以帮助企业维持低成本、进行差异性产品和服务、聚焦于市场定位、强化顾客和供应商的联系,并以优异的运行水平增加进入市场的壁垒。

价值链模型主要针对企业的产品和服务增值。企业的价值链可以与供应商、分销商和顾客的价值链相连。价值网由提高行业竞争型的信息系统组成,它们提倡行业标准和行业协议的应用,使企业和它的伙伴能更高效地工作。

## 练习题

### 一、多选题

1. 信息系统战略性应用分别是(　)

A. 内向型应用　　B. 外向型应用　　C. 交叉型应用　　D. 平行型应用

2. 迈克尔·波特提出了企业经常采用的三种基本竞争战略是(　)

A. 成本领先战略　　B. 差异化战略　　C. 集中化战略　　D. 低风险战略

3　获取组织竞争能力最重要的途径是(　)

A. 管理沟通　　B. 结构变革　　C. 业务重组　　D. 保持创新

4 根据波特五力模型,以下哪一种不属于波特五力(　)

A. 供应商　　B 顾客　　C. 互补商　　D. 竞争对手

### 二、简答题

1. 现代组织的基本特征有哪些?

2. 信息系统如何提升企业价值链中各个环节的增值过程?

3. 组织战略与信息系统战略之间的关系是什么?

4. 利用信息系统获取竞争优势的途径是什么?

5. 请简要说明信息系统如何支持迈克尔·波特提出的企业三种基本竞争战略。

6. 请简要说明一下应用信息系统会对组织产生什么影响。

### 三、案例分析题

**美国航空业的信息系统**

美国的许多航空公司就计划通过鼓励乘机者乘坐同一航空公司航班来增加顾客忠诚度。为此,它们采取了以下措施:

**1. 经常乘机者计划**

航空公司推出经常乘机者计划的目的在于使他们最有价值的客户,即那些经常乘坐飞机的商务旅行人士能够长期乘坐他们的飞机。在经常乘机者计划引进之前,商务人员没有任何理由总乘坐一家航空公司的飞机。

在经常乘机者计划推出后,乘机者开始发现有必要尽量乘坐一家航空公司的飞机了。因为长期乘坐可以得到免费乘机或者升级乘坐头等舱和商务舱的机会。经常乘机者计划变得非常流行,现在世界上的每家航空公司都有计划通过提高转换成本降低了替代产品与服务的威胁,并树立了行业壁垒,使每家航空公司都必须在这样的计划下才能有效地进行竞争。

**2. 航空订票系统**

航空行业最早明显地应用 IT 技术是从泛美航空公司(American Airlines)和美国联合航空公司(United Airlines)第一次引进航空订票系统 SABRE 和 APOLLO 开始的。当两家公司划分了航空市场后,它们将订票系统推向了市场。当旅行代理商与它们签约后,便可得到一台能与 SABRE 或 APOLLO 系统连接的计算机终端。最具特色的是一家旅行代理商只能与一个系统归属的公司签约。没有自己订票系统的航空公司,如 Frontier 航空公司则可以支付租金的方式使用 SABRE 或 APOLLO,以便让它们的航班也能列在系统中,从而传递到旅行代理商一方。泛美航空公司和美国联合航空公司凭借自身拥有的订票系统获得了巨大的竞争优势。首先,该系统带来了丰厚的利润;其次,泛美航空公司和美国联合航空公司还可以获得竞争对手(如 Frontier 航空公司)的售票信息,因为这都在它们订票系统的信息库里。而如果 Frontier 航空公司想要特别的竞争分析的话,可以要求专门的报告,但必须支付费用并且要等报告准备出来。而且,SABRE 和 APOLLO 曾被它们的"联合使用者"控告"屏幕歧视",意指当旅行代理商输入请求查询符合条件的从芝加哥到旧金山的客机时,首先显示的航班总是拥有系统所有的两家公司的航班,而联合使用者(如 Frontier 航空公司)的航班则排在后面。

**3. 收益管理系统**

收益管理系统的设计目的在于使每架飞机产生的年收入最大化。基本上来说,该系统就是在飞机起飞前根据售出座位的数量和预估的数量比较的结果来随时调整可售座位价格。所以,如果只售出了较少的机票,那么就有很多低价机票;如果售出的机票数量比预估的要高,那么低价机票就会没有或者很少。目的就在于让飞机能以尽可能高的座位平均价格达到满载。

**4. 取消旅行代理中介的作用**

美国旅行代理过去往往要从通过他们卖出的每一张票上抽取航空公司的一份佣金。航空公司逐渐发现,代理佣金是它们继工资和燃料费用后的第三大成本,于是就决定慢慢减少并最终取消代理的中介作用。它们让顾客可以通过网络或一个免费的 800 电话来更加便利地订票。航空公司还通过以下措施鼓励经常乘机者们抛开代理机构:

(1)它们对在网上订票的旅客给予 1000 英里的免费航空里程,这是相当于对经常乘机者的奖励。

(2)它们为经常乘机人员中的"精英者"准备了特定的 800 免费电话,享受更短的等待时间和经过专门训练订票服务。

(3)它们引进了电子机票,消除了对纸介质票据的需求。旅行代理的一个重要作用就是在登机前检查机票。而引进电子机票后,纸张票据消失了,转而被航空公司计算机系统中的数据记录所代替。

**5. 应用新兴技术**

然而,随着了解技术的企业家不断提出新的商业创意,航空旅行业的竞争局面继续发生着变化。以网络为基础的服务,如 Expedia、Travelocity 和 Trip. com 都进入了市场。Priceline. com同样没有落后,顾客们可以在 Priceline. com 上自己为机票定价。Last - minute 负责在每周三向客户发出飞机客满的信息邮件。如果你曾经向航空公司网站询问什么时候是去纽约的打折机票出售时间,并允许航空公司向你发送这些电子邮件的话,你就能享受该网站的服务。特许行销就是当我们赋予商家给自己特殊报价的权力时发生的行销行为。另一种方式是像 bid 4 vacations. com 那样的拍卖网站。他们的拍卖利用无线技术。你只要签名后,就可以让自己所选的航空公司给你打电话,并告诉你打算乘坐的航班的最新情况,应用无线电设备很快就能让机械师找到飞机上的空闲座位。航空公司正在试验智能卡方案,该方案能够加速检票程序并提高安全保障。红外线扫描设备和面容辨识设备可以作为替代方案。

**问题:**

航空公司是如何利用 IT 变成自己的竞争优势的?请运用迈克尔·波特提出的理论框架,从站在客户的角度看问题、发挥创造性解决问题、实现个性化、取消中介,以及不断采用新方式与客户和供应者联系等方面分析。

# 第四篇

# 信息系统开发篇

# 第11章 信息系统建设概述

## 学习目的

- 理解信息系统开发的认知模型
- 掌握信息系统开发的生命周期
- 理解信息系统开发的结构化开发方法、原型法、面向对象开发方法以及敏捷开发方法
- 了解自行开发、联合开发、外包、商品化软件采购等信息系统开发方式
- 了解信息系统项目管理的含义、特点和关键成功因素

## 引导案例

### 伦敦股票交易所信息系统的失败

也许历史上最昂贵的信息系统的失败，是发生在1993年初期的英国伦敦，即伦敦股票交易所金牛座项目的取消，估计伦敦金融界的总损失高达5亿美元。然而除资金外，350多个职员和顾问立刻丢掉了工作，这个交易所现代化的进程延缓了将近十年的时间。这些机会成本——换句话说，也就是时间、资源、资金，如果用到伦敦金融界上，那么很可能已经带来了不可估量的收益。可能最大的代价，也是最难估算的代价，就是给伦敦股票交易所的声誉造成的损害。

金牛座项目的起源要追溯到1986年实施的“Big Bang”计划，伦敦股票交易所在这个计划中要转变成一个由英格兰银行监管的自律性组织，许多规章制度被制定出来，开始允许经纪人自由地设定他们的佣金，同时这个公开喊价的市场也被电子交易系统所代替。Big Bang计划实施的结果，使伦敦股票交易所的交易量有了很大的增长，部分原因是由于解除了对经纪人的管制以后使经纪人的竞争加剧造成的。与流行的观念相反，Big Bang计划没有能完成技术上的革命。那时伦敦股票交易所使用的是一个叫做Talisman的成批交易系统，结算一笔交易需要3～6周的时间，而在美国交易结算只需要3～5天就可以完成，在日本，仅需要2天的时间就足够了。伦敦方面的问题是，这个仍然使用纸制票据的系统的效率太低，而且不灵活。金牛座这个新系统项目，就是企图将整个过程自动化，包括登记、转让、对英国股票的清算。这个系统将基于一个通过高速、可靠的网络，遍布伦敦的金融中心，与许多经纪人、银行家、投资者和登记公司(负责登记股东交易的清算银行)的数据库相连，他们都将是这个系统的使用者。这个系统将整个交易数据处理电子化，把清算时间削减到了3天。这个项目还包括使用电子票证来代替纸制的股权凭证，这样随着股票所有权的变动，资金立刻就会发生转移。

当然，由于系统失败，这一切都没有能够实现。结算仍然需要几周的时间。是哪儿出了问题呢？为了能理解这种大型项目失败的原因，我们应牢记两点：首先，失败的原因肯定是复杂的；其次，究竟什么是真正的原因，争议一定很大。让我们来看看一些已经提出的关于这个项目失败原因的解释。

伦敦债券交易的一个主要经纪人琼斯说，数据库的选择被证明是一场技术上的灾难。这个项目选用的是纽约展望公司的数据库。琼斯说："其实这是一个很好的数据库。"问题是，对于这个项目来说，这个数据库并不适用。因为它是仅仅为联机实时处理系统而设计的。虽然金牛座系统的核心也是联机实时处理，但是伦敦股票交易所还希望它能同时支持批处理和协调分布式数据库。可是这两个功能该数据库不能支持。股票交易所还计划用几个高安全性能的通信软件包来增强这个数据库系统。结果当伦敦股票交易所安装数据库时，琼斯说"原计划在数据库边缘上打上一个小补丁来解决结算的问题"，但是最后却发现60%的部分需要重写。这样一个复杂的数据库系统要重写，不可避免地使它沦为一个工作性能很差而且隐藏着大量故障的数据库系统。

交易所的主席史密斯先生认为，策划的这个系统过于复杂，要实现的功能太多。他指出，原来只想将这个系统作为一个清算系统，然而随着时间的流逝，最后这个系统演变成了一个股票登记、转让系统。系统规格被多种力量所左右，包括复杂的立法和投资者要求的不断变化。但是，对于系统功能的膨胀，一个更主要的原因是冲突太多，有权威的既得利益集团太多，而伦敦的股票交易所又不愿意在他们中做出选择。

另一方面，有人认为这个项目功能过于狭窄。琼斯说金牛座系统仅仅适用于英国国内股票交易，但是有许多英国股票是国际性的股票。1991 年、1992 年两年，伦敦股票交易所就列出了 600 多种国际性股票。

还有一种意见认为，失败是由于伦敦股票交易所长期形成企业文化造成的。举个例子，在 1973 年，当伦敦股票交易所建立大不列颠和爱尔兰的国际性股票交易所的时候，伦敦股票交易所想成为整个英国和爱尔兰所有股票交易所的联合体，而不是像美国那样，允许一系列独立的交易所存在。这样，为了能完成从接单到清算的整个交易循环过程，伦敦股票交易所接受了一些法规，还额外承担了一些责任。这个交易所还成为向所有交易成员提供交易数据的卖主，而不是像在美国的许多交易所那样，只是简单地把数据输送给自动数据处理(ADP)和路透社这样的第三方面的数据卖主，然后再由这些第三方卖主向其他客户分销。由于 Big Bang 计划的推行，股票交易变得越来越复杂，伦敦股票交易所已经难以胜任了。

有些人认为这个项目的失败是由于它的外部化。整个项目的开发工作交给了库伯公司。一个证券部的主任杰姆·罗利认为，将这个项目对外委托出去"是在逃避项目的责任"。另一职员李顿·琼斯说，由于所有的责任都转移到伦敦交易所以外了，所以交易所内的技术人员就不再去提出客观的意见，也不再去对项目进行监督了。当金牛座项目完成以后，伦敦股票交易所的计算机系统的运转工作也将外部化，这个合同交给了一个从事信息系统方面业务的安德森咨询公司。一位项目顾问认为，这样做的结果实际上使得合同制的开发人员对完成系统的实施工作缺少积极性，因为项目一结束就意味着他们将失去工作。批评者们还指出给安德森咨询公司的这份合同并不是通过招投标的形式进行的，而是直接就交给了该公司。伦敦股票交易所对这一做法的解释是，如果进行招标，那就要做太多的工作，也太麻烦、太复杂了。另外批评者们还强调说，在劳林斯担任伦敦股票交易所的首席主管之前，他曾经是安德森公司的合伙人。

伦敦股票交易所将何去何从呢？1994 年 5 月，伦敦股票交易所的主管——英格兰银行，宣布了一个名叫分水岭的新项目。这个项目只解决清账结算的问题，所以在设计上要比金牛座系统简单。1994年伦敦每天要处理4万笔交易，而这个系统预计每天将能处理15万笔交易。对于每个最终的用户，响应时间将少于5秒钟。新系统将采用顶级的Tandem系列容错计算机作为系统的主机，再与用户的微机或者是UNIX系统组成的网络相连。客户端的软件将在用户所在地进行安装，并能保持与现有的系统集成到一起。该系统的用户包括股票交易所的成员、大约100个社会机构和一些信托公司。这个项目预计在1996年完成，预算是5千万美元。用户们对未来系统的使用已经不再是强制性的。人们发现在金牛座项目失败以后，这个新项目的开发显得非常谨慎。许多人都相信伦敦股票交易所这次再也经不起失败了。新项目的目标定得比金牛座低得很多，金牛座的目标曾是要保持国际称雄地位。但是现今伦敦交易所也只能依靠自动化与加快结算速度来实现它在国际竞争中不被淘汰的战略目标了。

**思考：**

1. 哪些管理、组织和技术因素导致了伦敦股票交易所信息系统开发项目的失败？
2. 你认为在这个项目开头，能够或者应采取一些什么不同的措施来防止失败发生？

（资料来源：郭捷.管理信息系统[M].北京：机械工业出版社，2008.）

# 11.1 信息系统开发

信息系统开发是指由问题或需求引发，开发建设新系统的全过程。现行系统可能是一个手工系统，也可能是以前投入运行，但是已无法满足企业运作需要的旧系统（相对要建设的新系统而言）。信息系统开发通常是一项复杂的工作，因为应用于管理领域的信息系统是典型的社会—技术系统，和企业的组织环境以及组织结构、管理体系、业务流程等管理要素有着密切的关系，也受不断变化的计算机硬件、软件和通讯方面等技术环境的影响，加大了系统开发的复杂性。国内外历史表明，许多已开发的信息系统远远达不到预先的承诺与期望。了解信息系统开发生命周期、开发原则等规律以及利用一些科学的、系统化的开发方法来指导开发，有助于提高信息系统开发的成功率。

## ➢11.1.1 信息系统的生命周期

管理研究方法中，运用“生命周期”的概念，研究、认知和解释一个“对象”从孕育、诞生、成长、成熟、衰亡的生存过程，以及各阶段特点、演进规律，目的是更加有效地管理“对象”。如产品生命周期、风险投资生命周期、信息系统生命周期等等。一般而言，“对象”生命周期具有如下特征：

①单向有序性：阶段的发展只有一个序列，如孕育、诞生、成长、成熟、衰亡或更新换代。

②累进性：后续阶段继承前期阶段的特点，每一个阶段都被看做是后续阶段必不可少的一个先驱。

③关联性：各阶段之间相互关联，因为它们共同遵循一个内在的基本进程。

运用“生命周期”概念，正确认识信息系统的发展规律，合理划分信息系统建设开发的工作阶段，了解不同阶段的特点和相互关系，建设工作才会有合理的组织与科学的秩序。依照生命周期理论，一般对于信息系统生命周期可以划分成五个首尾相连接的阶段，即系统规划阶段、系统分析阶段、系统设计阶段、系统实施阶段、系统运行与维护阶段，如图11-1所示。

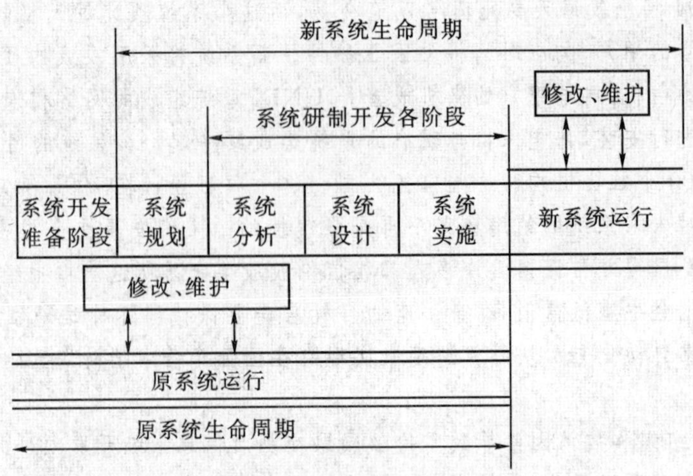


图 11-1　信息系统生命周期

1. 信息系统规划阶段

信息系统规划是信息系统建设的起始阶段。信息系统是其所在组织的管理系统与业务系统的组成部分，它的新建、改建或扩建服从于组织的整体战略、目标、管理、业务活动的需要。因此，此阶段的主要任务是：根据组织的整体目标和发展战略，确定信息系统的发展战略，根据组织业务流程规划，明确组织的总体信息需求，规划组织的总体信息结构，制定信息系统建设总方案，确定分阶段实施进度，然后进行可行性研究。

2. 信息系统分析阶段

信息系统分析阶段的主要目的是在系统规划基础上，设计出新系统的逻辑模型。主要任务包括根据具体开发项目的开发目标、边界，开展调查并对开发项目进行可行性分析，进一步深入详细调查及分析用户需求(分析业务流程，分析数据与数据流程，分析功能与数据之间的关系，最后提出分析处理方式，设计出新系统逻辑方案，形成系统分析报告)。

3. 信息系统设计阶段

信息系统设计阶段的主要目的是在系统分析基础上，设计出新系统的物理模型。系统设计阶段的主要任务包括总体结构设计、代码设计、数据库/文件设计、输入/输出设计、模块结构与功能设计等，最终给出系统设计方案。

4. 信息系统实施阶段

信息系统实施阶段是将新系统设计方案付诸实施的阶段，即构建可运行的信息系统，并投入运行。系统实施阶段的主要任务包括安装调试硬件系统，编制软件系统及模块的程序，调试和测试程序，培训人员及准备数据，转换系统，然后投入试运行。

5. 信息系统运行与维护阶段

信息系统运行阶段的任务是对使用中的系统进行日常维护，当系统运行一段时间后，对系统进行评价，以发现问题，总结经验，为系统的后续调整和改善提供资料。

在信息系统更新方面，现代组织面临的内、外环境不断变化，组织的目标、战略和信息需求也必须与环境的变化相适应。因此，当现有系统或系统的某些主要部分已经不能通过维护来适应环境和用户信息需求的变化时，或用维护的办法在原有系统上进行调整已不经济时，整个

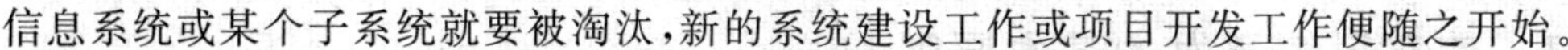

信息系统或某个子系统就要被淘汰,新的系统建设工作或项目开发工作便随之开始。

### 11.1.2　信息系统开发的认知模型

信息系统的开发过程就是根据需要解决的问题,建立一个面向问题解决的可执行计算机模型及系统的认知过程。在这一过程中,信息系统开发者面临的最大问题在于如何准确、完整地获得用户的需求,而大多数系统的开发者不可能是业务专家,对相关问题缺乏全面充分的认识,因此在信息系统开发中,需要了解这一认知过程,如图 11 - 2 所示。

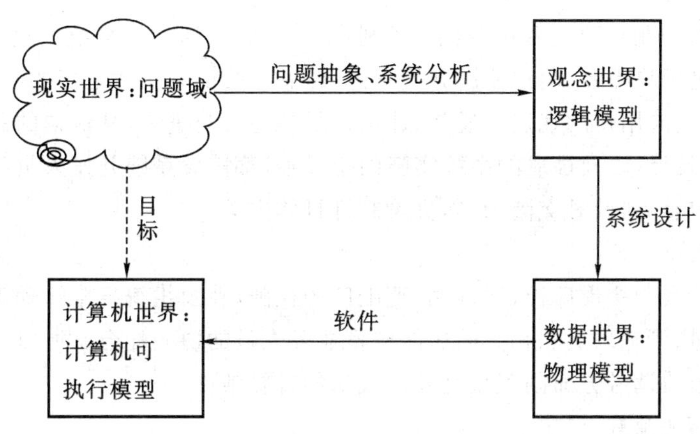


图 11 - 2　信息系统开发的认知过程

上述信息系统开发的认知过程体现了与信息系统开发相关的四个主要模型的转换过程,即现实世界的问题域通过问题抽象和系统分析向观念世界的逻辑模型的转换过程,观念世界的逻辑模型通过系统设计向数据世界的物理模型的转换过程,以及数据世界的物理模型通过软件实现向计算机世界的计算机可执行模型转换的过程。

(1)问题域。应用系统思想,将需要解决的问题视为一个系统,通过定义系统的要素、要素的相关属性、要素之间的关系、系统的边界等,形成问题域。通过对问题域的识别,可以帮助系统开发相关人员确定系统的边界,从而只专注于与问题解决相关的要素、属性、要素间关系,屏蔽与问题解决无关或关系不大的内容,达到解决问题的目的。

(2)逻辑模型。在弄清用户需要解决问题的基础上,识别适合采用信息系统处理的问题要素、要素的属性,以及要素间关系,即逻辑模型。逻辑模型旨在识别用户需求,正确定义系统需求,确定将开发的系统功能。

(3)物理模型。在考虑信息技术支撑、人机分工的基础上,在一定信息技术、系统平台约束下,设计逻辑模型的系统实现方式,即物理模型。物理模型与采用的信息技术以及系统运行平台有关。

(4)计算机可执行模型。系统开发人员采用已选定的程序设计语言,依据物理模型,设计出相应的计算机程序,即计算机可执行模型。计算机可执行模型是系统的具体实现,通过系统达到解决问题的目的。

上述模型转换是一个完整的链条,问题域回答了“要做吗?”,逻辑模型则回答了“做什么?”,物理模型则进一步回答了“如何做?”,最终通过计算机可执行模型来具体实现和执行。

### 11.1.3 信息系统开发的基本原则

信息系统的开发是一个复杂的系统工程，为了保证系统的成功开发，在开发中应遵循一定的原则。

1. 整体性原则

信息系统是一个系统工程，开发信息系统必须遵循系统的规律，站在企业整体的战略、目标的角度考虑问题，而且信息系统需要企业各个部门的配合，以及整体规划和协调。

2. 面向用户原则

信息系统是为企业管理运营服务的。企业管理人员和相关的系统使用者就是系统的用户。只有真正满足用户需要、用户使用方便满意、愿意接受的系统才是好的系统。因此在信息开发中，必须树立面向用户的观点。通常，让用户尽早地参与进来，从最初的总体规划的制定，到系统分析、系统设计，以及最后的系统实施的全过程，都需要系统开发人员与用户紧密合作，认真听取采纳用户意见，及时交流，共同决策制订具体方案。

3. 一把手原则

开发信息系统是一个周期长、耗资大、范围广的任务，涉及组织日常管理工作的各个方面，需要专业技术人员、管理人员和相关的职能科室业务人员的协同配合。所以领导，特别是一把手，出面组织力量，协调各方面的关系是开发成功的首要条件。

4. 优化与创新的原则

信息系统的开发不能简单模拟旧的管理模式和业务流程，它必须根据实际情况和科学管理的要求，加以优化和创新。同时，计算机技术的发展十分迅速，要及时了解新技术，使用新技术，使目标系统较原系统有质的飞跃。

5. 实用性原则

片面追求高档次的软硬件设备，通常并不能提高系统的成功率和效用。事实上许多失败的信息系统正是由于盲目追求高新技术设备而忽视了其实用性。因此，在系统开发过程中必须注重实用性，选择恰当的技术和软硬件设备，使系统目标明确、功能齐全、运行可靠、安全高效。

6. 工程化、标准化原则

系统的开发管理必须采用工程化和标准化的方法，科学划分开发阶段，制定阶段性考核标准，分步组织实施。同时健全文档管理，所用的图表应当规范化、标准化，所有的文档和工作成果要按照标准存档。实践证明，系统开发管理的工程化、标准化有助于降低因随意性而造成的错误和损失，有助于提高系统开发成功率。

7. 动态适应性原则

面对竞争，企业必须随着外部环境的变化及时做出调整，因此服务于企业运营的信息系统也必须能够适应企业的变化，包括组织结构、业务流程，甚至是企业战略、目标。在系统开发时要充分考虑到组织结构、管理模式、业务流程等可能发生的变化，使系统具有一定的柔性，才能在一定范围内适应环境的变化，成为具有生命力的系统。

# 11.2 信息系统开发方法

## 11.2.1 开发方法的发展

在信息系统开发与建设的长期实践中，已经逐渐形成了多种系统开发的方法。典型的开发方法有四类，即结构化系统开发方法、原型法、面向对象开发方法以及敏捷开发方法。

结构化系统开发方法产生于 20 世纪 70 年代，在系统生命周期概念的基础上，它较好地给出了过程的定义，改善了开发的过程。结构化系统开发方法依据著名的“瀑布模型”，将软件生命周期划分为制订计划、需求分析、软件设计、程序编写、软件测试和运行维护等六个基本活动，并且规定了它们自上而下、相互衔接的固定次序，如同瀑布逐级下落。结构化系统开发方法试图使开发工作标准化，减少随意性。但是，随着计算机及网络技术的发展，这种方法在实际应用中受到了一系列的挑战，如开发成本高昂、时间超标、跟不上系统需求的变化、缺乏灵活性等。

原型法产生于 20 世纪 80 年代初。原型法是针对结构化方法的缺点而发展起来的一种与结构化方法完全不同的系统开发方法。它不要求在用户提出完整的需求以后再进行设计和编程，而是先按照用户最基本的需求，迅速开发出一个实验型的“原型”系统，交给用户使用，然后根据用户的意见不断修改，直到最后完成一个全面满足用户需求的系统。

面向对象开发方法产生于 20 世纪 80 年代。20 世纪 80 年代以来，随着信息系统日趋复杂、庞大，面向对象开发方法以其直观、方便的优点获得广泛应用。面向对象开发方法以类、类的继承、对象和属性等概念描述客观事物及其联系，为信息系统开发提供了新思路。

敏捷开发方法是一种从 20 世纪 90 年代开始逐渐引起广泛关注的一类新型系统开发方法。面对现代信息系统越来越复杂、需求越来越多变的特点，敏捷开发方法旨在寻求和实现一种面临迅速变化的需求能够快速开发软件的能力。面对复杂多变的需求，敏捷开发方法相比传统方法更容易适应变化并迅速做出自我调整。

在系统开发实践中，为了保证系统开发工作的顺利进行，提高成功率，应根据所开发系统的规模大小、技术的复杂程度、资金与时间要求等不同情况恰当选择不同的开发方法。

## 11.2.2 结构化系统开发方法

结构化系统开发方法，又称为结构化系统分析与设计（structured system analysis and design，SSA&D），是迄今为止最普遍、最成熟的一种开发方法。

### 1. 结构化系统开发方法的基本思想

结构化系统开发方法的基本思想是用系统工程的思想和工程化的方法，按用户至上的原则，结构化、模块化、自顶向下地对系统进行分析和设计。在系统调查或理顺管理业务时，从最顶层的管理业务入手，逐步深入到最基层。在系统分析和系统设计阶段，从宏观整体分析入手，先考虑系统整体的优化，然后再考虑局部的优化问题。在系统实施过程中，采用自底向上的实施策略，组织开发人员从最基层模块的编程入手，并对模块逐个测试，然后按照系统设计的结构，将模块集成起来，进行系统总体调试，最后自底向上、逐渐地构成整体系统。

2. 结构化系统开发方法的开发过程

结构化系统开发方法是在生命周期法基础上发展起来的，其开发过程按照系统生命周期的概念，划分为若干个首尾相连的阶段。传统的生命周期模型将开发过程划分为系统规划、系统分析、系统设计、系统实施、系统运行与维护五个阶段。

①系统规划阶段的主要目的是评估开发新系统的必要性和可行性，避免盲目的资源投入，减少不必要的损失。

②系统分析阶段在系统规划基础上，提出新系统的逻辑模型。

③系统设计阶段以系统分析报告为依据，形成新系统的物理模型。

④系统实施阶段将新系统的设计方案变成计算机可执行模型，将新系统付诸实施。

⑤系统运行与维护阶段对使用中的系统进行日常维护，当系统运行一段时间后，对系统进行评价，为系统的后续调整和改善提供资料。

3. 结构化系统开发方法的优缺点

结构化系统开发方法的优点是能够从系统全局出发，强调在整体优化的前提下“自上而下”地分析和设计，保证了系统的整体性和目标一致性。此外，结构化系统开发方法严格区分工作阶段，每个阶段都有其明确的任务，每一阶段的工作成果是下一阶段的依据，其过程和文档规范化，便于系统的开发控制和运行维护。

结构化系统开发方法的缺点是开发过程复杂繁琐，开发周期长，难以适应环境变化。此外，由于用户的素质或系统分析员和管理者之间的沟通问题，在系统分析阶段不能准确把握用户需求时，易导致开发出的系统不是用户真正需要的系统。

基于结构化系统开发方法的特点和优缺点，其主要适用于规模较大、结构化程度较高的系统的开发。

## 11.2.3 原型法

原型法是计算机软件技术发展到一定阶段的产物，是在关系数据库和第四代程序语言(4GL)等开发环境基础上，提出的一种开发方法。

1. 原型法的基本思想

原型法不注重对信息系统进行全面、系统的调查与分析，扬弃了结构化系统开发方法通过繁复的系统分析和设计，最后才能提供让用户可感知的实际系统的做法，而是本着系统开发人员对用户需求理解基础上，先快速开发出一个功能尚待完善但可实际运行的原型系统，然后根据用户对系统的评价，对原型系统进行反复修改和完善，最终交付令用户满意的系统。

2. 原型法的开发过程

原型法的开发过程大致如图 11-3 所示。

(1)确定用户的基本要求。系统开发人员通过对用户的调查访问，明确用户对新系统的基本要求，如功能需求、输入/输出要求、人机界面等，据此确定哪些要求是可实现的以及估算实现的成本费用。

(2)开发一个原型系统。利用开发工具快速开发一个原型系统，并运行这一系统。

(3)用户评价、使用原型系统。用户通过亲自使用原型系统，对系统进行评价，找出新系统存在的缺点和不足之处，并反馈给系统开发人员。

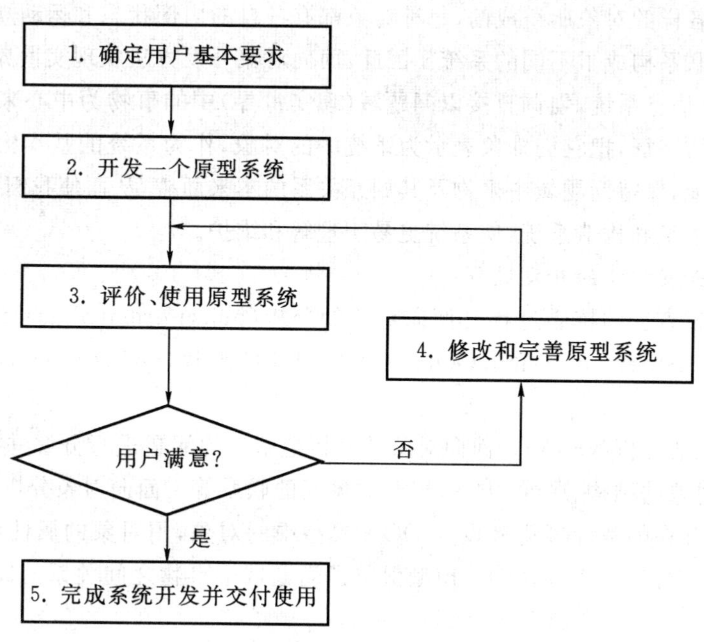


图 11－3　原型法开发过程示意图

(4)修改和完善原型系统。系统开发人员通过与用户不断地交流和探讨,对系统进行反复修改和完善。

(5)完成系统开发并交付使用。修改和完善过程重复直到用户满意为止,最终完成系统开发并交付使用。

3. 原型法的优缺点

原型法的优点是符合人们认识事物的规律,系统开发循序渐进,反复修改,用户的各种要求能及时地反映到系统中,确保较好的用户满意度。此外,原型法克服了结构化系统开发方法开发过程繁琐、开发周期长的缺点,开发周期短,费用相对少,系统更加贴近实际,降低了开发风险。

原型法的缺点是在实施过程中缺乏对系统全面的认识,因此不适用于开发大型的信息系统,而且对于一个规模较大的系统,也很难建立一个原型系统。该方法的另一缺点是每次反复都要花费人力、物力、财力,如果用户配合不好,盲目修改会拖延系统开发进程。

基于原型法的特点,它比较适用于用户需求不清,管理及业务处理不稳定,需求经常发生变化,系统规模较小且不太复杂的情况。

## 11.2.4　面向对象开发方法

面向对象开发方法(object oriented method),简称 OO 方法,是随着 20 世纪 80 年代面向对象的语言和程序设计取得成功,逐步发展而来的。

1. 面向对象开发方法的基本思想

我们对客观世界的认识取决于我们对客观世界中的事物的认识所形成的概念。将客观世界的事物抽象为问题空间中的概念被称为对象。面向对象方法以对象作为基本元素,认为客观世界是由各种各样的对象所组成的，每种对象都有各自的内部状态和运动规律，不同对象之间的相互作用和联系构成了不同的系统。因此，面向对象开发方法从现实世界的客观事物(即对象)出发来构造信息系统，强调直接以问题域(现实世界)中的事物为中心来思考问题，并根据这些事物的本质特征，把它们抽象表示为系统中的对象，作为系统的基本构成单位，使系统直接地映射问题域，保持问题域中事物及其相互关系的本来面貌，从而使我们可以按照习惯思维方式建立问题模型和构造系统，使系统更易于理解和维护。

2.面向对象开发方法的开发过程

面向对象开发方法的核心过程是面向对象的分析(object-oriented analysis，OOA)、面向对象的设计(object-oriented design，OOD)和面向对象的编程(object-oriented programming，OOP)。

(1)面向对象的分析(OOA)。面向对象的分析把繁杂的问题进行分解并抽象成一些类或对象，分析这些对象的结构、属性、方法，以及对象间的联系等。面向对象分析方法强调直接针对问题域中客观存在的各种事物来设立 OOA 模型中的对象，用对象的属性和服务分别描述事物的静态特征和行为。所以，OOA 模型保留了问题域中事物之间关系的原貌，能够很好地映射问题域。

(2)面向对象的设计(OOD)。面向对象的设计对面向对象分析结果作进一步的抽象、归纳、整理，给出对象的实现描述。面向对象分析不考虑与系统的具体实现有关的因素，面向对象设计则是在 OOA 模型基础上，针对系统具体实现中的人机界面、数据存储、任务管理等因素补充一些与实现有关的部分，形成 OOD 模型。

(3)面向对象的编程(OOP)。面向对象的编程为程序实现阶段，即采用一种面向对象的编程语言实现设计阶段抽象整理出来的 OOD 模型，形成相应的信息系统。

面向对象开发方法程序与问题域是一致的，各个阶段的表示也是一致的，这样使程序容易理解，为系统的维护带来便利，同时使系统具有好理解、易重用、可维护性好等特点。

3.面向对象开发方法的优缺点

面向对象开发方法的优点是以对象为基础，利用特定的面向对象建模方法和工具直接完成从对象客体描述到软件系统模型之间的转换，避免了如结构化开发方法中客观世界描述与软件结构不一致的问题和多次转换映射的繁杂过程，简化了分析和设计。此外，面向对象开发方法开发的系统重用性好、维护性好，有较强的应变能力。

面向对象开发方法的缺点是对大型系统而言，采用自下向上的面向对象方法开发系统，易造成系统结构不合理、各部分关系失调等问题，易使系统整体功能的协调性差，效率降低等。

### 11.2.5 敏捷开发方法

现代企业面对激烈的竞争，速度成为企业制胜的关键，这使信息系统开发项目一方面要应付变动中的需求，一方面要在紧缩的时间内完成开发任务。传统的信息系统开发方法难以满足这些要求，这是敏捷开发方法近年来兴起的主要原因。

1.敏捷开发方法的基本思想

敏捷开发方法是一类软件开发流程的泛称。敏捷开发方法认为在信息系统开发过程中，人是最关键的因素，主张依靠全心致力信息系统开发的人，使用适合的轻量过程，通过不断调整来开发。

2001年初，一批业界专家聚集在一起概括出了一些可以让软件开发团队具有快速工作、响应变化能力的价值观和原则，他们称自己为敏捷联盟。在随后的几个月中，他们创建出了一份价值观声明，也就是敏捷联盟宣言(The Manifesto of the Agile Alliance)：

①人和交互 重于 过程和工具

②可以工作的软件 重于 面面俱到的文档

③客户合作 重于 合同谈判

④随时应对变化 重于 遵循计划

敏捷联盟专家认为，虽然每个比较项中后者也有价值，但是前者的价值更大。人是软件项目获得成功最为重要的因素，开发者的合作、沟通比方法与工具更重要。系统开发的核心活动是创建可以工作的信息系统与软件，过多面面俱到的文档往往比过少的文档更糟。而客户通常不可能一次性地将他们的需求完整清晰地表述出来或写在合同里，因此与客户进行持续良好的合作胜过纠缠于合同谈判。变化是信息系统开发中存在的现实，因此短期的迭代往往比中长期的计划更有效。总之，敏捷开发方法强调充分发挥人的技术能力和协作能力去应对变化、管理变化。

**2.敏捷开发方法的原则**

敏捷联盟提出12条原则用来指导敏捷开发：

(1)最优先的目标是通过尽早地、持续地交付有价值的软件来满足客户。

(2)欢迎需求变化，甚至在开发后期，敏捷过程也可通过控制、利用变化帮助客户取得竞争优势。

(3)频繁交付可用的软件，间隔从两周到两个月，偏爱更短的时间尺度。

(4)在整个开发项目中业务人员和开发人员必须每天在一起工作。

(5)以积极主动的员工为核心建立项目，给予他们所需的环境和支持，信任他们能够完成工作。

(6)在开发团队内外传递信息最有效率和效果的方法是面对面的交流。

(7)可用的软件是进展的主要度量指标。

(8)敏捷过程提倡可持续发展，发起人、开发者和用户应始终保持稳定的步调。

(9)持续关注技术上的精益求精和良好的设计以增强敏捷性。

(10)简单化是根本，不做过度设计和预测。

(11)最好的构架、需求和设计出自于自组织的团队。

(12)开发团队定期地对运作如何更加有效进行反思，并相应地调整、校正自己的行为。

上述原则在系统开发过程中通过一系列的敏捷实践体现出来。

**3.敏捷开发方法的开发过程**

敏捷开发方法有多种，比较典型的有极限编程(extreme programming, XP)和scrum方法。

(1)极限编程XP。极限编程XP是一个轻量级的、灵巧的软件开发流程。其核心精神是“在客户有系统需求时，给予及时满意的可执行程序”，因此十分适合需求快速变动的开发项目。

它是由一系列简单却互相依赖的实践组成。如强调团队的完整性，XP 项目的所有参与者(开发人员、客户、测试人员等)组成团队，一起工作在一个开放的场所中。客户是团队成员，在开发现场和开发人员一起工作。计划是灵活的，结合项目进展和技术情况，通常每两周确定下一阶段要开发与发布的系统范围。极限编程采用结对编程模式，两个程序员并排坐在一台电脑前一起工作，互补地进行开发工作。在集体代码所有权方面，没有程序员对任何一个特定的模块或技术单独负责，每个人都可以参与任何其他方面的开发。在测试驱动开发方面，在编码开始之前，首先将测试写好，而后再进行编码，直至所有的测试都得以通过。极限编程强调通过指定严格的代码规范来进行沟通，尽可能减少不必要的文档。它通过重构重新组织代码，重新清晰地体现结构和进一步改进设计，通过持续集成不断地把完成的功能模块整合在一起，不断地发布可用的系统，以获得客户反馈，尽早发现错误。极限编程主张平稳的工作效率和可持续的速度，要求项目团队人员每周工作时间不能超过 40 小时，加班不得连续超过两周，否则反而会影响生产率。

(2)scrum 方法。scrum 是管理软件项目的一个轻量级的敏捷方法，名字来源于橄榄球运动中的 scrum 过程。scrum 敏捷开发框架，是一个增量的、迭代的开发过程。在这个框架中，整个开发周期包括若干个小的迭代周期，每个小的的迭代周期称为一个 sprint，每个 sprint 的建议长度为 2～4 周。在 scrum 中，使用产品订单来管理产品或项目的需求，产品订单是一个按照商业价值排序的需求列表。scrum 的开发团队先开发的是对客户具有较高价值的需求。在每个 sprint 中，scrum 开发团队从产品订单中挑选最有价值的需求进行开发。sprint 中挑选的需求经过 sprint 计划会议上的分析、讨论和估算得到一个 sprint 的任务列表，称之为冲刺订单。sprint 代表 scrum 的一次迭代，周期通常是 30 天，期间不能增加额外的需求，以确保迭代结束时能够获得预期的结果。在每个迭代结束时，scrum 团队将交付潜在可交付的产品增量。

**4. 敏捷开发方法的优缺点**

敏捷开发方法是传统方法的良好补充，优点是能持续满足不断变化的用户需求和频繁的变更，其软件开发过程高度的灵活性和开发人员的自我管理，能够提高开发的质量和速度。

敏捷开发方法的缺点是对开发人员和项目管理人员提出了更高的要求，开发过程中知识和经验分散在软件开发人员手中，项目维护难度大。

## 11.3 信息系统开发方式

信息系统开发的方式主要有自行开发、联合开发、外包开发、采购商品化软件等四种。

### 11.3.1 自行开发

自行开发，也称独立开发，是一种完全依靠企业自身力量进行自主开发，由企业自身人员组成项目组独立完成信息系统开发的各项任务。自行开发方式适合于自身拥有较强的信息系统分析与设计人才、程序设计人才、系统维护和使用人才的组织和单位，如大学、研究所、计算机公司、高科技公司等单位。

自行开发方式有以下优点：开发费用少；能较好地满足企业的个性化需求，容易开发出适合本单位需要的系统；方便维护和扩展，能满足系统变化的需要；有利于培养自己的系统开发人员和技术力量。

自行开发方式有以下缺点：需要企业自身具有知识结构完备、经验丰富的专业人员，如果不是专业开发队伍，容易受能力限制，导致系统优化不够、开发水平较低；由于开发人员是临时从所属各单位抽调出来进行信息系统开发工作，这些人员在其原部门还有其他工作，所以精力有限，容易造成系统开发时间延长；开发人员调动或辞职后，系统维护工作受到影响。

因此，为了提高自行开发的成功率，一方面需要企业大力加强对开发工作的领导，实行"一把手"原则；另一方面在自身技术力量不足的情况下，可向信息系统专业开发人士或信息技术公司进行咨询，或聘请他们作为开发顾问，提供指导。

### 11.3.2　联合开发

联合开发，也称合作开发，指企业与外部单位共同组成系统开发小组，针对企业具体情况和要求，联合完成信息系统的开发任务。联合开发方式适合于使用单位有一定的信息系统分析、设计及软件开发人员，但开发队伍力量相对薄弱，希望通过信息系统的开发建立提高自己的技术队伍，便于进行系统维护工作的单位。

联合开发双方共享开发成果，实际上是一种半委托性质的开发工作。联合开发的主要问题是企业如何选择合适的开发伙伴，它应该是技术力量雄厚，有类似项目的开发经历，熟悉企业的行业特点，一般多为大学、科研院所或 IT 公司，也可以通过招标的方式选择最佳开发伙伴。

联合开发方式的优点是相对于完全委托外单位开发或完全外包而言能节约部分资金，并可以通过合作开发锻炼、提升企业自身的技术力量，便于系统的维护工作。

联合开发方式的缺点是如果协调不力，双方在合作沟通中易出现问题。

因此，在联合开发过程中要注意任务分工清晰，责任明确，还要注意双方工作人员之间的协调和配合，增强各种文档的共享和交流。

### 11.3.3　外包开发

外包开发指企业同组织外部的信息系统提供商签约，委托外部信息系统供应商来提供所需的有关信息系统产品或服务。外包方式适合于自身缺乏某方面信息技术专业人才、技术力量的企业。

信息系统外包的具体范围可以是信息系统相关的资产、人员、活动和功能，将组织的部分或全部信息系统资产、人员或活动委托给一个或多个外部供应商来完成执行。它包括下面的任何一种类型或多种形式的组合：系统规划，系统分析和设计，系统应用开发，系统运行和维护，系统集成，数据中心实施，通信管理和维护，软件、硬件管理和维护，用户培训等。

外包方式的优点是经济、服务质量高，用相同的或较低的成本获得更好的服务，灵活性强，可根据业务发展情况调整外包的费用和能力，有效地利用人才，盘活资产。

外包方式的缺点是将自己的信息和系统转入他人之手，带来信息泄露和管理失控的风险，而且一旦外包提供商选择不合理，容易将企业限定在能力不足的提供商和不合理的契约里，带来损失。

因此，将信息系统进行外包时，要重点审核信息系统承接商的资质和能力，合理规划外包成本，签好外包合同和协议。在外包执行过程中，应积极理顺合作方的沟通渠道，持续巩固合作关系。

### 11.3.4 采购商品化软件

采购商品化软件指直接购买专业软件供应商提供的软件产品。随着软件开发向专业化方向发展，一批专门从事信息系统软件开发的公司开发出许多应用方便、功能强大的商品化软件。为了避免重复劳动，提高系统开发的效率，也可以购买商品化的信息系统套件或应用平台，如财务管理系统、小型企业管理信息系统、供销存管理信息系统等。

采购商品化软件的优点是可以避免重复劳动、节省时间和费用，软件技术水平通常较高。

采购商品化软件的缺点是通用软件的专用性较差，通常不易满足企业的特定需求，需要有一定的技术力量，根据企业具体要求对软件进行改善，必要时需要在原有软件平台上进行二次开发以满足实际需要。

因此，在选择商品化软件时，应该注意判断软件功能是否能满足企业的功能要求，是否灵活、易用，文档是否完整，对安装维护和软件升级的承诺等。

### 11.3.5 不同开发方式的比较

上述不同开发方式的比较如表 11－1 所示。

表 11－1 不同开发方式的比较

| | | 自行开发 | 联合开发 | 外包开发 | 采购商品化软件 |
|---|---|---|---|---|---|
| 对本企业开发能力的要求 | | 非常需要 | 需要 | 不太需要 | 不太需要 |
| 系统维护难易 | | 容易 | 比较容易 | 困难 | 比较困难 |
| 开发费用 | 用于单位内部 | 大 | 中等 | 小 | 小 |
| | 用于单位外部 | 小 | 中等 | 相对灵活 | 小 |

企业在开发方式选择时，应该根据企业自身开发能力、资金投入等具体情况，有针对性地选择适合自身特点的开发方式。

## 11.4 信息系统项目管理

### 11.4.1 信息系统项目管理的概念

项目是指在一定约束条件下（主要是限定资金、限定时间等），为完成某一独特的产品或服务并具有特定目标的一次性任务。它没有惯性，是不重复的创新件任务，一般具有独立的时间、财务和技术绩效目标。

项目管理(project management)则是运用各种相关知识、技能、方法与工具,为满足或超越项目有关各方对项目的要求与期望,所开展的各种计划、组织、领导、控制等方面的活动。

国际项目管理协会制定的项目管理知识体系总结了项目管理实践中成熟的理论、方法、工具和技术,把项目管理知识划分为九个知识领域,分别是项目整体管理、项目范围管理、项目时间管理、项目成本管理、项目质量管理、项目人力资源管理、项目沟通管理、项目风险管理和项目采购管理,每个知识领域包括数量不等的项目管理过程,如图 11-4 所示。随着项目管理技术的日益成熟和广泛应用,如今的企业、政府及非盈利组织都越来越意识到项目管理的重要性。

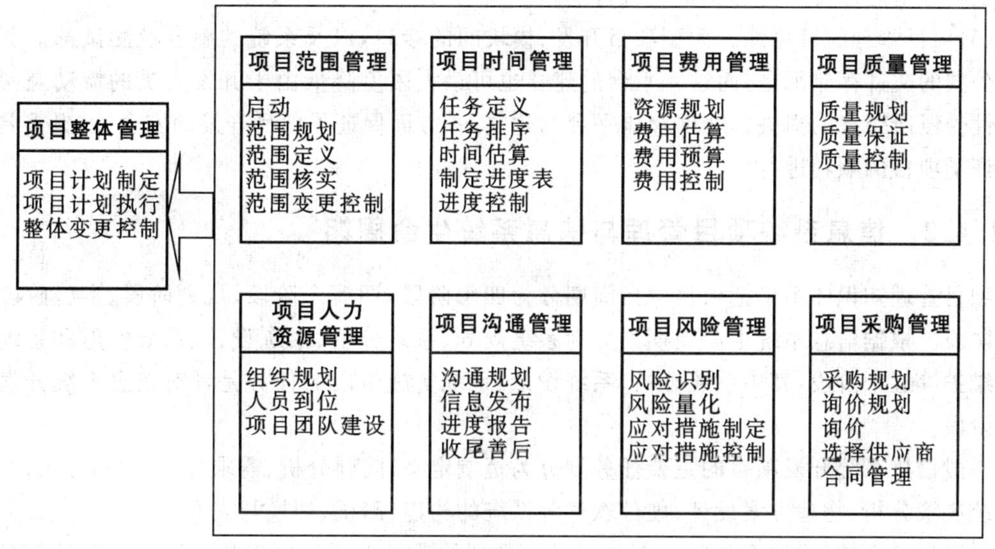


图 11-4　项目管理的九大领域

信息系统项目管理是项目管理在信息系统开发领域的应用。由于信息技术行业的特点,信息系统项目管理除了具有项目管理普遍特性外,它的行业特性还使它具有以下特点:

(1)管理工具的先进性。计算机的普遍应用和从业人员技术水平和综合素质高是信息行业的特性之一,而信息系统开发又是以团队协作为主要方式,所以管理工具的应用是必然的。信息技术的更新也同时加速了管理工具的更新,因此信息系统项目管理工具的先进性对于项目的成功与否起着不可替代的作用。

(2)信息沟通的及时性。现代通信技术和计算机网络的应用在信息系统项目开发中充当着重要的角色,项目周报、日报以及项目各种信息的正确传递,由于行业特色,项目参与人可以实时进行 E-mail 收发,保证了信息沟通的及时和准确性。

(3)资源提供的必要性。制造行业生产线设备的先进性决定产品生产过程的质量和产品产量,软件开发不同于生产制造业,软件行业中决定软件产品质量的主体是人,人是决定这一切的决定性因素,同时人又是最不可控的因素,所以高素质、掌握相应技术的人是软件开发的重要资源。软件开发的主要工具是计算机,最先进的技术实现也要依靠较先进的计算机设备。

为保证团队开发的安全和可控性，文件服务器是必须配置的。网络环境的安全及速度也是软件开发的必要保障之一。必要的生产工具还包括开发所需的、从第三方采购的软件产品，如系统软件、数据库、开发语言工具等。

(4)测试的完善和严谨性。要保证软件产品的质量，测试是必不可少的过程。而测试的完整和全面性决定了产品的质量、成本和进度，只有通过测试及时发现和修改问题，才能最终保证开发出合格的软件产品。

(5)度量的准确性。信息系统项目度量指标主要包括人月数的度量、BUG 的度量、成本的度量。合理地开发人月数估算不仅是项目开发计划制定的依据，同时也是对项目合同的评审依据。BUG 的度量更多地提供过程改进及人员评价的依据。成本的度量可测定团队的开发能力及财务角度评价项目的质量及可行度。

(6)项目管理的贯穿性。大型项目开发、模块间的接口，以及系统的整合及测试都需要有一个公共的文件存储平台，而这一平台的建立也可最大限度降低由于开发人员的流动及网络安全性受侵所带来的损失。文件存储平台的建立，一方面保证了项目开发的安全性，更重要的是保证了项目的顺利进行。

### ➢11.4.2 信息系统项目管理与信息系统生命周期

项目管理知识体系里把项目生命周期分为四个阶段，即概念阶段、规划阶段、实施阶段和收尾阶段。根据信息系统生命周期则分为系统规划、系统分析、系统设计、系统实施和系统运行与维护等五个阶段，其中系统分析、系统设计、系统实施阶段的任务是针对信息系统开发的主要阶段。

一般信息系统开发项目的主要任务划分为范围定义、问题分析、需求分析、逻辑方案设计、新系统决策分析、物理方案设计、硬件软件等系统的构建、测试、切换与发布。

大型信息系统(或称 IT 产品)都是通过一系列的项目而开发出来的。以一个新的信息系统为例，在系统规划阶段可能包括这样一个项目，即由一家咨询公司来帮助确定和评估可能开发的特定商业应用系统(如新的订单处理系统或总分类账系统)的战略规划。同样，还可能包含一个关于用户调查的策划、实施和评估的项目，以获取用户对那些用于实现类似业务功能的现行信息系统的评价意见。在这一系统分析阶段可能还会存在其他一些项目，比如为公司某些特定的业务功能开发工程模型，为公司某些业务功能和应用的数据库建立数据模型等。在实施阶段可能包括雇佣程序员编写部分系统程序。到了收尾阶段，可能会有软件新用户的培训项目。所有上述举例都说明，一个大的信息系统项目是由若干个较小的项目组成的。一般情况下，将大项目视作一系列较易管理的小项目是一个比较好的做法，尤其是当项目含有较高的不确定性时，每次小项目的成功完成都将有助于项目团队在大项目上取得成功。

### ➢11.4.3 信息系统项目的关键成功因素

信息系统项目的成功取决于许多因素，从宏观上讲，项目的组织结构、项目管理的方法和项目管理所采用的工具与技术，包括项目所处社会环境和经济环境变化都会对项目管理的成功产生影响。一般认为，保证项目成功包括以下关键因素：

(1)得到管理高层的支持，并与高层管理者进行有效的沟通。高层领导的支持是影响项目成功与否的最关键因素之一，对信息系统项目尤其如此。相对其他项目来说，信息系统项目具有投入成本相对较高、见效较慢、维护周期长、后期维护成本高等特点。

(2)选择一位优秀的项目经理。项目经理在整个项目管理过程中起核心作用。项目经理的能力、品质和个人魅力等直接影响项目团队的战斗力，并最终影响项目的成功。一般来讲，优秀的项目经理应该具有优秀的领导能力、快速的应变能力和反应能力、良好的人际交往能力、高效的时间管理能力、非凡的沟通能力、高效的激励能力和运用项目管理知识和技术的能力。

(3)具有明确的目标和范围。明确项目的目标和范围，并以项目章程的形式固定下来，可以保证项目团队朝着一个既定的方向努力，这在IT项目中尤其重要。很多IT项目在实施过程中，因为客户人为的需求变化使得项目范围无限蔓延，导致项目最终无法完成。

(4)保证客户的全程参与。让客户全程参与项目管理过程，一方面可以使客户对整个项目进展有一个清楚的认识，对项目的结果有一个合理的预期，另一方面可以防止因为需求变更而导致项目的重大返工。

(5)进行严密而有效的项目管理。严格按照项目管理的理论方法和步骤管理项目是项目成功的必要条件。在整个项目管理过程中，要尽量减少人为管理，严格遵循项目管理过程，每个项目阶段结束后，进行严格审查和把关。

(6)采用正确而合适的技术。项目管理中的许多技术，如工作分解结构、鱼刺图、关键路径法以及项目管理信息系统软件如果能被恰当地运用将会为项目管理提供有效的支持。

除了上面这些因素之外，在具体实施时，还应该注意一些具体的细节，如不要将没有经验的人放到关键的岗位上，不要随意压缩人员培训的费用，事实上，培训费用要比忽视培训将要付出的代价小得多，不要把手工系统的工作方式全盘照搬到信息系统中，并树立全员参与意识等等。

## 本章总结

本章介绍信息系统开发的组织管理。首先，介绍了信息系统开发的认知模型和生命周期；其次，重点介绍了信息系统开发的结构化系统开发方法、原型法、面向对象开发方法以及敏捷开发方法；再次，介绍了自行开发、联合开发、外包开发、商品化软件采购等信息系统开发形式；最后，介绍了信息系统项目管理的含义、特点和关键成功因素。

## 练习题

### 一、多选题

1. 信息系统开发的典型方法有(　)

A. 结构化系统开发　　B. 原型法

C. 面向对象开发方法　　D. 敏捷开发方法

2. 下面哪句话最准确地概括了结构化方法的核心思想(　)

A. 由分解到抽象　　B. 自顶向下，由细到粗，逐步抽象

C. 自下而上，由抽象到具体　　D. 自顶向下，由粗到细，逐步求精

3. 信息系统生命周期各个阶段正确的顺序是(　　)

A. 系统分析、系统规划、系统设计、系统实施、系统运行与维护

B. 系统规划、系统分析、系统设计、系统实施、系统运行与维护

C. 系统规划、系统设计、系统分析、系统实施、系统运行与维护

D. 系统分析、系统规划、系统设计、系统运行与维护、系统实施

4. 在生命周期法中,(　　)阶段是对原系统进行详细调查,进行数据分析和功能,完成新系统的逻辑设计,并写出系统分析报告。

A. 系统分析　　　　B. 系统设计

C. 系统实施　　　　D. 系统运行与维护

**二、简答题**

1. 简述信息系统开发的认知模型。

2. 信息系统生命周期包含的阶段及各阶段的主要工作是什么?

3. 信息系统的开发中应遵循哪些原则?

4. 信息系统项目管理与信息系统生命周期有什么关系?

**三、论述题**

试论述结构化系统开发方法、原型法的优缺点和适用场合。

# 第12章 信息系统规划

## 学习目的

- 了解管理信息系统战略的作用和方法
- 掌握管理信息系统战略规划的内容和企业系统规划法
- 了解关键成功因素法、战略目标集转化法以及基于BPR的信息系统规划
- 理解信息系统规划的目的、作用、特点
- 掌握信息系统规划的主要步骤

## 引导案例

某大学是我国一所著名的重点大学，不仅在教学质量上国内一流，在院校教学设施等方面也一直是名列前茅的。该校校长早在多年前就提出了建设全校信息系统的目标，设想将所有的教务、人事、办公、图书情报和教学设备等信息全部用计算机管理起来。当时在全国高校中提出这样宏大目标的院校真是凤毛麟角。

该大学管理信息系统原计划两年内完工。当时，随着局域网络的发展和计算机价格大幅度降低，使学校办公自动化普及成为可能，各高校纷纷开始注意建设学校信息系统。同时，随着国内高教事业的发展，该大学的规模迅速扩大，短短几年内学生人数就翻了一番，原有教务人员已难以应付随之猛增的教学管理工作。正是在这样的情况下，该校校长提出了建立学生管理信息系统的方案，想通过办公自动化来提高该校的办公效率，以应付越来越重的学生管理业务，另一方面这也是考虑到，为了在高等院校办公自动化的发展过程中，在与兄弟院校的竞争中占有有利地位，增强学校在国内该领域的信誉。如有可能，也希望将此信息系统推广到全国各地的高等院校去。

该项目涉及的部门有学生处、教务处和全校二十几个院系的院系办公室。其中，学生处拥有全校学生的基本信息，负责处理全校性的学生管理业务，如学生证的制作与管理；教务处负责全校的教学管理工作，如排课、调课、考试；而各院系办公室负责本院系的具体的教学管理工作，如本院系学生成绩的录入与编排、学生选课的登记等，同时将有关数据如学生成绩等上报教务处，供其用于存档等处理。建立一个统一的数据库系统将使数据共享更为方便。

因此，在校长的责令下，由学生处全权负责，学校网络中心负责开发，教务处、各院系办公室协同工作，开始了该系统的开发实施。同时学校拨款50万元给网络中心，购买了多台服务器以及集线器等设备，在学生处、教务处和网络中心又安装了一些微机作为客户端，而其他各院系的计算机则自行解决。起初，学生处处长和网络中心主任当着校长的面说定，网络中心于2000年6月前完成开发工作，在系统完成后学生处将付给网络中心10万元开发费。

系统具体实施前，网络中心派了一位负责此项目的老师带领2名教师、4名学生到学生处进行系统分析，对项目进行了整体的系统规划，他们花费了3个月时间，找学生处每个人都谈了话，并写了一份很详细的系统分析报告。该系统分析报告内列出了所有的数据项目，有30多张表和400多个数据项。另外，他们还列出整个学生处业务的详细流程图。学生处负责该项目的处长看到网络中心的老师夜以继日地工作很感动，对图文并茂的精美的分析报告也很满意。当时学生处长主要关心的另一件事是在系统运行后，自己的任务量究竟是多少。因为当时学生处的工作量过于繁重，他希望该系统能够改变这一情况，因此希望网络中心在系统设计中能考虑将学生管理业务在学生入学前统一录入数据库，供各院系和学生处共同使用；后来按处长的要求，此项工作被分布到各院系办公室去执行。另外，学生证原来也是由学生处统一制作，而现在学生处也要求划分到各院系办公室完成，学生处只负责加盖公章。

第二年5月，系统提前安装上学生处的机器。学生处的第一印象是：该系统设计的界面十分漂亮。但不久出现了一系列问题。首先是在这期间，许多院系都开始购买新的机器，代替了过去的旧机器，而操作系统也随之升级。这时，原来开发的应用系统就必须安装到新机器上。网络中心的老师帮助安装后，系统可以工作了，但是在屏幕显示和打印时会出现了一些问题。此时两位编程的学生已经不在学校，而其他人都不敢贸然接手。学生处派人到各院系去了解系统的使用情况时，发现许多院系还未开始使用或很少使用该管理系统，当问及原因时，还未使用该系统的办公人员说，他们最近工作很繁重，还没有时间学习新系统的使用。而开始使用但利用率很低的院系的办公人员说，他们已习惯于使用原先的办公软件而且用得很好，他们不明白为什么还要弄一套学生系统。更有办公人员说，新系统不但没有减轻他们的工作量，反而增加了一些不必要的操作，还不如手工处理来得方便。此种情况出现后，学生处处长和网络中心谈过，网络中心认为，只要使用一段就会熟悉了。于是处长要求各院系尽快将系统投入使用，但时隔一个月之后，各院系仍未有起色。当学生处再次问及他们原因时，许多人都反映说系统使用不方便，有些数据不知道怎么输入，有时数据要输入好几遍。学生处将此情况反映给网络中心，要求网络中心人员对该系统进行修改。而网络中心则认为该系统的设计达到了系统规划的设计要求，要求学生处尽快付给他们开发费，否则就不能进行新的修改工作。而学生处则认为系统没有投入使用不能付款。

一晃一年时间过去了，系统的正常运作仍迟迟未能通过。校长多次找到学生处处长和网络中心主任谈话，但双方各执一词，一直未能解决。无奈之下，校长主持召开了学生处、教务处、网络中心、各院系以及相关部门参加的会议，并邀请了校内外几位信息系统方面的专家列席会议。会上，大家对系统开发过程进行了反思，发现了许多问题，同时也商议了解决的办法。

同时，该大学决定再次开发该系统，并成立了以校长直接领导、网络信息中心主任领衔，包括所有相关部门负责人在内的信息化委员会，对学生管理信息系统的开发进行直接领导，重新开发该系统，也就是现在大家使用的基于Internet的该学校的管理信息系统。

**思考：**

1. 你认为该系统没有按期投入使用，其原因是什么？
2. 在该系统的开发过程中，出现了哪些问题？它们之间的关系是什么？
3. 为使新的开发成功，应当如何做？请具体说明你的意见。
4. 在为教务处开发新的管理信息系统时，你认为有哪些需求？
5. 新的教务管理系统有哪些实施难点？

6. 新的教务管理系统运行后，对教学管理造成了哪些改变？

7. 你认为该大学新管理信息系统有哪些特点？

8. 你认为新系统存在哪些不足？如何改进？

## 12.1　信息系统规划的概念、作用和特点

信息系统规划(information system planning，ISP)是信息系统实践中重要的环节。信息系统的建设对组织的影响不是一时的，它涉及组织发展的长期战略，其影响面不仅仅是技术或某些企业业务部门，企业的组织、资金、产品开发、市场、人事管理和业务策略等部门都会涉及，应当在采取任何行动之前就进行充分的酝酿和筹划。信息系统如不能实现，将直接影响组织战略的实现。

信息系统规划是信息系统生命周期的第一阶段，是信息系统的概念形成期。信息系统规划的主要目的是根据组织的目标和战略制定出信息系统的目标与发展战略，确定信息系统建设的长期发展方案，决定关系信息系统在整个生命周期内的发展方向、规模和发展进程。简单地说，建设管理信息系统是为了支持组织的管理和战略决策，而规划是对信息系统本身的决策。

信息系统的目标选择，首先要与企业战略目标相一致，然后再针对企业面临的调整和机遇考虑信息系统能够解决的问题与解决的程度。该工作建立在对企业及其环境全面分析的基础上。既然信息系统的目标要与企业战略目标相一致。那么信息系统的目标主要是从解决企业问题或推进企业变革的角度来设立的。举例来说，如果企业以产品战略为主战略，即通过产品来取胜，那么就要求信息系统能够支持产品的研究与开发，降低产品的成本，提高产品的质量。如果企业一个时期的战略是扩大市场份额，那么就需要支持市场营销活动，改善客户关系的信息系统。如果企业要全面改进业务处理和管理的绩效，提高响应速度，那么企业就应该建设企业级的面向业务流程的信息系统。

信息系统的开发，是从用户提出的任务开始的。开发人员在用户提出需求后，要对现行系统进行初步的调查和研究，检查用户现有的条件能否达到系统的目标。对于用户来说，要先了解企业目标、现有企业系统的问题、企业的信息战略，然后提出信息开发策略。

规划是人们对较长时期内要做的事情进行总体的、全面的计划、部署和安排，是准备付诸实施的方案。管理信息系统的开发就是一项庞大的系统工程，具有开发周期长、资金投资大、技术要求高、承担风险大等特点，比一般的技术工程有更大的难度。系统开发工作将直接影响整个系统的成败，所以在开发的全过程中，一定要按照相应的原则和方法来进行，以保证管理信息系统的质量。建立一个高效的管理信息系统，可以必须站在整个组织的战略高度，对组织的信息系统总体目标、发展战略、信息资源和系统开发工作进行综合性的规划。良好的系统规划可以保证管理信息系统能够支持组织长期战略目标的实现。更有效地开发使用组织的信息资源和信息系统，可以使管理信息系统的建设能够在统一的组织目标、发展战略及有效的环境下进行。因此，认真制定能有效支持组织战略发展的信息系统规划是现代管理信息系统成功开发的保障。

信息系统规划的主要有以下作用：

(1)明确系统开发的总体目标和要求,并确保信息系统开发与企业的发展目标相一致。

(2)站在组织的高度,统筹规划,提高系统开发的成功率。

(3)合理分配和利用信息资源。

(4)提供系统总体框架,指导信息系统开发及相关工作的开展。

(5)信息系统规划是系统形成的概念期,体现着整个系统的发展方向,具有以下特点:

①信息系统规划是面向全局、面向长远的关键问题,具有较强的不确定性,结构化程度较低。

②信息系统规划是高层次的系统分析,高层管理人员是工作的主体。

③信息系统规划不宜过细。系统规划的目的是为整个系统确定发展战略、总体结构和资源计划,而不是解决系统开发中的具体问题。在系统规划阶段应着眼于子系统的划分,而不需要明确各个子系统的详细功能以及功能实现上的细节问题。

# 12.2 信息系统规划的阶段和步骤

## 12.2.1 信息系统规划的阶段划分

合理的规划可以明确组织的发展目标和监控组织为了达到这种目标而采取的措施和步骤。任何一种类型的业务规划都是从描述组织希望在今后的一段时间内发展的明确目标开始的,这段时间的长度往往是五年或者更长的时间。

一般的,信息系统规划包括四个阶段,即信息系统战略规划、组织和业务流程规划、信息系统体系架构规划和信息系统实施规划,如图 12-1 所示。

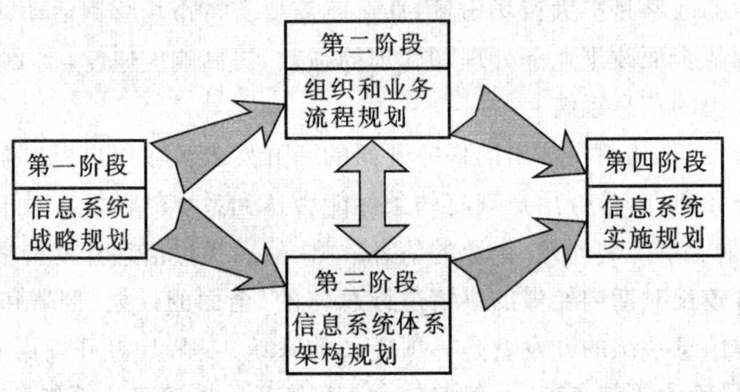


图 12-1 信息系统规划的四个阶段

### 1. 信息系统战略规划阶段

信息系统战略规划是信息系统规划的起点和核心,是组织战略的一个重要组成部分,也是指导整个信息系统规划和建设的战略方向。信息系统战略规划一般既包括 3~5 年长期规划,也包含 1~2 年的短期规划。长期规划部分指出了总的发展方向,而短期规划部分则为作业工作的具体责任提供依据。一般来说,整个战略规划包含如下主要内容:第一,信息系统的目标、约束和结构。信息系统战略规划应根据组织的战略目标,组织的业务流程改革与创新需求以及组织的内、外约束条件，来确定信息系统的总目标、发展战略规划。第二，对目前组织的业务流程与信息系统的功能、应用环境和应用现状进行评价，了解当前的能力状况，制定改革业务流程，以及信息系统的政策、目标和战略。第三，对影响规划的信息技术发展的预测。信息系统发展战略规划无疑要受当前和未来信息技术发展的影响。因此，计算机及其各项技术的影响应得到必要的重视，并在战略规划中有所反映。第四，近期计划。在发展战略规划适用的几年中，应对即将到来的一段时期做出相当具体的安排。

2. 组织和业务流程规划阶段

组织和业务流程规划是指在信息系统战略规划的指导下，组织结构和业务流程将要采取的变化策略和变化程度，它是从管理视角定义可以满足和支持信息系统战略规划的业务流程、部门设置、岗位设置、规章制度等，是确保信息系统战略规划顺利实施的组织保障。就像中长期规划一样，组织和业务流程规划应该给出组织和业务流程在今后一段时期内的调整规划和计划。在组织和业务流程规划的过程中，需要与下阶段的信息系统体系架构规划的制定进行反复的沟通和协调。

3. 信息系统体系架构规划阶段

信息系统体系架构规划是指在信息系统战略规划的指导下，信息系统各个组成部分和这些组成部分之间的关系。信息系统体系架构规划至少包括三方面的内容：第一，定义组织将要建设的信息系统的所有子系统及这些子系统的规模和程度。第二，定义这些子系统之间的业务关系和数据关系。第三，定义这些信息系统与业务流程和部门之间的关系。就像组织和业务流程规划一样，信息系统体系架构规划也是一个反复的过程。

4. 信息系统实施规划阶段

信息系统实施规划是在前面三个规划的基础上制定的时间规划、资源规划和项目规划。时间规划是指信息系统实施的高层时间安排，这时的时间安排可以进行细化。资源规划是指对信息系统建设中将要用到的人力、物力、财力做出宏观的安排。项目规划是指确定信息系统建设可以分解成哪些具体的、目标明确的、可管理的信息系统建设项目，是今后开展信息系统建设具体工作的基础。

## 12.2.2 信息系统规划的步骤

进行信息系统的战略规划一般遵循以下步骤：

(1)确定规划的性质。基本规划问题的确定，应包括规划的年限、规划的方法，确定集中式还是分散式的规划，以及是进取还是保守的规划。

(2)收集相关信息。这包括从本企业内部各种信息系统委员会、各管理层、与供应商相似的企业、各种文件以及从书籍和杂志中收集信息。

(3)进行战略分析和定义计划约束。这包括目标、系统开发方法、计划活动、现存硬件和它的质量、信息部门人员、运行和控制、资金、安全措施、人员经验、手续和标准、中期和长期优先顺序、外部和内部关系、现存的设备、现存软件及其质量，以及企业的思想和道德状况。

(4)明确战略目标。根据步骤(3)的结果确定管理信息系统的开发目标，明确管理信息系统应具有的功能、服务范围和质量等。这实际上应由总经理和计算机委员会来设置，它应包括服务的质量和范围、政策、组织以及人员等。它不仅包括信息系统的目标，而且应包括整个企业的目标。

(5)提出未来的缩略图。给出管理信息系统的初步框架,包括各子系统的划分等。

(6)识别上面列出的各种活动,是一次性的工程项目性质的活动,还是一种重复性的经常进行的活动。由于资源有限,不可能所有项目同时进行,只有选择一些最佳的项目先进行,要正确选择工程类项目和日常重复类项目的比例,并正确选择风险大的项目和风险小的项目的比例。

(7)选择开发方案。选定优先开发的项目,确定总体开发顺序、开发策略和开发方法。

(8)根据步骤(7)的结果来编制项目的实施进度计划。估计项目成本和人员需求,并列出开发进度表。

(9)把战略长期规划书写成文。在此过程中还要不断与用户、信息系统工作人员以及信息系统委员会的领导交换意见。

(10)通过战略规划。经单位(企业、部门)领导批准后生效。

## 12.3 信息系统规划的方法

### 12.3.1 战略目标集转化法

William King 于 1978 年提出将整个战略目标看成是"信息集合",由使命、目标、战略和其他战略变量组成,管理信息系统的战略规划过程是把组织的战略目标转变为管理信息系统战略目标的过程。

这个方法的第一步是识别组织的战略集合,即先考查该组织是否有成文的战略式长期计划,如果没有,就要去构造这种战略集合,可以采用以下步骤:

(1)描绘出组织各类人员结构,如卖主、经理、雇员、供应商、顾客、贷款人、政府代理人、地区社团及竞争者等。

(2)识别每类人员的目标。

(3)对于每类人员识别其使命及战略。

第二步是将组织战略转化成管理信息系统战略,管理信息系统战略应包括系统目标、约束以及设计原则等。这个转化的过程包括组织战略集合的每个元素识别对应的管理信息系统战略约束,然后提出整个管理信息系统的结构。最后,选出一个方案送总经理。图 12-2 所示为一个企业目标转化的例子。

### 12.3.2 企业系统规划法

企业系统规划法(business system planning,BSP)是 IBM 公司在 20 世纪 70 年代提出的,旨在帮助企业制定信息系统的规划,以满足企业近期和长期的信息需求。它较早运用面向过程的管理思想,是现阶段影响最广的方法。其基本思路如下:要求所建立的信息系统支持企业目标;表达所有管理层次的要求;向企业提供一致性信息;对组织机构的变革具有适应性实质。即把企业目标转化为信息系统战略的全过程。企业系统规划法是从企业目标入手,逐步将企业目标转化为管理信息系统的目标和结构,从而更好地支持企业目标的实现。

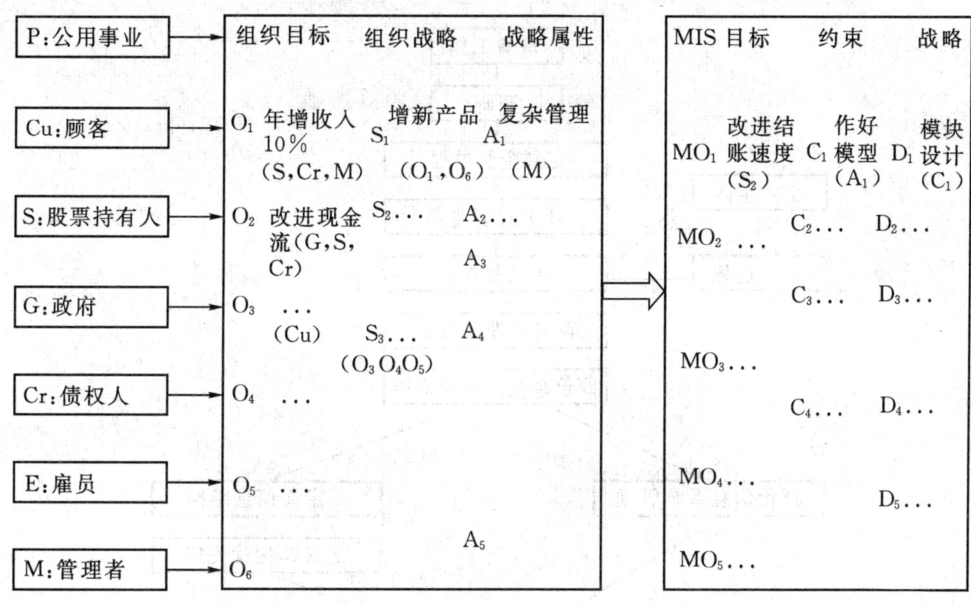


图 12-2　战略目标集转化法

BSP 方法的主要原则如下：

(1)必须支持企业的战略目标。BSP 方法从企业的战略目标出发，按照一定的步骤和方法将企业的战略目标转化为管理信息系统的规划目标，这正是对管理信息系统开发的根本要求。

(2)应当表达出企业各个管理层次的需求。在一个企业内部存在着三个管理层——战略计划层、管理控制层和业务处理层，不同层次的管理活动有着不同的信息需求。BSP 方法要建立一个合理框架，能够满足各个层次的不同需求。

(3)应该向整个企业提供一致信息。在管理系统的开发过程中，数据在时间和空间上的不一致性严重影响了系统的效果，也影响了决策分析的准确。BSP 方法采用“自上而下”的规划方法，对于数据的域定义、结构定义、记录格式和更新时间等方面都作了统一的规定，保证了为整个系统提供一致的信息。

(4)应该经得起组织机构和管理体制变化，使信息系统具有对环境变更的适应性。即使将来企业的组织机构或管理体制发生变化，信息系统的体系结构也不会受到太大的冲击。

BSP 采用“自上而下”的规划，即从顶层到底层来识别系统目标、过程和数据，同时采用“自下而上”的分步设计系统。这样可以解决大规模系统难以一次性完成设计的困难，同时也避免了“自下而上”分散设计可能出现的数据不一致问题和相互无关的系统设计问题。

BSP 方法是把企业目标转化为信息系统战略的全过程。BSP 方法所支持的目标是企业各层次的目标，实现这种支持需要许多子系统，进行 BSP 工作的步骤参见图 12-3。

用 BSP 制定规划是一项系统工程，所以要很好地准备。准备工作包括接受任务和组织队伍。一般接受任务是由一个委员会承担，委员会应当由总经理或副总经理牵头，这个委员会要明确规划的方向和范围。在委员会下应有一个系统规划组，其组长应全时工作。委员会要对研究的范围、目标和将交付的成果取得一致的意见，以免以后产生分歧。组织队伍的建立要求

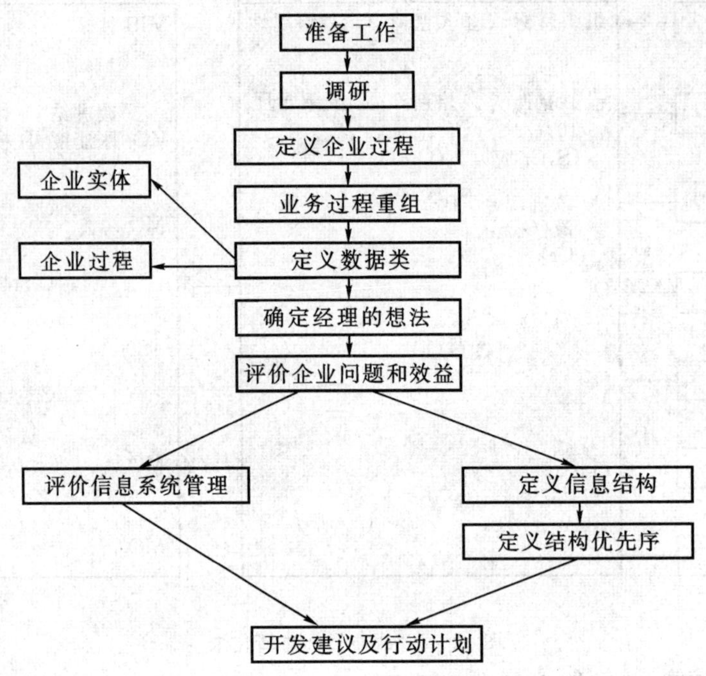


图 12－3　BSP 方法的步骤

所选人员来自高层和中层的管理部门，要求他们不仅对自己部门的业务有充分的了解，而且也要对其他部门有所了解，以保证对信息需求进行全面的分析。

下面对 BSP 工作流程的主要活动加以介绍。

(1)研究开始阶段。做好准备工作以后，就进入了研究开始阶段。这一阶段要召开动员会或讨论会，让全体研究组成员对企业现状和目标系统支持的需求有一个全面的了解。首先，讨论会要说清楚工作的期望和期望目标。其次，系统组简介企业的现状，并介绍企业的决策过程、组织功能、关键人物、用户期望、用户对现有信息系统的看法等。最后，由信息系统负责任人介绍信息人员对企业的看法，同时应介绍现有的项目状况、历史状况以及信息系统的问题等。通过介绍让各方面人员对企业和对信息支持的要求有个全面的了解。

(2)定义企业过程。定义企业过程是 BSP 方法的核心，是指对企业信息系统环境的了解。企业过程被定义为一组逻辑上相关的决策和活动的集合，这些决策和活动是管理企业资源所需要的。通过对企业过程的研究可以了解企业的功能、任务、关联和信息需求，从而作出关系矩阵，并通过关系矩阵形成信息系统的模型。

整个企业的管理活动由许多企业过程所组成。识别企业过程可对企业如何完成其目标有一个深刻的了解。识别企业过程可以作为信息识别构成信息系统的基础，按照企业过程所建造的信息系统，在企业组织变化时可以不必改变，或者说信息系统相对独立于组织。定义企业过程的步骤见图 12－4。

如图 12－4 所示，任何企业的活动均来源于三个方面，即计划与控制、产品与服务以及支持资源。这可以说是三个源泉，任何活动均由这里导出。下面对这三种活动来源加以介绍。

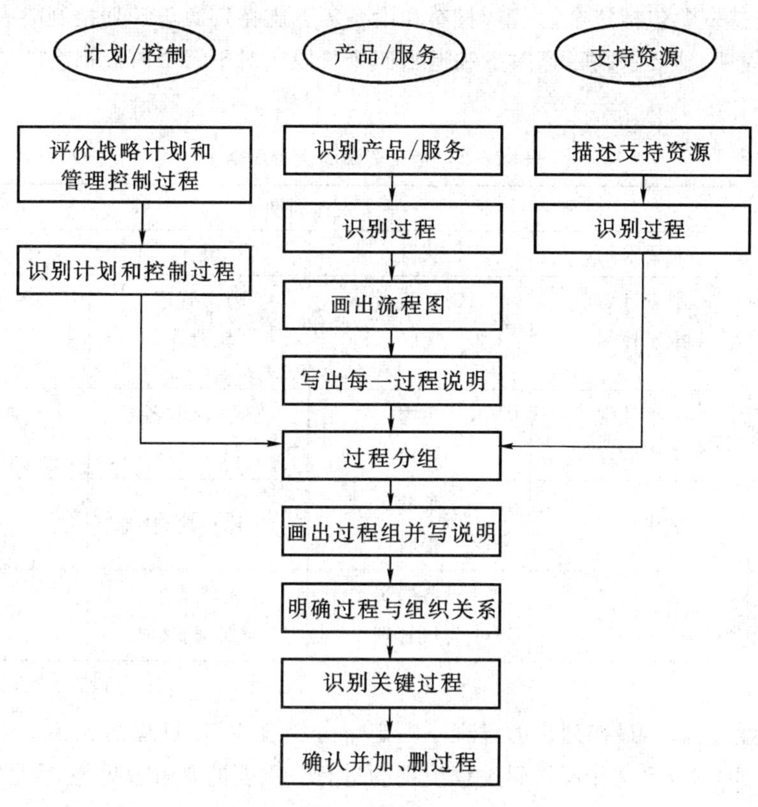


图 12-4　定义企业过程示意图

①识别计划与控制过程。通过与管理人员的讨论、切磋、分析和研究，可以识别出企业战略规划和管理控制两个层次的过程。战略规划层次的过程包括经济预测、组织计划、政策开发、放弃/追求分析、预测管理、目标开发、产品线性模型等；管理控制层次的过程包括市场/产品预测、工作资金计划、雇员水平计划、运营计划、预算、测量与评价等。

②识别产品与服务过程。产品与服务有自己的生命周期，分别为需求、获得、服务和退出，可沿着产品的生命周期对各阶段加以分析。表 12-1 列出了产品和服务的全过程。

**表 12-1　产品和服务过程**

| 需求 | 获得 | 服务 | 退出 |
|---|---|---|---|
| 市场计划 | 工程设计开发 | | |
| 市场研究 | 产品说明 | 库存控制 | 销售 |
| 预测 | 工程记录 | 接受 | 订货服务 |
| 定价 | 生产调度 | 质量控制 | 运输 |
| 材料需求 | 生产运行 | 包装储存 | 运输管理 |
| 能力计划 | 购买 | | |

③识别支持资源过程。企业的支持资源与产品和服务类似，有其自己的生命周期。一般

来说，企业的支持资源包括资金、人事、材料和设备等。支持资源与计划控制略有不同，资源具有一定的生命周期，即要求、获得、服务和退出四个阶段。对于每个阶段都有相应的过程，如表12－2所示。

**表12－2　企业资源的生命周期**

| 资源 | 生命周期 | | | |
|---|---|---|---|---|
| | 要求 | 获得 | 服务 | 退出 |
| 资金 | 财务计划<br>成本控制 | 资金获得<br>接收 | 公文管理<br>银行账<br>会计总账 | 会计支付 |
| 人事 | 人事计划<br>工资管理 | 招聘<br>转业 | 补充和收益<br>职业发展 | 终止合同<br>退休 |
| 材料 | 需求生产 | 采购<br>接收 | 库存控制 | 订货控制<br>运输 |
| 设备 | 主设备计划 | 设备购买<br>建设管理 | 机器维修<br>家具、附属物 | 设备报损 |

在识别企业过程时，最初列出的过程不一定十分符合逻辑，过程的大小也未必一致，有些过程甚至与规划无关，但这并不妨碍过程识别的进行。重要的是解放思想，大胆列出。对于产品和服务这条线索列出的过程，可以画成流程图的形式，如图12－5所示，这有助于我们深入了解企业活动，发现存在的问题，并有利于进一步识别、合并、调整的过程。

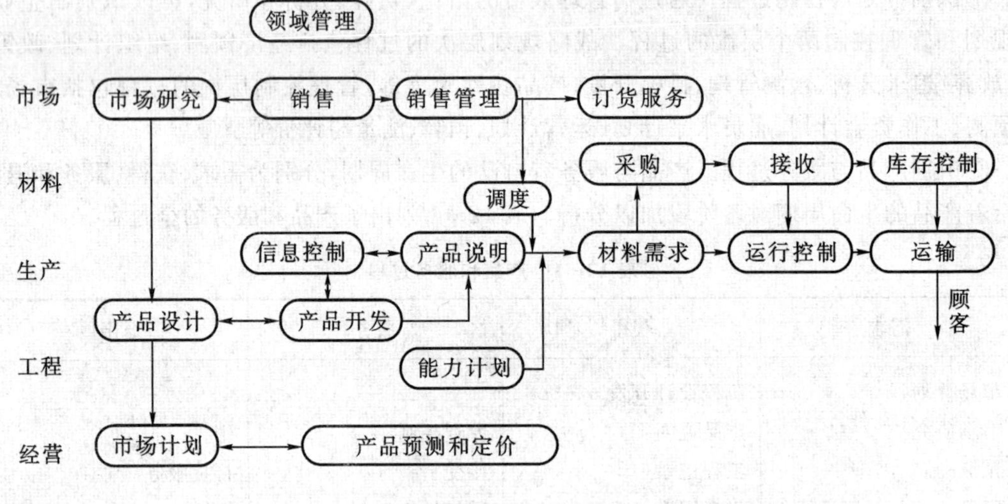


图12－5　过程初步流程图

(3)定义数据类。数据类是逻辑上相关的一组数据，定义数据类就是识别企业数据，即依据企业的信息需求，从企业活动中抽取出数据类，并对其进行检查和补充，确定企业对数据类的需求。

识别企业数据的方法通常采用企业实体法。基本思路是首先找到企业实体,然后根据实体发现数据。企业的实体有顾客、产品、材料以及人员等企业中客观存在的东西,联系于每个实体的生命周期阶段就有各种数据。

企业实体法的第一步是列出企业实体,一般要包含 7～15 个实体,再列出一个矩阵,实体列于水平方向,在垂直方向列出数据类,见表 12-3。

**表 12-3 企业实体法获取数据类**

| 企业实体 | | 产品 | 顾客 | 设备 | 材料 | 现金 | 人员 |
|---|---|---|---|---|---|---|---|
| 数据类 | 计划/模型 | 产品计划 | 销售领域<br>市场计划 | 能力计划<br>设备计划 | 材料需求<br>生产调度 | 预算 | 人员计划 |
| | 统计/汇总 | 产品需求 | 销售历史 | 运行<br>设备利用 | 开列需求 | 财务统计 | 生产率<br>赢利历史 |
| | 库存 | 产品<br>成品<br>零件 | 顾客 | 设备<br>机器负荷 | 原材料<br>成本<br>材料单 | 财务<br>会计总账 | 雇佣工资<br>技术 |
| | 业务 | 订货 | 运输 | | 采购<br>订货 | 接收<br>支付 | |

另一种获取数据类的方法是企业过程法,它利用以前识别的企业过程,分析每一个过程利用和产生的数据。它可以用输入→处理→输出图来形象地表达,见图 12-6。

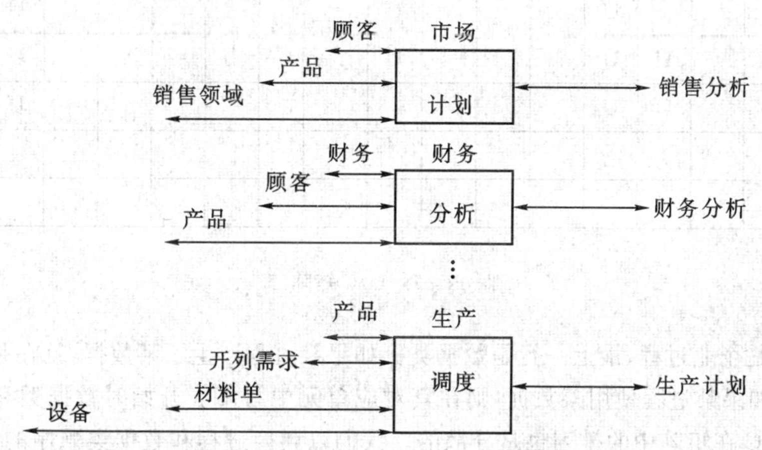


图 12-6 输入→处理→输出图获取数据类

(4)定义体系结构。信息系统的体系结构是企业开发管理信息系统的基础,描述了将来所运行的系统的结构框架。定义体系结构主要包括两个阶段的工作,即划分子系统和确定子系统的开发顺序。BSP 方法是根据信息的产生和使用来划分子系统的,它尽量把信息产生的企业过程和使用的企业过程划分在一个子系统中,从而减少了子系统之间的信息交换。具体工具采用 U/C 矩阵,U 表示使用(use),C 表示产生(create),如图 12-7 所示。

| | 计划 | 财务计划 | 产品 | 零件规格 | 材料表 | 材料库存 | 成本库存 | 任务单 | 设备负荷 | 物资供应 | 工艺流程 | 客户 | 销售区域 | 订货 | 成本 | 职工 |
|---|---|---|---|---|---|---|---|---|---|---|---|---|---|---|---|---|
| 经营计划 | C | U | | | | | | | | | | | | U | U | |
| 财务规划 | U | C | | | | | | | | | | | | | U | U |
| 资产规模 | | U | | | | | | | | | | | | | | |
| 产品预测 | | | U | | | | | | | | | U | U | | | |
| 产品设计开发 | U | | C | C | C | | | | | | | U | | | | |
| 产品工艺 | | | U | U | U | U | | | | | | | | | | |
| 库存控制 | | | | U | | C | C | U | | U | | | | | | |
| 调度 | | | U | | | U | | C | U | | U | | | | | |
| 生产能力计划 | | | | | | | | | C | U | U | | | | | |
| 材料需求 | | | U | | U | U | | | | C | | | | | | |
| 操作顺序 | | | | | | | | U | U | U | C | | | | | |
| 销售管理 | | | U | | | | U | | | | | C | U | U | | |
| 市场分析 | | | U | | | | | | | | | U | C | U | | |
| 订货服务 | | | U | | | | U | | | | | U | U | C | | |
| 发运 | | | U | | | | U | | | | | | U | U | | |
| 财务会计 | | U | U | | | | U | | | | | U | | U | | U |
| 成本会计 | | U | U | | | | | | | | | | | U | C | |
| 用人计划 | | | | | | | | | | | | | | | | C |
| 业绩考评 | | | | | | | | | | | | | | | | U |

图 12-7　U/C 矩阵

图的左列是企业过程，最上一行是数据类。如果某过程产生了某数据，就在某行某列的矩阵元中写 C。如果某过程使用某数据，则在其对应单元中写 U。开始时数据类和过程类是随机排列的。U、C 在矩阵中的排列也是分散的。我们以调换过程和数据类顺序的方法，尽量使 U、C 集中到对角线上排列。然后把 U、C 比较集中的区域用粗线条框起来，这样形成的框就是一个个子系统。在粗框外的 U 表示一个子系统使用另一个子系统的数据。这样就完成了子系统划分，即确定了信息系统的结构。划分好子系统后，应对这个子系统内容进行分析和说明，并把它们写出。

## ➢12.3.3　关键成功因素法

关键成功因素法(key success factors，KSF/critical success factors，CSF)是信息系统开发规划方法之一，1970 年由哈佛大学教授威廉·泽尼(William Zani)提出。十年后，麻省理工学院教授约翰·罗卡特(John Rockart)把CSF提升为管理信息系统的战略，用以满足高层管理的信息需求，特别是解决那些每月收到大量计算机生成的报表，却几乎找不到任何有价值信息的问题。

所谓关键成功因素，是指那些对组织能否成功实现目标起决定作用的因素。关键成功因素法就是通过分析，找出这些关键因素，然后再围绕它们来确定系统的需求，并进行规划的过程。

关键成功因素法的过程可用图12-8表示。

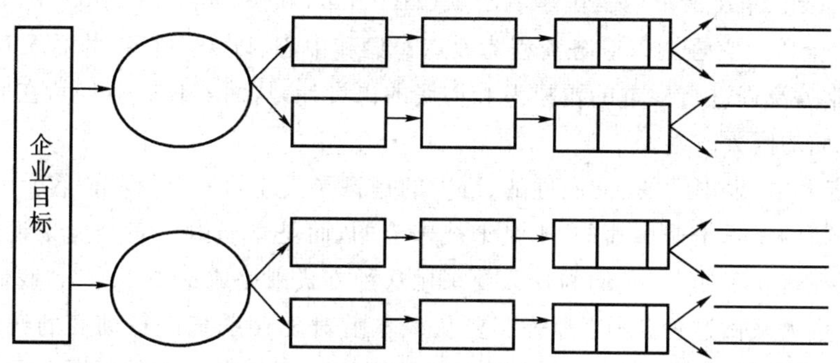


图12-8　关键成功因素法的过程

关键成功因素法主要包括以下步骤：

(1)确定组织的战略目标。

(2)识别所有成功因素。主要是分析影响战略目标的各种因素和影响这些因素的子因素。

(3)确定关键成功因素。不同行业的关键成功因素各不相同。即使是同一个行业的组织，由于各自所处的外部环境的差异和内部条件的不同，其关键成功因素也不尽相同。

(4)明确各关键成功因素的性能指标和评估标准。

关键成功因素法源自企业目标，其过程通过目标分解与识别、关键成功因素识别、性能指标识别，一直到产生数据字典。这好像建立了一个数据库，一直细化到数据字典。关键成功因素就是要识别联系于系统目标的主要数据类及其关系。识别关键成功因素所用的工具是树枝因果图。如某企业的目标是提高产品竞争力，可以用树枝图画出影响它的各种因素，以及影响这些因素的子因素，见图12-9。

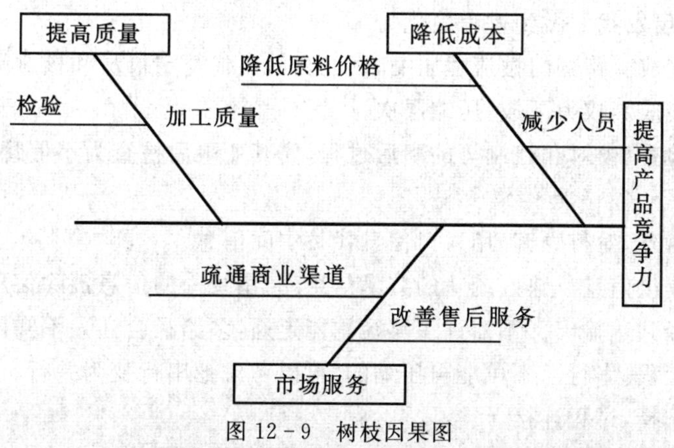


图12-9　树枝因果图

关键成功因素法的优点是能够使所开发的系统具有很强的针对性,能够较快地取得收益。应用关键成功因素法需要注意的是,当关键成功因素解决后,又会出现新的关键成功因素,就必须再重新开发系统。

### 12.3.4 基于 BPR 的系统规划

业务流程重组 BPR 最早由美国学者哈默(Hammer)和杰姆培(Champy)提出,在 20 世纪 90 年代达到了全盛。它强调以业务流程为改造对象和中心、以关心客户的需求和满意度为目标,对现有的业务流程进行根本的再思考和彻底的再设计,从而实现企业经营在成本、质量、服务和速度等方面的巨大改善。

在 BPR 定义中,根本性的、彻底性的、巨大的是备受关注的三个核心内容。

"根本性的"的意思是非表面的,不是细枝末节的,而是本质的。对企业来说就是如"我们为什么要做现在这项工作"、"我们为什么要采用这种方式来完成这项工作"、"我们为什么必须由我们而不是别人来做这份工作"等等。要从根本上对现存系统进行彻底的怀疑,首先认为"现存的均是不合理的"。所有这些均强调要用敏锐的眼光看出企业的问题。只有看出问题,看透问题,才能更好地解决问题。

"彻底性的"表明业务流程重组应对事物进行追根溯源。对自己已经存在的事物不是进行肤浅的改变或调整性修补完善,而是抛弃所有的陈规陋习,并且不需要考虑一切已规定好的结构与过程,创新完成工作的方法,重新构建企业业务流程,而不是改良、增强或调整。

"巨大的"是表明业务流程重组追求的不是一般意义上的业绩提升或略有改善、稍有好转等,而是要使企业业绩有显著地增长、极大地飞跃和产生戏剧性变化,这也是流程重组工作的特点和取得成功的标志。

BPR 实现的手段是靠两个使能器——信息技术(IT)和组织。BPR 之所以能达到巨大的提高在于充分发挥了 IT 的潜能,即利用 IT 改变企业的过程,即简化企业过程。还有利用组织结构变革,达到组织精简,效率提高。没有深入地应用 IT,没有改变组织,严格地来说不能算是实现了 BPR。

BPR 的主要技术在于简化过程。BPR 过程简化的主要思想是战略上精简分散的过程、职能上纠正错位的过程、执行上删除冗余的过程。BPR 在利用 IT 技术简化过程中有一些原则,这些原则可以帮助启发我们做到过程简化。

原则一:横向集成。跨部门按流程压缩,例如交易员代替定价员和核对员的工作。

原则二:纵向集成。权力下放,压缩层次。

原则三:减少检查、校对和控制等的事后过程,使其变事后检查为事前管理,变事中检查为事后审计。

原则四:单点对外,对待顾客,用入口信息代替中间信息。

原则五:单库提供信息。建好统一的共享信息库,用统一的信息消除信息偏差。

原则六:单路径到达输出。不需许多路径均能走通,多路径会让人不知该走哪条。

原则七:并行工程,串行已不可能再压缩的,可以考虑把串行变为并行。

原则八:灵活选择,过程连接。

这些原则并不能涵盖所有,而且更多的是在战术层面,而非战略层面,只是作为一种启发,引导读者简化思考。

一般来说濒临破产的企业和需要大发展的企业容易推进BPR，尽管BPR的失败率较高，但总是有人投身其中，况且BPR的成功与否完全取决于企业领导的决心和能力，并无外部不定因素。

BPR的目标在于实现管理的现代化。BPR的成功也定会使企业朝着现代化的方向迈出一大步。从以上介绍可以看出，信息系统规划和BPR有着非常密切的关系，它们均有共同的思想——使顾客满意，即在企业的交货时间、产品质量、成本、服务等关键性能指标上得到很大的提高。它们均是采用系统的方法，均应由系统队伍去完成。在实际工作上，它们也是相互衔接的。喜欢BPR的企业，往往会先实行BPR，接着就会做信息系统规划。而喜欢信息系统规划的企业往往在进行过程中会融入BPR的思想。

现代企业的趋势是将信息系统规划和BPR结合在一起进行，也就是整体规划阶段，或者叫基于BPR的信息系统规划。一个完整的基于BPR的信息系统规划应包括给出基于BPR的过程规划、作为基础设施的信息系统架构规划、企业全员的信息培训计划和信息系统形象规划。

## 本章总结

系统规划是信息系统生命周期的第一阶段，是信息系统的概念形成期。这一阶段的主要目标，就是根据组织的目标与战略制定出信息系统的目标和发展战略，确定信息系统建设的长期发展方案，决定信息系统在整个生命周期内的发展方向、规模和发展进程。本章详细论述了信息系统规划的目标和主要任务，以及信息系统规划各阶段的主要工作内容，介绍了企业系统规划法(BSP)、关键成功因素法(CSF)、战略目标及转化法和基于BPR的信息系统规划这几种系统规划常用的方法。

## 练习题

### 一、单选题

1. 计算机的作用主要用于学习和培训，真正用于管理的尚属少数，这是诺兰模型中计算机应用的(　　)

A. 初始阶段　　B. 数据管理阶段　　C. 普及阶段　　D. 成熟阶段

2. U/C矩阵是一张表格，它的第一行列出系统中各数据类的名称，左边第一列是系统中各功能的名称。表中内容表达了各(　　)与(　　)的关系。

A. 模块、数据　　B. 模块、数据项

C. 数据类、功能　　D. 数据项、记录

3. 在系统设计中使用U/C矩阵方法的主要目的是(　　)

A. 确定系统边界　　B. 确定系统内部关系

C. 确定系统与外部的联系　　D. 确定系统子系统的划分

4. 以下哪项不属于BSP方法要识别的过程(　　)

A. 计划/控制　　B. 战略/管理　　C. 产品/服务　　D. 支持资源

5. 识别企业过程的三种主要资源不包括(　　)

A. 资金/技术资源　　B. 产品/服务资源

C. 计划和控制资源　　D. 支持性资源

## 二、简答题

1. 信息系统战略规划有哪些方法？试比较它们的优缺点。

2. 简述信息系统规划的主要步骤。

3. 简述企业规划法的主要工作流程以及 U/C 矩阵在该方法中的作用。

4. 组织的高层领导在信息系统规划中起什么作用？如何定义数据类？

5. 定义数据类的规则是什么？

## 三、案例分析题

### 宝供储运的成长

宝供储运是广州的一家物流公司，其前身是广州的一个铁路货物转运站。刘武于 1992 年在承包这个铁路货物转运站时，该转运站的规模还很小。但由于刘武经营灵活，承包的货运任务大多能及时完成，运输的质量比较好，仓库也比较干净，而且还是当时广州唯一一家能够提供 24 小时货运仓储的服务企业。而当时的国有物流企业，仓储和运输是分开的，服务质量差，仓库又脏又乱，这种截然鲜明的对比，使刘武的货物转运站越来越受到客户的好评。以至于 1994 年进入中国市场的宝洁公司也将业务交给这家小小的铁路货物转运站去做。

自从宝洁公司成为刘武的客户以后，这家铁路货物转运站的业务环境就发生了巨大的变化，并直接促成 1994 年广州宝供储运有限公司(简称宝供)的成立。归纳起来，业务环境的变化表现在三个方面：

**1. 增加业务总量**

宝洁交给宝供的第一笔业务是将四个集装箱发运到上海。为了做好这笔业务，刘武运作得非常仔细。刘武将集装箱送上火车以后，又马上乘飞机去了上海，一方面“督战”，一方面还可以考察各个环节，拿到第一手资料，这样才能保证以后的发运可以少出现一些问题，满足客户的要求。结果，宝洁对第一批业务感到非常满意，并从此开始陆陆续续地给宝供加大业务量，甚至一度把自己所有的铁路货运业务全部交给了宝供储运。

然而，尽管第一笔业务效果很好，但由于成本很高，宝供并没有赚到什么钱。毫无疑问，如果每一笔业务都这样做，客户自然欢迎，但从经济效益的角度看却是不允许的。实际上，从 1994—1995 年，宝供在全国已经有将近 30 万平方米的仓库，每天的发运量非常大，运营部的人每天都要花很大的力气了解这些货是不是按照客户的要求在规定时间之内发运出去，到达目的地的时间、破损率是不是在控制范围之内，有没有及时把货送到仓库去，签收情况又是怎么样等等。运营部的人拿一个硕大的笔记本，有单子就登记一下，对没有收到货的要及时打电话去询问；对于有破损的，要发传真调查。其烦琐的程度，仅仅靠人工是很难完成的。因此，面对发展迅速的业务量，如何提高运行效率，是摆在宝供面前亟待解决的一个问题。

**2. 设立分公司**

分公司也是 1994 年由于业务发展迅速才成立的，并直接与宝洁有关。因为尽管铁路运输很便宜，但当时的铁路运输也有不少缺点，如环节多，时间不可靠，再加上一些装卸、运输过程中的野蛮作业，所以破损率比较高。而宝洁则一再表示：传统的储运公司让客户觉得很麻烦，货到了以后,还要委托另外一个供应商来提货,或者派自己的人去提货,而且一旦出现短少、破损,或者提货不及时等问题时,往往就会造成互相扯皮的现象。面对这种情形,宝供立即在成都、北京、上海、广州设立了四个分公司,这四个分公司都按同样的操作方法、同样的模式与标准来运作。由宝供承运的货物到达目的地后,仍然由受过专门统一培训的宝供的人来接货、卸货、运货,为宝洁公司提供"一条龙"服务,而且从理论上看,总公司与分公司之间的信息沟通和协调应该比较方便。

然而,分公司建立以后,也面临一个问题——通讯问题,即总公司与四个分公司之间联系很频繁。用什么通讯方式才能保证业务的正常开展而且成本也很低?

宝供当时的做法是:1996年建立了一套基于DOS平台的用电话线连接的内部网络,以便在全国范围内的分公司之间传递一些信息。但在实际运作过程中,这种通讯方式效率低、成本高。例如,总公司在与成都分公司通过计算机联系的时候,往往由于电话线路紧张而失败;另外,还存在操作复杂,稳定性差,长途电话成本高以及与宝洁没有"接口"等问题。因此,这又给宝供的未来发展提出了一个十分严峻的问题。

**3. 兼顾客户的业务流程**

自从宝洁成为宝供的客户以后,该公司就不断对宝供提出了很多新的要求,如前面提到的要求宝供提供安全、准确、及时、可靠的储运服务等。宝洁不仅要求宝供在业务上满足他们的要求,而且还对所有在物流各个环节产生的信息非常关注。比如货物什么时候发运,用的是哪趟火车,预计何时到货,货物情况如何,有无破损,是否已经签收等。

鉴于宝洁上述方面的要求,宝供努力地按照宝洁的要求来设计业务流程和发展方向。但宝供原有的业务流程是建立在业务量较低水平的基础之上,业务量骤增以后,立即面临着很多问题。对于宝洁所要求了解的发运时间、车次、到货时间、破损情况、签收与否等情况,如果只有一笔业务,刘武自己可以跟踪解决,如坐飞机到上海、成都、北京等地;但如果有好几百笔业务都在同时做,那么每一笔业务都这样跟踪,显然是不可行的。事实上,宝洁与宝供刚刚合作的一年左右时间内,宝洁一直都较满意,但随着业务量的加大,宝供的反应速度都在明显下降,如发现到货时间不准,破损率上升,还有货运信息不能及时反馈等,甚至进一步影响到企业本身的发展,因此宝洁中止了与宝供的铁路运输总代理的合同。上述这些情况,又向宝供的业务流程和信息传递提出了挑战。

宝供将如何解决上述问题?如果从信息系统的角度来分析上述问题,我们会发现宝供当时面临的最本质的问题是信息的管理,即如何解决信息瓶颈问题。因为在原来业务量小的情况下,事务处理过程可以由手工来完成,而现在业务量大,事务处理过程变得繁重而复杂,如果仍通过手工的方式(用笔记本记录、打电话、发传真查询催问),即使花很大的气力也难以准确收集诸如发运时间、车次、预计到达时间、实际到达时间、破损率、入库时间、签收情况等有关信息。虽然宝供在成都、北京、上海、广州四处设立了分公司,可以保证按同样的模式和标准来运作业务流程,但对于信息管理而言,这样做实际上增加了中间层次,并随即面临了总公司与各分公司之间的通讯问题。不仅如此,现代客户(如宝洁)与传统客户相比,要求更高,不仅要求提供安全、准确、及时、可靠的储运服务,而且还要求提供及时准确的货运信息。这样看来,宝供当时的"信息瓶颈"既表现为当时的信息管理水平和信息系统(IS)现状已不能实时监控各个储运环节,还表现为不能满足客户的需要。

正当宝供处于无法实时监控各个储运环节和“竞争激烈”这种内外交困的境地时，正当宝供为如何解决“信息瓶颈”问题一筹莫展时，Internet 网的应用已被我国的有志之士所认同，而企业信息系统及 Internet 应用专家唐友三此时对于帮助解决这一“信息瓶颈”问题起了一个非常关键的推动作用。

应该说，宝供当时的信息系统战略规划也并非完全一帆风顺。作为企业的第一把手，刘武已经意识到宝供的信息瓶颈可以通过 Internet 网来解决，即通过网站发布货运信息，全国各地的分公司和客户都可以共享这些信息。甚至可以说没有网络，宝供很难再往下发展了。然而，宝供当时的实际情况是，已有一些 PC 机了，并组建了一个基于 DOS 平台的网络，而且当时资金有限。唐友三与刘武多次商量以后，一致认为，为了企业的长远发展，信息系统规划必须与企业目标相统一，必须跟上国际潮流，要建立一个高起点高水平的企业信息系统，一个基于 Internet 网的信息系统。经过英泰奈特信息系统专家的查询访谈，整理出宝供的基本业务流程。

客户发过来一个单子，也就是一套托运表，要填好货物品种、目的地、数量/重量等等，然后宝供的分公司根据这张表按照客户要求联系火车或者汽车准备第二天发运。有车皮了，如果这个单子的货少，马上还要准备调配其他客户的货一起发运。第二天要有车拉到火车站去装，根据要求还要加一些包装(如将怕漏水的加塑料布，怕磕碰的加用木架等)。装完以后车皮的门要锁住，封条要封好，封条的号码还要记下来通知接货的分公司。到达目的地后，分公司要到火车站去接收，把货拉到宝供当地的仓库里面去检验有没有损失，然后分类储存好，等待客户签收。客户签收后再把单子马上快递回货物始发的分公司，分公司上报总公司，总公司就凭此收款。

当然，在实际操作中每笔货物都是不一样的，在这个标准流程中的任何一个环节有变化，都会衍生出一种新的流程。比如食品在仓储过程中有一个批号问题，考虑到保质期要“先进先出”，再比如有些货物在运输过程中必须分开，不能同批搭配运输等等。基于上述业务流程的分析，宝供建立了以 Internet 网络构架的信息系统，把货物的运输系统分解为接单、发运、到站、签发等环节进行操作，整个系统由接单模块、发运模块、运输过程控制块、模运输系统管理模块、仓位管理模块、查询模块等构成。系统采用集中数据存储，各个分公司对于数据的保有权是有时效限制的。所有最终数据的维护均由公司的信息中心负责进行。

**问题：**

1. 从宝供储运的成长分析信息系统战略规划的作用。

2. 宝供储运在进行规划时遇到了哪些问题？这些问题又是怎么解决的？

# 第13章 信息系统分析

### 学习目的

- 掌握可行性分析的内容和方法
- 初步掌握系统详细调查的目的和原则
- 掌握系统业务流程图的绘制方法
- 掌握功能分析的基本方法
- 了解新系统逻辑方案的内容

### 引导案例

某能源企业随着产量的增加,运销管理工作手工操作已经难以满足实际需要。所以将运销管理系统承包给一家软件公司,想通过运销软件的使用提高效率,达到增效减员的目的。企业信息化建设是"一把手"工程,该软件公司主要围绕企业一把手的设想来开发软件。该企业运销部门负责人积极配合,但在一线的调研不是很顺利,基层工作人员担心系统实施后可能存在的岗位变动,所以数据流与业务流具体细节调查数据不够准确。

经过数个月的开发,软件如期进入试运行,但由于调研得来的数据流、业务流与实际不符,企业也没有进行相应的岗位与流程调整,使得系统不能正常运行。根据合同,软件公司已经完成工作,但却被该企业束之高阁,以失败告终。

**思考:**

进行系统分析前如何开展企业情况调研,才能获取准确的企业业务流程与数据流程数据?

## 13.1 信息系统分析的内容和方法

信息系统分析阶段的目标就是在系统规则所定的某个开发项目范围内,明确信息系统开发的目标和用户的信息需求,提出信息系统的逻辑方案。软件开发的第一步是信息系统分析,信息系统分析要回答新信息系统"做什么"这个关键问题。

信息系统分析的任务是充分了解用户的需求,并把双方的理解用系统说明书的方式表达出来。信息系统分析的主要任务是在充分认识原系统的基础上,汇总信息系统详细调查中所得到的文档资料,对组织内部整体管理状况和信息处理过程进行分析,通过目标识别、可行性分析、需求分析、详细调查、系统性分析,最终提出新信息系统的逻辑设计方案,并以系统说明书的方式表达出来。

信息系统分析的基本步骤可以细分为三步:

第一步是详细调查,收集和分析用户的需求,尽可能地掌握信息系统和组织的业务过程及日常事务。

第二步是文档汇总，将通过详细调查得到的文档资料整合在一起，通过图表工具建立一个初步的逻辑模型并适当地做出调整。

第三步是确定新系统逻辑方案，将最终得到的逻辑设计模型以系统说明书的方式表达出来。

信息系统分析的方法主要有结构化方法和面向对象方法两种。结构化方法把信息系统视为一个过程的集合，一些由人完成，另一些由计算机完成。计算机完成的过程就是常规的计算机程序——按顺序执行的指令。结构化方法强调的是过程，它所描述的信息系统包括过程、数据、输入和输出。面向对象方法将在第16章详细介绍。

为保证信息系统分析工作能够全面、客观、正确地进行，在信息系统分析过程中应该遵循以下原则。

(1)重视可行性分析。信息系统分析工作的基础是调查研究。在调查研究过程中，系统分析员遇到的问题会多种多样，而组织内部每一项管理工作都是依据组织的管理需要和具体情况而设定的，因此系统分析工作必须了解这些管理工作设定的原因、环境及详细的工作流程，分析其是否需保留或需要改进，有无改进的可行性。重视对这些问题的可行性分析有助于正确认识问题、解决问题。

(2)工作方式规范化。信息系统分析工作是复杂而且困难的，需要一套完整规范的实施方案，才能做好这项工作，所以一定要规范化，按照工程化的方法组织和开展工作，这样可避免分析工作中一些可能出现的问题。规范化要求分析工作中的每一步都要事先做好计划，工作方法和调查所用的表格、图例要求统一，以便对结果进行准确的分析，进行规范的文档整理，以供进一步工作使用。

(3)主次分明。信息系统分析过程中要分清主次，坚持全面铺开和重点分析相结合的方法。这有助于认识和明确系统、子系统的功能和目标，亦有利于认清问题的本质和事物之间的联系，有利于信息系统分析工作的顺利进行。

(4)以用户为中心。信息系统开发工作的主要目的是为用户的使用和管理提供便利，信息系统功能要满足用户的需求，正确反映用户管理的特点。因此在信息系统分析过程中要与用户进行充分的交流和沟通，以用户需求为导向，保证信息系统分析工作的顺利进行。

## 13.2 详细调查

详细调查是管理信息系统开发工作中一个重要的环节，详细调查的结果是系统分析员进行系统分析的主要依据，也是系统设计人进行设计的核心依据，其工作质量关乎整个信息系统开发工作的成败，有着重要的意义。

### 13.2.1 详细调查的目的和原则

详细调查的对象是现行系统，包括手工系统和已采用计算机的管理信息系统。详细调查的目的在于完整掌握现行系统的现状，发现现有问题和薄弱环节，最大限度地收集资料，为下一步系统化分析和提出新信息系统的逻辑设计做好准备。

详细调查应遵循用户参与原则，即由使用部门的业务人员、主管人员和设计部门的系统分析人员、系统设计人员共同进行。设计人员虽然掌握 IT 技术，但对使用部门的业务不够清楚，管理人员则熟悉本身业务而不一定了解 IT 技术，两者有机结合就能互补，更深入地发现原有系统存在的问题，共同研讨解决的方案。

### ➢13.2.2　详细调查的范围

详细调查应该自上向下全面展开，围绕组织内部信息流所涉及领域的各个方面，不能仅仅局限于信息和信息流，而是应包括企业的生产、经营和管理等各个方面，我们可以概括地将详细调查的范围归纳为以下九个方面：①组织机构和功能业务；②组织目标和发展战略；③工艺流程和产品构成；④数据与数据流程；⑤业务流程与运作形式；⑥管理方式和具体业务的管理方法；⑦决策方式和决策过程；⑧可用资源和限制条件；⑨现存问题和改进意见。

### ➢12.2.3　详细调查的方法

详细调查是一项烦琐而又艰巨的任务，为了使详细调查工作能够顺利地进行，需要掌握有关的方法和一定的技巧。在管理信息系统的开发中，主要采用以下三种详细调查方法。

**1. 重点询问调查**

首先，系统分析人员根据初步调查和需求分析的结果，列出影响新信息系统成败的关键因素。编制一个调查问卷表，然后自顶向下地对组织逐个管理层进行访问并整理结果，从而得到各部门对其工作的认识和设想。

**2. 全面业务需求分析的问卷调查**

企业各个管理岗位的工作人员进行全面的需求分析调查，分类整理调查结果，可以帮助系统分析人员有效地了解企业各个管理岗位的工作业务流程。常见的调查表主要有上级单位对企业要求调查表、信息系统功能需求调查表、企业业务流程调查表、企业各业务部门组织结构调查表、信息需求调查表和业务文件/报表调查表等。

**3. 深入实际的调查方式**

系统分析人员可以深入企业内部采用与企业员工面对面交谈，与业务骨干进行深度访谈，更加深入地去体会企业的工作业务流程，以增强对复杂业务及工作的了解，以便更好地进行系统分析。

## 13.3　业务流程分析

业务流程分析可以帮助我们了解该业务的具体处理过程，发现和处理信息系统调查工作中的错误和疏忽，修改和优化原系统的不合理部分，在新信息系统的基础上优化业务处理流程。

### ➢13.3.1　组织结构图

组织结构图是一张反映组织内部之间隶属关系的树状结构图，据此可以分析组织各部门之间的内在关系，其企业组织结构如图 13-1 所示。

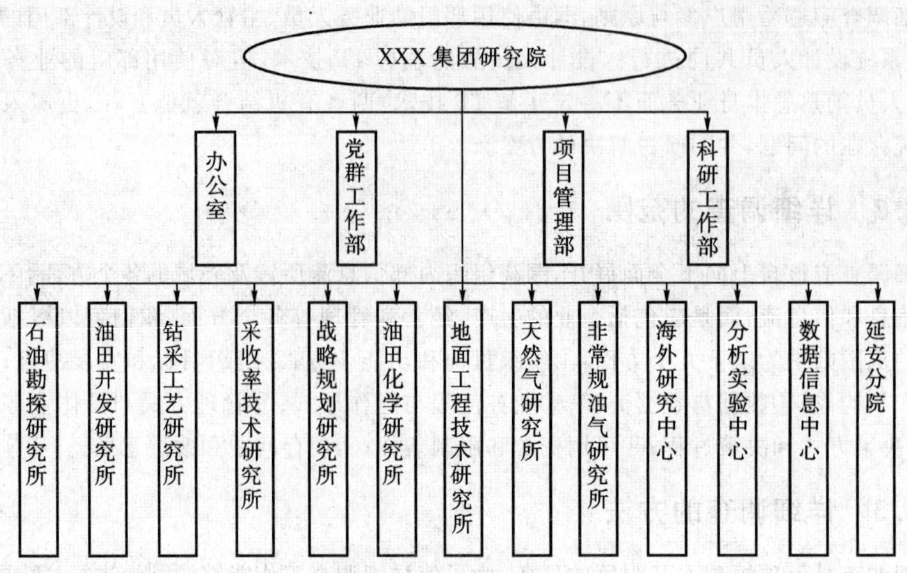


图 13-1　某企业组织结构图

## ➢13.3.2　组织与业务的关系分析

组织结构图不能反映出组织内各部分之间的联系程度、各部分的主要业务职能和它们在业务中所承担的工作等，这将会给后续的业务、数据流程分析和过程数据分析等带来困难。为了弥补这方面的不足，通常增设业务关系图来反映组织各部分在承担业务时的关系。增设业务关系图的横向表示各组织名称，纵向表示业务过程名称，中间栏是组织在执行业务过程中的作用。在图 13-2 中，"*"表示该项业务是对应组织的主要业务单位(即主持工作的单位)；"×"表示该单位是参加协调该项业务的辅助单位；"√"表示该单位是该业务的相关单位(或称有关单位)；"空格"表示该单位与对应业务无关。

| | 部门A | 部门B | 部门C | 部门D | 部门E | 部门F |
|---|---|---|---|---|---|---|
| 业务1 | √ | × | * | | × | |
| 业务2 | | × | * | | | √ |
| 业务3 | | | × | | * | √ |
| 业务4 | * | | √ | × | | √ |

图 13-2　业务关系图

## ➢13.3.3　业务流程图

绘制业务流程图是业务流程分析的重要步骤。业务流程图(transaction flow diagram, TFD)是业务流程分析所使用的图形工具，它用一些规定的符号及连线来表示某个具体业务的处理过程。业务流程图是在业务功能的基础上将其细化，利用详细调查得到的结果，用一个完整的图形将业务处理过程中的所有处理步骤联系在一起。

业务流程图是一种用尽可能简单的方法来描述业务处理过程的方法。这里采用六个基本图形符号来描述业务流程图，有关六个符号的内部解释可直接用文字标于图内，如图 13-3 所示。

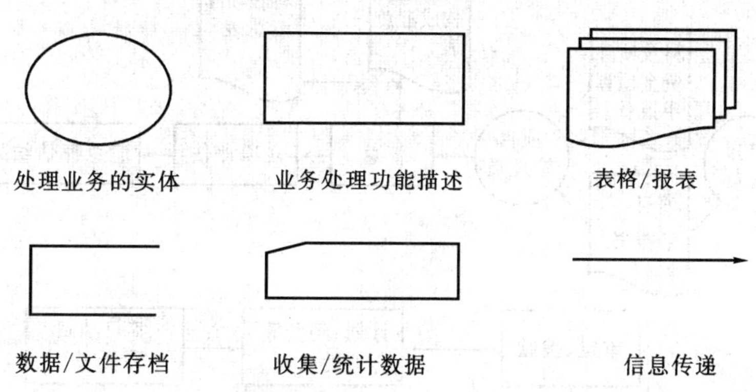


图 13-3 业务流程图的基本符号

在一般情况下，管理信息系统涉及的业务流程较多，很多流程相对较为复杂。因此，遵循一定的步骤和方法，有助于更加准确地绘制业务流程图。业务流程图绘制的基本步骤如下：

(1)确定职能和工作任务。

(2)划定工作起点和终点。

(3)跟踪关键业务对象。

(4)确定岗位(组织单元)及其活动。

(5)绘制流程图草案。

业务流程图的绘制是根据系统调查表中所得到的资料和汇总问卷调查中的数据，按业务实际处理过程绘制出来的。

其中，以科技项目管理业务管理为例，其涉及立项、实施、验收、归档等环节，如图 13-4 所示。

图 13-4 科技项目管理涉及业务环节

①项目立项业务流程。申报人员提交项目申报书和科技项目资金预算申报书，经项目管理员汇总，生成项目经费构成汇总表和科技项目汇总表，对项目进行立项评估，汇总评估结果，对项目进行审核。审核通过则由项目负责人签订项目责任书，二级单位进行计划、经费等合理性审查，研究院审定拨款；项目审核不通过则返回给申报人员，如图 13-5 所示。

项目实施业务流程如图 13-6 所示。

项目验收业务流程如图 13-7 所示。

进度管理业务流程如图 13-8 所示。

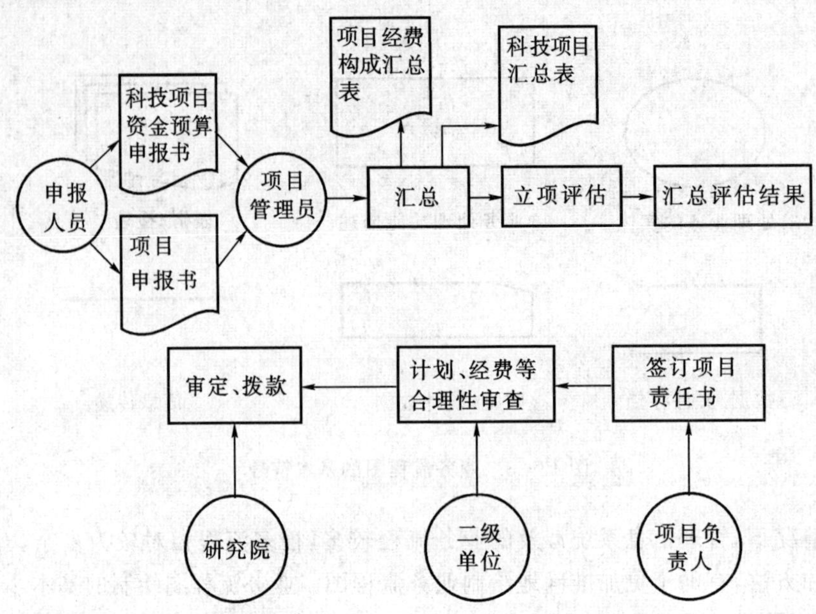


图 13-5　科技项目管理系统项目立项业务流程图

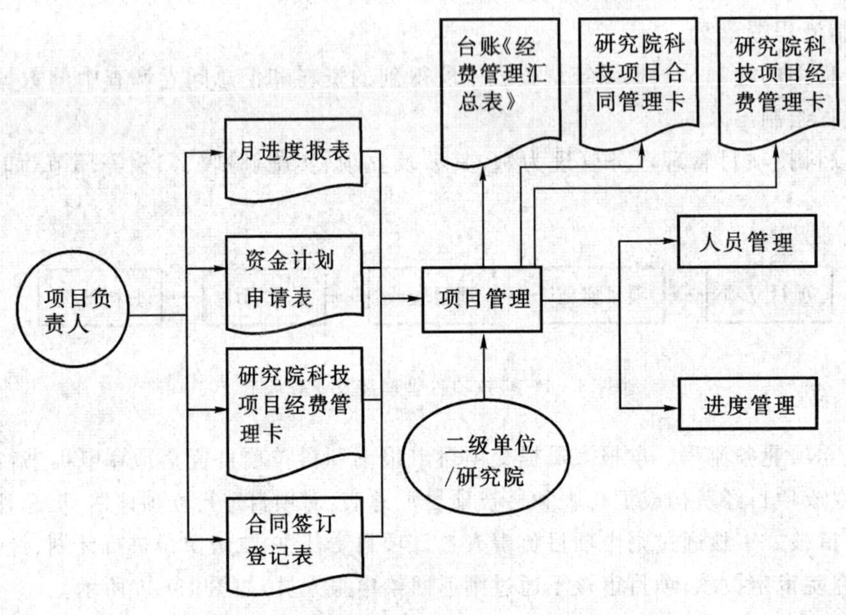


图 13-6　科技项目管理系统项目实施业务流程图

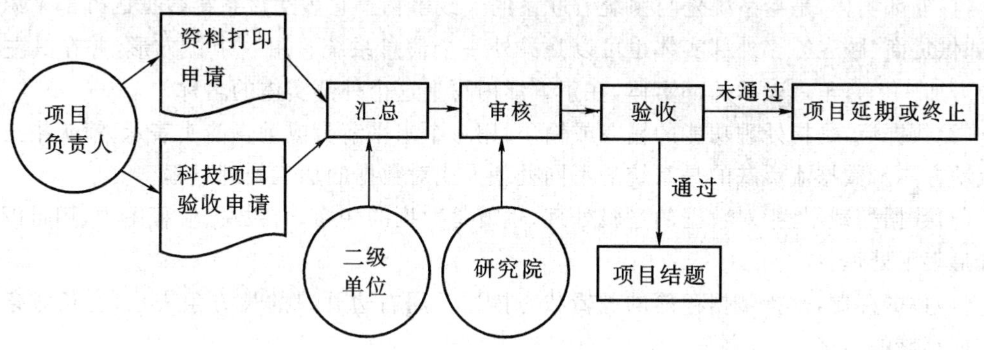


图 13-7 科技项目管理系统项目验收业务流程图

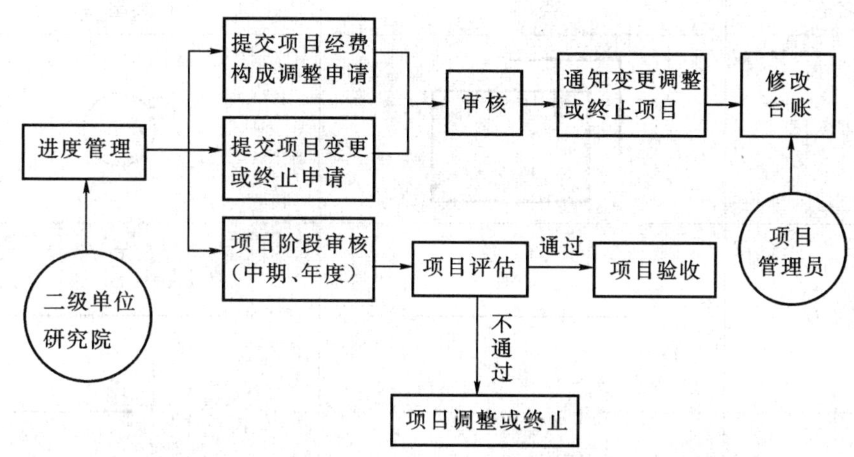


图 13-8 科技项目管理系统进度管理业务流程图

## 13.4 数据分析

数据分析的主要工具有数据流程图和数据字典。

### 13.4.1 数据流程图

数据流程(data flow diagram,DFD)分析是把数据在组织或原信息系统内部的流动情况抽象出来，舍去具体组织机构、信息载体、处理工作、物资和材料等，只是从数据流动过程来考查实际业务的数据处理模式。数据流程分析主要包括信息的流动、传递、处理和存储等过程的分析。数据流程分析的目的是要发现和解决数据流通中的问题。

现有的数据流程分析多是通过分层的数据流程图来实现的。按业务流程图理出的业务流程顺序，将相应调查过程中所掌握的数据处理过程，绘制成一套完整的数据流程图，并检验相应的报表和数据、模型等。

数据流程图用到四个基本符号，即外部实体、数据流、数据处理和数据存储，如表13-1所示。

(1)外部实体,是指系统外与系统有联系的人或事物。它表达该系统数据的外部来源和去处,如供货商、顾客等。外部实体也可以是另外一个信息系统。用一个正方形,并在其左上角外边另加一个直角来表示外部实体,在正方形内写上这个外部实体的名称。

(2)数据流,是指处理功能的输入或输出,用一个水平箭头或垂直箭头表示,箭头指出数据的流动方向。数据流反映的是系统的不同处理方式对数据的加工处理过程。

(3)数据处理,是指对数据的逻辑处理,也就是数据的变换。在数据流程图中,用带圆角的长方形表示处理。

(4)数据存储,是指数据存储的逻辑状态描述。用右边开口的长方条表示,在长方条内写上数据存储的名字。

**表 13-1　数据流程图的基本符号**

| 名称 | 类型一 | 类型二 |
| --- | --- | --- |
| 外部实体 | | |
| 数据流 | | |
| 数据处理 | | |
| 数据存储 | | |

数据流程图绘制的基本思想是自顶向下,逐层分解。图 13-9 给出了数据流程图逐层分解示意图。

数据流程图中,顶层通常由一个数据处理和若干输入/输出数据组成,它规定了系统的边界和范围,描述的是系统的概貌。底层由一些不必细分的数据处理组成,这些数据处理过程称为基本的数据处理过程。在顶层和底层之间还可以有很多的层次,视系统的具体情况而定。

在同一层中一般遵循"由外向里"的原则,也就是说,先确定系统的边界和范围,然后考虑系统的内部,先确定加工/处理的输入和输出,再分析加工/处理的内部。即:

①识别系统的输入和输出。

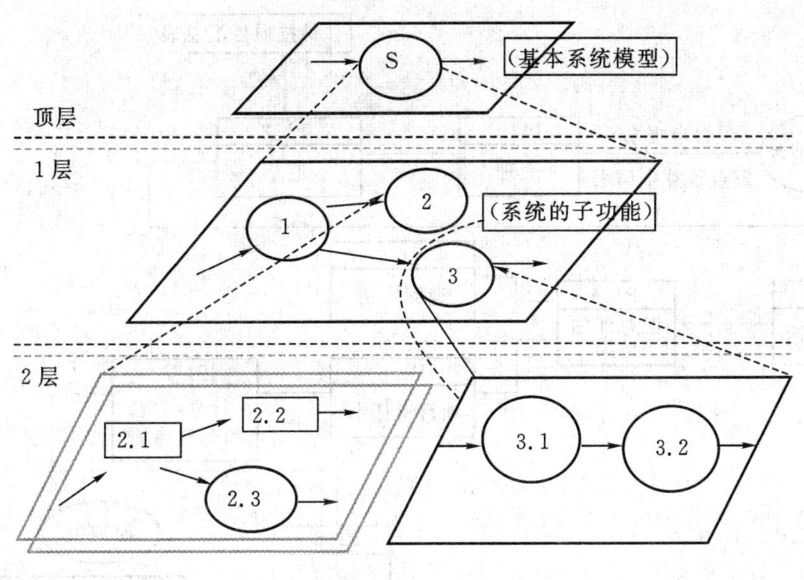


图13-9 数据流程图

②从输入端至输出端画数据流和加工/处理,并同时加上文件。

③加工/处理的分解"由外向里"进行分解。

④数据流的命名名字要确切,能反映整体。

⑤各种符号布置要合理,分布均匀,尽量避免交叉线。

⑥先考虑稳定态,后考虑瞬间态。如系统启动后在正常工作状态,稍后再考虑系统的启动和终止状态。

本章以某研究院科技项目管理系统的数据流程图作为例子来说明。

(1)项目立项阶段。

项目立项子系统的顶层数据流程如图13-10所示。

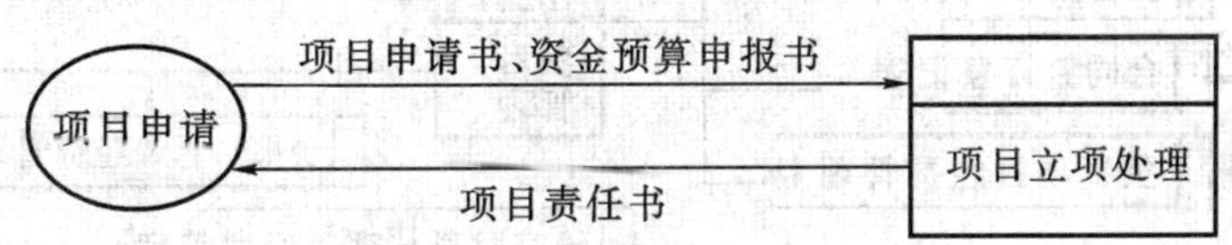


图13-10 科技项目管理系统的顶层数据流程图——项目立项

项目立项管理的第二层数据流程如图13-11所示。

(2)项目实施阶段。

项目实施子系统的顶层数据流程如图13-12所示。

项目实施管理的第二层数据流程如图13-13所示。

(3)项目验收阶段。

项目验收子系统的顶层数据流程如图13-14所示。

项目验收处理的第二层数据流程如图13-15所示。

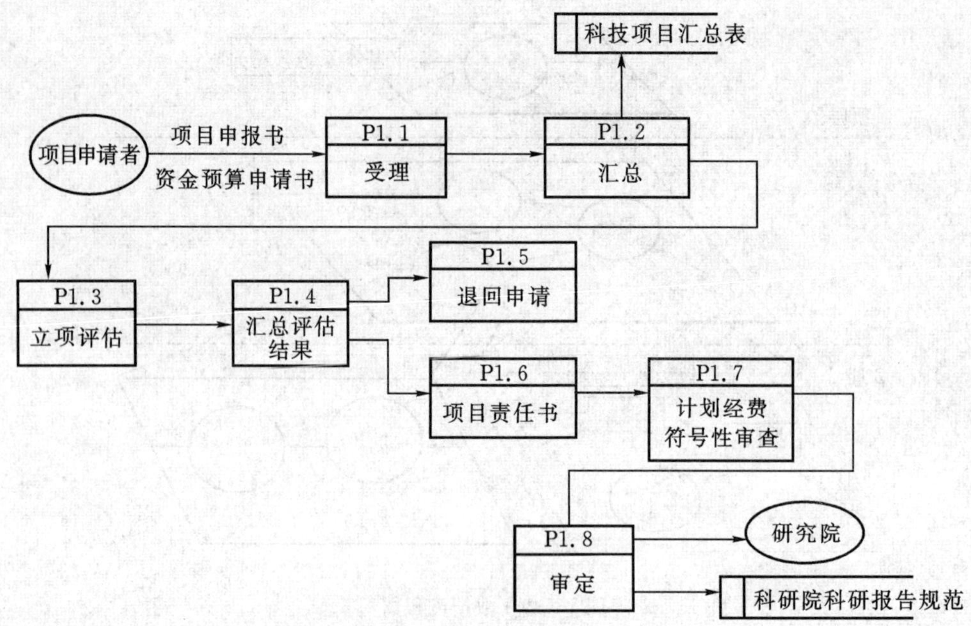


图 13-11　科技项目管理系统的第二层数据流程图——项目立项

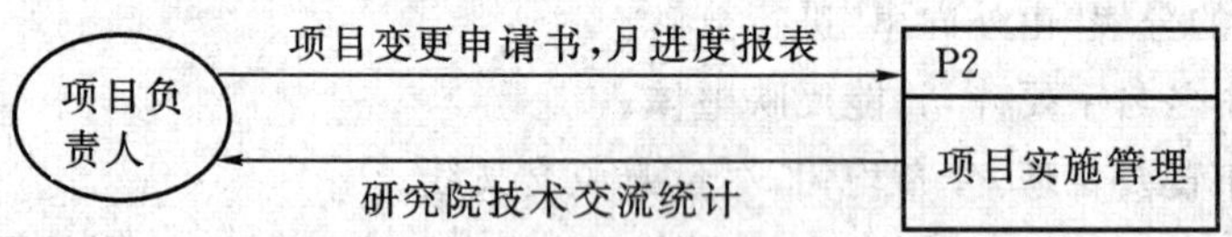


图 13-12　科技项目管理系统的顶层数据流程图——项目实施

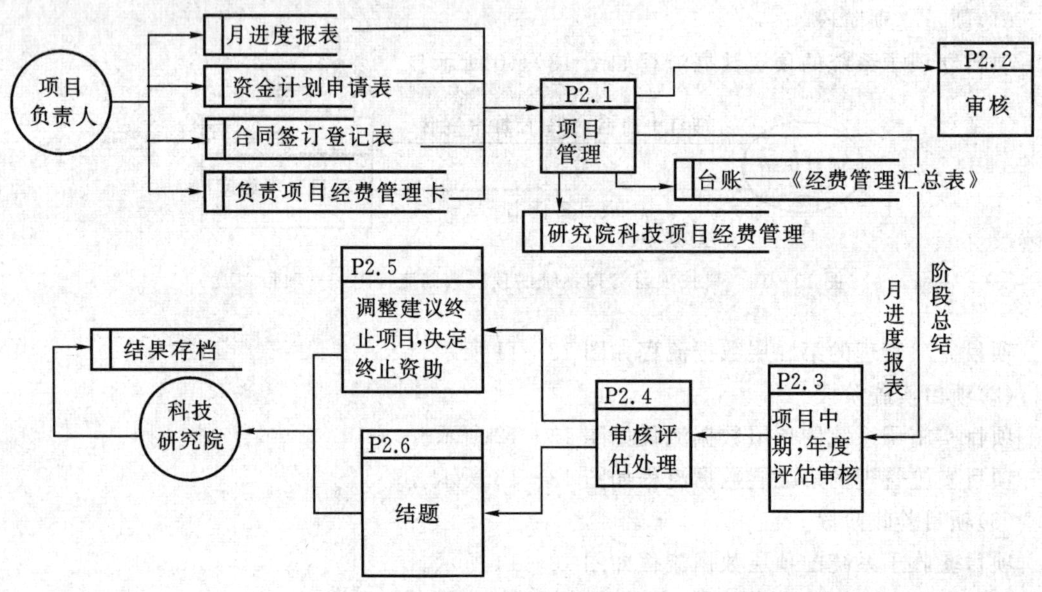


图 13-13　科技项目管理系统的第二层数据流程图——项目实施

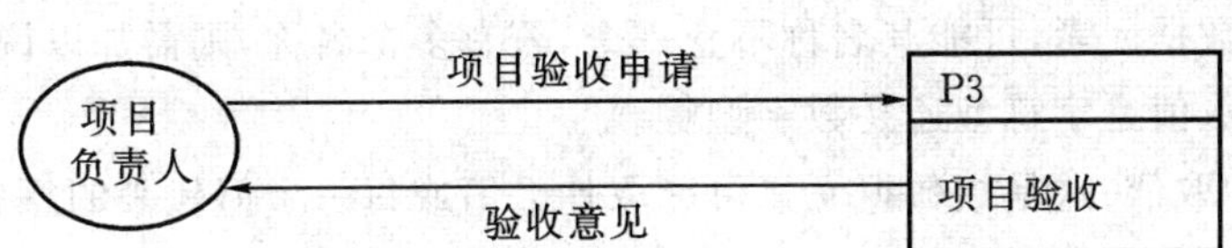


图 13-14 科技项目管理系统的顶层数据流程图——项目验收

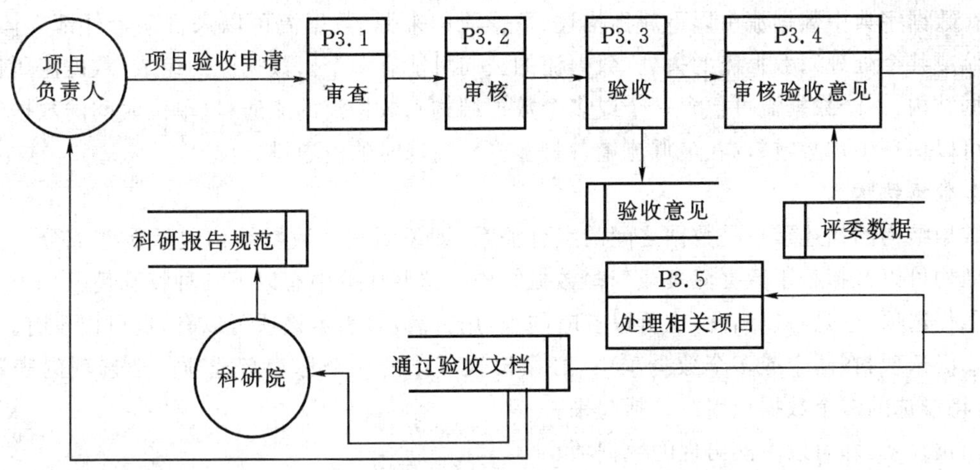


图 13-15 科技项目管理系统的第二层数据流程图——项目验收

在绘制数据流程图中还需要遵循以下原则：

(1)父图-子图平衡原则，即模型分解时必须保持父图的输入输出数据流和子图输入输出数据流相同。

(2)处理的编号原则，即子图图号为分解的父图中的处理号，同级子图在最后数字以序号区别。

(3)分解的深度与层次原则，即按功能情况定，一般设深度为3～5；如超过5个加工最好分解画，否则容易出错。

## 13.4.2 数据字典

数据字典(data dictionary,DD)是关于数据流、数据存储和数据元素的定义库。在较大型的项目中，通常使用项目管理软件或者CASE工具，这时数据字典也可以有过程描述。

数据字典主要用来描述数据流程图中的数据流、数据存储、处理过程和外部实体。也就是说，DD是对DFD中加工、数据流、文件和外部项逐个做出定义的一个文件。数据流程图和数据字典等工具相互结合，就可以从图形和文字两个方面对系统的逻辑模型进行完整的描述。

数据字典中有六类条目，即数据元素、数据流、数据结构、数据存储、处理过程和外部实体。不同类型的条目有不同的属性描述。

1. 数据元素

数据元素是最小的数据组成单位，也就是不可再分的数据单位，如学号、姓名等要素，需要描述以下属性。

①名称：数据元素的名称要尽量反映该元素的含义，便于理解和记忆。

②别名:一个数据元素,可能其名称不止一个,若有多个名称,则需加以说明。

③类型:说明取值是字符型还是数字型等。

④取值范围和取值:这是指数据元素可能取什么值或每一个值代表的意思。

⑤长度:这是指该数据元素由几个数字或字母组成。

除以上内容外,数据元素的条目还包括对该元素的简要说明、与它有关的数据结构等。

**2. 数据流**

在数据字典中数据流由以下属性描述:数据流的来源(数据流可以来自某个外部实体、数据存储或某个处理);数据流的去处(数据流的去向可能有多个);数据流的组成(数据流所包含的数据结构,一个数据流可包含一个或多个数据结构);数据流的流通量(单位时间的数据传输次数可以估计平均数或最高、最低流量各是多少);高峰时的流通量。

**3. 数据结构**

数据结构的描述重点是数据之间的组合关系,即说明这个数据结构包括哪些成分。一个数据结构可以包括若干数据元素或(和)数据结构。这些成分中有以下三种特殊情况。

①任选项:这是可以出现,也可以省略的项,用〔〕表示,表示该项可以有,也可以没有。

②必选项:在两个或多个数据项中,必须出现其中的一个称为必选项。必选项的表示办法,是将候选的多个数据项用“{}”括起来。

③重复项:即可以多次出现的数据项。

数据字典中对数据结构的描述应该包括如下属性:数据结构的名称、编号、简要说明和组成。

**4. 数据存储**

数据存储的条目,主要描写该数据存储的结构,以及有关的数据流和查询要求。同一个数据存储可能在不同层次的图中出现。描述这样的数据存储,应列出最底层图中的数据流。

**5. 处理过程**

对于数据流程图中的处理框,需要在数据字典中描述处理框的编号、名称、功能的简要说明,有关的输入、输出等。

**6. 外部实体**

外部实体是数据的来源和去向。因此在数据字典中关于外部实体的条目,主要说明进出外部实体的数据流,以及该外部实体的数量。外部实体的数量对于估计本系统的业务量有参考作用,尤其是关系密切的主要外部实体。

在数据分析中,数据字典通常用一些符号来说明。通用的数据字典定义符号如表 13 - 2 所示。

**表 13 - 2 通用的数据字典定义符号**

| 符号 | 含义 | 说明 |
| --- | --- | --- |
| = | 被定义为 | |
| + | 与 | 例:x=a+b,表示 x 由 a 和 b 组成 |
| [⋯,⋯]或[⋯ \| ⋯] | 或 | 例:x=[a,b], x=[a\|b],表示 x 由 a 或由 b 组成 |

续表 13-2

| 符号 | 含义 | 说明 |
|---|---|---|
| {…} | 重复 | 例:x={a}，表示 x 由 0 个或多个 a 组成 |
| m{…}n | 重复 | 例:x=3{a}8，表示 x 中至少出现 3 次 a,至多出现 8 次 a |
| (…) | 可选 | 例:x=(a)，表示 a 可在 x 中出现,也可以不出现 |
| "…" | 基本数据元素 | 例:x="a"，表示 x 为取值为 a 的数据元素 |
| … | 连接符 | 例:x=1...9，表示 x 可取 1 到 9 中的任一值 |

# 13.5 功能分析

功能分析就是对处理功能作详细描述,常用结构化语言、判定表和判定树三种半形式化的方式描述。

## 13.5.1 结构化语言

结构化语言是受结构化程序设计思想启发而扩展出来的。结构化语言只允许三种基本语句,即祈使语句、判断语句和循环语句。与程序设计语句的差别在于结构化语言没有严格的语法规则,与自然语言的不同在于结构化语言只有极其有限的词汇和语句。

**1. 祈使语句**

祈使语句指出要做什么事情,包括一个动词和一个宾语成分。动词指出要执行的功能,宾语成分表示动作的对象。使用祈使语句应注意以下几点:力求精练,不应太长;动词要能明确表达执行的动作,不用"做"、"处理"这类意义太泛的动词;意义相同的动词,只确定使用其中之一;名词必须在数据字典中有定义。

**2. 判断语句**

判断语句类似结构化程序设计中的判断结构,其一般形式是:

如果 条件成立

动作 A

否则

动作 B

判断语句中的"如果"、"否则"要成对出现,以避免多重判断嵌套时产生二义性。另外,书写时每层要对齐,以便阅读。

例如,某公司对于欠款 30 天内(含 30 天),如果订单需求量小于库存量的订单立即发货,否则先按订单量发货,其余进货后补发;对于欠款小于 100 天(含 100 天)的订单,订单需求量小于库存量的订单先付款再发货,订单需求量大于库存量的订单不发货;如果欠款大于 100 天,则要求先付款。判断语句表达如下:

```
IF   欠款时间<=30 天
     IF   需求量< =库存量
          THEN 立即发货
     ELSE
          先按库存发货,进货后再补发
ELSE
     IF   欠款时间< = 100 天
          IF   需求量< =库存量
               THEN   先付款再发货
          ELSE
               不发货
     ELSE
        要求先付欠款
```

3. 循环语句

循环语句表达在某种条件下,重复执行相同的动作,直到这个条件不成立为止。

## 13.5.2 判定树

若一个动作的执行不只是依赖一个条件而是与多个条件有关,那么这项策略的表达就比较复杂。如果用前面介绍的判断语句就需多重嵌套,层次增多可读性势必下降。用判定树来表示可以更直观方便一些。前面提到某公司根据订单需求量发货的规定,可用判定树表示,如图 13-16 所示。

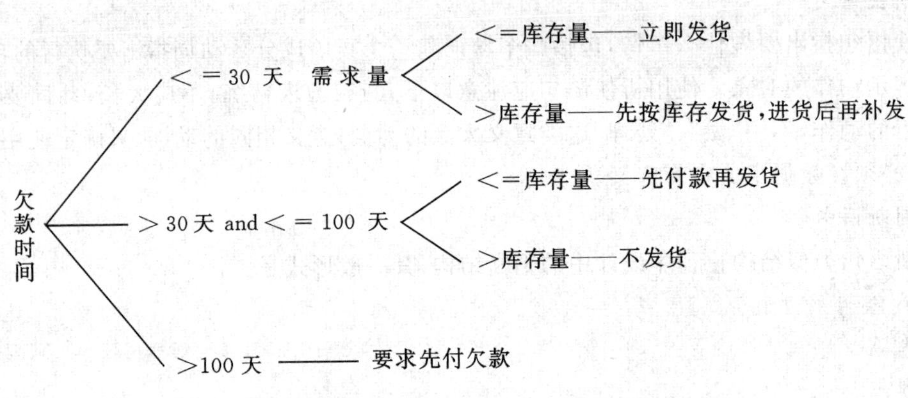


图 13-16 订单需求量发货判定树表示

这类问题往往用判定树表示,如果需要的话,可根据判定树写出相应的判断语句。

## 13.5.3 判定表

一些条件较多、在每个条件下取值也较多的判定问题,可以用判定表表示。其优点是能把各种组合情况一个不漏地表示出来,有时还能帮助发现遗漏和逻辑矛盾的情况。用判定表来描述决策问题,通常经过以下几个步骤。

(1)分析决策同题涉及几个条件。

(2)分析每个条件取值的集合。

(3)列出条件的各种可能组合。

(4)分析决策问题涉及几个可能的行动。

(5)做出有条件组合的判定表。

(6)决定各种条件组合的行动。

(7)按合并规则化简判定表。

前面提到某公司根据订单需求量发货的规定,可用判定表表示,如表13-3所示。

**表13-3 订单需求量发货判定表**

| 决策规则号 | | 1 | 2 | 3 | 4 | 5 | 6 |
|---|---|---|---|---|---|---|---|
| 条件 | 欠款时间＜＝30天 | Y | Y | N | N | N | N |
| | 欠款时间＞100天 | N | N | Y | Y | N | N |
| | 需求量＜＝库存量 | Y | N | Y | N | Y | N |
| 处理 | 立即发货 | × | | | | | |
| | 先按库存发货,进货后再补发。 | | × | | | | |
| | 先付款再发货 | | | | | × | |
| | 不发货 | | | | | | × |
| | 要求先付欠款 | | | × | × | | |

## 13.6 新信息系统逻辑方案的建立

信息系统分析阶段的任务是明确信息系统功能,通过对现行信息系统的调查分析,抽象出现行信息系统的逻辑模型,分析其存在的问题以及产生问题的原因。在调查分析中,要抓住系统运行的“瓶颈”,即影响信息系统的关键之处。

新信息系统逻辑方案是指经过对信息系统的结构化分析和优化以后,新信息系统拟采用的管理模型和信息处理方法。详细地了解情况,进行信息系统分析都是为最终确立新信息系统的逻辑方案做好准备。可以说,新信息系统逻辑方案的建立是系统分析阶段的最终成果。它对于下一步进行信息系统设计和实现都是基础性的指导文件。

新信息系统的逻辑方案主要包括以下几个方面:对信息系统业务流程分析整理的结果;对数据及数据流程分析整理的结果;子系统划分的结果;各个具体的业务处理过程。同时,新信息系统的逻辑方案也是信息系统开发者和用户共同确认的新信息系统处理模式以及打算共同努力的方向。

信息系统分析员对系统进行了大量的分析和优化,这个分析和优化的结果就是新信息系统采用的逻辑处理方案。它包括以下几方面内容:

1. 确定合理的业务处理流程

(1)删去或合并了哪些多余的或重复的数据处理过程。

(2)对哪些业务处理过程进行了优化和改动,改动的原因是什么,改动(包括增补)后将带来哪些好处。

(3)给出最后确定的业务流程图。

(4)指出在业务流程图中哪些部分新系统可以完成,哪些需要用户完成(或是需要用户配合新信息系统来完成)。

2. 确定合理的数据和数据流程

(1)请用户确认最终的数据指标体系和数据字典。确认的内容主要是指标体系是否全面合理,数据精度是否满足要求并可以统计得到这个数据精度。

(2)删去或合并了哪些多余的或重复的数据处理过程。

(3)对哪些数据处理过程进行了优化和改动,改动的原因是什么,改动(包括增补)后将带来哪些好处。

(4)指出在数据流程图中哪些部分新信息系统可以完成,哪些需要用户完成(或是需要用户配合新信息系统来完成)。

3. 确定新信息系统的逻辑结构和数据分布

(1)新信息系统逻辑划分方案(子系统的划分)。

(2)新信息系统数据资源的分布方案,如哪些在本系统设备内部,哪些在网络服务器或主机上。

## 13.7 信息系统分析报告

信息系统分析报告应该不但能够充分描述调查的结果,而且还能反映信息系统分析的结果和新信息系统的逻辑方案。信息系统分析报告主要包括以下内容。

1. 引言

引言主要是对分析对象的基本情况作概括性的描述,它包括组织的结构和目标,组织的工作过程和性质、业务功能、对外联系(组织与外部实体间有哪些物质以及信息的交换关系)、研制系统工作的背景及文本所用的专门术语等。

2. 项目概述

项目概述部分包括以下内容:

(1)项目的主要工作内容。简要说明本项目在信息系统分析阶段所进行的各项工作的主要内容是建立新信息系统逻辑模型的必要条件,而逻辑模型是编制系统说明书的基础。

(2)现行信息系统的调查情况。新信息系统是在现行系统基础上建立起来的。设计新信息系统之前,必须掌握现行系统的真实情况,了解用户的要求和问题所在,列出现行系统的目标、主要功能、组织结构和用户要求等,并简要指出主要问题所在,同时以数据流程图为主要工具,说明现行信息系统的概况。数据字典、判定表和流程分析图等篇幅较大,一般可作为附件,但是由它们得到的主要结论,如主要的业务量和总的数据存储量等,应列在正文中。

(3)新信息系统的逻辑模型。通过对现行信息系统的分析,找出主要问题所在,进行必要的改动，即得到新信息系统的逻辑模型。新信息系统的逻辑模型通过相应的数据流程图加以说明。数据字典等若有变动要给出相应说明。

3. 实施计划

实施计划部分包括以下内容：

(1)工作任务的分解，是指对开发中应完成的各项工作，按子系统(或系统功能)划分，指定专人分工负责。

(2)进度，是指给出各项工作的预定开始日期和结束日期，规定任务完成的先后顺序及完成的界面。

(3)预算，是指逐项列出本项目所需要的劳务以及经费的预算，包括各项工作所需人力及办公费、差旅费、资料费等。

## 本章总结

信息系统分析阶段为信息系统建立了逻辑模型，主要解决信息系统“做什么”的问题。从可行性分析开始，通过可行性分析报告结论，如果可行将进入系统调查阶段，通过问卷和调查表，获取企业相关信息，由此进行业务流程分析，得到相关业务流和数据流，对相关数据流中功能进行分析、优化后，得到信息系统的逻辑方案。

## 练习题

### 一、单选题

1. 绘制系统流程图的基础是(　　)

A. 数据关系图

B. 数据流程图

C. 数据结构图

D. 功能结构图

2. 系统分析报告的主要作用是(　　)

A. 系统规划的依据

B. 系统实施的依据

C. 系统设计的依据

D. 系统评价的依据

3. 数据字典中的条目有以下6种形式：数据项、数据结构、数据流、数据存贮、(　　)、外部实体。

A. 数据载体　　B. 转换功能　　C. 处理功能　　D. 数据说明

4. 一个合理的模块划分应该是内部联系(　　)

A. 弱　　B. 强　　C. 独立　　D. 简单

5. 下列不属于传统的信息系统规划的方法是(　　)

A. BSP　　B. SST　　C. CSF　　D. MRP

6. 数据字典的内容不包括(　　)

A. 数据流　　B. 处理逻辑

C. 数据管理机构　　　　　　　　　　D. 数据存储

7. 数据流图中的外部实体是指(　)

A. 与系统无关的单位和个人

B. 与系统有数据传递关系但不属于系统本身的个人或单位

C. 系统的输入数据和输出数据

D. 上级部门或外单位

8. 下列系统开发的各阶段中难度最大的是(　)

A. 系统分析　　B. 系统设计　　C. 系统实施　　D. 系统规划

**二、填空题**

1. 数据流图的四种基本符号是________、________、________、________。

2. 系统规划阶段提出的总体方案,基本内容应包括下述四个方面:系统目标与范围的描述、系统运行环境描述、计算机系统选型要求、________。

3. 管理上的可行性是管理人员对开发管理信息系统的________和________方面的基础工作。

4. 物理设计涉及许多有关计算机上实现的________。

**三、简答题**

1. 简述结构化开发方法的基本思想。

2. 简述系统设计的目的、任务和方法。

3. 试述在系统分析阶段进行系统初步调查的内容。

4. ERP 的含义是什么,它与 MRPⅡ有什么关系?

**四、分析题**

1. 已知产品出库管理的过程是:仓库管理员将提货人员的零售出库单上的数据登记到零售出库流水账上,并每天将零售出库流水账上当天按产品名称、规格分别累计的数据记入库存台账。请根据出库管理的过程画出它的业务流图。

2. 假设产品出库量的计算方法是:当库存量大于等于提货量时,以提货量作为出库量;当库存量小于提货量而大于等于提货量的 10%时,以实际库存量作为出库量;当库存量小于提货量的 10%时,出库量为 0(即提货不成功)。请表示出库量计算的判定树。

3. 采购员从仓库收到缺货通知单后,查阅订货合同单,若已订货,则向供货单位发出供货请求,否则就填写补充订货单交供货单位,供货单位发出货物后,立即向采购员发出提货通知。画出订货的业务流图。

# 第14章 信息系统设计

## 学习目的

- 掌握系统的总体设计与详细设计的主要内容
- 掌握系统流程图绘制方法
- 掌握程序流程图绘制方法
- 理解系统总体结构设计任务
- 了解功能设计、数据库设计、代码设计内容及方法
- 了解系统说明书的主要内容

## 引导案例

中国建设银行是以中长期信贷业务为特色的国有商业银行，曾在《银行家》杂志全球1000家大银行排名中位居第65位。建设银行行政管理体系分为五层结构：总行一省级分行一市级分行一县级分行一分理处。在建立总行信息服务站前，建行内部的信息传递非常慢，各分行要了解总行的信息只能定期定阅总行办的《建设银行报》和几份内部刊物，或是通过文件邮递的下达方式，由总行一级一级下发到各分行，一般至少要一周时间才能到达下一级分行，如果是需要反馈回总行的调查表之类的信息，则至少需要一个月的时间。除信息下发困难外，对大量的文档、资料、制度等进行有效管理也是建行总行亟待解决的一个重大难题。

建行将管理信息、技术信息和市场信息融合起来，扩大了管理的范围和深度，建立起一套对变化反应敏捷、灵活的管理信息系统(MIS)。系统建设形成了集计算机、数据库和分布式计算等于一体的信息技术综合体，打破了时间和地域的界限，使得信息交流变得快速准确。现今建设银行成功地构建起覆盖全国32个省、市、自治区和10多个计划单列市共400多个城市的管理信息服务网——总行信息服务站，全面实现了从总行到市级分行以及部分县级分行的信息共享、实时发布和查询检索，有效提高了全行的工作效率。

**思考：**

IT系统的使用，对企业可以提高效益，对个人可以提高效率，想想我们身边是否有这样的案例？

## 14.1 信息系统设计的内容

信息系统设计一般包括总体设计和详细设计两部分。信息系统设计是在信息系统分析提出的逻辑模型的基础上，科学合理地进行物理模型的设计，以解决信息系统“如何做”的问题。具体来说，信息系统设计就是根据新信息系统逻辑模型所提出的各项功能要求，结合系统的实

际情况，详细地设计出新信息系统的处理流程和基本结构，并为信息系统实施阶段的各项工作做好实施方案和必要的技术资料。

信息系统设计的基本目标就是要使所设计的系统必须满足信息系统逻辑模型的各项功能要求，同时尽可能地提高信息系统的性能。信息系统设计的目标是评价和衡量信息系统设计方案优劣的基本标准，也是选择信息系统设计方案的主要依据。

### 14.1.1 总体设计

信息系统总体设计是要根据信息系统分析的要求和组织的实际情况来对新信息系统的总体结构形式和可利用的资源进行大致设计，主要包括以下几个方面的内容。

(1)划分子系统。把整个信息系统按功能划分成若干子系统，明确各子系统的目标和功能。该部分的主要工作已经在信息系统分析阶段完成，根据实际需要，可以进一步优化和调整

(2)功能结构图设计。按层次结构划分功能模块，画出功能结构图。

(3)处理流程图设计。系统模块间的关系，通过处理流程图来描述。

(4)物理系统配置方案设计。这包括设备配置、网络的选择和设计以及数据库管理系统的选择等。

### 14.1.2 详细设计

信息系统详细设计的任务是在信息系统总体设计的指导下，对信息系统各组成部分进行细致、具体的物理设计，使得信息系统总体设计阶段所做出的各项决定具体化。

详细设计阶段主要完成以下几方面的工作。

(1)代码设计。为了便于整个信息系统的信息交换和系统数据资源共享，也为了便于计算机处理，要对处理进行统一的分类编码，确定代码对象和编码方式。

(2)数据库设计。主要是根据信息系统分析阶段所得到的数据流程图和数据字典，利用E－R图，进行数据文件结构设计和数据库设计。

(3)人机界面设计。根据数据处理的要求及用户的使用习惯，设计数据输入/输出方式和格式。两个设计阶段的工作完成以后，信息系统设计人员就要按照规定的格式，将设计结果进行汇总，整合为一个完整、清楚的设计文档——信息系统设计说明书。信息系统设计说明书是信息系统设计阶段的成果，它从信息系统设计的主要内容说明信息系统设计的指导思想、采用的技术方法和设计结果，为信息系统实施提供依据。

### 14.1.3 信息系统设计的原则

信息系统设计的任务是将信息系统的逻辑模型转化为物理模型。信息系统设计应遵循以下原则。

(1)系统性。把信息系统作为一个有机整体的角度进行考虑。信息系统的代码设计要规范、系统，整个信息系统数据采集要保证准确，避免重复。设计规范要符合标准，传递信息要一致。

(2)可维护性。为了维持较长的信息系统生命周期，要求系统具有很好的环境适应性。为此，信息系统应具有较好的开放性和结构的可变性。在信息系统设计中，应尽量采用模块化结

构，提高数据、程序模块的独立性，这样，既便于模块的修改，又便于增加新的内容，以提高信息系统适应环境变化的能力。

(3)可靠性。可靠性是指信息系统抵御外界干扰的能力及受外界干扰时的恢复能力。设计的管理信息系统必须具有较高的可靠性、安全保密性、完善的异常处理机制，保证系统具有良好的鲁棒性。

(4)经济性。在满足系统需求的前提下，尽量节约成本。一方面，在硬件投资上应该着眼于满足系统未来发展需求为前提，不盲目追求高端技术；另一方面，信息系统设计中应尽量避免不必要的复杂化，各模块应该尽量简洁，以便缩短处理流程、减少处理费用。

## 14.2　信息系统总体结构设计

### 14.2.1　信息系统总体结构设计的任务

系统设计工作应该自顶向下地进行。首先设计总体结构，然后再逐层深入，直至进行每一个模块的设计。总体设计主要是指在系统分析的基础上，对整个系统的划分(子系统)、机器设备(包括软、硬设备)的配置、数据的存贮规模以及整个系统实现规划等方面进行合理的安排。

信息系统总体结构设计是信息系统设计阶段第一步，其任务是根据信息系统的总目标和功能将整个信息系统合理划分为若干功能模块，正确处理模块之间的调度关系和数据关系，定义各模块内部结构等。信息系统结构设计是从计算机实现的角度出发，对前一阶段划分的子系统进行校核，使其界面更加清楚和明确，并在此基础上，将子系统进一步逐层分解，直至划分到模块。

### 14.2.2　信息系统总体结构设计的原则

信息系统总体结构设计应该遵循以下几条主要原则。

(1)分解协调原则：整个信息系统是一个整体，具有整体的目标和功能，但这个目标和功能的实现又是由相互联系的各个组成部分共同工作的结果。在处理过程中需要根据信息系统的总体要求来协调各部分的关系。在系统中，这种分解和协调都具有一定的主要依据。

①分解的主要依据：按各子系统相对独立完成部分管理功能的要求分解，按业务信息逻辑方式分解，从管理科学化出发进行分解，按开发、维护和修改的方便性分解。

②协调的主要依据：目标协调，工作进程协调，工作规范和技术规范协调，信息协调，业务内容协调。

(2)模块化原则：结构化设计的基础是模块化，结构化方法规定了一系列模块分解协调原则和技术，将整个信息系统分解成相对独立的若干模块，通过对模块的设计和模块之间的关系协调来实现整个信息系统的功能。

(3)自顶向下的原则：抓住信息系统的总目标，逐层分解，即先确定上层模块的功能，再确定下层模块的功能。将信息系统分解为子系统，各子系统功能的总和为上层系统的总的功能，再将子系统分解为功能模块，下层功能模块实现上层模块功能。这种从上往下进行功能分层的过程就是由抽象到具体，由复杂到简单的过程。这种步骤从上层看，容易把握整个系统的功能，不会遗漏，也不会冗余，从下层看各功能容易具体实现。

(4)层次性原则:分解是按层分解的,同一个层次是同样由抽象到具体的过程。各层具有可比性,如果某层次各部分抽象程度相差太大,那极可能是划分不合理造成的。

(5)一致性原则:要保证整个信息系统设计过程中具有统一的规范、统一的目标和统一的文件模式等。

(6)明确性原则:每个模块必须功能明确、接口明确,消除多重功能和无用接口。

### 14.2.3 划分子系统

根据上述原则,第一步将整个信息系统划分为若干子系统。划分方式有纵向划分和横向划分两种方式。

纵向划分即按管理职权的不同级别把信息系统分成战略管理级、战术管理级和作业处理级三个层次。

横向划分则是按照不同的管理对象和管理职能将企业(系统)划分为市场销售、生产计划、物资供应、财务会计、质量管理、设备管理、技术管理、库存管理等。

## 14.3 信息系统的功能结构模块设计

### 14.3.1 结构化设计的原理

结构化设计方法的基本思想是使信息系统模块化,即把一个信息系统自上而下逐步分解为若干彼此独立而又有一定联系的组成部分,这些组成部分称为模块。对于任何一个信息系统都可以按功能逐步由上向下,由抽象到具体,逐层将其分解为一个多层次的、具有相对独立功能的模块所组成的信息系统。在这一基本思想的指导下,信息系统设计人员以逻辑模型为基础,并借助于一套标准的设计准则和图表等工具,逐层地将信息系统分解成多个大小适当、功能单一、具有一定独立性的模块。把一个复杂的信息系统转换成易于实现、易于维护的模块化结构系统,如图 14-1 所示。

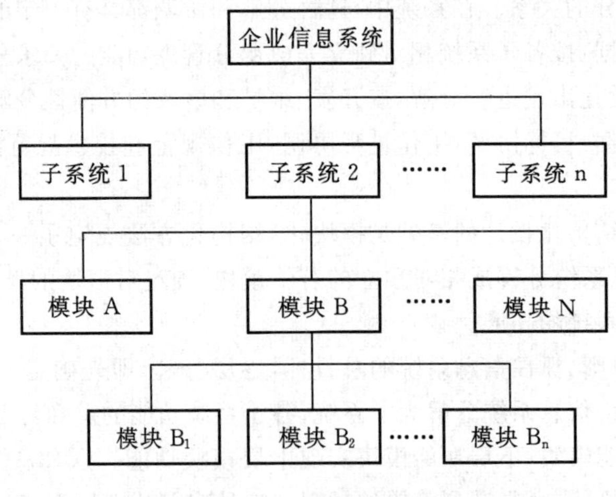


图 14-1 模块分析示例

模块化设计要按照高内聚、低耦合的原则进行。内聚就是指程序内的各个模块之间的关系紧密程度；耦合就是各个外部程序（子程序）之间的关系紧密程度。高内聚——模块之间的关系越紧密，出错就越少。低耦合——子程序间的关系越简单，就不会产生关联性错误。高内聚、低耦合的设计原则会给以后的维护工作带来很多方便。

## 14.3.2　HIPO 图

HIPO（Hierarchy Plus Input/Processing Output）图是美国 IBM 公司 20 世纪 70 年代发展起来的表示软件系统结构的工具。HIPO 图由层次结构图和 IPO 图两部分构成，前者描述了整个信息系统的设计结构及各类模块之间的关系，后者描述了某个特定模块内部的处理过程和输入输出关系。

（1）层次结构图。层次结构图用来描述系统功能模块的层次结构划分和组织，展示系统的全部内容，如图 14－2 所示。H 图只说明了软件系统由哪些模块组成及其控制层次结构，并未说明模块间的信息传递及模块内部的处理。因此对一些重要模块还必须根据数据流图、数据字典及 H 图绘制具体的 IPO 图。

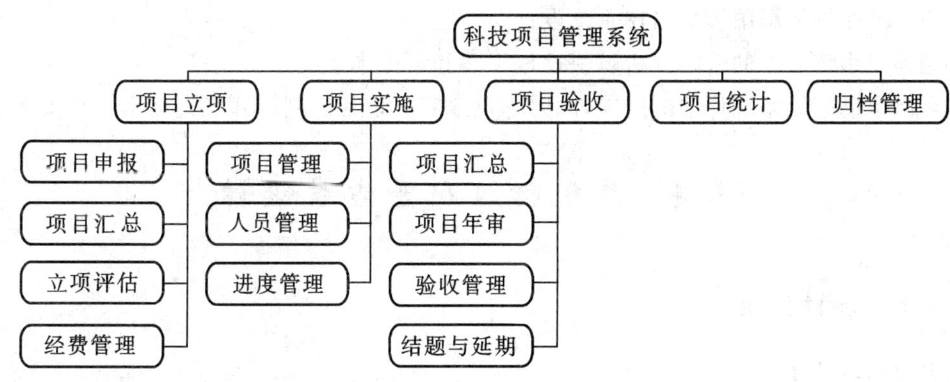


图 14－2　项目管理系统 H 图示例

（2）IPO 图。IPO 图为层次图中每一功能框详细地指明输入、处理及输出。通常，IPO 图有固定的格式，图中处理操作部分总是列在中间，输入和输出部分分别在其左边和右边。由于某些细节很难在一张 IPO 图中表达清楚，常常把 IPO 图又分为两部分，简单概括的称为概要 IPO 图，细致具体的称为详细 IPO 图。

图 14－3 所示为科技项目管理实施的概要 IPO 图。

在概要 IPO 图中，需要使用详细 IPO 图以指明输入→处理→输出三者之间的关系，其图形与概要 IPO 图一样，输入、输出使用具体的介质和设备类型的图形表示。

IPO 有时要借助判定树、判定表、问题分析图和过程设计语言等处理逻辑工具来描述比较复杂的过程。

IPO 文档系统是编写信息系统文档的一种相当有用的工具，它具有以下几个特点：

①能够帮助系统分析员制作系统分析和设计报告；

②易于绘制和修改；

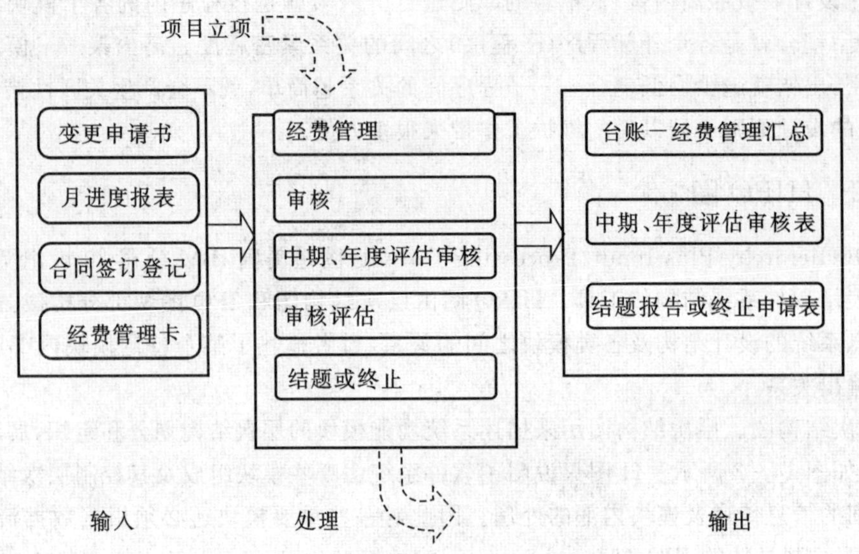


图 14-3　科技项目管理项目实施 IPO 图

③使系统能够使用图形来描述系统设计；

④能够使系统之外的系统分析员快速地了解和掌握本系统；

⑤可以帮助缩短系统评估的周期，同时它可以有效地帮助制订开发进度和工作安排。

## 14.4　系统物理配置方案设计

### 14.4.1　设计依据

1. 系统的吞吐量

每秒钟执行的作业数称为系统的吞吐量，用每秒事务处理量(transaction per second, TPS)表示。系统的吞吐量越大，则 TPS 的值越大，同时也说明系统的处理能力越强。

2. 系统的响应时间

从用户向系统发出一个作业请求开始，经系统处理后，到给出应答结果的时间称为系统的响应时间。如果一个系统的响应时间越短，则计算机的运算速度越快，并且通信线路的传输速率也越高。

3. 系统的可靠性

系统的可靠性可以用连续工作的时间来表示。例如，一般大型金融系统，需要每天 24 小时连续工作的系统，可靠性就应该很高。

4. 数据管理方式

数据管理方式基本采用数据库管理，目前流行的是关系数据库；一些小的应用可以采用可扩展标记语言(extersive markup language, XML)；对一些图形图像、影音等复杂的应用，可以面向对象数据库。

5. **集中式/分布式**

根据系统并发数的数量，最终确定系统是采用集中式还是分布式结构。集中式结构简单，维护性好，但能够应对的并发数有限；分布式结构对大规模并发处理能力强，但系统费用投资较高。

## 14.4.2 计算机硬件与网络选择

目前计算机主要采用B/S结构，服务器选型要考虑带宽、峰值处理能力、可靠性、安全性。计算机硬件的选择取决于数据的处理方式和运行的软件，信息管理对计算机的基本要求是运算速度快、存储容量大、通讯能力强、操作灵活方便，除此以外，并发处理能力、可靠性、安全性变得越来越重要，因此，在计算机硬件的选择上应全面考虑。

客户端在计算机机型的选择上随着B/S结构的普及，对客户端要求越来越低，所以客户端的选择可以只考虑可靠性和速度因素。

## 14.4.3 计算机网络选择

1. **网络的逻辑设计**

通常首先按软件将系统从逻辑上分为各个子系统，然后按照需要配备设备，并考虑各个设备之间的连接结构。随着对信息系统安全性要求越来越高，网闸、虚拟专网等网络软硬件的合理配置，可以极大地提高安全性。

2. **网络操作系统**

目前流行的网络操作系统主要有UNIX、Linux、Windows等。系统设计人员要根据信息系统的负载情况、流量情况、安全性要求选择合适的系统。

## 14.4.4 数据库系统的选择

管理信息系统都是以数据库系统为基础的，应该根据管理信息系统数据量的多少、并发数以及数据实时响应等情况，选择合适的后台数据库管理系统。衡量一个数据库管理系统的指标主要包括响应时间，数据单位时间吞吐量，数据库管理系统的安全性、保密性、容错能力、数据恢复能力等。

目前市场上数据库管理系统较多，流行的有Oracle、Sybase、SQL Server、Informix等。Oracle一般用于大、中型企业的管理信息系统中。近年来，Microsoft推出的SQL Server 2005数据库管理系统，逐步由小型管理信息系统开发转向大型管理信息系统应用。

## 14.4.5 应用软件的选择

随着计算机产业的发展，出现了许多商品化应用软件，这些软件技术成熟，设计规范，管理思想先进。直接应用商品化软件既可以节省投资，又能够规范管理过程，加快系统应用的进度。选择应用软件应考虑以下几点：

(1)软件是否能够满足用户的需求。在软件功能上应注意以下问题：①确定系统必须处理的事件和数据，保证软件能够满足数据表示的需要。如记录的长度、文件的最大长度等。②确定系统能够产生哪些报表、文档或其他的输出，系统要存储的数据量及事件数，系统必须满足的查询需求等。

(2)软件是否具有足够的适应性。由于用户需求和管理需求的不确定性，系统应用环境经常发生变化，因此，应用软件要有足够的适应性，以适应对软件需求变化适应的要求。

(3)软件是否能够获得长期、稳定的技术支持。对于商品化软件,稳定的技术支持是必需的。这一方面是为了保证软件能够满足需求的变化,另一方面是便于今后随着系统平台的升级而不断升级。

## 14.5 系统流程图设计

信息系统结构设计的重点在于描述信息系统的功能特征及其各功能模块之间的调用关系,但并未表达各功能之间的数据传递关系,因此,为了进一步表达信息系统的处理过程和系统中的数据传递关系,还必须进行信息系统的处理流程设计和具体模块的处理流程设计,以便为程序设计提供详细资料。

### 14.5.1 系统流程图

系统流程图是对组成一个完整系统的计算机程序、文件、数据库,以及相关手工处理的一种表示方法。它可以帮助建立应用程序结构文档,显示子系统、输入、输出和数据存储。信息系统流程图用图形的方式描述了子系统是系统自动完成,还是需要人工参与的。

信息系统可由独立的子系统和大量的程序块构成。它也用于描述需要执行批处理的系统。这类系统的一个普遍的特点是可将处理按特定的执行顺序分成离散的多步来执行。系统流程图最初广泛应用于记录批事物文件信息处理的程序之间的处理过程和数据流,另外,由于目前开发的信息系统变得更为复杂和全面,应用系统流程图将更直观地表现出系统中每部分是如何协调工作的。图 14-4 是数据关系的一般形式,它反映了数据之间的关系,即输入什么

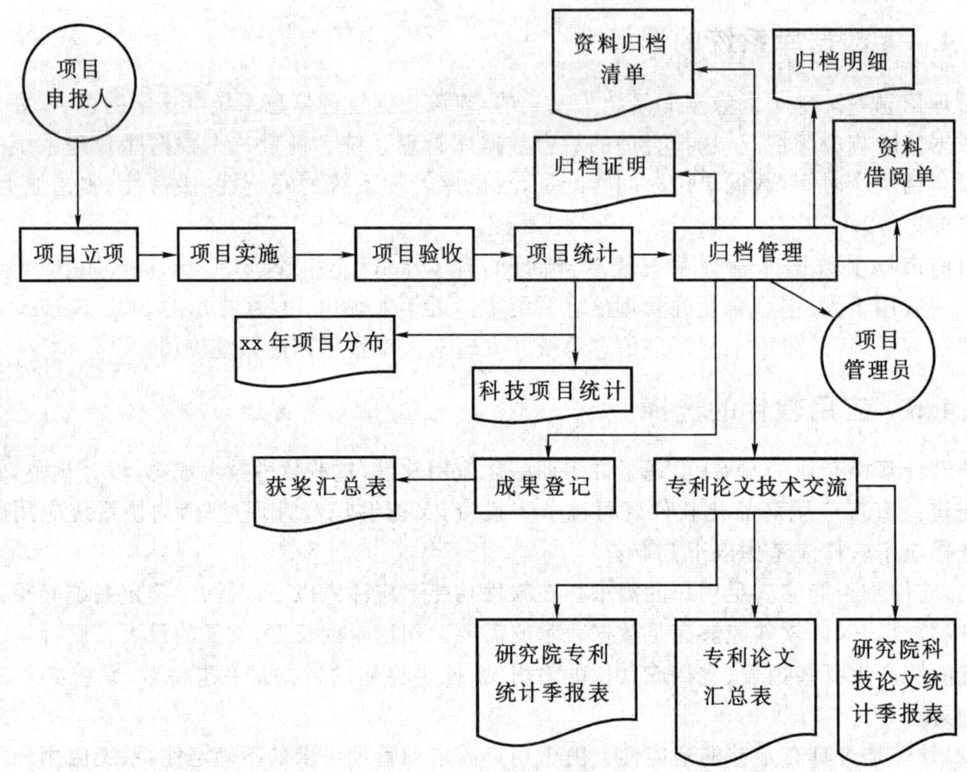


图 14-4　科技项目管理系统的项目系统流程图

数据、产生什么中间数据和输出什么信息之间的关系。最后，把各个处理功能的数据关系图综合起来，形成整个信息系统的数据关系图，即系统流程图。

### 14.5.2　系统流程图的绘制

绘制系统流程图应当使用统一符号。目前我国国家标准 GB1526－79 信息处理流程图符号和国际标准化组织标准 ISO1028－2636 以及美国国家标准协会 ANSI 的图形符号大致相同，常用的符号如图 14－5 所示。

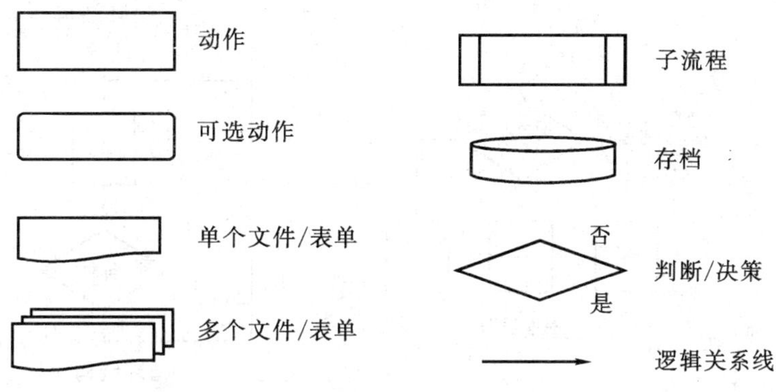


图 14－5　系统流程图符号

从数据流程图到系统流程图并非简单的符号改换。系统流程图表示的是计算机的处理流程，而并不像数据流程图那样还反映了人工操作。因此绘制系统流程图的前提是已经确定了系统的边界、人机接口和数据处理方式，同时还要考虑哪些处理功能可以合并，或进一步分解，把有关的处理视为系统流程图中的一个处理功能。

## 14.6　程序流程图

### 14.6.1　程序流程图的设计

程序流程图，又称为程序框图。它是用统一规定的标准符号描述程序运行具体步骤的图形。程序流程图的设计是在系统处理流程图的基础上，通过图示描述模块内部处理过程的主要工具。它通过对输入/输出数据的详细分析，然后将具体的处理过程在计算机中的主要运行步骤标示出来，作为程序设计的最基本依据。

由于结构化程序设计方法简单易学，并且能够通过集中基本的处理结构将一个复杂程序的运行步骤简明易懂地描述出来，因此是一种比较好的设计方法。利用结构化程序设计方法描述模块内部的处理过程，主要采用以下三种基本的处理结构，即顺序处理结构、选择处理结构、循环处理结构。这三种基本结构如图 14－6 所示。

在实际的程序流程图设计工作中，遇到的问题要复杂一些，因为它可能包含着多重循环处理或多种选择的嵌套处理。只要能从以上三种基本处理结构出发，根据处理功能的基本要求，确定什么地方应采用顺序处理，什么地方应采用选择处理，什么地方应采用循环处理，最后将

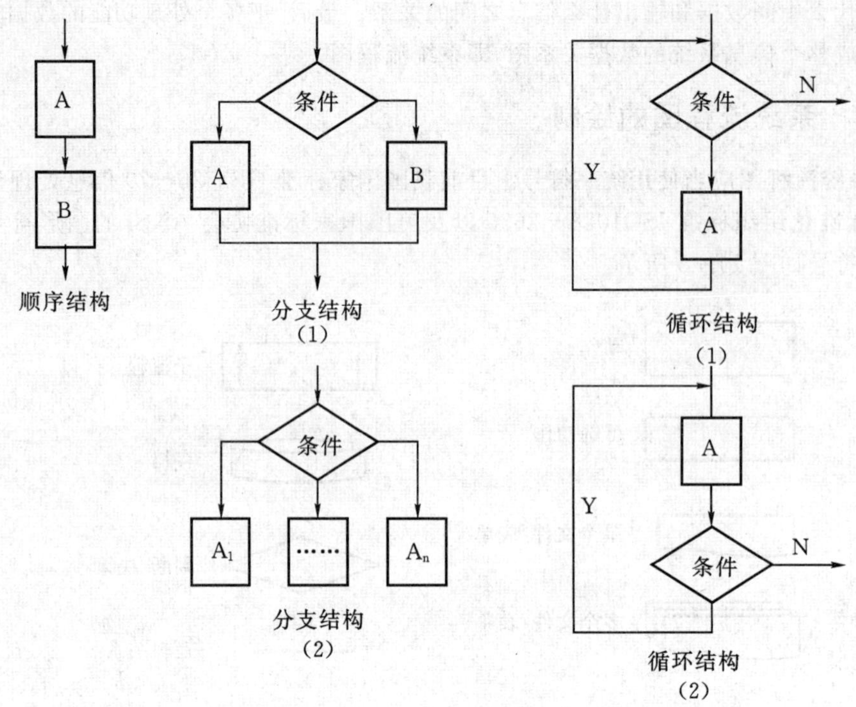


图 14-6　三种基本程序结构

这些基本处理结构合理地组合起来，就能够设计出合乎要求的程序流程图。当然，对于一个复杂的处理过程，可能要经过多次的修改，最后才能设计出比较满意的程序流程图。

## 14.6.2　程序设计说明书

程序设计说明书是对程序流程图注释的书面文件和设计要求。程序设计说明书由系统设计人员编写，以帮助程序设计人员进一步了解程序的功能。因此程序设计说明书必须写得清楚明确，以便提高程序设计人员对所要设计的程序的处理过程和设计要求的理解。

程序设计说明书主要包括以下内容。

(1)程序名称。它包括反映程序功能的文字名称和标志符号。

(2)程序所属的系统和子系统名称。

(3)编写程序所用的语言。

(4)输入数据的方式与格式。当有多种数据输入时，应当分别对每种数据的输入方式和格式做出具体而详细的说明。

(5)输出信息的方式与格式。当有多种信息按不同方式输出时，应当分别说明按各种方式输出时的格式要求。

(6)程序处理过程说明。它包括在程序中使用的计算公式、数学模型和控制方法等。

(7)程序运行环境的说明。它主要是指对保证程序能够正常运行所需要的输入、输出设备的类型和数量，内部存储器的容量，以及支持程序运行的操作系统等内容进行说明。

编写程序设计说明书的工作必须引起系统设计人员的充分注意，并作为一项重要的工作内容来完成。因为程序设计说明书不仅是程序设计人员进行程序设计时的重要参考，也是信息系统修改和维护的技术依据。在信息系统投入运行之后，由于要经常根据情况的变化对信息系统进行调整和修改，如果没有完善的文档资料，将既不利于程序的设计工作，也不利于对信息系统的修改和维护工作。

## 14.7　代码设计

在管理信息系统中，每种实体（人、事、物、部门）都必须有代码。代码是代表事物名称、属性、状态等的符号，一般用数字、字母或它们的组合来表示。

### 14.7.1　代码设计的功能

在信息系统开发过程中，设计代码的目的主要是使信息系统开发过程中的代码能够唯一标识实体、节省存储单元、提高数据处理效率。

(1)唯一标识实体。按照计算机处理的需要，要为管理信息系统中每个实体确定唯一的标识，避免二义性。通过编码，可为实体建立起统一的信息编号。

(2)节省存储单元。通过编码的规范化，可以最大限度地节约存储空间。

(3)提高数据处理效率。在系统开发过程中使用代码（如排序、查找等）更加方便，达到了统一化，促进了系统内部资源的共享。

### 14.7.2　代码的设计原则

合理的编码结构是信息处理系统是否具有生命力的一个重要因素，在代码设计时，应遵循以下基本原则。

(1)唯一性。每一个代码只能唯一地代表信息系统中的一个实体。而一个实体也只能唯一地由一个代码来表示。

(2)标准性。代码设计时要尽量采用国际或国家的标准代码，以方便信息的交换和共享，并可为以后对信息系统的更新和维护提供有利的条件。

(3)规范化。代码的结构、类型和编码格式必须严格统一，以便于计算机处理。

(4)通用性。代码设计必须与编码对象的分类体系相适应，以使代码对编码对象的分类具有标志作用。

(5)简单性。代码结构要简单，要尽量缩短代码的长度，以方便输入，提高处理效率，并且便于记忆，减少读写的差错。

(6)易用性。代码设计要尽量反映编码对象的特点，以便于识别和记忆，以方便用户使用。

(7)可扩充性。当增加新实体时，可直接在原代码系统中扩充，而不用重新组织。代码的设计要能满足3～5年的使用要求。

为了有效地推动计算机应用和防止标准化工作走弯路，我国十分重视制订统一编码标准的问题，并已公布了GB2260－80中华人民共和国行政区划代码、GB1988－80信息处理交换的七位编码字符集等一系列国家标准编码。

### 14.7.3　代码的种类

代码设计在系统分析阶段就应当开始。由于代码的编制需要仔细调查和多方协调，需要经过一段时间，在系统设计阶段才能最后确定。

常用的代码主要有顺序码、区间码、助记码，此外还有缩写码和尾数码。

1. 顺序码

顺序码又称系列码，它是一种用连续数字代表编码对象的码。顺序码是一种最简单、最常见的代码，它将顺序的自然数字或字母赋予分类对象，只作为分类对象的唯一标志，它代替对象名称，而不提供对象的任何其他信息。例如，一个大学里面的各个学院可以采用顺序编码：

01 管理学院

02 自动化学院

03 电子信息学院

04 机械工程学院

顺序码的优点是简单明了、代码短、易处理。缺点是没有逻辑基础（本身不能说明任何信息的特征），不能反映编码对象的特征，不易于分类处理，代码本身无任何含义。另外，由于代码按顺序排列，新增加的数据只能排在最后，删除数据则要产生空码，缺乏灵活性，所以通常作为其他编码的一个组成部分。

2. 区间码

区间码把数据项分成若干区间，每一区间代表一个组，码中数字的值和位置都代表一定意义。例如，居民身份证编码即为典型的区间码。这种代码共由 18 位数字组成，分成九个区段：第 1 位和第 2 位表示省、直辖市、自治区级顺序码；第 3 位和第 4 位表示地或市级顺序码；第 5 位和第 6 位表示县或区级顺序码；第 7 位到第 10 位表示年度信息；第 11 位和第 12 位表示月份信息；第 12 位和第 13 位表示日；第 14 位到第 16 位表示户口所归属的派出所信息；第 17 位表示性别；第 18 位是校验码。因此，通过一个代码就可以反映出一个地区所在的省、地和县以及出生年月日和性别等信息。

区间码的优点是从结构上反映了数据的类别，码中的数字（或字母）与位置代表一定的意义，便于计算机分类处理、排序，插入和删除也比较容易。它的缺点是代码的位数一般都比较多。

3. 助忆码

助忆码用文字、数字或文字数字结合起来描述，其特点是可以通过联想帮助记忆。例如，车牌号用陕 AT 代表陕西省西安市出租车。

助忆码的优点是直观、便于记忆和使用。助忆码适用于数据项数目较少的情况（一般少于 50 个），否则可能引起联想出错。此外，太长的助忆码占用计算机容量太多，也不宜采用，所以这种编码主要用于数据量较少的人工处理系统。

4. 缩写码

缩写码是把人们习惯使用的缩写字直接用于代码。例如，kg 代表千克，cm 代表厘米。

缩写码的优点是简单、直观，便于记忆和使用。但是，由于缩写字有限，所以它的使用范围也有限。

5. 尾数码

尾数码是使末尾位的数字码具有一定含义，可以不增加主要代码位数而进行分类，即利用尾位数字修饰主要代码。例如，用 05601 表示 560 毫米，用 05602 表示 560 厘米。

### 14.7.4 代码的校验

代码作为计算机的重要输入内容之一，其正确性直接影响到整个处理工作的质量。特别是人们重复抄写代码和将它通过人手输入计算机时，发生错误的可能性更大。为了保证正确输入，有意识地在编码设计结构中原有代码的基础上，另外加上一个校验位，使它事实上变成代码的一个组成部分。校验位通过事先规定的数学方法计算出来。代码一旦输入，计算机会用同样的数学运算方法按输入的代码数字计算出校验位，并将它与输入的校验位进行比较，以证实输入是否正确。

校验位可以发现以下各种错误：

抄写错误，例如 3 写成 9

易位错误，例如 798 写成 789

双易错误，例如 12354 写成 12453

随机错误，包括以上两种或三种综合性错误或其他错误。

### 14.7.5 代码设计的步骤

(1)确定代码对象。从整体出发，在充分调查分析的基础上，确定对象所属的子系统、需要编码的项目、编码的名称。

(2)考察是否已有标准代码。如果已有国家标准、部门标准代码，就必须遵循标准；如果没有标准代码，也应该参照国际标准化组织、其他国家、其他部门或其他单位的编码标准，以便适应将来标准化的需要。

(3)确定代码的使用范围。代码的设计不应该局限于某一企业或某一部门，它应该具有广泛的适应性，不仅能在本单位使用，还能在外单位使用。

(4)确定代码的使用时间。若无特殊情况，代码可永久使用。

(5)决定编码方法。根据编码的对象、目的、适用范围、使用期限等特性，选定合适的代码种类及校验方法。

(6)编写代码表。对代码做详细的说明并通知有关部门，以便正确使用代码。

(7)编写相应的代码使用管理制度，保证代码的正确使用。

## 14.8 数据库设计

数据库设计需要遵循以下步骤：

1. 需求分析

需求分析需要调查和分析用户的业务活动和数据的使用情况，弄清所用数据的种类、范围、数量以及它们在业务活动中交流的情况，确定用户对数据库系统的使用要求和各种约束条件等，从而形成用户需求规约。

2. 概念设计

概念设计是指对用户要求描述的现实世界，通过对其中诸处的分类、聚集和概括，建立抽象的概念数据模型。这个概念模型应反映现实世界各部门的信息结构、信息流动情况、信息间的互相制约关系以及各部门对信息储存、查询和加工的要求等。所建立的模型应避开数据库在计算机上的具体实现细节,用一种抽象的形式表示出来。以扩充的实体—联系模型(E-R模型)方法为例,第一步先明确现实世界各部门所含的各种实体及其属性、实体间的联系以及对信息的制约条件等,从而给出各部门内所用信息的局部描述(在数据库中称为用户的局部视图)。第二步再将前面得到的多个用户的局部视图集成为一个全局视图,即用户要描述的现实世界的概念数据模型。

3. 逻辑设计

逻辑设计的主要工作是将现实世界的概念数据模型设计成数据库的一种逻辑模式,即适应于某种特定数据库管理系统所支持的逻辑数据模式。与此同时,可能还需为各种数据处理应用领域产生相应的逻辑子模式。这一步设计的结果就是所谓"逻辑数据库"。

4. 物理设计

物理设计是指根据特定数据库管理系统所提供的多种存储结构和存取方法等依赖于具体计算机结构的各项物理设计措施,对具体的应用任务选定最合适的物理存储结构(包括文件类型、索引结构和数据的存放次序与位逻辑等)、存取方法和存取路径等。这一步设计的结果就是所谓"物理数据库"。

5. 验证设计

验证设计是指在上述设计的基础上,收集数据并具体建立一个数据库,运行一些典型的应用任务来验证数据库设计的正确性和合理性。一般一个大型数据库的设计过程往往需要经过多次循环反复。当设计的某步发现问题时,可能就需要返回到前面去进行修改。因此,在做上述数据库设计时就应考虑到今后修改设计的可能性和方便性。

## 14.9 人机界面设计

人机界面设计是计算机系统与人的接口设计。如今,信息系统与用户之间接口的作用已经越来越重要。好的人机界面设计,可以方便信息系统使用,其操作简单,将会提高用户对整个信息系统的满意程度。人机界面设计包括以下方面:

1. 输出设计

输出设计的目的就是使信息系统能输出满足用户需要的信息。如何根据用户的特点和要求,以最适当的方式输出最合适的信息,是输出设计要解决的主要问题。输出设计的任务要求为确定每个输出类型,为应用设计所要求的特定输出制作一个列表,提供必要的控制来保护输出,设计输出的布局并为其建立原型等。

(1)输出设计的内容。

①确定输出内容。确定输出内容包括信息形式是表格还是图形文字,输出项目及数据结构,数据类型、位数及取值范围等,还要考虑数据的生成途径,以及完整性和一致性。

②确定输出格式。输出信息的格式设计,是为了给用户提供一种清晰、美观、易于阅读和理解的信息。因此,输出信息的格式必须考虑到用户的要求和习惯,要尽量与现行系统的表格形式相一致。

③选择输出设备和确定输出介质。信息的用途决定了输出设备和输出介质。常用的输出设备有终端显示器、打印机、磁带机、绘图仪、微缩胶卷输出器和多媒体设备。常见输出介质有纸张、磁盘、磁带、U 盘、光盘和多媒体介质等。根据用户的需求,结合介质和设备的特点,应

合理地选择输出方式。需要送给其他有关人员或者需要长期存档的材料，必须使用打印机打印输出；若是需要作为以后处理用的数据，可以输出到磁带或者磁盘上；如果只是需要临时查询的信息，则可以通过屏幕显示。输出设备主要是指打印机和显示器，表 14-1 为输出方式一览表。

**表 14-1　常用输出方式**

| 设备载体和特点 | 行式打印机 | 激光打印机(页式) | 磁带机 | 磁盘机 | 终端 | 绘图仪 | 缩微胶卷输出机 |
|---|---|---|---|---|---|---|---|
| 载体 | 打印纸磁带 | 打印纸 | 磁带 | 磁盘 | 屏幕 | 绘图纸 | 缩微胶卷 |
| 用途 | 各种报表可供阅读 | 报表和图像可供阅读 | 建立磁带文件，作备份或其他系统输入 | 建立磁盘文件，作备份或其他系统输入 | 显示图形和数据 | 绘制图形 | 保存图形和数据 |
| 特点 | 便于保存，费用低 | 速度快，质量高，价格较高 | 容量大 | 容量大，便于存取和更新 | 能实时响应，可人机对话 | 图形的精度高 | 体积小，易保存 |

(2)输出报告。输出报告是系统设计的主要内容，它定义了系统的输出。输出报告中既标出了各常量、变量的信息，也给出了各种统计量及其计算公式、控制方法。

设计输出报告时应考虑以下因素：方便用户，能为用户提供及时、准确、全面的信息，输出的图形或表格，便于用户阅读和理解；考虑系统的硬件性能，尽量利用原系统的输出格式，如需修改，应与有关部门协商，征得用户同意；输出的格式和大小要根据硬件能力，认真设计，并试制输出样品，经用户同意后才能正式使用；输出表格要考虑系统的发展，输出表格中要为新增项目留有相应的位置。

设计输出报告之前应收集好各项信息的有关内容，并填写在输出设计书上，这是设计的准备工作。

为了提高系统的规范化程度和编程效率，在输出设计上应尽量保持输出内容和格式的同一性，也就是说，同一内容的输出，对于显示器、打印机、文本文件和数据库文件应具有一致的形式。显示器用于查询或预览，打印机输出提供报表服务，文本文件格式用于为办公自动化系统提供剪辑素材，而数据库文件可满足数据交换的需要。

在打印输出时，报告纸有专用纸和通用白纸两种。专用纸上事先已印有表头和文字说明等格式，使用时可直接套打；通用白纸则需打印表头、格式及说明信息。

**2. 输入设计**

输入设计是整个信息系统设计的关键环节之一，对信息系统的质量起着决定性的影响。系统开发人员进行信息系统输入设计时，需确定将要用做输入的设备和采用的机制，确定所有的输入并拟订一个包括所有数据内容的列表，确定每一个系统输入哪些控制是必需的。

输入设计需要主要考虑三个方面的内容，即输入设备、输入方式及数据校验。

(1)输入设计的基本原则。

①控制输入量。输入形式应尽量接受原始的处理形式并尽量控制数据输入量。输入时，

只需要输入基本信息,其他的统计、计算均由计算机来完成。

②减少输入延迟。可采用周转文件、批量输入等方法减少数据延迟。

③减少输入错误。进行输入设计时,应采用多种输入检验方法和有效性验证技术,以减少输入错误。

(2)输入设计的内容。

①数据收集。将收集到的信息用计算机能识别的符号记录下来。

②数据登录。将收集来的数据转换成适合系统处理的形式,登录在专门设计的记录单上或介质上。

③数据输入。把数据读入计算机中。

(3)输入类型。

①外部输入。这是基本的原始数据输入方式,如会计凭证、订货单和合同等数据的输入。

②交互式输入。由人机对话方式进行,在操作过程中需要输入少量数据或对提示进行回答。

③内部输入。系统内部运算后产生的信息,如产值、利润等数据。

④网络输入。系统内外部的计算机间互相交换或共享的数据,通过通信网的传输得到。

(4)输入设备。随着计算机技术的发展,输入设备的种类越来越多,常见的输入设备有键盘、扫描仪、触摸屏、多媒体输入设备(话筒、数字相机、数字摄像机等)和光电阅读器等。设计人员必须自己分析输入数据的类型,从方便用户的角度考虑,选择合适的输入设备。

①键盘输入。它主要适用于常规少量的数据和控制信息的输入及原始数据的录入。

②光电阅读器。采用光笔读入标记条形码或用扫描仪录入纸上文字,适用于自选商场、借书处等少量数据录入的场合。

③多媒体输入。通过多媒体设备输入多媒体信息。

④网络传送。它既是信息输出方式也是信息输入方式,对下级子系统是输出,对上级子系统是输入。

(5)输入格式设计。数据输入格式应尽量与数据结构、报表输出格式保持一致,以提高编程效率,降低设计难度。输入格式设计应注意以下几点:

①尽量减少输入工作量,凡是数据库中已有的数据,应该尽量调用,以避免重复输入。

②按记录逐项输入,也可以按照某一属性输入。

③输入格式关系到数据的存储结构,要尽可能占用较少的存储空间。

④设计的格式应该便于填写,同时保证输入精度。

(6)输入校验。输入设计的目标是尽可能地减少数据输入中可能发生的错误,并对其进行校验。在输入设计中,要对全部输入数据进行校验,主要有以下几种方法:

①人工校验。输入数据后,显示或者打印出来,由人工进行校验。这种方法只适用于少量数据,对于大批量的数据则显得效率太低。

②重复校验。对同一数据应输入两次,若两次输入的数据不一致,则认为输入有误。这种方法方便快捷,适用于各种类型的数据。

③数据平衡校验。对于财务报表、统计报表等完全数字型报表的数据输入校验,可以采用合计小计等求和计数手段检验数据各项目之间是否平衡。

3.用户界面设计

许多人认为，用户界面是在开发过程临近结束时才开发和增加到系统中的。实际上，在交互式的信息系统中，对于系统最终用户来讲，用户界面代表了系统本身，它是最终用户使用系统时所接触到的全部内容，无论是从物理意义、感知意义还是从概念意义上来说，都是如此。

用户界面的物理特征包括用户实际接触到的设备，即键盘、鼠标、触摸品或数字键盘以及界面的其他物理部分，包括参考手册、打印文档及数据输入窗体等一些用户利用计算机完成任务时所设计的内容。用户界面的感知特征包括用户看到、听到及触摸到的所有东西(物理设备除外)。

用户界面的概念特征包括用户了解的有关系统使用的所有内容，即用户正在操作的系统中所有问题域中的“事物”，系统所执行的操作及随后的操作实施过程。

从屏幕上通过人机对话输入是目前广泛使用的方式，因为是人机对话。既有用户输入，又有计算机输出。用户界面设计通常有以下几种形式：

(1)菜单式。菜单式屏幕设计通过屏幕显示出可供选择的功能，功能由操作者根据需要进行选择。将菜单设计成层次结构，则可以通过层层调用引导用户使用系统的每一个具体功能。随着软件技术的发展，菜单设计也向着既美观又方便的方向发展。

(2)填表式。填表式屏幕设计通常用于需要通过终端向系统中输入数据。系统将要输入的项目显示在屏幕上，然后由用户逐项填入有关的数据。另外，填表式屏幕设计也可以用于系统的输出。如果要查询系统中的某些数据时，可以将数据的名称按一定的方式排列在屏幕上，然后由计算机将数据的内容自动填写到相应的位置上。由于这种方法设计的画面简单易读，并且不容易出错，所以它是通过屏幕进行输入/输出的主要形式。

(3)选择性问答式。选择性问答式屏幕设计是指当系统运行到某阶段时，通过屏幕向用户提问，系统根据用户回答的结果决定下一步执行什么操作。这种方法通常用在提示操作人员确认输入数据的正确性，或者询问用户是否继续某项处理等方面。例如，当用户输入完一条记录后，可以通过屏幕向用户询问“输入是否正确(Y/N)?”，计算机根据用户的回答来决定是继续输入数据还是对刚输入的数据进行修改。

用户界面设计应遵循以下规则。

①尽量保持一致性。外观和功能的一致性界面是最为重要的设计目标之一。信息在窗体上的组织方式、菜单项的名称及其排列方式、图标的大小和形状及任务的执行次序都是应该贯穿系统始末，保持一致的。

②为老用户提供快捷键。当老用户明确知道自己要做什么时，他们很快就会对冗长的菜单选择次序和大量的对话框操作失去耐心。因此，快捷键的使用可以针对某一给定的任务减少交互步骤。

③提供有效反馈。对用户的每一个动作，系统都要提供某些类型的反馈信息，使用户知道相应动作是否已被确认。

④设计完整的对话过程。系统的每一次对话都应该有明确的次序——开始、中间处理过程、结束。任何定义完好的任务也都有开始、中间处理过程和结束三部分。因此系统的用户也要有相同的操作感觉。设计完好的对话过程可以帮助用户更好地界定此项操作是否完成，以便用户能够思路清晰地转向下一项任务。

⑤提供简单的错误处理机制。用户出错是有代价的，既要花费时间改错，又会产生错误结

果，因此系统开发人员必须尽可能防止用户出错，主要方法是限制可用选项和允许用户在对话框的任何位置都能选择有效选项。如果出错，系统就要有相应的处理机制来进行处理。一旦系统发现错误，错误消息应该特别说明错误原因并解释要如何改正。

⑥允许撤销动作。应该让用户感觉他们可以检查选项并且可以毫不费力地取消或撤销相应的动作。这也是防止系统出错的一种有效手段。

⑦提供控制的内部轨迹。有经验的用户希望有控制系统的感觉，系统需要做的是响应用户指令，而不让该用户被迫做某事或感觉到被系统所控制。

⑧减轻短期记忆负担。人有很多限制，短期记忆是其中最大的限制之一。界面设计不能假定用户能够记住人机交互过程中一个接一个窗体或者一个对话框接着另一个对话框的所有内容。

## 14.10　系统设计说明书

信息系统设计的目标是建立目标信息系统的物理模型。如何表述物理模型则成为信息系统设计最后阶段的重要任务。信息系统设计阶段的最后一项工作是将系统设计的各项成果编辑成一套完善的文档资料，即系统设计说明书。

系统设计说明书是整个系统设计的完整描述，是系统设计的阶段性成果的具体体现，也是信息系统实施的最重要依据。对系统设计说明书的具体要求是：应该全面、准确和清楚地阐述信息系统在实施过程中具体采用的手段、方法和技术标准，以及相应的环境要求，同时也要阐明信息系统建设的标准化问题。

系统设计说明书包括以下内容：

**1.概述**

1.1 系统设计目标

1.2 系统设计策略

**2.计算机系统的选择**

2.1 计算机系统的选择原则

2.2 方案比较

**3.计算机系统配置**

3.1 硬件配置

(1)主机

(2)外存储器

(3)终端与外部设备配置

(4)其他辅助设备

(5)网络结构

3.2 软件配置

(1)操作系统(OS)

(2)数据库管理系统(DBMS)

(3)服务语言

(4)语言

(5)通信软件、网络软件

(6)软件开发工程

3.3 计算机系统的地理分布

3.4 网络协议文本

4. 系统结构

4.1 结构图(自顶向下、逐层扩展的层次化模块结构图)

4.2 模块结构图

5. 数据库设计

5.1 数据库总体结构

5.2 数据库逻辑结构

5.3 数据库物理结构设计

5.4 数据库性能(安全性、保密性、完整性、一致性)

6. 代码设计

6.1 代码设计原则

6.2 代码设计方案

7. 系统故障对策

7.1 故障防治措施

7.2 系统恢复方法

8. 系统准备计划及实施方案

9. 系统投运计划及人员上岗培训计划

10. 系统测试方法与计划

编写好的系统设计说明书,批准后即可正式转入系统实施阶段。

## 本章总结

信息系统设计阶段主要解决信息系统“怎么做”的问题。通过总体设计,将整个信息系统划分为若干子系统,子系统的划分应满足结构化设计原则。规划系统物理配置方案设计,根据系统流程图,绘制程序流程图;通过代码设计、数据库和人机界面设计,完成系统的基本框架结构。

## 练习题

### 一、选择题

1. 数据库的组织结构中包括的模式有(　)

A. 内模式　　B. (概念)模式　　C. 外模式　　D. 前三个选项都对

2. 某公司把库存物资出入库和出入库财务记账处理综合成一个应用子系统,这种子系统是将(　)

A. 供销职能和生产职能关联在一起　　B. 供销职能和财务职能关联在一起

C. 财务职能和生产职能关联在一起　　D. 供销职能和市场职能关联在一起

3. 数据库系统的核心是(　)

A. 数据库　　B. 操作系统　　C. 数据库管理系统　　D. 数据库系统

4. 系统设计时(　)

A. 按用户要求划分子系统　　B. 按领导要求划分子系统

C. 按逻辑功能划分子系统　　D. 按机构划分子系统

5. 数据库的数据都存放在一台计算机中,并由它统一管理和运行的数据库系统称为(　)

A. 分布式系统　　B. 单用户系统　　C. 集中式系统　　D. 共享式系统

6. 数据库管理系统具有的功能包括(　)

A. 查询、定义、数据操纵功能　　B. 查询、定义、数据操纵和控制功能

C. 定义、数据操纵和控制功能　　D. 查询、数据操纵和控制功能

7. 在计算机系统中,(　)都应该有代码。

A. 每个人　　B. 每件事、物　　C. 每个部门　　D. 每个实体

8. 代码的功能主要表现在两方面:①它是实体明确的、唯一的标识;②编码后不仅能简化程序,而且(　)

A. 准确　　B. 可靠　　C. 处理效率高　　D. 修改容易

9. 用 TV—C—25 代表 25 寸彩色电视机,这个代码属于(　)

A. 顺序码　　B. 区间码　　C. 助忆码　　D. 尾数码

**二、简答题**

1. 简述系统设计的目的、任务和方法。

2. 数据库的逻辑设计。

3. 模块分解的原则是什么?

**三、分析题**

某公司加班申报及核对流程描述如下:

班组长每天在加班前填写本组人员加班申报表,由部门主管签字批准后提交给行政助理修改加班记录。班组长填报前日加班异常表,由部门主管签字批准后提交给行政助理调整前日加班记录。行政助理在每周三上报上周加班情况,并填写加班汇总表提交给人力资源部。人力资源部根据汇总表核对员工考勤记录情况,导出异常加班情况表交行政助理核对,并修改加班记录。

根据以上描述,绘制出“加班申报及核对”的业务流程图和数据流程图。

# 第15章 面向对象的系统分析与设计

## 学习目的

- 掌握面向对象基本概念及理论
- 熟悉面向对象开发方法
- 了解面向对象系统分析方法
- 了解面向对象系统设计方法

## 引导案例

面向对象开发方法的形成最初是从面向对象程序设计语言开始的，随之逐步形成了面向对象分析(object-oriented analysis，OOA)和面向对象设计(object-oriented design，OOD)。面向对象方法的出现是以1967年挪威奥斯陆大学和挪威计算中心共同研制的SIMULA-67语言为标志的，因为面向对象方法的基本要点首次在SIMULA-67语言中得到了表示和应用。但是，面向对象方法真正的第一个里程碑应该是1981年美国XEROX公司的Palo Alto研究中心(PARC)推出Smalltalk-80语言。Smalltalk-80发展了SIMULA-67的对象和类的概念，并引入了方法、消息、元类及协议等概念，被誉为第一个面向对象语言。为了解决复杂系统的开发，各种面向对象的建模语言开始出现。20世纪90年代以后，面向对象的分析(OOA)和面向对象的设计(OOD)等方法逐步走向实用。一些专家按照面向对象的思想，对软件系统分析和设计工作的步骤、方法、图形工具等进行了详细的研究，并提出了许多不同的面向对象开发方法，其中影响较大的有Booch方法、Rambaugh方法(OMT)、Coad-Yourdon方法和Jacobson方法(OOSE)等，对面向对象分析与设计方法的研究发展到了一个高潮阶段。

但是，诸多流派在思想上有很多不同的看法，在术语、概念上的运用也各不相同，需要一种统一的符号来描述面向对象的分析和设计活动。因此上述诸多方法最终走向统一，形成了面向对象的建模语言UML(Unified Modeling Language)。UML集合了众家之长，是一种定义良好、易于表达、功能强大且普遍适用的建模语言。它融入了软件工程领域的新思想、新方法和新技术。不仅支持面向对象的分析与设计，还支持从需求分析开始的软件开发全过程。UML不仅统一了Booch、Rumbaugh和Jacobson的表示方法，而且还有进一步的发展，最终成为大众共同接受的标准建模语言。

**思考：**

回顾结构化程序设计及方法核心思想，学完本章请通过一个小型软件的分析、设计与实践，比较结构化程序设计与面向对象程序设计在分析、设计与实现、维护方面巨大的不同。

# 15.1 面向对象开发方法

## 15.1.1 面向对象开发方法概述

### 1.面向对象开发方法的产生

客观世界是由各种各样的对象组成的，每种对象都有各自的内部状态和运动规律，不同对象之间的相互作用和联系就构成了各种不同的系统。

对象(object)是客观世界中的任何事物或人们头脑中的各种概念在计算机程序世界里的抽象表示，也是面向对象程序设计的基本元素。

面向对象开发方法(object oriented)是以“对象”为基础，每个“对象”具有其数据和其特殊的数据处理，强调描述对象性质的数据及行为的紧密联系——数据和行为的封装技术。该方法可进行“对象”包括其属性、状态、操作行为分析(类图)和对象之间的联系、行为设计(行为图)。

### 2.面向对象方法的基本概念

(1)对象。对象(描述)包括属性和方法。其中，属性(attribute)定义对象特征；方法(method)定义改变属性状态的各种操作，称之为封装(encapsulation)。对象可按其属性进行归类。

(2)类。类代表一组具有相同属性和相同操作的对象。一个类就是对一组相似对象的抽象描述。类将所描述对象的特点抽象成一组属性和方法，它给出了属于该类的全部对象的抽象定义——对象只是符合某个类定义的一个实体。

类与对象的关系是抽象与具体的关系，类是多个实体对象的抽象，而程序运行过程产生的对象是类的个体实例。一旦定义了一个类，就可以创建该类的多个对象。它们具有相同的属性名和方法名，只是属性的取值不同或方法的执行过程不同。类与对象的关系如图 15-1 所示。

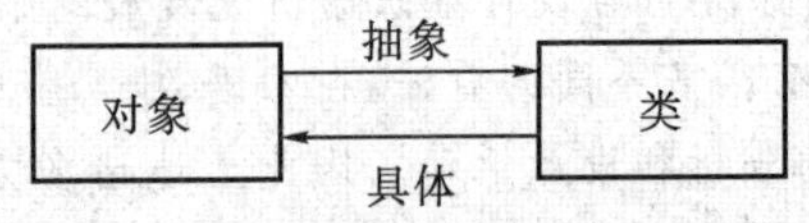


图 15-1　类与对象的关系

类有一定的结构，类上可以有超类(superclass)，类下可以有子类(subclass)。对象或类之间的层次结构是靠继承关系(inheritance)维系的。

(3)消息传递。消息传递原是一种与通信有关的概念。对象之间的联系是通过传递消息(message)实现。联系传递方式是通过消息模式(message pattern)和方法所定义的操作过程来完成的。

对象具有交互能力的主要模型就是消息传递模型。对象被看成用传递消息的方式互相联系的通信实体，对象接收它能够识别的消息，拒绝它不能识别的消息。对于一个对象而言，任何外部的代码都不能以任何不可预知或事先不允许的方式与这个对象进行交互。

发送一条消息至少应给出一个对象的名字和要发给这个对象的那条消息的名字。一般情况下，消息的名字就是这个对象与外界接口中某个方法的名字。在消息中，常常含有参数，也就是对象与外界接口中某个方法所要求的参数，通过这种方法，可以将外界的有关信息传给这个对象

**3. 面向对象开发方法的基本特征**

(1)封装。封装是面向对象的特征之一，是类的主要特性。封装是指通过为属性和方法设定访问权限。公共权限一般定义预先设定为对象的外访问接口，实现对数据的访问和对方法的调用。面向对象设计基于这个基本概念，现实世界可以被抽象成一系列完全自治、封装的类，程序运行时，通过类生成对象，对象的访问通过对外的公共接口来实现。面向对象程序设计规定，定义类时，同时定义对象的特性，通过对象的这些特性决定该对象属性或方法的可见性，即哪些特性对外部是可见的，哪些特性用于表示内部状态，外部是可见的即为对象的接口。

面向对象程序设计中对象的访问，是通过对象的操作接口来实现的，通过这种方式来实现信息隐藏。通过这种方式，对象可以对内部数据提供不同级别的保护，以保证对象的私有部分不被外界所访问或篡改。通过设定权限实现封装，进而达到了信息隐藏的目的。封装为信息隐藏提供了有力的支持。封装保证类具有较好的独立性，使得程序维护较为容易。只要不改变类的对外部公共接口，对类内部的任何修改都不影响类的使用。类似于我们使用 U 盘，只要不改变 U 盘插口形状，对封装与外壳内部的电路板做任何升级维护、容量变化，都不影响 U 盘的使用。

(2)继承。继承是描述联结类的层次模型，一个类可以由已存在的类派生出来，派生出的新类继承了原始类的特性，新类称为已存在的原始类的派生类(子类)，而原始类称为新类的基类(父类)。派生类可以从它的基类那里直接继承方法和属性，并且可以修改或增加新的方法和属性，使之可以满足不同的需要，如图 15－2 所示。

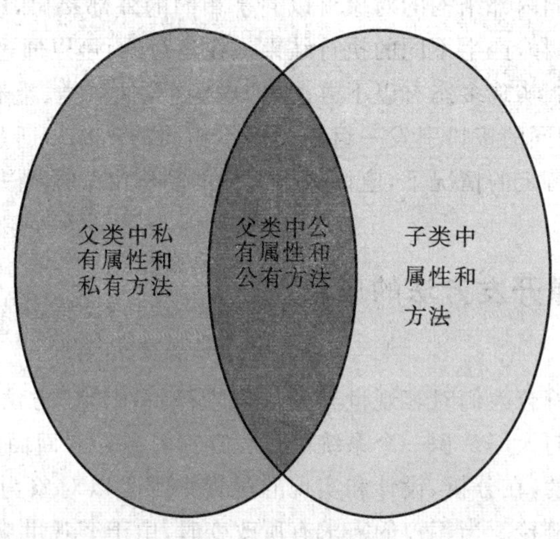


图 15－2　继承示意图

继承性解决了软件的可重用性问题，即可以继承基类，创建子类，并向子类中添加新的特性，而不必改变基类。通过从已存在的类派生出一个新类，这个新类具有原来那个类的特性以及新的特性。而继承机制允许程序员利用已经存在的类，并以某种方式修改这个类，同时不会

影响类中其他可利用的特性。比如定义一个基本的学生类，就可以通过继承，产生本科生类、硕士生类、博士生类。他们有基类的共性——学习、选课、考试等，也可以有各自特有的特性——专业方向、研究方向、创新点。

继承又分为单继承和多继承两种类型。单继承是指一个子类只有一个父类，即子类只继承一个父类的属性和方法，多继承是指一个子类可有多个父类，即子类继承多个父类的属性和方法，如图 15－3 所示。

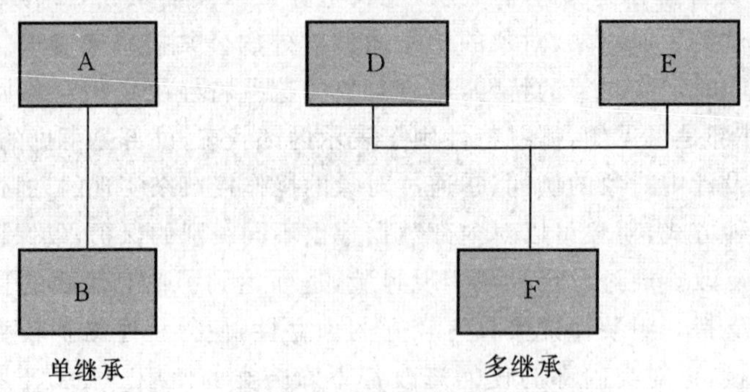


图 15－3　单继承与多继承

(3)多态。多态是指同一个实体同时具有多种形式。它是面向对象程序设计的一个重要特征。如果一个语言只支持类而不支持多态，只能说明它是基于对象的，而不是面向对象的。运行时多态是动态多态，其具体引用的对象在运行时才能确定；编译时多态是静态多态，在编译时就可以确定对象使用的形式。

多态机制使具有不同内部结构的对象可以共享相同的外部接口，即同一操作作用于不同的对象，可以有不同的解释，产生不同的执行结果。在运行时，可以通过指向基类的指针，来调用实现派生类中的方法。实现多态有以下方法，即虚函数、抽象类、重载、覆盖、模版。简单来说，多态机制允许通过相同的接口引发一组相关但不相同的动作。通过这种方式可以减少代码的复杂程度。在某个特定的情况下，应该做出怎样的动作由编译器决定，而不需要程序员手工干预。

### 15.1.2　面向对象开发方法的应用

1. *从认知学的角度*

面向对象开发方法符合人们对客观世界的认识规律。在传统方法中，人们分析、设计、实现一个信息系统的过程与人们认识一个系统的过程存在着差异。而面向对象的分析和设计都是以对象作为认识主题的，在分析、设计和实现的过程中都是以对象为基础的，开发的各个阶段之间具有很好的无缝链接。当用户的需求有所改变时，由于客观世界中的实体是不变的，实体之间的联系也是基本不变的，所以面向对象的总体结构也相对比较稳定，所引起的变化大多集中在对象的属性与操作及对象之间的消息通信上，系统相对比较稳定。

2. *面向对象方法开发的系统*

面向对象方法开发的系统易于维护，其体系结构具有易于理解、扩充和修改的优点。面向对象方法开发的软件由类组成，类的封装性很好地体现了抽象和信息隐蔽的特征。类以公共的属性及方法作为对外接口,使用者只可通过接口访问对象,对象的具体细节实现了封装。这些特征使得软件系统的体系结构模块化,即当对象的接口保持不变,类内部细节的修改不会影响类的使用,因此使得系统易于维护。

3. 面向对象开发方法中的继承机制有力支持软件的复用

在同一应用领域的不同应用系统中,往往会涉及许多相同或相似的实体。这些实体在不同的应用系统中存在着许多相同的属性和操作,也存在着一些不同的应用系统所特有的属性和操作。在开发一个新的软件系统时,可复用原有的类。在软件设计中,如果需要某一个类具有某些类已经存在一些公共的属性和操作,可以通过继承来复用这些公共的属性和操作。

4. 较易开发大型软件产品

当开发大型软件产品时,组织开发人员的方法不恰当往往是出现问题的主要原因。用面向对象范型开发软件时,可以把一个大型产品看做是一系列本质上相互独立的小产品来处理,这就不仅降低了开发的技术难度,而且也使得对开发工作的管理变得容易。这就是为什么对于大型软件产品来说,面向对象范型优于结构化范型的原因之一。当把面向对象技术用于大型软件开发时,软件成本明显降低了,软件的整体质量也提高了。

## 15.2 典型的面向对象开发方法

从面向对象角度开发系统,应遵循以下基本观点:①客观世界由对象组成,任何客观实体都是对象,复杂对象可以由简单对象组成。②具有相同数据和操作的对象可归纳成类,对象只是类的一个实例。③类可以派生出子类,子类除了继承父类的全部特性外还可以有自己的特性。④对象之间的联系通过消息传递来维系。由于类的封装性,它具有某些对外界不可见的数据,这些数据只能通过消息请求调用可见方法来访问。面向对象可以理解为:

面向对象=对象+类+继承+消息

面向对象方法需要有一个有效的过程支持,到 20 世纪 90 年代,已经出现了很多面向对象开发方法,其中影响较大的有 Rambough 的 OMT(Object Modeling Technique)方法、Booch 的方法、Coad-Yourdon 的 OOA/OOD 方法以及 Jacboson 的 OOSE 方法等。

### 15.2.1 OMT 面向对象开发方法

OMT 方法由 James Rambough 建立。它采用三种模型来描述一个系统,分别是对象模型、动态模型和功能模型。这三种模型分别从不同的层面反映了系统的内容,综合起来则全面地反映了目标系统的需求。

对象模型的描述手段是对象图。它用来刻画对象的静态结构及相互间的关系。在 OMT 方法中,对象建模的主要任务是分析真实世界的问题域并用对象模型来建模。这一步是面向数据的,即确定问题域的类和相关的属性。

动态模型主要是采用状态转换图(statecharts)来描述的,它用来刻画对象的动态行为,并定义和识别对象的行为。因此,动态建模主要是面向动作的。

功能模型主要表达系统内部数据流的传递和处理的过程。数据流图适用于描述系统的功能模型。建立功能模型有助于软件开发人员更深入地理解问题域,修改和完善自己的设计。

由上可知,OMT 的面向对象分析主要有一个步骤,即对象建模、动态行为建模和系统功能建模。一般推荐从对象建模开始进行分析工作,因为此时系统只是存在于人们脑子里的认识,必须首先确定出系统重要的对象,才能开始后续的、基于这些对象的工作。对于动态行为建模和功能建模,通常没有固定的次序,甚至二者可以交替进行。

### 15.2.2 Booch 面向对象开发方法

Booch 最先描述了面向对象的软件开发方法的基础问题,它指出面向对象开发方法是一种根本不同于传统的功能分解的设计方法。面向对象的软件分解更接近人对客观事物的理解,而功能分解只是通过问题空间的转换来获得的。Booch 方法在许多领城都取得了实际应用。它的最大特点是将几类不同的图表有机结合起来,以反映系统的各个方面是如何相互联系又相互影响的。

Booch 过程可分为逻辑设计和物理设计,在逻辑设计中包括类图和对象图,该方法着重于类和对象的定义。其中类图描述类和类之间的关系,对象图表示具体的对象和在对象间传递的消息。物理设计部分包括模块图和进程图,该过程着重于对软件系统的结构描述。其中模块图用来描述模块体系结构;进程图用来描述过程(进程)如何被分配给特定的处理器。

Booch 方法也可分为静态模型和动态模型。上述类图和对象图都属于静态模型。动态模型中包括状态转换图和时序图,其中状态转换图用于描述某个类的状态变化,时序图用于描述对象图中不同对象间的动态交往关系。

Booch 认为软件开发是一个螺旋上升的过程。在螺旋上升的每个周期中,都有以下几个步骤:

(1)归纳类和对象。这个步骤主要包括两项活动,即在问题域空间内发现最关键的抽象和提出能使对象协同工作以完成某些功能的机制。随着设计者对软件认识的加深,可以灵活地改变问题的边界。这一步的主要作用就是找出重要的对象和类。

(2)确定类和对象的含义。在这个步骤中,设计者以局外人身份从类的界面角度仔细观察,反复讨论并给出类、对象之间协作的协议,可以为每个对象都创建场景脚本,用来描述其生存期和具有特征性的行为。

(3)确认类和对象之间的关系。

(4)实现类和对象。

### 15.2.3 Coad-Yourdon 面向对象开发方法

Coad-Yourdon 面向对象开发方法(OOAD)严格区分了面向对象分析(OOA)与面向对象设计(OOD)。这种方法的特点是概念清晰、简单易学。

在 OOA 阶段,可以按照以下五个步骤来进行:

(1)标识类和对象。类和对象的定义应从应用领域开始,逐步形成整个应用的基础类和对象,然后据此分析系统的功能。

(2)标识结构。结构表示应用领域的复杂性。OOA 定义了两类结构:一般—特殊结构和整体—部分结构。一般—特殊结构表示类的层次结构,其中,一般类是基类,特殊类是派生类。整体—部分结构实际上就是聚合的概念,它刻画一个整体及其组成部分。

(3)标识主题。标识主题可以用来控制模型的复杂度,它提供了一个控制读者在一定时间内所能考虑和理解模型的多少部分的机制。主题机制的引入使得 OOA 模型具有层次性。每个主题都与该主题相关对象和结构放置在一起，以一个主题符号表示。

(4)定义属性。对象所保存的信息(数据)称为对象的属性。类的属性所描述的是状态信息，在类的某个实例中，属性的值表示该对象的状态值。对于每个对象，开发人员都需要找出在目标系统中对象所需要的属性，然后将属性安排到适当的位置，找出实例连接，最后进行检查。对每个属性都应该给出描述，由属性的名字和属性的描述来确定属性，并指定对该属性存在哪些特殊的限制(如只读、属性值限定于某个范围之内等)。

(5)定义服务。对象收到消息后执行的操作称为定义服务。它描述了系统需要执行的处理和功能。定义服务的目的在于定义对象的行为和对象之间的通信。其具体步骤包括标识对象状态、标识必要的服务、标识消息连接和对服务的描述。

通过五个层次的活动可以形成一个有五个层次的问题域模型，即类和对象层、结构层、主题层、属性层和服务层。这五个层次不是构成软件系统的层次，而是分析过程中的层次，也可以说它们是问题的不同侧面，每个层次的工作都为系统的规格说明增加了一个组成部分。当五个层次的工作全部完成时，面向对象的分析的任务也就完成了。

在设计阶段，OOD 模型是 OOA 模型的扩展。OOD 模型同样包括 OOA 模型的五个层次，但它同时又引进了四个部分，在整个 OOD 方法中，四个部分分别对应 OOD 的四个主要活动——设计问题域部分、设计人机交互部分、设计任务管理部分和设计数据管理部分。

①设计问题域部分。设计问题域部分实质上是 OOA 工作的进一步延伸，是在 OOA 工作的基础上进行的。实际上 OOD 的问题域设计部分与 OOA 并没有严格的分界线。

②设计任务管理部分。这一部分包括识别任务(进程)、任务所提供的服务任务的优先级、进程的驱动模式，以及任务与其他进程和外界如何通信等。

③设计数据管理部分。这一部分用来确定数据存储模式，如使用文件系统、关系数据库管理系统还是面向对象数据库管理系统等。

④设计人机交互部分。人机交互是 OOD 模型的外围组成部分，其中所包含的对象构成了系统的人机界面，目标是整体软件和整体界面给人在色彩、按钮、图标上风格的定制与统一。

## 15.3 面向对象的系统分析

面向对象方法的基本出发点和原则是尽可能按照人类认识世界的方法和思维方式来分析和解决问题。面向对象分析(OOA)就是采用面向对象的方法进行系统分析的，它将编程领域与系统分析领域融合起来，包括一套符合软件工程要求的概念、原则、表示法、过程、策略及文档规范，充分体现了面向对象的概念及原则。

### 15.3.1 分析的基本过程

面向对象分析(OOA)是指利用面向对象的概念和方法为软件需求建造模型，以使用户需求逐步精确化、一致化、完全化的分析过程。分析的过程也是提取需求的过程，主要包括理解、表达和验证。

由于现实世界中的问题通常较为复杂，分析过程中的交流又具有随意性和非形式化等特点，软件需求规格说明的正确性、完整性和有效性就需要进一步验证，以便及时加以修正。

面向对象分析中建造的模型主要有对象模型、动态模型和功能模型。其关键是识别出问题域中的对象,在分析它们之间相互关系之后建立起问题域的简洁、精确和可理解的模型。

对象模型通常由五个层次组成,即类与对象层、属性层、服务层、结构层和主题层,此五个层次对应着在面向对象分析过程中建立对象模型的五项主要活动,即发现对象、定义类、定义属性、定义服务、识别结构。

分析是提取和整理用户需求,并建立问题域精确模型的过程。面向对象的分析过程如图15-4所示。

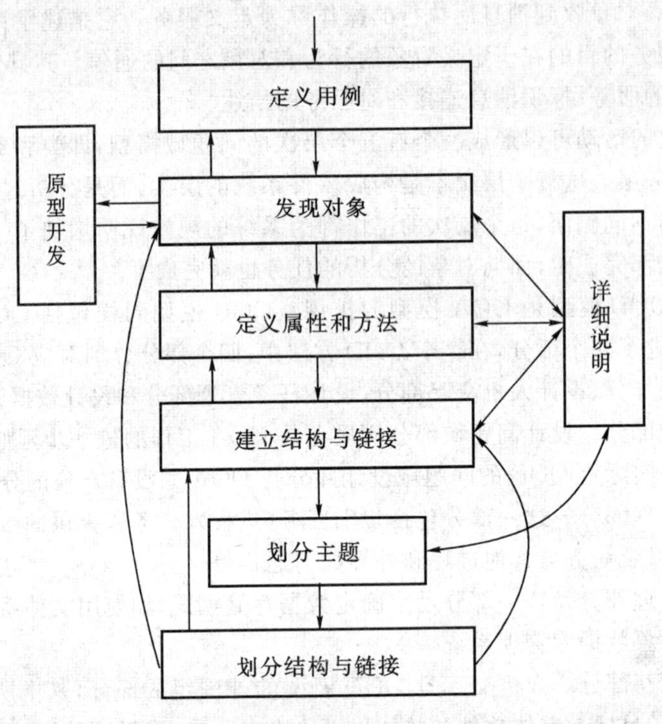


图 15-4　OOA 过程模型

通过对问题域的描述,可以识别出问题域内的对象,并对这些对象进行归类分析和整理,分析的目的是最终建立问题域的简洁、精确、可理解的正确模型。这些模型可概括为对象模型、动态模型、功能模型。

## 15.3.2　分析的原则及特点

1. 面向对象分析的主要原则

(1)抽象原则。面向对象方法中的类是抽象得到的。系统中的对象是对现实世界中事物的抽象,类是现实中对象的抽象,一般类是对特殊类的进一步抽象,属性是事物静态特征的抽象,服务是事物动态特征的抽象。

(2)分类原则。分类就是把具有相同属性和服务的对象划分为一类,并用类作为这些对象的抽象描述。分类原则实际上是抽象原则运用于对象描述时的一种表现形式。

(3)聚合原则。聚合将一个复杂的事物看成是由若干比较简单的事物组合形成的,从而简化对复杂事物的描述。在面向对象分析中运用聚合原则可以将一个较复杂的事物划分为几个组成部分,分别用整体和部分对事物进行描述,这样形成的整体部分结构,不仅能清晰地表达事物的组成关系，还可以简化分析过程。

(4)关联原则。关联是人类思考问题时经常运用的思想方法，它是通过一个事物联想到另外的事物。产生联想的原因是事物之间存在着某些联系。在面向对象分析过程中，运用关联原则可以在系统模型中明确地标识对象之间的静态联系。例如，存在着这样的一种关联，学生可以选择一门或几门课程。因为这种关联信息是系统责任需要的，所以在面向对象模型中通过实例连接可以明确地表示这种联系。

(5)消息通信原则。这一原则要求对象之间只能通过消息进行通信而不允许在对象之外直接地存取对象内部的属性。通过消息进行通信是由封装原则引起的。在 OOA 中要求用消息连接来表示对象之间的动态联系。

(6)粒度控制原则。一般来讲，人们在面对一个复杂的问题域时，不可能在同一时刻既能纵观全局，又能洞察秋毫。因此需要控制自己的视野：考虑全局时，应注意大的组成部分，暂时不详察每一部分的具体的细节；考虑某部分的细节时，则应暂时撇开其余的部分。这就是粒度控制原则。

2. 面向对象分析的特点

(1)OOA 是按照人类思维组织的基本方法框架下定义并表达需求的，具有直观性好的优点。因为在分析工作中，人与人之间的交流除了"非技术因素"外，还需要一套有共同的思维方法和便于交流的共同语言，而 OOA 则促进了分析人员之间的交流，有利于克服系统的复杂性困难。

(2)便于分析人员集中精力于问题核心的理解和分析，有利于克服系统的复杂性困难，所建立的系统模型清晰。问题模型与程序中的类相对应，系统扩充和改造较为方便。

(3)把属性和有关服务方法作为对象整体来看待比较自然。特别重要的是，对象在问题论域中比较稳定。当用户需求变化时，可能需要增加新的对象，但原有的基本对象还可保留使用。

(4)使用对象间的最小相关性来分析和说明。这样有利于实行封装性原则，并使 OOA 适应开发需求的变化，也有利于制作和提取可复用的部件。

(5)通过对共性的显式表示来提高表达能力。抽象层次与后续面向对象设计结合，编程思路清晰，有利于提高程序效率。

(6)由于分析法与设计法的一致性，因此可密切配合建造一个问题域模型。

(7)对系统的适用性和可扩展性强。

## 15.3.3　主要分析活动

面向对象的系统分析由五项主要活动组成，即寻找对象和类、识别结构、识别主题、定义属性和定义服务。最终建立系统的静态模型、动态模型和功能模型。

1. 获取对象和类

面向对象分析的首要工作是研究问题域和系统责任，因为问题域和系统责任是发现对象的根本出发点。它们从不同的角度描述了对象，前者侧重于客观的事物与系统中对象的映射；后者侧重于每一项功能由一个或几个对象共同完成。因此在系统责任的基础上，对同领域的事物进行抽象，从而可以得到系统所需的对象。

人们在认识世界和改造世界的活动中，总是从对单个事物的认识开始的，随着这种活动不断进行，人们不再局限于对个别事物的认识，而是寻找这一类事物的共同特征，从对个别事物的认识上升到一般概念的归纳过程，这就是认识事物的抽象过程。然后，在一般概念的指导下，再对事物进行认识与分析。

面向对象系统分析的过程也是这样的，虽然对象是面向对象方法中的核心概念，也是构成系统的基本单位，但是在面向对象建模和 OOP 中，所有的对象都是通过类来描述的，类是具有相同属性和操作的一组对象的集合。OOA 活动的最终目标是建立所有对象的类。

在识别问题域中可能有用的候选对象时，可以从以下三个方面入手。

(1)从问题域方面出发，可以启发分析人员发现对象的因素包括人员、组织、物品、设备、事件、表格、结构等。

(2)从系统边界方面出发，应该考虑的因素包括人员、设备和外部系统以及它们是否与所要开发的系统有交互行为，如果有，那么它们就是候选对象。

(3)从系统责任出发，对照系统责任所要求的每一项功能，查看是否可以由已找出的对象来完成该功能，在不能满足要求时，则增加相应的对象，可以使系统分析员尽可能全面地找出所需的各种对象。

OOA 用系统责任对象映射问题域中的事物，这就意味着并非问题域中的所有事物都要在系统中有相应的对象。

因此在找到许多可能有用的候选对象之后，需要进行的工作是对它们进行逐个审查。分析它们是否是 OOA 模型真正需要的，从而筛选掉一些对象，或精简及合并一些对象，以及将一些对象推迟到 OOD 阶段再进行考虑。

系统对象判断的标准就是候选对象是否能为系统提供有用的属性和服务。在进行判断的同时，将系统对象的属性和服务填写到相应的对象符号中。例如，在图书借阅管理系统中不能有期刊这个对象，期刊属于图书馆问题域对象，但不属于系统责任。虽然书刊在问题域中没有具体对应的对象，但在系统责任书中，书刊可以通过不同的 ISBN/ISSN 号进行区别，在系统中应该有相应的属性和行为，所以书刊是系统的一个对象。

可根据以下原则来确定最终对象，即需要保留的信息，需要的服务，具有多个属性，具有公共属性及操作。

从获取系统责任对象到定义它们的类，是一个从特殊到一般的抽象过程。在这个过程中，需要解决以下两个问题。

(1)类的属性或操作不能适应该类的全部对象。如果一个类的某些属性或操作只能适应该类的一部分对象，而对另一些对象不适应，则说明该类的设置有问题。在图书借阅管理系统中，“人员”这个类如果有“修改图书借阅信息”这个操作，则该类只适用于系统管理员，而不适用于借阅者。因此需要重新分类，并考虑类之间的一般和特殊或整体和部分的关系。

(2)属性及操作相同的类。在对问题域进行分析，获取对象的过程中，面对的是各种各样不同种类的事物，往往会将不同种类的事物归结为不同的对象。

在 OOA 中要正确运用抽象原则，具体步骤如下：

首先，舍弃与系统责任无关的事物，专注于系统责任所涉及的事物，把它们作为系统责任的候选对象。

其次，描述候选对象的相应特征，并对这些特征进行认真分析，舍弃与系统责任无关的特征，保留与系统责任有关的特征，然后将这些特征抽象为对象的属性和操作。

判断问题域事物是否与系统责任有关，可以从以下三方面进行。

①是否向系统输入信息，也就是说，系统是否要保留或管理这些信息。

②是否从系统接受信息，或者说事物是否需要系统来提供信息。

③既向系统输入信息，也需要系统提供信息。

2. 确定关联关系

初步确定问题域中的类与对象之后，接下来就要分析确定类之间或对象之间存在的关联。分析确定关联，有助于发现尚未被发现的类与对象。关联是指问题域的复杂性和连接关系。类成员结构反映了泛化—特化关系，整体—部分结构反映了整体和局部之间的关系。

关系就是事物之间的联系，两个或多个类之间相互依赖、相互作用的关系就是关联。完全而准确地识别类之间的关系是系统成功的关键，因为只有正确地描述类之间的各种关系，系统中的所有对象才能构成一个有机的系统模型。在一个面向对象的系统中，类之间存在以下两种关系。

(1)一般与特殊。一般与特殊关系又称为类属关系，它是现实世界中一般对象和特殊对象之间的关系，反映了现实世界中事物之间的分类关系。前者称为父类，后者称为子类，子类继承父类的特性(属性、操作、关联等)，同时又拥有自己的特性。

确定了类中应该定义的属性之后，就可以利用继承机制共享公共属性，并对系统中众多的类加以组织。继承关系的建立实质上是知识抽取的过程，它应该反映出一定深度的领域知识，因此必须有领域专家密切配合才能完成。通常，许多归纳关系都是根据客观世界现有的分类模式建立起来的，只要可以，就应该使用现有的概念。

一般说来，可以使用以下两种方式来建立继承关系。

①自底向上：抽象出现有类的共同属性从而泛化出父类，这个过程实质上模拟了人类归纳思维过程。“普通工作人员”、“部门领导”以及“院长”有共同的属性，因此可以泛化出父类——“员工”类。

②自顶向下：把现有类细化成更具体的子类，这模拟了人类的演绎思维过程。从应用域中常能明显看出应该做的自顶向下的具体化工作。带有形容词修饰的名词词组往往暗示了一些具体类。但是，在分析阶段应该避免过度细化。

(2)整体与部分。对象实例之间的整体一部分关系，反映了现实世界中的事物之间的构成关系。整体一部分关联又可以从下面两个方面来反映。

一是聚合关系，表示对象实例之间的整体与部分的关系，作为整体的对象拥有作为部分的对象。二是组合关系，表示整体和部分之间有很强的紧密的关系和一致的生命周期，它是一种特殊的聚合关系形式。

3. 建立对象模型

面向对象分析首要的工作是建立问题域的对象模型。对象模型描述了现实世界中的“类与对象”以及它们之间的关系，表示了目标系统的静态数据结构，静态数据结构对应用细节依级减少，比较容易确定。当用户的需求发生变化时，静态数据结构相对来说比较稳定。因此，用面向对象方法开发绝大多数软件时，都是首先建立对象模型，然后再建立另外两个子模型。

OOA 基本模型分为以下三个层次：

①对象层：给出系统中所有反映问题域和系统责任的对象。

②特征层：给出类(对象)的内部特征，即类的属性和操作。

③关系层:给出各类(对象)之间的关系,即类之间的四种关系。

对象模型的作用是描述系统的静态结构,包括构成系统的类和对象的属性和操作以及它们之间的关系。静态模型包括类图、对象图、包图、组件图和部署图。

对象图是类图的实例,其符号与类图非常相似,可以认为对象图是类图在程序执行的某个过程中一瞬间的快照。

包图由包或类组成(有时也包括组件),它表示包与包之间的关系。包图可以用于描述系统的分层结构。组件图和部署图涉及程序的物理实现。

(1)类图。类图描述系统中类的静态结构,它不仅定义系统中的类,表示类之间的关系(如关联、依赖、聚合等),也表达类的内部结构(即类的属性和操作)。类图描述的这种静态关系涉及软件系统开发的整个生命周期。类图用于描述系统的结构化设计,它不显示暂时性信息。

类图的建模贯穿系统的分析和设计阶段的始终,通常是从用例开始建模,最终成为只有开发小组能够完全理解的类。

当对系统的静态模型建模时,通常以下面的三种方式的一种来使用类图:

①对系统的静态对象建模。

②对简单的协作建模。协作是一些共同行为的类、接口和其他元素的群体。如数据库连接类、用户验证类、过滤字符串类等。协作是指一些类、接口和其他元素一起工作提供一些合作的行为,这些行为不是简单地将元素相加能得到的。

③对逻辑数据库模式建模。在很多领域中,都需要在关系数据库或面向对象数据库中存储永久信息,系统分析者可以用类图来对这些需要永久化的实体建模。

(2)对象图。对象图表示在某一时刻系统对象的状态、对象之间的联系的状态以及对象行为的静态方面的状态。对象图和类图一样用来反映系统的静态过程,但它是从实际的或原型化的情景来表达的。

对象图是类图的实例,几乎使用与类图完全相同的标识。它们的不同点在于对象图显示的是类的多个对象实例,而不是实际的类。一个对象图是类图的一个实例。由于对象存在生命周期,因此对象图只能在系统的某一时间段存在。对象图显示对象集及其联系,并代表系统某时刻的状态。它包含带有值的对象,而非描述符,当然在许多情况下,对象都可以是原型。用合作图可显示一个可多次实例化的对象及其联系的总体模型,合作图包含对象和链的描述符(类元角色和联系角色)。如果合作图实例化,则会产生对象图。

对象图不显示系统的演化过程。为了显示系统的演化过程,可用带消息的合作图,或用顺序图表示一次交互。

对象图和类图的区别如下:

①类图:类具有三个分栏(类名、属性及操作);在类的类名分栏中只有类名;类的属性分栏定义了所有属性的特征;类中列出了操作;类使用关联连接,关联使用名称、角色、多重性以及约束等特征来定义。

②对象图:对象只有两个分栏(名称、属性);对象的名称形式为“对象名:类名”;匿名对象的名称形式为“类名”;对象只定义了属性的当前值;对象图中不包含操作;对象使用链连接,链拥有名称、角色,但是没有多重性。

对象的用途如下:

①捕获实例和连接。

②捕获交互的静态部分。

③举例说明数据对象结构。

④详细描述瞬态图。

(3)包图。包(package)是一种常规用途的组合机制。标准建模语言(unified modeling language, UML)的一个包直接对应于 Java 中的一个包。在 Java 中,一个包可能含有其他包、类或者同时含有这两者。在进行建模时,通常使用逻辑性的包来对模型进行组织,或使用物理性的包来转换成系统中的 Java 包。每个包的名称都对该包进行了具有唯一性的标识。

包图是维护和控制系统总体结构的重要建模工具。当对复杂系统进行处理时,需要处理大量的接口、类、节点等,这时有必要将这些元素进行分组,即将语义相近的元素加入同一个包中,以方便理解和处理系统模型。包图是由包和包之间的关系组成的,有时也包括包中的组件。

包图建模用途如下:

①将一个框架的所有类都放在相同的包中。

②将相同继承层次的类放在相同的包中。

③彼此间有聚集或组成关系的类通常放在相同的包中。

④彼此合作频繁的类、信息能够通过 UML 顺序图和 UML 合作图反映出来的类通常放在相同的包中。

⑤确定包与包之间的依赖关系或泛化关系。

**4.建立动态模型**

一旦建立对象模型,就需要考察对象的动态行为。所有对象都具有自己的生命周期(或称为运行周期)。对一个对象来说,生命周期是由许多阶段组成的,在每个特定阶段中,都有适合该对象的一组运行规律和行为规则,用以规范该对象的行为。生命周期中的阶段就是对象的状态。

动态模型是与时间和变化有关的系统性质。该模型描述了系统的控制结构,它表示了瞬间的、行为化的系统控制性质,它关心的是系统的控制和操作时执行的顺序,它从对象的事件和状态的角度出发表现了对象的相互行为。

动态模型描述的系统属性是触发事件、事件序列、状态、事件与状态的组织。它使用状态图作为描述工具,涉及事件、状态、操作等重要概念。

(1)事件。事件是指指定时刻发生的某件事。

(2)状态。状态是指对象属性值的抽象,即将对象的属性值按照影响对象显著行为的性质归并到一个状态中去。状态指明了对象对输入事件的响应。

各对象之间相互触发(即作用)就形成了一系列的状态变化。一个触发行为称为一个事件。对象对事件的响应,取决于接受该触发的对象当时所处的状态,响应包括改变自己的状态或者形成一个新的触发行为。

状态有持续性,它占用一段时间间隔。状态与事件密不可分,一个事件分开两个状态,一个状态隔开两个事件。事件表示时刻,状态代表时间间隔。

(3)状态图。状态图反映了状态与事件的关系。当接收一个事件时,下一个状态就取决于当前状态和所接收的事件,由该事件引起的状态变化称为转换。

状态图是用节点表示状态的一种图,节点用圆圈表示。圆圈内有状态名,用箭头连线表示状态的转换。状态图上面标记事件名，箭头方向表示转换的方向。状态图如图 15-5 所示。

图 15-5　状态图

# 15.4　面向对象的系统设计

在面向对象分析阶段，主要是将问题域中的用户需求转换为面向对象的系统分析模型。在面向对象分析阶段结束时，已经得到了系统的分析模型。通过分析这些过程和模型，可以了解程序应该为用户实现的功能、程序的输入和输出、数据转换算法、用户界面等内容，接下来的工作就是面向对象的系统设计，最后形成一个可实现的设计模型，即 OOD 模型。

## 15.4.1　设计的基本过程

**1. 面向对象系统设计的主要工作**

(1)设计对象与类。此阶段的主要任务包括分析对象模型、设计对象与类的属性、设计对象与类的实现结构，以及设计消息与事件的内容和格式。

(2)设计系统结构。此阶段的主要任务包括设计组件与子系统以及它们之间的静态和动态关系。对于人机界面、数据管理、任务管理等问题，在面向对象分析阶段一般不提及，而是在面向对象设计阶段进行分析。

(3)设计人机交互子系统。此阶段的主要任务包括设计用户界面、设计人机交互操作命令和操作顺序、设计详细交互过程、设计工作的内容(包括用户分类、设计人机交互类等)。

(4)设计数据管理子系统。此阶段的主要任务包括确定数据管理方法、设计数据库与数据文件的逻辑结构和物理结构。面向对象的分析设计方法注重的是问题涉及的对象以及对象的相互关系和相互作用，并在此基础上构造这些问题的模型，以期将要解决的实质问题模型化。

**2. 分析过程与设计过程的联系**

面向对象设计(OOD)是把分析阶段得到的需求转变成符合成本和质量要求的、抽象的系统实现方案的过程。从面向对象分析(OOA)到面向对象设计(OOD)是一个逐渐扩充模型的过程，也可以说面向对象设计是用面向对象分析观点建立求解域模型的过程。

(1)分析与设计的区别联系。面向对象分析主要是模拟问题域和系统任务，而面向对象设计是面向对象分析的扩充，主要增加各种组成部分。面向对象设计的模型由五层组成，在设计期间主要扩充四个组成部分，即人机交互、问题域、任务管理和数据管理。

①人机交互部分包括有效的人机交互所必需的实际显示和输入。

②问题域部分放置面向对象分析结果并管理面向对象分析的某些类和对象、结构、属性、方法。

③任务管理部分包括任务定义、通信和协调、硬件分配及外部系统。

④数据管理部分包括对永久性数据的访问和管理。

面向对象分析是提取和整理用户需求，并建立问题域精确模型的过程。面向对象系统分析针对的是现实世界，是把用户需求转化为面向对象概念所建立的模型的过程，以易于理解问题域和系统责任。面向对象设计则是把分析阶段得到的需求转变成抽象的系统实现方案的过程。面向对象的系统设计是在系统分析模型的基础上运用面向对象的方法，来设计产生一个符合具体实现条件的面向对象设计模型的。所以面向对象设计就是用面向对象观点建立求解域模型的过程。

(2)分析与设计的联系。对于面向对象开发方法，尽管分析和设计的定义有明显的区别，但是在实际的软件开发过程中二者并没有明显的界限。分析过程的结果可以直接映射成设计的结果，初期的分析过程主要是提取与系统相关的主要类和业务流程，而在设计阶段将所有的类和流程细化，加深和补充了开发人员对系统需求的理解，从而进一步完善分析结果。因此，分析和设计活动是一个多次反复迭代的过程。面向对象方法在概念和表示方法上的一致性，保证了各项开发活动之间的平滑(无缝)过渡。领域专家和开发人员能够比较容易地跟踪整个系统开发过程，这是面向对象方法与传统方法比较起来所具有的一大优势。

一般说来，面向对象分析与面向对象设计存在如下一些关系：

①它们采用了相同的符号表示，因此它们之间没有明显的分界线，往往是反复重叠地进行。两者都要遵循抽象、信息隐蔽、功能独立、模块化等准则。

②系统分析主要考虑的是做什么，因此它用来识别和定义的类/对象直接反映问题域和系统任务。而系统设计主要解决系统如何做，所以它识别和定义的类/对象是附加的，反映了偏求的一种实现(对话层、任务管理层、数据管理层)。

③系统分析是在较高的抽象层次上进行的。而系统设计则是在较低的抽象层次上进行的。系统分析是独立于程序设计语言的，初步的系统设计在很大程度上都与语言无关，但详细的系统设计则依赖程序设计语言。

## ➢15.4.2　设计的准则

从 20 世纪 90 年代开始，很多业内专家陆续提出了一些设计原则。这些设计原则能够显著地提高系统的可靠性和可复用性，从而成为人们进行面向对象设计的指导准则。

1. 简单与复杂

在软件的设计和实现的整个阶段，贯穿着简单与复杂原则的选择和均衡。一般来说，简单设计的系统具有可靠性更好、运行效率更高的优点；而复杂设计的系统扩展性更好。如何选取，取决于当前的设计目标。

2. 模块化

面向对象方法很自然地支持把系统分解成模块的设计原理，即对象就是模块。它是把数据结构和操作这些数据的方法紧密地结合在一起所构成的模块。对象与单元的区别在于对象是数据与操作紧密结合的，在软件运行中有一定生命周期的实体，而单元只是一组函数功能的集合。

因此，在面向对象的设计中，要以软件运行中的实体概念进行模块化设计，而不是以任务为中心，将软件分解成多个功能单元。

3. 抽象化

面向对象方法不仅支持过程抽象，而且还支持数据抽象。系统分析阶段需要从具体的用例中抽象出各种活动类，在类的设计中要考虑各种类的关系，也需要从具体类中抽象出具有共同特性的父类或者接口。类实际上是一种抽象数据类型，其对外开放的公共接口构成了类的规格说明，这种接口规定了外界可以使用的合法操作符，利用这些操作符可以对类实例中包含的数据进行操作。

4.弱耦合与信息隐藏

由于对象不可能是完全孤立的，因此当对象间需要相互联系、相互依赖时，应通过类的协议来实现耦合，而不应该依赖于类的具体实现细节。一般来说.对象间的耦合可分为以下两大类。

(1)交互耦合。如果对象间的耦合是通过消息连接来实现的，则这种耦合属于交互耦合。交互耦合应该尽可能松散。

(2)继承耦合。继承是一般化类与特殊类间耦合的一种形式，从本质来看，继承耦合是一种通过继承关系结合起来的基类和派生类，构成了系统中粒度更大的模块。它们之间结合得越紧密越好。

信息隐藏是实现耦合的重要手段，在面向对象方法中，信息隐藏是通过对象的封装性来实现的。在面向对象的开发语言中，对于类的属性和方法定义了不同的访问级别：private 定义了只允许自身类中的方法访问；protected 定义了允许自身类以及子类的方法访问；public 定义的是开放性的，它允许所有外部的类访问。这种权限划分使得外部代码只能访问类中公开的成员和方法。

5.可重用

软件重用是提高软件开发生产率和目标系统质量的重要途径。派生和继承是代码重用的基础。重用基本上是从设计阶段开始的，面向对象设计允许用户为应用软件的需要对原有的类进行改写和重新组装，即用户在新类中包含他们工作的元素，并使这些元素符合其特殊需要的行为。重用有两方面的含义：一是尽量使用已有的类；二是如果确实需要创建新类，应该考虑将来这些类的可重用性。

## 15.4.3 软件重用

面向对象方法的一个主要目标就是提高软件的可重用性。软件重用就是将已有的软件成分用于构造新的软件系统。可以被重用的软件成分一般称为可重用构件，无论对可重用构件原封不动地使用还是作适当的修改后再使用，只要是用来构造新软件，则都可称为重用。软件重用不仅仅是对程序的重用，还包括对软件生产过程中任何活动所产生的制成品的重用，如项目计划、可行性报告、需求定义、分析模型、设计模型、详细说明、源程序、测试用例等。如果是在一个系统中多次使用一个软件成分，不称为重用，而称为共享；对一个软件进行修改，使它可以运行于新的软硬件平台也不称为重用，而称为软件移植。

目前最有可能产生显著效益的软件重用是对软件生命周期中一些主要开发阶段的软件制品的重用，按抽象程度的高低，软件重用可以划分为如下的重用级别。

1.代码的重用

代码的重用包括目标代码和源代码的重用。其中，目标代码的重用级别最低，历史也最悠久，当前大部分编程语言的运行支持系统都提供链接(link)、绑定(binding)等功能来支持这种重用。

2. 设计的重用

设计结果比源程序的抽象级别更高,因此它的重用受现实环境的影响较小,从而使可重用构件被重用的机会更多,并且所需的修改也较少。

3. 分析的重用

分析的重用是比设计结果级别更高的重用,可重用的分析构件是针对问题域的某些事物包括测试员的每一个操作、输入、参数、测试用例及运行环境等一切信息。这种重用的级别不便和分析、设计、编程的重用级别作准确的比较,因为被重用的不是同一事物的不同抽象层次,而是另一种信息,但从这些信息的形态来看,这类重用大体处于与程序代码相当的级别。

4. 测试信息的重用

测试信息的重用主要包括测试用例的重用和测试过程信息的重用。前者是把一个软件的测试用例在新的软件测试中使用,或者在软件作出修改时在新的一轮测试中使用;后者是在测试过程中通过软件工具自动地记录测试的过程信息。

## 15.5　分析与设计实例

信息系统运行之初,需要将企业原有数据录入系统。对于某些系统,企业原有大量的非结构化或文本数据需要录入,而且大部分数据在录入时需要一定的转换和运算。对于这些数据,手工录入需要时间长,效率低;使用数据库自身导入工具进行批量导入,由于导入工具功能有限,又不满足需要,所以利用面向对象设计方法,开发数据录入系统,可以极大地加快系统上线时间。

该系统主要完成文本数据批量导入系统,需要数据库管理员能够使用该系统,完成由空格等带来导入数据出现冗余字段的情况,设计采用 Rational Rose 2003 设计工具。

(1)识别参与者。参与者代表与系统交互的任何人和事物,也就是系统使用者——数据库管理员。

(2)识别用例。用例是对系统行为的动态描述,包括预览、读取数据、导入数据。

(3)用例图。根据以上参与者与用例的分析,可以确定相应的用例图,如图 15-6 所示。

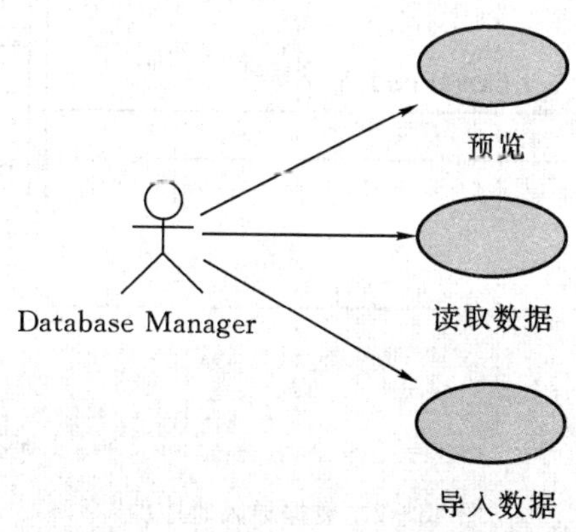


图 15-6　数据导入用例图

(4)类图。该导入系统主要有四个类：

①Preview——数据预览。

②Readfile——文件读取。

③Batch Insert——数据导入。

④Sql Data Base——封装的数据库类。

(5)数据导入时序图，如图 15－7 所示。

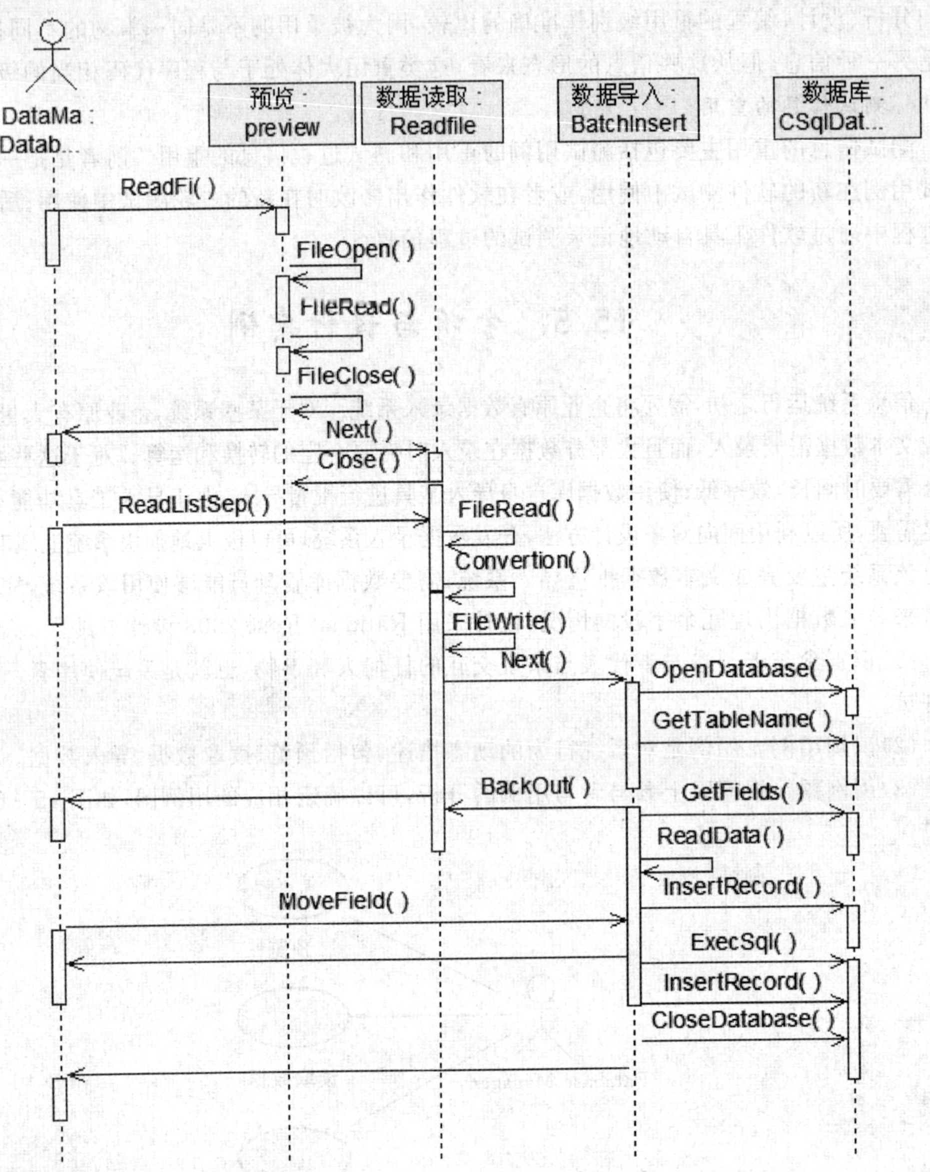


图 15－7　数据导入时序图

(6)数据导入协作图,如图15-8所示。

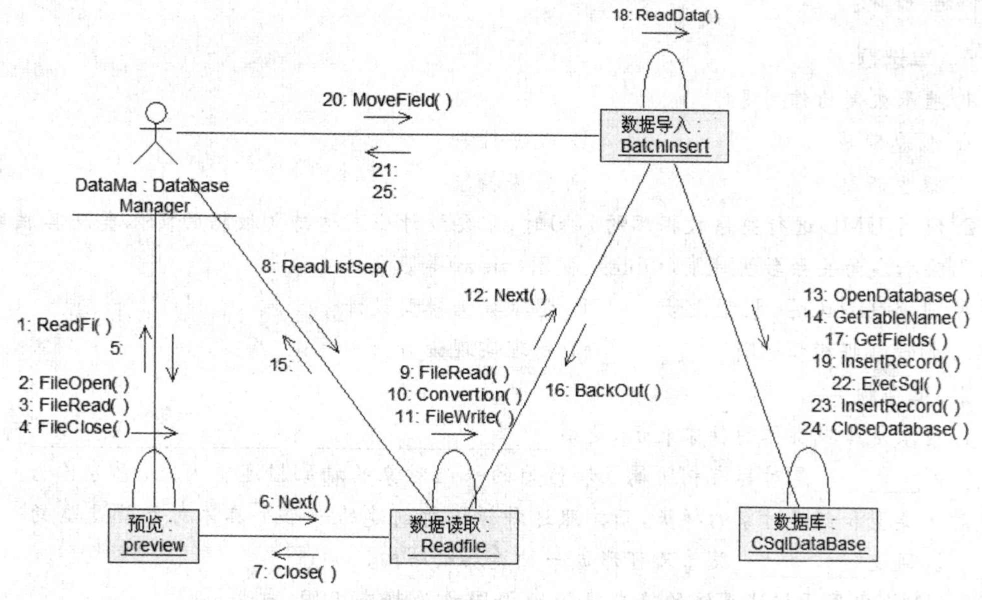


图15-8　数据导入协作图

(7)数据导入类属关系图,如图15-9所示。

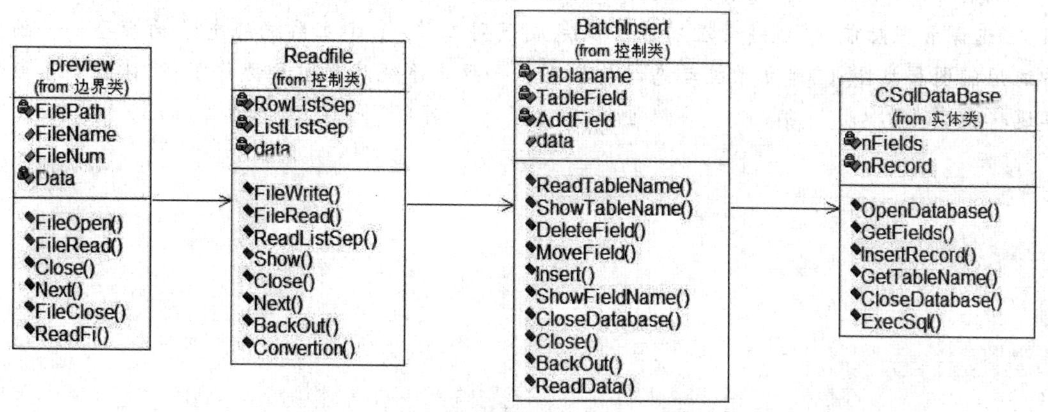


图15-9　数据导入类属关系图

(8)使用Rational Rose 2003正向工程直接生成VC6.0工程。

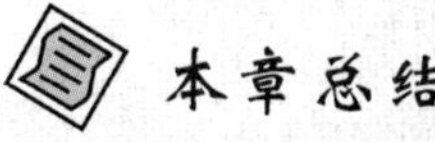

## 本章总结

本章介绍了面向对象的基本理论、特点、基本观点,以及典型的面向对象开发方法,详细说明了面向对象分析过程和面向对象设计过程,并应用数据导入系统设计来进一步说明面向对象开发方法的步骤。

## 练习题

### 一、单选题

1. 继承机制的作用是( )

A. 信息隐藏　　B. 数据封装

C. 派生新类　　D. 数据抽象

2. 使用 UML 进行关系数据库的( )时,需要设计出表达持久数据的实体类及其联系,并把它们映射成为关系数据库表(table)、视图(view)等。

A. 业务 Use Case 模型设计　　B. 逻辑数据模型设计

C. 物理数据模型设计　　D. 物理实现设计

### 二、填空题

1. 对象是客观实体的抽象表示,是由____________和____________两部分组成。而________是对具有相同属性和行为的一组对象的抽象描述。因此,它可作为一种用户自定义类型和创建对象的样板,而按照这种样板所创建的一个个具体对象就是类的__________。通过________关系又可形成一种类层次结构。

2. UML 中用于描述系统的静态建模的视图称为静态视图,包括________、________、________、________和________。

### 三、分析题

试用 UML 对教学管理系统及相关的数据库系统进行分析和设计。学生选课系统一般包括:①选课管理功能;②成绩管理功能。试完成下列工作:①建立系统静态结构模型——画出系统用例图和类图;②建立系统动态结构模型——画出系统序列图和协作图;③建立关系数据库逻辑模型。

# 第16章 信息系统实施

## 学习目的

- 掌握系统实施阶段的内容(物理系统的实施、程序设计)
- 初步掌握系统测试的内容
- 明确系统转换的重要性
- 了解系统转换的三种方式、系统运行及评价

## 引导案例

**青岛钢铁管理集团信息系统的实施**

青岛钢铁集团在通过管理信息系统设计方案之后,开始着手进行具体应用系统的实施。首先,青岛钢铁集团专门设立了中央计算机房,并在相关部门设立了计算机室。然后,依据系统设计阶段给出的硬件结构和软件结构进行了设备及所需系统软件的购置。为了建立计算机系统的网络环境,由太极计算机公司负责结构化布线,以及网络系统的安装与调试。同时,北京科技大学项目组依据系统设计报告开始进行软件开发。为了节省成本及方便工作的进行,青岛钢铁集团在北京科技大学建立了模拟环境,专门用于软件的开发工作。

在进行软件开发之前,开发人员在清华大学参加了专门的系统软件及开发工具的培训。在高博士的领导下,北京科技大学项目组依据系统设计报告中给出的目标系统模块设计结果实现了系统分析和设计中提出的各项功能。

在程序设计和系统调试完成之后,成立了一个系统测试小组,由青岛钢铁集团和北京科技大学双方人员共同组成,以进行系统的测试。测试小组提供了相应的测试方案和建议的测试数据,在青岛钢铁集团实际应用环境中进行了数据和系统功能的正确性检验。

系统测试顺利通过之后,开始组织对系统的使用人员进行系统应用培训。由于青岛钢铁集团信息中心的网络维护人员和系统维护人员具有很高的业务水平和很强的业务能力,不需要再进行培训,因此培训的对象主要是数据录入员和系统操作员。

完成培训工作之后,进入系统试运行阶段。为此,开始了基本数据的准备、编码数据的准备、系统的参数设置、初始数据的录入等多项工作。

为了保证系统的实施及以后的规范化管理,青岛钢铁集团公司制定了《计算机系统应用管理规范》、《计算机房管理制度》、《计算机系统安全保密制度》、《计算机系统文档管理规定》等一系列的管理规定。

系统在试运行半年无误后,正式交付使用。

**思考:**

青岛钢铁集团是如何进行系统实施的?系统实施的具体过程主要有哪些?

# 16.1 信息系统实施概念

信息系统实施就是根据用户确认的设计方案,实现具体的应用系统,包括建立网络环境、安装系统软件、建立数据库文件、通过程序设计与系统实现设计报告中的各应用功能并装配成系统、培训用户使用等。系统实施阶段需要大量的人力和资金支持,是耗费人力物力和时间较多的阶段,也是成功实现系统开发的关键阶段。

## 16.1.1 实施的主要内容

系统实施是开发信息系统的最后一个阶段。这个阶段的任务就是实现系统设计阶段提出的物理模型,按实施方案完成一个可以实际运行的信息系统,交付用户使用。系统设计说明书详细规定了系统的结构,各个模块的功能、输入和输出,数据库的物理结构,这是系统实施的出发点。如果说研制信息系统是盖一幢大楼,那么系统分析与设计就是根据盖楼的要求画出各种蓝图,而系统实施则是调集各种人员、设备、材料,在盖楼的现场,根据图纸按实施方案的要求把大楼盖起来。

## 16.1.2 实施的过程及管理

实施的过程及管理分为以下步骤:

(1)根据设计的需要购置和安装设备、建立网络环境。系统实施的工作是依据系统设计中给出的管理信息系统的硬件结构和软件结构购置相应的硬件设备和系统软件,建立系统的软、硬件平台。一般情况下,中央计算机房还需要专业化的设计及施工。为了建立网络环境,要进行结构化布线,以及网络系统的安装与调试。

(2)计算机程序设计。计算机程序设计也常常被称为软件开发。进行计算机程序设计的目的是实现系统分析和设计中提出的管理模式和业务应用。在进行软件开发之前,开发人员要学习所需的系统软件的应用,包括操作系统、数据库系统和开发工具。必要时,需要对程序设计员进行专门的系统软件培训。

(3)系统调试与测试。在进行计算机程序设计之后,需要进行系统的调试。实际上,在编写计算机程序时,设计人员一直在进行调试,修改程序中的错误。在完成这种形式的调试之后,还必须进行专门的系统测试。通过系统的调试与测试可以发现并改正隐藏在程序内部的各种错误以及模块之间协同工作存在的问题。

(4)人员培训。人员培训可以分为两种类型。一种类型是指在软件开发阶段对程序设计人员的培训,另一种类型是指在系统切换和交付使用前对系统使用人员的培训。这里人员培训是指第二种情况。在管理信息系统投入使用之前,需要对一大批未来系统的使用人员进行培训,包括事务管理人员、系统操作员、系统维护人员等。

(5)系统切换。管理信息系统实施的最后一项任务是进行系统的切换,它包括进行基本数据的准备、数据的编码、系统的参数设置、初始数据的录入等多项工作。在系统正式交付使用之前,必须进行一段时间的试运行,以进一步发现及更正系统存在的问题。在系统切换和交付使用的过程中,每项工作都有很多人员参加,而且会涉及多个业务部门。因此,该阶段的组织管理工作非常重要,要做好系统切换计划,控制工作的进度,检查工作的质量,及时地做好各方面的协调,保证系统的成功切换和交付使用。

# 16.2 系统测试

## 16.2.1 系统测试的目的、原则、步骤

通过对系统的测试，要尽可能地发现系统中存在的问题，借以减少系统内部各模块的逻辑功能上的缺陷和错误，保证每个单元能正确地实现其预期的功能。检测和排除子系统（或系统）结构或相应程序结构上的错误，使所有的系统单元配合合适，整体的性能和功能完整，并且要使系统的功能与用户的要求相一致。

测试是开发的朋友，不是开发的敌人，系统测试阶段要遵循以下原则：①测试是一个持续进行的过程，而不是一个阶段；②测试必须被计划、被控制，并且被提供时间和资源；③测试应当分级别、有重点；④测试不是为了证明程序的正确性，而是为了证明程序不能工作；⑤测试是不可能穷尽的，当测试出口条件满足时就可以停止测试。

测试的步骤分为单元测试、集成测试、确认测试、系统测试，如图 16－1 所示。

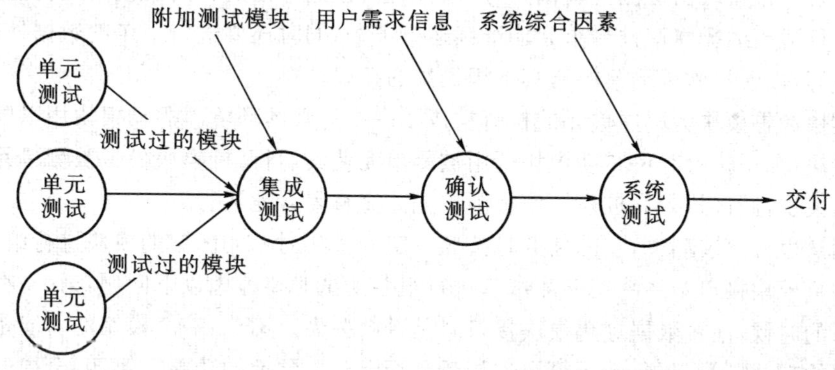


图 16－1　测试步骤

单元测试也称模块测试，是针对设计的最小单元程序模块进行测试的工作。其目的是发现模块内部的错误，修改这些错误使其代码能够正常运行。其中，多个功能独立的程序模块可并行测试。

一般单元测试从五个方面进行：

第一，模块接口测试。程序模块作为一个独立的功能模块，需要有输入和输出信息。输入信息可根据具体情况选择：如果输入是通过参数传递得到的，则主要检查形参和实参数目、次序、类型是否能匹配；如果是由终端读入，则检查读入数据数目、次序、类型是否符合要求。另外，可根据程序模块的功能查看输出结果是否正确。

第二，局部数据结构测试。模块的局部数据结构是最常见的错误来源，应该设计测试数据、检查数据类型的说明是否符合语法规则，变量命名和使用是否一致，局部变量在引用之前是否被初始化等。

第三，路径测试。设计一些有代表性的测试数据，尽量覆盖模块中的可执行路径，重点是各种逻辑情况的判定，以及循环条件的内部和外部边界测试，从程序的执行流程上发现错误。

第四，程序异常测试。好的程序设计要具有健壮性，也就是能够预见到程序隐藏的错误或异常情况的发生。通常情况下，这些错误或异常不被触发，但并不表示它们不存在。例如，代码中的除法操作，要求除数不能为 0，如果对程序中除数可能为 0 的情况没有处理，一旦运行过程中除数为 0，程序就会出错。再如，计算机突然断电，在异常关闭程序前，能够自动对重要数据进行存储等问题，都应在考虑范畴之内。因此，程序中要设置适当的处理错误的通路，保证程序出现错误时能够由程序进行干预，而不是系统进行干预。

第五，边界条件测试。软件在边界出现错误是非常常见的。因此，应注意各种边界条件测试。例如，数据取值范围的最大值和最小值、n 次循环语句的第 n 次执行等，都存在出错的可能，在选择测试用例时，重点对这些方面进行测试。

由于单元测试针对程序单元，而程序单元并不是一个可独立运行的程序，因此，在考虑测试模块时，同时要考虑到它和外界其他模块的联系，用一些辅助模块去模拟与被测模块关联的其他模块。这些模块分为两种：

①驱动模块。驱动模块相当于所测模块的主程序。它接收测试数据，把这些测试数据传送给被测模块，最后再输出实测结果。

②桩模块。桩模块由被测模块调用，用以代替由被测单元所调用的模块的功能，返回适当的数据或进行适当的操作使被测单元能继续运行下去，同时还要进行一定的数据处理，如打印入口和返回等，以便检验被测模块与其下级模块的接口。

驱动模块和桩模块为程序单元的执行构成了一个完整的环境。驱动模块用以模拟被测单元的上层模块，测试执行时由驱动模块调用被测单元使其运行；桩模块模拟被测单元执行过程中所调用的模块，测试执行时桩模块使被测单元能完整闭合地运行。

集成测试也称组装测试，它的任务是按照一定的策略对单元测试的模块进行组装，并在组装过程中进行模块接口与系统功能测试。进行组装测试时要考虑以下问题：第一，在把各个模块连接起来的时候，注意数据穿越模块接口时是否会丢失。第二，一个模块的功能是否会影响另一个模块的功能。第三，各个子模块连接后是否会产生预期的功能。第四，全局的数据结构是否会出现问题。第五，单个模块的错误积累起来可能会迅速膨胀。

在进行集成测试的过程中可能会暴露很多单元测试中隐藏的错误，如何较好地定位并排除这些错误，很大程度上取决于集成测试采用的策略和步骤。集成测试的策略主要有两种方式，一种是一次性组装方式，另一种是增殖式组装方式。

一次性组装方式的基本思想是首先分别测试每个模块，然后将所有模块全部组装起来进行测试，形成最终的软件系统。这种测试方式的缺点在于：一次将所有模块组装后的程序会很庞大，各模块之间相互影响，情况十分复杂，在测试过程中会同时出现很多错误，对这些错误的定位难度很大，修改的过程中可能又会引发其他错误，这一过程持续下去会使测试工作十分漫长。

增殖式组装方式是采用循序渐进的方式，每次增加一个模块到已测试好的模块中，这样就会将错误的范围缩小，错误的修改和定位难度相对降低。因此，目前进行集成测试时普遍采用增殖式组装方式。在实际操作中可采用两种形式的增殖式组装方式，一种为自顶向下的增殖方式，一种为自底向上的增殖方式。两者增殖方式各有优缺点，测试时不必完全拘泥于某一种形式，可以根据具体情况混合使用。

所谓确认测试也称有效性测试，确认测试的目的是向未来的用户表明系统能够像预定要求那样工作。经集成测试后，即按照设计把所有的模块组装成一个整体，接口错误也可以基本排除，接着就应该进一步验证软件的有效性，这就是确认测试的任务，即软件的功能和性能如同用户所合理期待的那样。主要运用黑盒测试的方法，验证被测系统是否满足需求规格说明书列出的需求。任务是验证系统的功能和性能及其他特性是否与用户的要求一致。对系统的功能和性能要求在规格说明书中已经明确规定，它包含的信息就是确认测试的基础。

目前广泛使用的两种确认测试方式是 α 测试和 β 测试。α 测试是指开发公司组织内部人员模拟各类用户对系统(称为 α 版本)进行测试，试图发现错误并修正。它是在开发现场执行，开发者在用户使用系统时检查是否存在错误。在该阶段中，需要准备 β 测试的测试计划和测试用例。多数开发者使用 α 测试和 β 测试来识别那些似乎只能由用户发现的错误，其目标是发现严重错误，并确定需要的功能是否被实现。在开发周期中，根据功能性特征，所需的 α 测试的次数应在项目计划中规定。

β 测试是指开发公司组织各方面的典型用户在日常工作中实际使用 β 版本，并要求用户报告异常情况、提出批评意见。它是一种现场测试，一般由多个客户在真实运行环境下实施，因此开发人员无法对其进行控制。β 测试的主要目的是评价系统技术内容，发现任何隐藏的错误和边界效应，还要对系统是否易于使用以及用户文档初稿进行评价，发现错误并进行报告。β 测试也是一种详细测试，需要覆盖产品的所有功能点，因此依赖于功能性测试。在测试阶段开始前应准备好测试计划，清楚列出测试目标、范围、执行的任务，以及描述测试安排的测试矩阵。客户对异常情况进行报告，并将错误在内部进行文档化以供测试人员和开发人员参考。

所谓系统测试(system testing)，是将已经确认的软件、计算机硬件、外部设备、网络等其他元素结合在一起，进行信息系统的各种组装测试和确认测试。系统测试是针对整个产品系统进行的测试，目的是验证系统是否满足了需求规格的定义，找出与需求规格不符或与之矛盾的地方，从而提出更加完善的方案。系统测试发现问题之后要经过调试找出错误原因和位置，然后进行改正。对象不仅仅包括需测试的软件，还要包含软件所依赖的硬件、外部设备甚至包括某些数据、支持软件及其接口等。

系统测试流程如图 16－2 所示，测试的目的是验证最终软件系统是否满足用户规定的需求，主要内容包括功能测试和健壮性测试。功能测试即测试软件系统的功能是否正确，其依据是需求文档，如《产品需求规格说明书》。由于正确性是软件最重要的质量因素，所以功能测试必不可少。健壮性测试即测试软件系统在异常情况下能否正常运行的能力。健壮性有两层含义：一是容错能力，二是恢复能力。

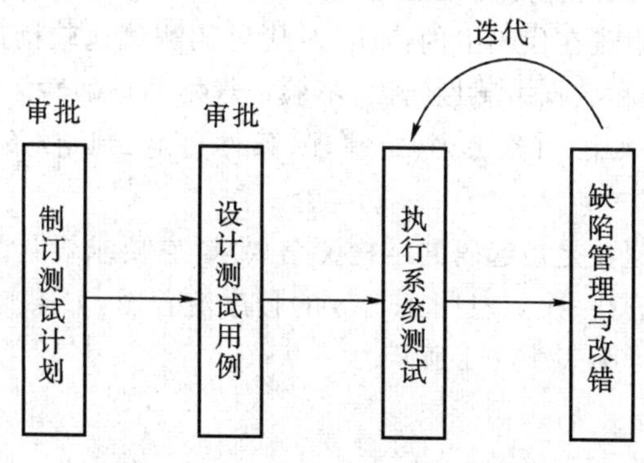


图 16－2 系统测试流程

比较常见的、典型的系统测试包括恢复测试、安全测试、压力测试。恢复测试作为一种系统测试，主要关注导致软件运行失败的各种条件，并验证其恢复过程能否正确执行。在特定情况下，系统需具备容错能力。另外，系统失效必须在规定时间段内被更正，否则将会导致严重的经济损失。安全测试用来验证系统内部的保护机制，以防止非法侵入。在安全测试中，测试人员扮演试图侵入系统的角色，采用各种办法试图突破防线。因此系统安全设计的准则是要想方设法使侵入系统所需的代价更加昂贵。压力测试是指在正常资源下使用异常的访问量、频率或数据量来执行系统。在压力测试中可执行以下测试：①如果平均中断数量是每秒一到两次，那么设计特殊的测试用例产生每秒十次中断；②输入数据量增加一个量级，确定输入功能将如何响应；③在虚拟操作系统下，产生需要最大内存量或其他资源的测试用例，或产生需要过量磁盘存储的数据。

## 16.2.2 系统测试方法及用例设计

对于系统而言，如果要查找出所有的错误，所作的测试应尽可能全面。一方面，通过测试来检查软件每个功能的执行情况；另一方面，详细测试软件执行的内部过程是否完全按照规格说明书上的规定正常进行。两方面的测试分别称为黑盒测试和白盒测试。白盒测试法是通过分析程序内部的逻辑与执行路径来设计测试用例，并对用例进行测试的方法，因此也称为结构测试或逻辑驱动方法。黑盒测试法是根据输入/输出数据条件来设计测试用例，查看程序的功能是否正确或满足要求，不需要考虑程序的内部结构与执行路径如何，因此也称作功能驱动或数据驱动测试方法。两种测试方法的侧重点不同，分别应用于测试的不同阶段，基本上能够覆盖用户的需求及代码实现，从而保证测试的完全性和彻底性。

**1. 白盒测试法**

由于逻辑错误和不正确假设与一条程序路径被运行的可能性成反比，因此我们经常相信某逻辑路径不可能被执行，而事实上，它可能在正常的情况下被执行，代码中的笔误是随机且无法杜绝的，因此我们要进行白盒测试。

白盒测试又称结构测试、透明盒测试、逻辑驱动测试或基于代码的测试。白盒测试是一种测试方法，盒子是指被测试的软件，白盒是指盒子是可视的，即可以清楚看到盒子内部的东西以及里面是如何运作的。

白盒测试的目的是通过检查软件内部的逻辑结构，对软件中的逻辑路径进行覆盖测试，提高测试的覆盖率。白盒测试的优点是迫使测试人员去仔细思考软件的实现，可以检测代码中的每条分支和路径，揭示隐藏在代码中的错误，对代码的测试比较彻底。缺点是费用昂贵，无法检测代码中遗漏的路径和数据敏感性错误，不验证规格的正确性。

常见的六种覆盖方法为语句覆盖、判定覆盖、条件覆盖、判定/条件覆盖、组合覆盖、路径覆盖。

(1)语句覆盖。语句覆盖是最起码的结构覆盖要求，它要求设计足够多的测试用例，使得程序中每条语句至少被执行一次。对图 16-3 的程序流程图，如果将 A 路径上的语句 1→T 去掉，语句覆盖的用例设计为表 16-1 所示。

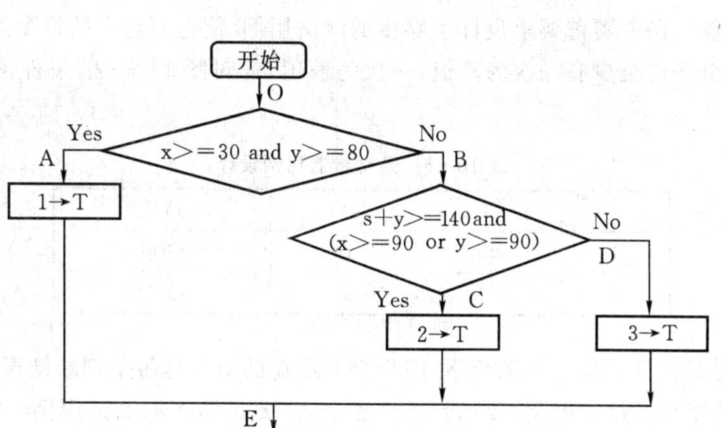


图 16-3 程序流程图

**表 16-1 语句覆盖用例设计**

| | X | Y | 路径 |
|---|---|---|---|
| 1 | 50 | 50 | OBDE |
| 2 | 90 | 70 | OBCE |

语句覆盖的优点是可以很直观地从源代码得到测试用例，无须细分每条判定表达式。缺点是这种测试方法仅仅针对程序逻辑中显式存在的语句，对于隐藏的条件和可能到达的隐式逻辑分支是无法测试的。在本例中去掉了语句 1→T 就少了一条测试路径。在 if 结构中若源代码没有给出 else 后面的执行分支，那么语句覆盖测试就不会考虑这种情况。但是我们不能排除这种分支不会被执行，而往往这种错误会经常出现。再如，在 Do-While 结构中，语句覆盖执行其中某一个条件分支。显然语句覆盖对于多分支的逻辑运算是无法全面反映的，它只在乎运行一次，而不考虑其他情况。

(2)判定覆盖。判定覆盖又称为分支覆盖，它要求设计足够多的测试用例，使得程序中每个判定至少有一次为真值，一次为假值，即程序中的每个分支至少执行一次。每个判定的取值真和假至少各执行一次，针对图 16-3 的判定覆盖用例设计如表 16-2 所示。

**表 16-2 判定覆盖用例设计**

| | X | Y | 路径 |
|---|---|---|---|
| 1 | 90 | 90 | OAE |
| 2 | 50 | 50 | OBDE |
| 3 | 90 | 70 | OBCE |

判定覆盖比语句覆盖要多几乎一倍的测试路径，当然也就具有比语句覆盖更强的测试能力。同样判定覆盖也具有和语句覆盖一样的简单性，无须细分每个判定就可以得到测试用例。但是，大部分的判定语句是由多个逻辑条件组合而成(如判定语句中包含 AND、OR、CASE)，若仅仅判断其整个最终结果，而忽略每个条件的取值情况，必然会遗漏部分测试路径。

(3)条件覆盖。条件覆盖要求设计足够多的测试用例，使得判定中的每个条件获得各种可能的结果，即每个条件至少有一次为真值，一次为假值，针对图 16－3 的条件覆盖用例设计如表 16－3 所示。

**表 16－3　条件覆盖用例设计**

| | X | Y | 路径 |
|---|---|---|---|
| 1 | 90 | 70 | OBC |
| 2 | 40 | | OBD |

显然条件覆盖比判定覆盖要求严格，因为判断覆盖的对象是每个判断结果，而条件覆盖考虑每个判断中的每个条件。但是，要达到条件覆盖，需要足够多的测试用例。需要指出的是，条件覆盖并不能保证判定覆盖，条件覆盖只能保证每个条件至少有一次为真，而不考虑所有的判定结果。

(4)判定/条件覆盖。单独使用判定覆盖或条件覆盖测试结果都不够全面，如果将两种覆盖结合，就会起到互相补充的作用。判定/条件覆盖需要设计足够多的测试用例，使得判定中每个条件的所有可能结果至少出现一次，每个判定本身所有可能结果也至少出现一次，针对图 16－3 的判定/条件覆盖测试用例如表 16－4 所示。

**表 16－4　判定/条件覆盖用例设计**

| | X | Y | 路径 |
|---|---|---|---|
| 1 | 90 | 90 | OAE |
| 2 | 50 | 50 | OBDE |
| 3 | 90 | 70 | OBCE |
| 4 | 70 | 90 | OBCE |

上述用例同时实现了判定覆盖和条件覆盖，但是，对条件组合的情况没有考虑，即不能保证所有条件组合情况的执行是否都正确。

(5)组合覆盖。组合覆盖要求设计足够多的测试用例，使得每个判定表达式中条件取值的各种组合至少出现一次，针对图 16－3 的组合覆盖测试用例如表 16－5 所示。

**表 16－5　判定/条件覆盖测试用例设计**

| | X | Y | 路径 |
|---|---|---|---|
| 1 | 90 | 90 | OAE |
| 2 | 90 | 70 | OBCE |
| 3 | 90 | 30 | OBDE |
| 4 | 70 | 90 | OBCE |
| 5 | 30 | 90 | OBDE |
| 6 | 70 | 70 | OBDE |
| 7 | 50 | 50 | OBDE |

显然，组合覆盖的测试结果满足判定覆盖、条件覆盖和判定/条件覆盖的测试结果，但仍不能保证测试到所有的路径，而且线性地增加了测试用例的数量。

(6)路径覆盖。路径覆盖就是选择足够多的数据，保证所有路径都至少执行一次，如果存在环形结构，也要保证此环的所有路径都至少执行一次，针对图16-3的路径覆盖测试用例如表16-6所示。

**表16-6 路径覆盖测试用例设计**

| | X | Y | 路径 |
|---|---|---|---|
| 1 | 90 | 90 | OAE |
| 2 | 50 | 50 | OBDE |
| 3 | 90 | 70 | OBCE |
| 4 | 70 | 90 | OBCE |

这种测试方法可以对程序进行彻底的测试，比前面五种的覆盖面都广。但是，由于路径覆盖需要对所有可能的路径进行测试(包括循环、条件组合、分支选择等)，那么需要设计大量、复杂的测试用例，使得工作量呈指数级增长。而在有些情况下，一些执行路径是不可能被执行的，如：

If　　(！A)B＋＋；

If　　(！A)D－－；

这两个语句实际只包括了两条执行路径，即A为真或假的时候对B和D的处理，真或假不可能都存在，而路径覆盖测试则认为是包含了真与假的四条执行路径。这样不仅降低了测试效率，而且大量测试结果的累积，也为排错带来麻烦。

2. 黑盒测试法

黑盒测试就是把程序看做一个不能打开的黑盒子，在不考虑程序内部逻辑结构和内部特性的情况下测试程序的功能，测试者要在软件的接口处进行测试，它只检查程序功能是否按照规格说明书的规定正常使用、程序是否能接收输入数据而产生正确的输出信息，以及性能是否满足用户的需求，并且保持数据库或外部信息的完整性。通过黑盒测试可以检测每个功能是否都能正常运行，因此黑盒测试又可称为从用户观点和需求出发进行的测试。

黑盒测试法具有很多优点，比如：它是从产品功能角度测试，可以最大限度地满足用户的需求；它对相同动作可重复执行，最枯燥的部分可由机器完成；它可以依据测试用例有针对性地寻找问题，定位更为准确，容易生成测试数据；它将测试直接和程序/系统要完成的操作相关联。

黑盒测试法也有自身的缺点，比如：代码得不到测试；如果规格说明设计有误，很难发现；测试不能充分地进行；结果的准确性取决于测试用例的设计等等。

黑盒测试用例的设计方法有等价类划分法、边界值分析法、错误推测法、因果图法、正交试验设计法。在实际测试工作中，往往是综合使用各种方法才能有效地提高测试效率和测试覆盖率，这就需要认真掌握这些方法的原理，积累更多的测试经验。

(1)等价类划分法。等价类划分法是一种典型的黑盒测试法，它把所有可能的输入数据，即程序的输入域划分成若干部分(子集)，然后从每一个子集中选取少数具有代表性的数据作为测试用例。

等价类划分法是对输入数据进行分类,使得所有可能的输入数据被划分为若干个等价类,实际测试过程中,一个等价类中只选择一组测试数据,测试结果即代表了等价类中其他数据的测试结果。因此,只要保证等价类的划分能够涵盖所有输入的情况,在等价类中选择数据进行测试,就能够取得较好的效果。等价类划分可有两种不同的情况,有效等价类和无效等价类。

有效等价类是指对于程序的规格说明来说是合理的、有意义的输入数据构成的集合。利用有效等价类可检验程序是否实现了规格说明中所规定的功能和性能。无效等价类与有效等价类的定义恰巧相反。设计测试用例时,要同时考虑这两种等价类。因为软件不仅要能接收合理的数据,也要能经受意外的考验。这样的测试才能确保软件具有更高的可靠性。

划分等价类要遵守六条原则:第一,在输入条件规定了取值范围或值的个数的情况下,则可以确立一个有效等价类和两个无效等价类。第二,在输入条件规定了输入值的集合或者规定了"必须如何"的条件的情况下,可确立一个有效等价类和一个无效等价类。第三,在输入条件是一个布尔量的情况下,可确定一个有效等价类和一个无效等价类。第四,在规定了输入数据的一组值(假定n个),并且程序要对每一个输入值分别处理的情况下,可确立n个有效等价类和一个无效等价类。第五,在规定了输入数据必须遵守的规则的情况下,可确立一个有效等价类(符合规则)和n个无效等价类(从不同角度违反规则)。第六,在确知已划分的等价类中各元素在程序处理中的方式不同的情况下,则应再将该等价类进一步地划分为更小的等价类。

在确立了等价类后,可建立等价类表,列出所有划分出的等价类,针对每个等价类设计测试用例。设计测试用例需要遵守三个原则:第一,为每一个等价类规定一个唯一的编号;第二,设计一个新的测试用例,使其尽可能多地覆盖尚未被覆盖的有效等价类,重复这一步,直到所有的有效等价类都被覆盖为止;第三,设计一个新的测试用例,使其仅覆盖一个尚未被覆盖的无效等价类,重复这一步,直到所有的无效等价类都被覆盖为止。

下面的例子说明如何运用等价类划分法设计测试方案。

输入三角形的三边长,求三角形面积。

根据该问题要求,可划分四个等价类,每个等价类分别设计测试用例。

第一,根据输入数据个数划分可有一个等效输入的等价类和多个无效输入的等价类,其中:有效输入的等价类,输入数据的个数为三个;无效输入的等价类,输入数据的个数为两个和四个。

第二,根据输入规则划分可有一个有效输入的等价类和多个无效输入的等价类,其中:有效输入的等价类,输入数据之间以逗号分隔;无效输入的等价类,输入数据之间以空格或其他字符分隔。

第三,根据输入数据是否符合要求划分可有一个有效输入的等价类和多个无效输入的等价类,其中:有效输入的等价类,输入数据的类型符合输入格式的要求;无效输入的等价类,输入数据的类型不符合输入格式的要求,比如要求输入三个整数,输入时却有其他类型的数据。

第四,根据输入的边长是否合法可划分一个有效输入等价类和多个无效输入等价类,其中:有效输入的等价类,输入数据的任何两个数据之和大于第三个;无效输入的等价类,输入数据的任何两个数据之和小于第三个。

(2)边界值分析法。边界值分析法是作为对等价类划分法的补充,专注于每个等价类的边界值,两者的区别在于前者只是在等价类中随机选取一个测试点。边界值分析法采用一到多个测试用例来测试一个边界，不仅重视输入条件边界值，而且重视输出域中导出的测试用例。边界值分析法比较简单，仅用于考察正处于等价划分边界或边界附近的状态，考虑输出域边界产生的测试情况，针对各种边界情况设计测试用例，发现更多的错误。边界值分析法的测试用例是由等价类的边界值产生的，根据输入输出等价类，选取稍高于边界值或稍低于边界值等特定情况作为测试用例。

边界值测试主要考虑以下几条原则：第一，如果输入条件规定了值的个数，则用最大个数、最小个数、比最小个数小一的数、比最大个数大一的数作为测试数据；第二，如果输入条件规定了值的范围，则应取刚达到这个范围边界的值，以及刚刚超过这个范围边界的值作为测试输入数据；第三，如果程序中使用了一个内部数据结构，则应当选择这个内部数据结构的边界上的值作为测试用例；第四，如果程序的规格说明给出的输入域或输出域是有序集合，则应选取集合的第一个元素和最后一个元素作为测试用例；第五，分析程序规格说明，找出其他可能的边界条件。

举例说明，实现0～100之间的10个数累加求和操作。

设计测试用例为：

第一，输入数据的个数为10个，查看结果；输入数据的个数为9个或11个，查看结果。

第二，输入数据的范围都不超过100，查看结果；输入的数据中包括0～100的数据，查看结果。

(3)错误推测法。错误推测法基于经验和直觉推测程序中所有可能存在的各种错误，从而有针对性地设计测试用例的方法，其基本思想是首先列举出程序中所有可能有的错误和容易发生错误的特殊情况，然后根据他们选择测试用例。例如，在单元测试时曾列出的许多在模块中常见的错误、以前产品测试中曾经发现的错误等，这些就是经验的总结。还有输入数据和输出数据为0的情况，以及输入表格为空格或输入表格只有一行，这些都是容易发生错误的情形，可选择这些情况下的例子作为测试用例。

(4)因果图法。前面介绍的等价类划分法和边界值分析法，都是着重考虑输入条件，但未考虑输入条件之间的联系、相互组合等。考虑输入条件之间的相互组合，可能会产生一些新的情况。但要检查输入条件的组合不是一件容易的事情，即使把所有输入条件划分成等价类，它们之间的组合情况也相当多。因此必须考虑采用一种适合于描述对于多种条件的组合，相应产生多个动作的形式来考虑设计测试用例。这就需要利用因果图(逻辑模型)。因果图法最终生成的就是判定表，它适合于检查程序输入条件的各种组合情况。

利用因果图生成测试用例的基本步骤包括：

第一步，分析软无休止件规格说明描述中，哪些是原因(即输入条件或输入条件的等价类)，哪些是结果(即输出条件)，并给每个原因和结果赋予一个标识符。

第二步，分析软件规格说明描述中的语义，找出原因与结果之间、原因与原因之间对应的关系。根据这些关系，画出因果图。

第三步，由于语法或环境限制，有些原因与原因之间、原因与结果之间的组合情况不可能出现。为表明这些特殊情况，在因果图上用一些记号表明约束或限制条件。

第四步，把因果图转换为判定表。

第五步，把判定表的每一列拿出来作为依据，设计测试用例。

从因果图生成的测试用例(局部、组合关系下的)包括了所有输入数据取TRUE和取

FALSE 的情况。构成的测试用例数目达到最少，且测试用例数目随输入数据数目的增加而线性地增加。

(5)正交试验设计法。正交试验设计法是通过正交试验理论来指导测试用例的选取，以便能够用较少的测试用例进行充分测试。本方法在系统测试用例的设计中不常用。正交试验设计法依据 Galois 理论，从大量的(实验)数据(测试用例)中挑选适量的、有代表性的点(例)，合理地安排实验(测试)。该设计方法是使用已经建好的正交表格来安排试验并进行数据分析，目的是用最少的测试用例达到最高的测试覆盖率。

利用正交试验设计测试用例的步骤包括：

第一步，提取功能说明，构造因子——状态表。影响实验指标的条件称为因子，而影响实验因子的条件称为因子的状态。确定因子与状态是设计测试用例的关键，因此要求尽可能全面、正确地确定取值，以确保测试用例的设计完整、有效。

第二步，加权筛选，生成因素分析表。对因子与状态的选择可按其重要程度分别加权，根据各个因子及状态的作用大小、出现频率的大小以及测试的需要确定权值的大小。

第三步，利用正交表构造测试数据集。

## 16.3 系统用户培训

### 16.3.1 系统用户类型

信息系统是一个人机系统，为保证系统的正常进行，需要许多人与计算机一起在系统中和谐的工作。这些人来自现行系统，他们熟悉或精通原来的工作处理形式，但缺乏有关新系统的知识。为了保证新系统的顺利使用，必须提前对有关人员进行培训，一般情况下需要对以下三类人员进行培训。

(1)事务管理人员。新系统能否顺利运行并获得预期目标，在很大程度上与这些第一线的事务管理人员有关。因此，通过培训，让他们从心理上到行动上都接受新系统。

培训可以通过讲座、报告的形式，向他们说明新系统的目标、功能、系统结构及运行过程，以及对企业组织结构、工作方式等产生的影响。培训时，必须做到通俗、具体，尽量不采用与实际业务无关的计算机术语。

(2)系统操作人员。系统操作人员是信息系统的直接使用者，他们直接影响系统的正常运行。对系统操作人员的培训应该提供比较充足的时间，除了学习比较必要的计算机硬件、软件知识，以及键盘指法、汉字输入等，还必须向他们讲授新系统的工作原理、使用方法、简单错误的处理等知识。通常，系统实施阶段就可以让系统操作人员一起参与，便于他们熟悉新系统的使用。

(3)系统维护人员。系统维护人员需要具有一定的计算机硬件、软件知识，并对新系统的原理和维护知识有较深的理解。在较大的企业或部门中，系统维护人员一般由计算机中心的专业技术人员担任。

### 16.3.2 培训内容及方式

对用户进行系统操作、维护、运行管理人员的培训也是信息系统开发过程中的一项工作。

一般来说，人员培训工作应尽早进行。培训的内容包括：

(1)系统整体结构和系统概况；

(2)系统分析设计思想；

(3)计算机系统的操作和使用；

(4)系统所用的主要软件工具(如编程语言、工具、软件名、数据库等)；

(5)系统输入方式和操作方式的培训；

(6)可能出现的故障以及故障的排除；

(7)文档资料的分类以及检索方式；

(8)数据收集、统计渠道、统计口径等；

(9)运行操作注意事项。

并不是系统的所有使用人员都要进行上述全部内容的培训。根据工作岗位的不同选择不同的内容进行培训，既可以节省宝贵的时间，也便于系统的安全与管理，可以参考表 16－7 中的建议进行培训内容的选择。

维护人员应该具有丰富的计算机知识，否则他们将不能胜任系统维护的工作。管理决策人员的主要工作是分析决策，制定未来的发展战略，他们一般不需要进行具体业务的操作，他们关心的是综合性的统计信息。因此，管理决策人员除了要了解系统的业务功能结构，更要重点掌握统计分析功能的操作和使用方法。

**表 16－7　工作岗位与培训内容**

| 培训内容 | 操作人员 | 维护人员 | 管理决策人员 | 归档人员 |
|---|---|---|---|---|
| 系统的总体方案 | √ | √ | √ | √ |
| 系统网络的操作与使用 |  | √ |  |  |
| 系统的功能结构 |  | √ | √ |  |
| 计算机的基本操作与使用 | √ |  | √ |  |
| 数据库、开发工具等系统软件 |  | √ |  |  |
| 系统事务型业务功能的操作和使用 | √ | √ |  |  |
| 系统维护功型能的操作和使用 |  | √ |  |  |
| 系统统计分析型功能的操作和使用 |  | √ | √ |  |
| 系统的参数设置 |  | √ |  |  |
| 系统初始数据输入功能的操作和使用 | √ | √ |  |  |
| 可能出现的问题及解决方法 |  | √ |  |  |
| 汉字的输入方法 | √ |  |  |  |
| 系统的使用权限与责任 | √ | √ | √ |  |
| 系统的文档管理规范 |  | √ |  | √ |

# 16.4 系统切换

## 16.4.1 系统切换方式及选择

系统切换就是新旧系统交替的过程,旧系统停止使用,新系统投入运行。为了保证新系统能够顺利、稳定地运行,在转换过程中要制定转换的方案和措施,最主要的是选择合适的切换方式。系统切换的方式主要有直接切换、并行切换和分段切换这三种方式,如图16-4所示。

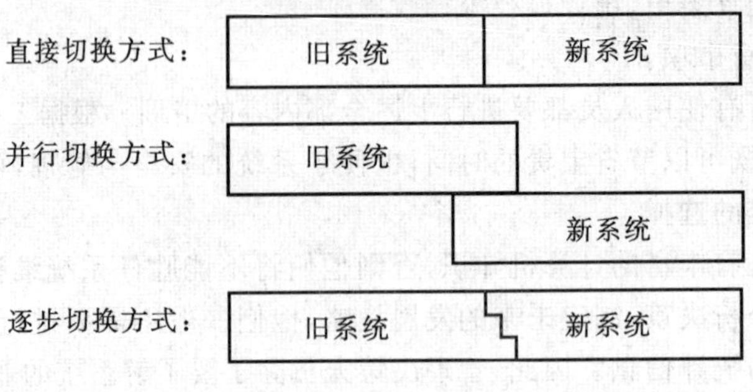


图16-4 系统切换示意

(1)直接切换。直接切换就是在原有系统停止运行的某一时刻,新系统立即投入运行,中间没有过渡阶段。用这种方式时,人力和费用最省,使用于新系统不太复杂或原有系统完全不能使用的场合,但新系统在切换之前必须经过详细调试和严格测试。同时,切换时应做好准备,万一新系统不能达到预期目的时,须采取相应措施。

(2)平行切换。平行切换就是新系统和原系统平行工作一段时间,经过这段时间的试运行后,再用新系统正式替换下原有系统。在平行工作期间,手工处理和计算机处理系统并存,一旦新系统有问题就可以暂时停止而不会影响原有系统的正常工作。平行切换通常可分两步走,首先以原有系统的作业为正式作业,新系统的处理结果作为校验使用,直至原有系统退出运行。根据系统的复杂程度和规模大小不同,平行运行的时间一般可在2个月到1年之间。

采用平行切换的风险较小,在切换期间还可同时比较新旧两个系统的性能,并让系统操作员和其他有关人员得到全面培训。因此,对于一些较大的管理信息系统,平行切换是一种最常用的切换方式。

由于在平行运行期间,要两套班子或两种处理方式同时并存,因而人力和费用消耗较大,这就要事先做好计划并加强管理。

(3)分段切换。这种切换方式是上述两种方式的结合,采取分期分批逐步切换。一般比较大的系统采用这种方式较为适宜,它能保证平稳运行,费用也不高。

采用分段切换时,各自系统的切换次序及切换的具体步骤均应根据具体情况灵活考虑。通常有三种策略:

策略一,按功能分阶段逐步切换。首先确定该系统中的一个主要的业务功能,如财务管理率先投入使用,在该功能运行正常后再逐步增加其他功能。

策略二,按部门分阶段逐步切换。先选择系统中一个合适的部门,在该部门设置终端,获得成功后再逐步扩大到其他部门。这个首先设置终端的部门可以是业务量较少的，这样比较安全可靠，也可以是业务最繁忙的，这样见效大，但风险也大。

策略三，按机器设备分阶段逐步切换。先从简单的设备开始切换，再推广到整个系统。例如对于联机系统，可先用单机进行批处理，然后用终端实现联机系统。对于分布式系统，可以先用两台微机联网，以后再逐步扩大范围，最终实现分布式系统。

总之，系统切换的工作量较大，情况十分复杂。据国外统计资料表明，软件系统的故障大部分发生在系统切换阶段。这就要求开发人员要切实做好准备工作，拟定周密的计划，使系统切换不至于影响正常的工作。

### 16.4.2　系统切换管理

系统切换是指从一种处理方法改变到另一种处理方法的过程。用计算机辅助的企业管理信息系统一般都是在现行的手工管理系统基础上建立起来的，因此必须协调新旧系统之间的关系，否则将造成紊乱与中断，损害经济效益。系统切换的管理工作重点是以下三个方面：

第一，数据准备。新系统运行前要进行数据准备，准备基础数据是系统切换环节中最费时间的，所花费时间很大程度上和切换的类型有关。数据准备有三种方式，对已有的系统文件转换可通过合并和更新来增添和扩展文件，手工处理的数据需要人工录入到计算机系统，普通的数据文件需要通过重建文件的办法转换到数据库中去。

第二，系统文档准备。系统调试完以后应有详细的说明文档供查阅，该文档应使用通用的语言说明系统各部分如何工作、维护和修改。系统说明文件大致可分以下四类：第一类是系统一般性说明文件，包括用户手册、系统规程和特殊说明；第二类是系统开发报告，包括系统分析说明书、系统设计说明书、系统实施说明和系统利益分析报告；第三类是系统说明书，包括整个系统程序包的说明、系统的计算机系统流程图和程序流程图、作业控制语句说明、程序清单、程序实验过程说明、输入输出样本、程序所有检测点设置说明、各个操作指令、控制台指令、操作人员指示书、修改程序的手续（要求填写的手续单）等；第四类是操作说明，包括系统规程、操作说明。

第三，人员培训。为了使新系统能够按预期目标正常运行，需要对用户进行必要的培训，这是在系统转换之前不可忽视的一项工作。

第四，设备安装。系统的安装地点应考虑系统对电缆、电话或数据通讯服务、工作空间和存储、噪音和通讯条件及交通情况的要求。计算机系统的安装应满足两个要求：一是使用专门的地板，让电缆通过地板孔道连接中央处理机及各设备；二是提供不中断电源，以免丢失数据。

## 16.5　系统（试）运行及评价

系统实施的最后一步就是新系统的试运行和评价，它是系统调试和检测工作的延续。它很容易被忽视，但对最终使用的安全、可靠、准确性来说，又是一项十分重要的工作。

### 16.5.1　系统运行管理

系统运行管理涉及四个方面，一是系统安全性控制，二是系统可靠性控制，三是系统维护，四是系统运行的管理制度。

系统安全性是指应保护信息系统不受外来的自然灾害和人为的破坏,防止非法使用者对系统资源特别是信息的非法使用而采取的安全保密手段。影响系统安全性的因素包括自然灾害,偶然事件,软件的非法覆盖、复制和窃取,数据的非法篡改、盗用和破坏以及硬件故障。系统安全性控制就是通过制定保护措施保证系统的安全性,保护措施一般有加强行政管理、物理安全控制、人员及管理控制、存取控制、数据加密和数据压缩。

系统可靠性是指系统在运行中能抵御各种外界干扰、正常工作的能力。系统可靠性可以通过系统平均无故障运行时间、系统开工率等指标来衡量。系统可靠性控制主要是指防止来自系统内部的差错、故障而采取的保护措施。常见的保护措施包括设备冗余技术、负荷分布技术、系统重新组合技术。

系统维护是为了保证系统正常而可靠的运行,并随着环境的变化,不断改善和提高,始终处于正确的工作状态。系统维护包括应用软件维护、数据维护、代码维护、硬件设备维护和数据库的维护。其中硬件设备维护又分为突发性故障维护和定期预防性维护两种,数据库的维护分为数据库安全性控制,系统的正确性保护、转存和恢复,数据库的重组织和重构造三种。

系统运行的管理制度主要是指系统试运行和运行期间,各方面都需要制订相应的规章制度,主要有系统操作员操作制度、子系统操作员操作制度、机房管理制度、文档管理制度、软件维护制度等。

### 16.5.2 系统评价

系统投入运行以后,如何评价其工作质量,如何对其所带来的效益和所花费成本的投入产出比进行分析,如何分析一个系统对信息资源的充分利用程度,如何评价一个系统对组织内部各部门所产生的影响是系统评价所要解决的问题。信息系统的评价包括目标功能评价、性能评价和经济效果评价三方面。

目标功能评价针对系统开发所制定的目标逐项检查是否达到目标,根据用户所提出的功能要求、检察系统运行的实际状况分析系统功能完成的情况,评价用户对功能的满意程度。评价可以采用用户填写问卷的形式执行。

性能评价主要通过性能技术指标衡量。性能技术指标主要包括可靠性、有用性、扩展性、利用率、通用性、正确性、及时性、系统效率、可维护性、安全保密性等。

经济效果评价可以通过直接经济效果和间接经济效果两方面评价。直接经济效果评价的指标有年收益增长额、投资效果系数和投资回收期。

## 本章总结

本章主要介绍了信息系统的实施和评价方法,主要包括实施的主要内容、过程及其参与成员,系统测试的主要方法,用户培训的方式,系统转换的主要工作和方式,系统评价的指标体系和主要方法。

在系统实施阶段,不仅需要投入大量的技术力量来进行程序的设计和调试,投入大量资金来进行软、硬件的配置,还要有正确的方式和方法,这是成功实现管理信息系统的关键阶段。

系统评价是对信息系统的功能和性能进行全面的检查、估计和评审,同时将系统的实际实现的指标与系统规划、设计的指标进行对比,以确定目标系统的实现程度,同时对系统将来能够产生的经济效益进行评估。

## 练习题

### 一、单选题

1. 在银行财务和一些企业的核心系统中，系统切换应采用(　　)方式。

A. 直接切换　　B. 并行切换

C. 分段切换　　D. 试点后直接切换

2. 系统实施中的系统切换方式以下说法不正确的是(　)

A. 直接切换　　B. 并行切换

C. 分段切换　　D. 分时切换

3. 下列工作哪些都属于管理信息系统实施阶段的内容？(　)

A. 模块划分，程序设计，人员培训

B. 选择计算机设备，输出设计，程序调试

C. 可行性分析，系统评价，系统转换

D. 程序设计，设备购买，数据准备与录入

4. 系统实施的主要活动包括(　)

A. 编码、系统测试　　B. 新旧系统切换

C. 系统安装　　D. 以上都是

5. 新系统的第一次评价，应该在(　)

A. 系统投入运行后立即进行　　B. 系统投入运行一段时间后进行

C. 系统验收的同时进行　　D. 系统验收之前进行

### 二、简答题

1. 请说明系统实施的任务。

2. 三种切换方式是什么？在什么条件下用哪种方式较好？

3. 系统评价有哪些指标？

# 第五篇

# 信息系统管理篇

# 第17章 信息系统运维管理

## 学习目的

- 了解信息系统运维管理的框架、任务、主要流程
- 理解信息系统运维管理的组织及其相应职责
- 了解信息系统技术服务管理的参考标准
- 了解信息系统运维外包的概念和模式
- 了解信息系统评价方法

## 引导案例

### 某部委信息中心的电子政务系统运维

目前,我国电子政务工作的重点已从大规模网络、平台、业务系统的建设阶段转向以深化应用、提升应用效益为主要特征的运行维护阶段。与此同时,建立完善的电子政务运维管理体系,将对发挥电子政务绩效、构建服务型政府、提高公共服务效益起到至关重要的作用。

某部委信息中心(以下简称中心)肩负着电子政务主干网建设、维护、运营的使命,致力于提供安全、高效、快捷的IT服务。近年来,随着信息化建设的深入,网上运行的业务应用逐步增加,计算机机房设备、网络基础设施、大型主机、服务器、客户端等硬件平台,政务应用系统、数据库、应用服务器、中间件等软件平台日益复杂,服务的用户(包括应用使用单位、人民银行、税务、海关、各代理银行等)越来越多,如何维护好日益增多的网络和系统等各类设备,保证各个应用系统安全顺畅地运行,为用户提供良好的服务以及时解决出现的问题和故障,做到网络和用户之所及,管理和服务之所及,是政务业务能否正常运行的关键所在。

中心目前还处于初级的IT运维管理状态,在组织结构、管理规范、管理流程和技术支撑方面,还没有构建一个综合的IT运维管理体系。对网络、设备、系统、用户等的管理和服务是分散的、不关联的,没有实现数据、信息和知识库的共享,没有实现规范化和流程化,因此,管理和服务是粗粒度、低效率的,这种管理模式将越来越难以适应政务信息化的发展要求。

因此,需要梳理运维管理需求、规范运维管理流程,开发和建设一套科学有效的融合组织、制度、流程、技术的IT运维管理体系(简称体系),从粗放和分散式管理,逐步过渡到科学、规范和专业化管理,使IT运维管理体系成为中心日常工作的重要组成部分,这不仅对政务核心应用系统顺利运行和应用有重要意义,也将为支持和推进政务改革提供管理和服务保障。

信息系统的应用日渐渗透到政府、商业组织和民众活动的方方面面,现代社会人已经越来越离不开各种各样的信息系统。然而,信息技术是一把双刃剑,由于信息系统自身的复杂性和不稳定因素,使得各类业务系统比任何时候都要更加脆弱。如何巩固信息化建设的成果,运行

和维护好各信息系统以深化其应用，提升其效益，如何最大限度地以最小的损失响应和解决此类问题，已成为迫切需要关注和面对的重要问题。信息系统运行和维护的重要性开始凸显。信息系统交付使用后，如何最大限度保障其安全、稳定和可靠的运行就成了信息系统运维的中心工作。

**思考：**

1. 信息系统运维工作由谁来完成？

2. 你认为该中心的系统运维工作需要做哪些改进？

3. 规范化的信息系统运维工作如何完成？

## 17.1 信息系统运维管理体系

### 17.1.1 信息系统运维管理的概念

信息系统运维管理是指信息系统运维管理主体依据各种管理标准、制度和规范，利用运维管理系统和其他运维管理工具，实施事件管理、问题管理、配置管理、变更管理、发布管理和知识管理等流程，对信息系统运维部门、运维人员、信息系统用户、信息系统软硬件和信息技术基础设施进行综合管理，执行硬件运维、软件运维、网络运维、数据运维和安全运维等信息系统运维的管理职能，以实现信息系统运维标准化和规范化，满足组织信息系统运维的需求。

### 17.1.2 信息系统运维管理体系的构成

一般信息系统运行与维护管理的框架，包括运维管理目标、运维管理主体、运维管理工具、运维管理对象、运维管理制度、运维管理流程和运维管理职能等。

**1. 运维管理目标**

信息系统运维管理的目标可以从信息系统目标、运维流程目标及成本控制目标三个方面来理解。信息系统目标是保证信息系统安全、稳定、可靠运行，保证信息系统持续满足组织的需求。运维流程目标是要实现信息系统运维流程的标准化和规范化，实现信息系统运维工作的集中管理、集中维护、集中监控。成本控制目标是控制信息系统运维的成本，包括咨询顾问的人力成本、信息系统运维工具的成本和信息系统运维人员的培训成本等。

**2. 运维管理主体**

信息系统运维管理的主体是指掌握信息运维管理权力，承担运维管理责任，决定运维管理方向和流程的有关部门和人员，包括信息系统运维管理者、信息系统运维管理部门和信息系统运维外包商。

**3. 运维管理对象**

信息系统运维管理对象即信息系统运维管理客体，是指信息系统运维管理主体直接作用和影响的对象，包括信息系统运维部门及其人员、信息系统供应商、信息系统用户、信息系统软硬件和信息技术基础设施等。

**4. 运维管理职能**

信息系统运维管理职能是对信息系统运维管理工作一般过程和基本内容所做的理论概

括。根据信息运维管理工作的内在逻辑，可以将信息系统运维划分为设施运维、软件运维、数据运维和安全运维等职能。

5.运维管理流程

信息系统运维管理流程是指为了支持信息系统运维的标准化和规范化，以确定的方式执行或发生的一系列有规律的行动或活动，包括事件管理、事故管理、问题管理、配置管理、变更管理、发布管理和知识管理等。

(1)事件管理。信息系统运维事件管理负责记录、快速处理信息系统运维管理中的突发事件，并对事件进行分类分级，详细记录事件处理的全过程，便于跟踪了解事件的整个处理过程，同时对事件处理结果统计分析。事件是指引起或有可能引起服务中断或服务质量下降的不符合标准操作的活动，不仅包括软硬件故障，而且包括服务请求，如状态查询、重置口令、数据库导出等，因此又叫做事件、服务请求管理。

事件管理流程的主要目标是尽快回复信息系统正常服务并减少对信息系统的不利影响，尽可能保证最好的质量和可用性，同时记录事件并为其他流程提供支持。事件管理流程通常涉及事件的侦测记录、时间的分类和支持，事件的调查和诊断，事件恢复及事件的关闭等。

(2)事故管理。事故管理包括对引起服务中断或可能导致服务中断、质量下降的时间的管理。这包括了用户提交或由监控工具提交的事故。事故管理不包括与中断无关的正常运营指标或服务请求信息。事故管理的主要目标是尽快恢复正常的服务运营，并将对业务的影响降到最低，从而尽可能保证服务质量和可用性要求。

事故管理的流程包括事故识别和记录，事故分类和优先级处理，事故初步支持，事故升级、调查和诊断，事故解决和恢复，事故关闭等。

(3)问题管理。问题管理包括诊断事故根本原因和确定问题解决方案所需要的活动，通过响应控制过程，确保解决方案的实施。问题管理还将维护有关问题、应急方案和解决方案的信息，以减少事故的数量和降低影响。问题管理的目标是通过消除引起事故的深层次根源以预防问题和事故的再次发生，并将未能解决的事故影响降到最低。

问题管理的流程包括问题检测和记录、问题分类和优先级处理、问题调查和诊断、创建已知错误记录、解决问题、关闭问题、重大问题评估等。

(4)配置管理。配置管理的范围包括负责识别、维护服务、系统或产品中的所有组件，以及各组件之间的关系的信息，并对其发布和变更进行控制，建立关于服务、资产及基础设施的配置模型。配置管理的目标包括以下方面：对业务和客户的控制目标及需求提供支持；提供正确的配置信息，帮助相关人员在正确的事件上做出决策，从而维持高效的服务管理流程；减少由不合适的服务或资产配置的导制的质量和适应性问题；实现服务资产、IT配置、IT能力和IT资源的最优化。配置管理的流程包括管理规划、配置识别、配置控制、状态记录和报告、确认和审核等。

(5)变更管理。变更管理负责管理服务生命周期过程中对配置项的变更。具体对象包括管理环境中与执行、支持及维护相关的硬件、通信设备、软件、运营系统、处理程序、角色、职责及文档记录等。变更管理流程的目标包括：对客户业务需求的变化做出快速响应，同时确保价值的最大化，尽可能减少突发事件、中断或返工；对业务和IT的变更请求做出响应，使服务与

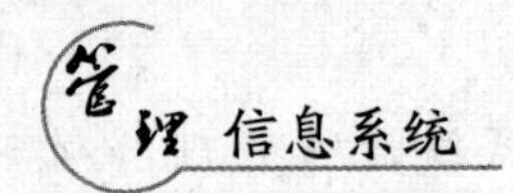


业务需求相吻合。

变更管理的流程包括创建请求变更、变更记录和过滤、评审变更、授权变更、规划变更、协调变更实施、回顾和关闭变更等。

(6)发布管理。发布管理负责规划、设计、构建、配置和测试硬件及软件，从而为运行环境创建发布组建的集合。发布管理的目标是交付、分发并追溯发布中的一个或多个变更。

发布管理的流程包括发布规划，发布涉及，发布构建和配置，发布验收，试运营规划，沟通、准备和培训，发布分发和安装等。

(7)知识管理。知识管理贯穿于整个服务管理生命周期。广义的知识管理涉及知识管理策略，知识的获取、存储、共享和创新等多个环节。知识管理的目标是确保在整个服务管理生命周期中都能获得安全可靠的信息和数据，从而提高组织运维管理决策水平。

知识管理的流程包括知识识别和分类、初始化知识库、知识提交和入库、知识过滤和审核、知识发布和分享、知识维护和评估等。

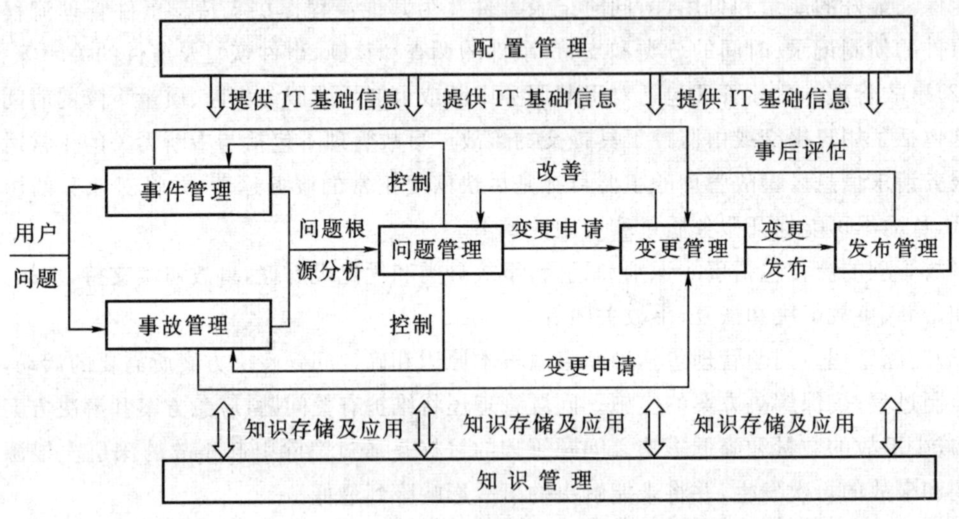


图 17-1　信息系统管理流程

6. **运维管理工具**

信息系统运维管理工具是指用于执行信息系统运维管理工作的运维管理系统和软件，包括外包管理、综合管理、流程管理、安全管理、监控管理和资产管理等工具。

7. **运维管理制度**

在信息系统运维过程中，需要建立一整套科学的管理制度、管理标准和管理规范，如信息系统硬件管理制度、信息系统软件管理制度、数据资源管理制度等，以保障信息系统运维工作的标准化和规范化。信息系统运维的制度具体包括机房管理制度、数据管理制度、运行日志管理制度及档案管理制度等。

信息系统运维管理框架如图 17-2 所示。

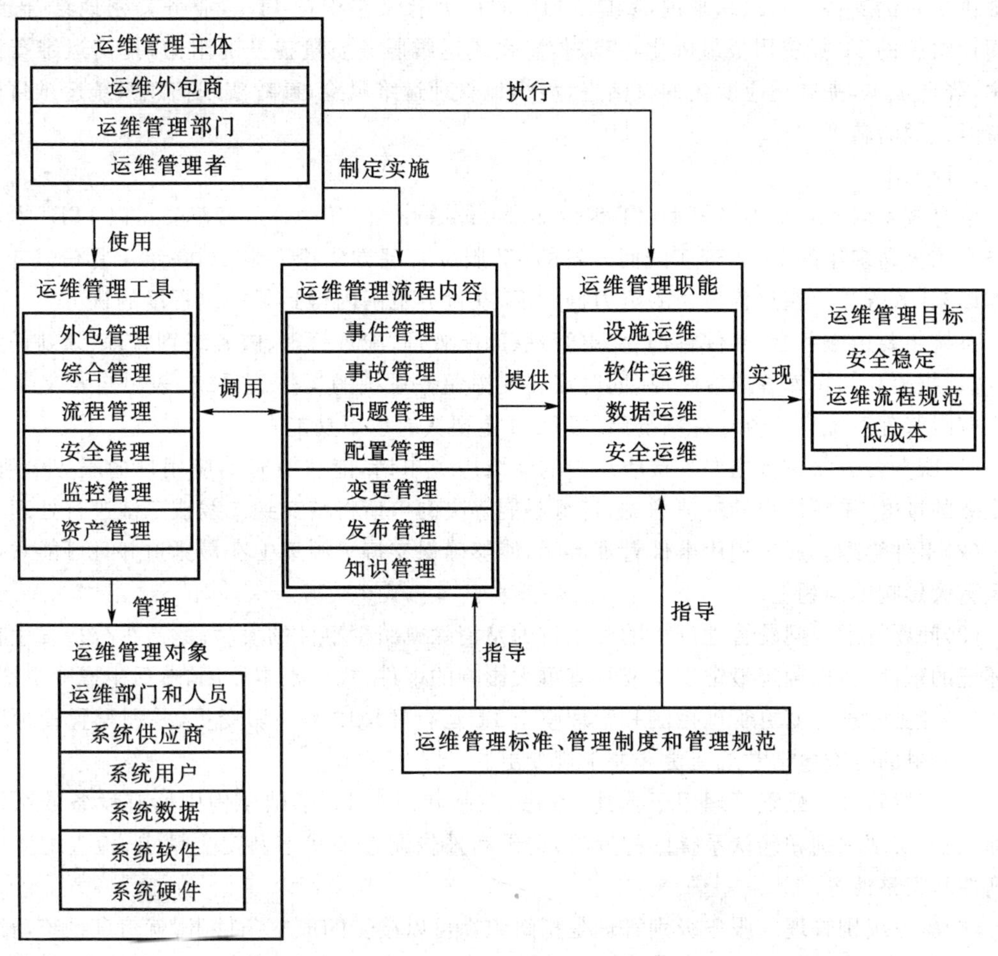


图 17-2　信息系统运维管理框架

### 17.1.3　信息系统运维管理的标准

当前较为典型的信息系统运维管理标准有 ITIL、ITSM 和 COBIT 等。

1. ITIL

信息技术基础设施库(Information Technology Infrastructure Library,ITIL)是英国政府中央计算机与电信管理中心(Central Computer and Telecommunications Agency,CCTA)在 20 世纪 90 年代初期发布的一套 IT 服务管理最佳实践指南。在此之后,一些主流 IT 资源管理软件厂商在进行一系列的实践和探索的基础之上,总结了 IT 服务的最佳实践经验,形成了一系列基于流程的信息系统维护的方法标准,用以规范信息系统运维服务的水平,并在 2000—2003 年期间推出了新的 ITIL V2.0 版本,这就是目前的 ITIL 标准。

ITIL 为组织的信息系统运维服务管理实践提供了一个客观、严谨、可量化的标准和规范,组织的 IT 部门和最终用户可以根据自己的能力和需求定义自己所要求的不同服务水平,参考 ITIL 来规划和制定其 IT 基础架构及服务管理,从而确保运维服务管理能为组织的业务运作提供更好的支持。对组织来说，实施 ITIL 的最大意义在于把 IT 与业务紧密地结合起来，从而让组织的 IT 投资回报最大化，克服信息系统运维服务质量提升的阻力，提高运维资源利用率，降低成本，提高适应变化的灵活性，科学地管理运维风险，最终实现信息系统运维目标以支持组织战略转型。

2. ITSM

信息技术服务管理参考模型(IT Service Management，ITSM)是惠普公司以 ITIL 为基础并结合该公司多年的 IT 管理实践而开发的 IT 服务管理方法论。自 2000 年 1 月份发布 2.0 版本以来，该方法论在惠普公司的努力推广下，在世界范围内得到了一定程度的认可。

系统主要由服务台、事件管理、变更管理、问题管理、配置管理、服务级别管理、计划任务管理、统计报表和知识库等内容组成，同时需要支撑业务系统的工作流系统、表单自定义系统和用户权限管理系统等后台支持系统组。ITSM 主要具有以下功能：

(1)服务台。服务台主要是接收用户的运维服务申请，能够及时响应用户的服务申请，跟踪服务的进度，采集用户的反馈意见；自身不能解决的申请将转交到二线或三线进行处理。

(2)事件管理。通过利用事件管理流程，能够确保支持资源集中在最紧迫并且可能对业务产生重大影响的问题上。

(3)问题管理。问题管理流程的根本目的是消除或减少事件的发生，此流程分析发生在生产环境的事件上，即确定最常发生或具有重大影响的事件，找出根本原因，然后生成变更请求。

(4)变更管理。变更管理控制和管理整个 IT 运行环境中的一切变更，并和配置管理建立接口。变更的分类包括常规变更和非常规变更。

(5)配置管理。配置管理用于描述、跟踪、控制和汇报 IT 基础架构中所有设备或系统的管理流程，实现识别和确认系统的配置项，记录和报告配置项状态及变更请求，检查配置项的正确性和完整性等。

(6)服务级别管理。服务级别管理是指组织在可以接受的成本条件下，就信息系统运维服务的质量所做出的包括谈判、定义、评估、管理和改进等在内的一系列管理活动。

(7)计划任务管理。通过本模块实现人员的值班安排，巡检计划的制订、分派、执行、任务提交、审核及关闭。

(8)统计报表。对以上管理数据进行统计输入形成各种报表。

(9)知识库。将成熟可行的运维解决方案录入知识库，进行数据共享，方便查询，快速排除故障，从而达到提高用户"自助式服务"能力的目的。

3. COBIT

信息系统和技术控制目标(Control Objectives for Information and Related Technology，COBIT)目前已成为国际上公认的 IT 管理与控制标准。该标准为 IT 治理、安全与控制提供了一个一般适用的公认框架，以辅助管理层进行 IT 治理。COBIT 是基于已有的许多架构建立的，如 SEI(Software Engineering Institute)的能力成熟度模型(Capability Maturity Model，CMM)对软件组织成熟度五级的划分，以及 ISO9000 等标准。COBIT 在总结这些标准的基础上重点关注组织需要什么，而不是组织需要如何做。它不包括具体的实施指南和实施步骤，它是一个控制架构，而非具体过程架构。

COBIT 覆盖整个信息系统的全部生命周期(从分析、设计到开发、实施，再到运营、维护的整个过程)，从战略、战术、运营层面给出了对信息系统的评测、量度和审计方法，起到了组织目标与信息技术治理目标之间的桥梁作用，在业务风险、控制需求和技术观点之间建立了一种有机联系。

COBIT 完全基于信息技术准则，反映了组织的战略目标。信息技术资源包括人、应用系统、信息、基础设施等相关资源，信息技术管理则是在信息技术准则指导下对信息技术资源进行规划处理。COBIT 将信息技术过程归并为四个控制域，即计划与组织、获取与实施、发布与支持，以及监测与评估，在这四个方面确定了 34 个处理过程和 318 个详细控制目标，通过定义这些目标，可以实现业务对信息技术的有效控制。此外，每个过程还有相应的评审工具。

## 17.2　信息系统运维外包

### 17.2.1　信息系统运维外包的概念

外包是指组织为了将有限资源专注于其核心竞争力，以信息技术为依托，利用外部专业服务商的知识劳动力，来完成原来由组织内部完成的工作，从而达到降低成本、提高效率、提升组织对市场环境迅速应变能力并优化组织核心竞争力的一种服务模式。

信息系统运维外包也称信息系统代维，是指信息系统使用单位将全部或一部分的信息系统维护服务工作，按照规定的维护服务要求，外包委托给专业公司管理。

外包可以带来成本优势，使信息系统使用单位保持长期的竞争优势。通过实行信息系统运维服务外包托管，可以利用专业公司的信息技术，提高单位信息管理的水平，缩短维护服务周期，降低维护成本，实现信息系统使用单位和信息系统运维服务专业公司的共同发展，还可以使信息系统使用单位信息中心管理工作简单化，将信息中心人员减至最少，使得信息系统使用单位能够专注于自身核心业务的发展，提升自身的核心竞争力。

### 17.2.2　信息系统运维外包的模式

在信息系统运维外包过程中，组织可能全部或部分将信息技术运维工作外包给其他信息系统运维外包服务公司，因此存在完全外包和部分外包两种信息系统运维外包模式。

1. **完全外包模式**

组织通过与其他组织签署运维外包协议，将所拥有的全部信息技术资源的运维工作外包给其他组织，即外包组织为本组织提供完全的信息系统运维服务，组织的信息技术部门负责运维外包的管理工作。

2. **部分外包模式**

组织对所拥有的一部分信息技术资源自行运维；同时，通过与其他组织签署运维外包协议，将所拥有的另一部分信息技术资源的运维工作外包给其他组织。一般情况下，组织信息技术部门负责运维工作和外包管理，即组织的信息技术部门和外包组织共同向组织提供信息系统运维服务。在部分外包模式下，根据运维服务是否涉及各组织的核心业务、关键任务等因素，对外包服务管理的具体要求各不相同。对涉及核心业务或关键任务的外包服务，需要对外包服务的过程和结果进行精细化管理；对只涉及非核心业务和非关键任务的外包服务，只需要对外包服务的结果进行粗放型管理。

### 17.2.3 信息系统运维外包的内容

根据具体的维护环节和所出现的大部分问题分析，信息系统运维外包主要包括桌面支持外包、IT 基础架构外包和应用系统外包。

1. **桌面支持外包**

信息技术桌面是指员工在工作场所使用的一系列用于信息处理、通信和计算的设备，包括计算机软硬件和其他的相关设备，对它们的管理是每个使用信息技术桌面的单位机构最日常的工作。具体地说，就是办公环境的维护，详细的工作包括系统初始检查，硬件故障解决，对计算机、笔记本、打印机等办公设备的故障进行定位和处理，硬件扩容升级，软件系统支持，防病毒系统的支持，网络系统的支持，日常维护管理，咨询服务。

2. **IT 基础架构外包**

IT 基础架构所涉及的内容包括网络设备、组织通信系统（如邮件）、数据库系统、服务器设备及系统、安全设备及系统、存储设备及系统等系统化但又是基础化的系统平台及设备配件，是组织 IT 信息化所依赖的基础和根本。

这类外包的业务以互联网数据中心（internet data center，IDC）外包最为主要，市场的份额也是较大的。其次，重点行业用户对网络系统的运营维护外包服务的认知度和接受度明显上升，大型网络安全、存储系统外包也正在逐渐占据重要地位。将安全和存储外包给更专业和权威的机构不但能使 IT 基础架构的外来危险、数据损失风险较低，还能简化内部人员的结构，节省人员费用。

这类业务包括以下几方面：系统服务器维护支持、服务器调试、网络系统维护、系统迁移、数据库维护支持、数据存储和容灾管理、安全系统的支持、网站支持、咨询服务。

3. **应用系统外包**

应用系统外包与应用服务提供商（Application Service Provider，ASP）密切相关。ASP 的理念和模式与云计算很接近，就是集中为组织搭建信息化所需要的所有网络基础设施及软件、硬件运行平台，负责所有前期的实施、后期的维护等一系列服务，使得组织无须购买软硬件、建设机房、招聘 IT 人员，只需前期支付一次性的项目实施费和定期的 ASP 服务费，即可通过互联网享用信息系统。中小组织用户通过采购 ASP 服务，可减少 IT 硬件设备的采购，减少 IT 支持人员的雇佣，提高应用系统的灵活性和稳定运行能力。

应用系统外包最典型的运用有邮件系统、中小型 ERP、客户关系管理（CRM）、供应链管理（SCM）等的 ASP 服务。

### 17.2.4 信息系统运维外包的阶段

1. **第一阶段**

分别与各个应用软件系统的开发商签订维护合同，确保软件系统的正常升级。由于应用系统很少存在建设完成后就不再改动的情况，要确保应用系统始终都处于最佳使用状态，就要通过签订维护合同从法律途径来确保系统的正常升级和完善。在这一阶段，要注意收集系统的维护频率、完成时间、维护质量等信息，作为评价维护工作的基础数据，也作为后续维护工作的重要依据。

2. 第二阶段

对硬件进行外包，特别是打印机、服务器、计算机、网络设备等硬件维护外包，一旦设备过了保质期，出现硬件损坏的概率就会增大，但外包服务商可以轻松解决这个问题，同时也可大大减少信息部门的日常维护工作量，减少信息部门人员，降低组织成本，提高人力资源的利用率。

3. 第三阶段

根据第一、二阶段的维护情况，逐步考虑信息运维的整体外包，如数据资源运维、安全运维等。通过第一、二阶段的维护外包情况的总结，制定详细的、具有可操作性的运行维护服务外包合同。在这一阶段，尽管大部分的工作已经外包，但本单位的信息部门仍需要参与到各项维护工作中，加强对维护情况的跟进，对出现的问题及时进行完善。

# 17.3　信息系统的评价

## 17.3.1　信息系统的评价指标

1. 信息系统质量评价

质量是指系统在特定的工作环境下提供信息的好坏。质量评价的关键是要定出评价质量的标准和指标体系。关于质量评价的指标有：用户对系统及业务需求的满意程度；系统的开发过程是否规范；系统所提供信息的质量和实用程度；对信息资源利用率的提高程度；对管理模式、管理方法的改变和提高；系统自身的投入产出比率。

2. 信息系统运行评价

信息系统投入运行后，还要对运行情况不断地评价，以此作为系统维护、更新以及进一步改进的依据。系统运行一般从以下几个方面进行评价。

(1)系统开发预定目标完成情况。此方面包括对比系统开发目标与实现目标，各级管理人员对系统的满意程度，系统为完成任务是否多支付了成本，系统开发过程和文档是否规范齐全，系统功能和成本是否在预计范围内，系统的可维护性、可扩充性、可移植性如何，各种资源利用情况如何等。

(2)系统的实用性。此方面包括系统运行是否稳定可靠、系统安全保密措施是否齐全、用户满意程度如何、系统的容错能力如何、恢复能力如何、系统运行结果是否支持管理活动等。

(3)系统运行的效率。此方面包括硬件利用率如何、数据处理与传输是否匹配、各工作站负荷是否均衡等。

## 17.3.2　信息系统的评价方法

1. 多因素加权平均法

多因素加权平均法利用系统评价理论中关联矩阵法的思想，把各项评价指标列成表格，请专家对每个指标按照其重要性打一个权重，范围为0～1，各权重之和为1，再请专家分别对被评价系统的各个指标打分，分值范围为0～100。专家数越多，评价越接近实际。综合评分越高，说明系统越好。

2. 层次分析法

层次分析法是一种实用的多准则决策方法，用于解决难以用其他定量方法进行决策的复杂系统问题。它将定量与定性相结合，充分重视决策者和专家的经验与判断，将决策者的主观判断用数量形式表达和处理，大大提高决策的有效性、可靠性和可行性。因此层次分析法适合用于信息系统的评价，尤其适合多个信息系统的比较。

3. 数据包络分析法

数据包络分析法是处理具有多个输入和多个输出的多目标决策问题的方法。在企业管理信息系统的评价中，可以根据投资项目的输入数据和投资后管理信息系统的输出数据来评价。输入数据是指投资项目在投资过程中需要耗费的某些量，例如投入项目资金总额、投入的专业人数及素质情况等。输出数据是指建设项目经过一定的输入后，所产生的表明该管理信息系统活动成效的某些信息量，例如，根据输入数据和输出数据来评价信息系统规模效益的优劣，即所谓评价信息系统间的相对有效性。

4. 经济效果评价法

建立企业管理信息系统的目的在于提供完整、准确的信息，提高管理工作效率和精英决策水平，减少管理中的失误，使生产经营活动达到最佳经济效益。评价其应用的经济效果，可以从直接经济效果和间接经济效果两方面分析。

(1)直接经济效果。直接经济效果是可以计量的，它取决于应用计算机管理后，由于合理利用现有设备能力、原材料、能量，使产品产量或提供的服务增长，生产或服务的成本降低。

(2)间接经济效果。间接经济效果反映在企业管理水平的提高，主要表现在以下两个方面：管理体制合理化，管理效果最优化，基础数据完整、统一；管理人员摆脱繁杂的事务性工作，真正把主要精力放在信息的分析和决策等创造型的工作，提高了企业管理的现代化水平。

## 本章总结

本章主要介绍了信息系统运维管理的组织和内容，详细说明了信息系统运维管理的框架和流程，重点介绍了信息系统运维外包，同时对信息系统运维管理的标准及信息系统评价指标和方法进行了介绍。

## 练习题

一、简答题

1. 信息系统运维概念和运维主要流程是什么？

2. 信息系统的运维管理体系是什么？

3. 信息系统运维外包的内容是什么？

4. 比较信息系统运维管理的几个主要标准。

5. 如何对一个信息系统进行评价？

二、分析题

**某公司信息系统外包服务方案**

某装备技术公司（委托方）委托某信息系统开发公司（受托方）承担其公司的管理信息系统运维工作，按照双方签订的信息系统外包合同，乙方提供的外包服务包括以下内容：

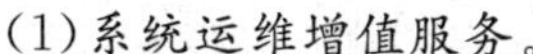

(1)系统运维增值服务。

乙方提供对甲方拥有产权的硬件网络设备、服务器存储平台、应用系统软件平台、应用软件系统的维护。提供的服务内容主要包括驻场服务、故障排除、运行监控、数据维护、系统优化、定期检查、定期保养,每周输出运行维护记录,每三个月输出系统优化调整建议报告。

①每日记录CPU使用率、磁盘剩余空间,删除无用文件以释放磁盘空间,检查当前运行的服务进程、病毒码是否最新、系统补丁是否更新、机器指示灯是否完好、网络是否连通。

②每日检查各应用系统服务器的运行情况并查看各应用系统服务器运行日志或报表,针对应用系统中的问题进行及时处理。根据各应用系统的特点,做好应用系统和操作系统的安全备份,以便出故障后迅速恢复。

③实时对网络系统进行安全监控,每天对全网所有类型操作系统漏洞进行扫描和打安全补丁,每天对网络杀毒软件及防DDOS攻击服务软件更新,同时对防火墙系统更新升级。

④实时监控网络状态,及时发现网络故障及安全隐患并及时处理。及时更新维护VLAN管理策略服务器中的MAC地址表,尽可能使其高效率运行。对全网的MAC地址表和网络运行日志进行定期备份。

⑤对重要的现场历史生产数据要定期备份到磁带库或光盘中。

(2)运维管理体系建设服务。

为甲方在运维管理制度层面和运维技术层面建立"营口装备公司信息系统运行安全保障体系",具体包括物理环境、网络、操作系统、数据库、中间件、应用数据、用户管理、应用接入安全保障制度及技术保障方法。

乙方要建立相应的信息运维管理制度,具体包括日常运维程序、硬件故障诊断程序、平台软件故障诊断程序、故障排除程序、系统备份恢复程序、数据备份恢复程序、系统运维管理模板、机房运行管理制度、管理员运行维护工作制度。乙方要建立工作人员软件应用培训制度。

①设备的日常检修维护。

a. 每天检查中心机房应用服务器设备、网络设备、存储设备及关键的应用终端正常运行,发现问题及时处理。

b. 设置值班服务电话,方便用户及时反映问题;针对反映的问题,维护人员根据具体情况,采用不同的方式尽快解决用户碰到的问题。

c. 每周巡检。

d. 每周一至每周二对全网的计算机设备(包括现场的和各办公楼的)及应用系统进行一次全面的巡检,针对发现的问题和上周用户反映但未处理的进行及时彻底处理。

e. 每周检查电源、电缆是否牢固,标签是否完好,数据是否备份等。

②年度检修。

根据实际情况,每年对整个网络系统,服务器系统,存储区域网络系统的硬件设备、软件系统,网络系统进行比较彻底的清理和故障检查处理,包括设备内部卫生的清理,对损耗比较严重的易损件进行修复或更换。

③紧急抢修。

逐步健全计算机网络系统应急预案、服务器系统应急预案、存储网络系统应急预案。针对突发的计算机网络安全事故或故障,迅速组织相关人员到位,紧急处理,尽快恢复。

(3)工程技术咨询服务。

①为甲方提供软件使用人员的培训；

②为甲方信息提供技术咨询；

③乙方由专业工程技术人员，通过热线电话、门户网站技术支持栏目、常见问题解答论坛方式为乙方提供合同约定的系统运行相关问题答疑和技术支持。

(4)软件系统的升级和完善服务。

营口装备公司信息系统随用户业务需求变化，需要更新、修改、完善现有系统的某些软件功能模块，或新增某些功能模块，以满足业务需求不断发展或调整的需要。乙方将派专业技术人员做好相关应用软件系统的升级和完善服务工作。

(5)硬件、服务器、网络设备的更新服务。

①为了保证装备公司生产的正常运行和及时响应，乙方提供计算机硬件、网络、服务器等相关设备的备品备件。

②甲方提供相关硬件的维护检测工具，包括数字万用表、水晶钳、双绞线测试仪、光纤测试仪、网络综合协议分析仪、数字式电缆分析仪、One Touch 网络故障一点通以及用于清除设备内外灰尘防静电吸尘器等设备。

**问题：**

1. 试述管理信息系统运维的主要任务和流程。

2. 结合课程所学内容，从管理信息系统运维外包的模式、内容、阶段、方式等方面来分析此案例。

# 第18章 信息系统安全管理

## 学习目的

• 了解带来信息系统安全问题的不安全因素及其风险

• 了解信息系统安全概念的发展

• 掌握信息系统安全管理的框架

• 了解信息系统安全管理的不同策略、对突发性灾难的应急响应策略、紧急预案的设计以及灾难恢复问题

## 引导案例

### 不可抗力带来的信息系统安全问题

天灾，也叫“不可抗力”的灾难，通常指水火无情的自然灾害，而在科技越来越发达的今天，企业可能要面临另一种“天灾”，那就是信息安全威胁。

**1. 自然灾害带来的信息安全威胁**

信息系统的网络基础依赖于通信网络，而通信网络的覆盖面广大，使得当发生重大自然灾害的时候，任何地区的通信网络的全局或局部安全都会产生影响，如果影响较严重的话，可能会中断营业，而且它们的通信质量也有可能会下降。主要通信运营企业都拥有一张物理网络，它覆盖面积大，通信设备众多，自然灾害可能会严重破坏对公共电信网上使用的交换、传输、通信电源、移动基站等主要电信设备。由于有些通信设备的价值贵重，通信网络在遭受自然灾害时会造成损失，甚至还会形成大的损失。

**2. 恐怖袭击带来的信息安全威胁**

与9·11事件造成的巨大的人员伤亡和生命损失相比，纽约的计算机和通信系统所遭受的破坏也是十分巨大的。9·11事件本身就令人难以置信。Verrizon通信公司最主要的地区性交换中心由于坐落在倒塌的世界贸易中心旁边，其深埋地下8英尺的光缆被破坏，超过4百万门高速通信线路被切断，交换机被毁坏，备用电源也没有支持很长时间。汉莎航空公司被切断电话服务数日之久，其原因是因为其通信服务提供商AT&T设在世贸中心的设备被破坏。

**3. 计算机病毒带来的信息安全威胁**

某公司的李女士又拿到一个客户，她心情舒畅，现在她要做的第一件事就是把这个客户的资料输入公司的数据库。跟往常一样，她一大早来到办公室，打开电脑，准备登陆主机，可是就在显示器亮起来的一瞬间她傻眼了：公司数据库被盗，所有客户资料失窃！

李女士知道这意味什么，包括客户的身份证号码、银行账户信息、个人财产状况统统丢失，这些资料可能被盗用，可能被用于勒索和欺诈，可能造成用户银行存款被窃……当日该保险公司数据库失窃的事件被媒体曝光，股价直线下跌。这样的故事，很可能会发生在任何一家公司身上。

当企业的业务、管理越来越多地依赖网络的时候，决策者们必须意识到企业的命运已经跟信息安全紧紧联系在一起了。但令人遗憾的是，虽然信息安全将企业推上死路的例子数不胜数，因为安全问题造成的损失纪录也不断刷新，可是信息安全还是没有被企业决策者们真正重视起来。

**思考：**

1. 简述你所知道的能带来信息安全威胁的因素。

2. 面对多种信息安全威胁，应该采取怎样的措施加以应对。

## 18.1 信息系统安全管理概念

### 18.1.1 信息系统的不安全因素及风险

信息系统安全威胁是指对于信息系统的组成要素及其功能造成某种损害的潜在可能。下面从不同的角度介绍对于信息系统安全威胁的特征。

**1. 按照威胁的来源分类**

按照威胁的来源，可以将信息系统的威胁分为以下几种：

(1)自然灾害威胁。自然灾害是不以人的意志为转移的一些自然事件，如地震、台风、雷击、洪涝、火灾等。这些灾害虽然不能阻止其发生，但可以通过技术或管理手段避免或降低灾害带来的损失。

(2)意外人为威胁。意外人为威胁主要由系统内部人员(设计人员、操作人员、管理人员等)的操作不当或失误引起。这种威胁的发生是偶然的，但却是时有发生的，并且存在于信息系统开发的整个生命周期中。安全专家经过长期调查得出一个结论：无论是私人机构还是公共机构，大约65%的损失是由于无意的错误或疏忽所造成。

(3)有意人为威胁。有意人为威胁主要来自两种情况：一是好奇心人为威胁，一是敌意性人为威胁。前者一般由一些好奇心强者实施；后者往往是由竞争对手、泄愤者、间谍等实施。

**2. 按照作用对象分类**

按照所作用的对象，可以将信息系统的威胁分为以下几种。

(1)针对信息的威胁。针对信息(资源)的威胁是指偶然地或故意地造成信息系统中信息在如下几个方面的损失：

①机密性(confidentiality)。数据在传输或存储时有被非法窃取的可能，就会形成机密性威胁，如被监听、被分析等。提高信息机密性的方法有数据加密、进行访问控制以及对访问者进行身份验证等，以保证数据不被非授权者知晓。

②完整性(integrity)。完整性威胁是指数据在传输或存储过程中被篡改、被丢失、被破坏的可能。为了保护数据完整性，可以进行数据的完整性校验以及认证等，可以发现数据是否被篡改，进而可以进行数据的恢复。

③可用性(availability)。可用性威胁是指保障合法用户正常使用信息的能力。例如，拒绝访问的攻击，就导致了合法用户正常访问信息资源的能力丧失。

④真实性(authenticity)。真实性威胁是指接收方所具有的辨认假冒和抗拒否认的能力。

因此，针对信息(资源)的威胁可以归结为以下三类：

①信息破坏:非法取得信息的使用权,删除、修改、插入、恶意添加或重发某些数据,以影响正常用户对信息的正常使用。

②信息泄密:故意或偶然地非法侦收、截获、分析某些信息系统中的信息,造成系统数据泄密。

③假冒或否认:假冒某一可信任方进行通信或者对发送的数据事后予以否认。

(2)针对系统的威胁。针对系统的威胁包括对系统硬件的威胁、对系统软件的威胁和对于系统使用者的威胁。对于通信线路、计算机网络以及主机、光盘、磁盘等的盗窃和破坏都是对于系统硬件(实体)的威胁;病毒等恶意程序是对系统软件的威胁;流氓软件等是对于系统使用者的威胁。

**3. 按照威胁方法的分类**

按照威胁的手段,可以将信息系统的威胁分为以下几种:

(1)信息泄露。信息泄露是指系统的敏感数据有意或无意地被未授权者知晓。信息泄露的主要途径有以下方面:

①在传输中利用电磁辐射或搭接线路的方式窃取。

②授权者向未授权者泄露,例如一个公司职员用文件名传输公司的秘密文件的同时,对文件名编码,使公司的正常秘密文件传输信道被乱用为隐蔽的泄密信道。

③存储设备被盗窃或盗用。

④未授权者利用特定的工具捕获网络中的数据流量、流向、通行频带、数据长度等数据并进行分析,从中获取敏感信息。

(2)扫描。扫描是指利用特定的软件工具向目标发送特制的数据包,对响应进行分析,以了解目标网络或主机的特征。

(3)入侵。入侵即非授权访问,是指没有经过授权(同意)就获得系统的访问权限或特权,对系统进行非正常访问,或擅自扩大访问权限越权访问系统信息。

(4)拒绝服务。拒绝服务是指系统可用性因服务中断而遭到破坏。拒绝服务攻击常常通过用户进程消耗过多的系统资源造成系统阻塞或瘫痪。

(5)抵赖(否认)。通信一方由于某种原因而实施的下列行为都称为抵赖:

①发方事后否认自己曾经发送过某些消息;

②收方事后否认自己曾经收到过某些消息;

③发方事后否认自己曾经发送过某些消息的内容;

④收方事后否认自己曾经收到过某些消息的内容。

(6)滥用。滥用泛指一切对信息系统产生不良影响的活动,主要内容如下:

①传播恶意代码。恶意代码是一些对于系统有副作用的代码。它们或者独立存在(如蠕虫)或者依附于其他程序(如病毒、特洛伊木马、逻辑炸弹等),进行大量复制消耗系统资源或进行删除、修改等破坏性操作,或执行窃取敏感数据的任务。

②复制/重放。攻击者为了达到混淆视听、扰乱系统的目的,常常先记录系统中的合法信息,然后在适当的时候复制重放,使系统难辨真伪。例如,C 实体截获了 B 实体发往 A 实体的订单,然后重复地向 A 发送复制的订单,使得 A 的工作出现混乱。

③发布或传播不良信息,如发布垃圾邮件,传播包括色情、暴力、毒品、邪教、赌博等内容的信息。

### 18.1.2 信息系统安全概念的发展

信息系统安全，也常称为信息安全(information security)或网络安全(cyber security)。名词的不同，反映了认识的出发点的不同。例如信息安全强调内容的安全，包括了知识产权与数据两个方面的安全。网络安全强调保护信息网络基础设施，而不是强调人们或企业在处理他们个人的信息中如何发挥作用。信息系统安全不仅强调了内容上的概念，而且强调了设施的安全，具有比较广泛的含义。不过，目前人们在许多场合下也将它们混用，并且还没有一个权威、公认的解释和标准的定义。一个基本的理由就是信息系统安全的概念是随着信息系统的发展，随着信息系统在社会生活中的地位的变化，随着人们对信息系统安全的重视和理解不断深化的。了解人们对于信息系统安全的概念的认识过程，对于每个学习或从事信息系统安全的人是很有必要的。

一般来说，多数人倾向于把迄今为止对信息系统安全概念分为如下三个层次：通信保密(commucation security)、信息防护(information protection)和信息保障(information assurance)。

1. 基于通信保密的信息系统安全

通信保密的基本技术是加密，目的是控制信息共享的范围。密码技术最早因战争中的情报传递而诞生，并在军事和市场竞争及外交活动的推动下，在加密与解密之间的相互博弈中不断发展。

(1)早期的信息保密。早在公元前5世纪，古希腊城邦巴达就有使用密码器的记录。公元前1世纪，恺撒大帝使用单字母替代密码。这种密码体制也曾用于历次战争中，包括美国独立战争、美国内战和两次世界大战。这是最早的换位密码术。

公元16世纪中期意大利的数学家卡尔达诺(1501—1576年)发明的卡尔达诺漏格板(覆盖在密文上，可从漏格中读出明文)对密码技术的发展做出了贡献。

一直到计算机出现之前，密码学一直是通信领域研究的课题。20世纪40年代开始出现了通信安全、电子安全的术语。到了20世纪50年代，欧美国家将通信安全、电子安全合称为信号安全。这一时期的代表性研究成果是信息论之父C. E. Shannon于1949年发表的《保密系统的通信理论》。它标志着密码学从此走上科学和理性之路。

(2)计算机时代的信息保密。计算机的出现及其发展大大提高了运算的能力，把密码学的研究又推向一个新的阶段，呈现一次革命，密码学开始出现了对称密钥体系和不对称密钥体系。其代表性研究成果是1976年W. Diffie和M. E. Hellman发表的《密码学的新方向》，以及1977年美国公布实施的《数据加密标准(DES)》。密码学的应用走上规范和广泛应用的道路。

但是，密码学的研究并没有终止，尤其是随着量子计算技术研究的深入，过去在理论上被认为坚不可摧的一些密码体系也变得脆弱了，人们开始走上新时代密码学研究的征途。

2. 基于信息系统防护的信息系统安全

信息安全是在机密性的基础上，把信息安全的内涵扩充为完整性、可用性、真实性和可控性。它是一种被动的防御思想，所以也称为信息(系统)防护，具体目标是：①系统保护：对设施或技术系统可靠性、完整性和可用性的保护；②信息内容保护：保护系统中数据的机密性、完整性和可用性。

(1)计算机安全阶段。在计算机安全阶段，除了数据传输和数据存储中的加密问题之外，有两个问题被提了出来:一是计算机本身的安全问题,一是数据的完整性保护问题。对于计算机本身安全的关注,最早见于1969年兰德公司给美国国防部的报告。报告中指出:"计算机太脆弱了,有安全问题。"这中间不仅包括了计算机系统的硬件,还包括了计算机系统的软件,所遭受的威胁不仅有滥用、自然灾害,还有病毒。对于数据的完整性的考虑,是由于数据库的出现而提出的。数据库优于文件系统之处在于其采用了三级模式(概念、逻辑、物理)结构,实现了两极独立性,更便于多用户共享。而共享性又必须要解决其相伴随的完整性问题。

(2)计算机网络安全阶段。在计算机网络安全阶段,"网络就是计算机"的概念被普遍接受,信息系统的内涵也就扩展到了计算机网络,同时也使信息系统出现了计算机网络所带来的脆弱性安全问题。

由于20世纪90年代因特网的发展,网络成了计算机应用的重要形式。计算机网络面临的威胁从程度上、范围上都大大超过了单机时代,例如恶意代码、各种非法侵入、不良信息的传播。于是,"网络安全"一词开始被广泛采用,它强调在整个信息系统中,计算机网络是保护的关键部位,保护了计算机网络的安全,信息系统的主要安全问题就可以解决。

这个时期的标志是"9·11"事件发生后,布什总统于2001年10月16日签署并发布的13231号行政命令——《信息时代的关键基础设施保护》和2002年9月18日出台的《网络安全国家战略》

3.基于信息保障的信息系统安全

基于信息保障的信息系统安全概念,经历了从被动防御到主动防御、从静态防御到动态防御、技术与管理从分离到融合的几个过程。

(1)从被动防御到主动防御。到了20世纪90年代,随着各国信息基础设施建设的加速,世界信息化的步伐大大加快,Internet的应用很快走向普及,用户数量急剧膨胀。这时人们却发现,尽管几十年来在信息安全方面的科研投入逐步加大,技术水平提高很快,安全产品、安全设施层出不穷,但安全事件每年却成指数级增长。分析这种现象,人们开始认识到,传统的信息安全技术都集中在系统自身的加固与保护上,例如数据传输和存储中的加密技术、集中的身份认证产品在网络的出口配置防火墙等。然而这样的被动防御往往只有事倍功半的效果。由于构筑防御设施时,不了解安全威胁的严重程度和当前的安全现状,往往投资盲目又抓不住安全的关键。因此,理想的系统安全需要一种检测机制,以便动态地发现危机。此外还需要响应机制,以便发现问题后快速进行处理和恢复。

(2)从静态防御到动态防御。人们的研究还发现,信息系统本身充满了动态性,体现在以下方面:

①信息系统的需求是动态的。

②安全漏洞具有动态性。网络设备和应用系统在设计开发过程中必然存在某些缺陷和漏洞,新的系统部件也会引入新的问题。

③系统建设是动态的,新应用、新产品不断出现,设备、应用系统和操作系统平台的不断升级和复杂化。

④网络拓扑是动态的,在网络的运行中,用户和拓扑是动态变化的。

⑤网络上的各种威胁也是动态的。

这些动态的因素要求网络的防御也必须是动态的。信息系统的安全防护除了应当采取加密、访问控制和隔离(如防火墙)外,还应当动态地检测和监控网络,利用检测工具(如漏洞评估、入侵检测等)了解和评价系统的安全状态,发现新的威胁和弱点,并通过循环反馈及时做出有效的响应,将系统调整到“最安全”和“风险最低”的状态。

(3)技术与管理从分离到融合。信息保障强调信息系统整个生命周期的防御和恢复,同时安全问题的出现和解决方案也超越了纯技术范畴。为了确保信息系统的可用性、完整性、保密性、可控性、不可否认性等特性,单靠技术是难以奏效的。所以,信息安全保障要依赖于人、技术、管理三者共同完成,通过提高系统的预警能力、保护能力、检测能力、反应能力和恢复能力,在信息和系统生命周期全过程的各个状态下提供适当的安全功能。其中,管理的作用是非常突出的。

## 18.1.3 信息系统的安全管理技术

1. 通信保密

(1)数据保密。数据保密就是隐蔽数据,是迄今为止最重要的信息保护手段,其方法有以下两种:

①数据加密,即隐蔽数据的可读性,将可读的数据转换为不可读数据,即将明文转换为密文,使非法者不能直接了解数据的内容。加密的逆过程称为解密。

数据加密用到的技术包括替代密码、换位密码、分组密码、对称密码体制和非对称密码体制、密钥的安全与公开密码体制。

②数据隐藏,即隐藏数据的存在性,将数据隐藏在一个容量更大的数据载体之中,形成隐秘载体,使非法者难以察觉其中隐藏有某些数据,或者难以从中提取被隐藏数据。

数据隐藏是一门新兴的综合性前沿科学,涉及人类生理学、计算机图形学、密码学、信号处理等多个学科的知识,已成为国际学术界的研究重点。数据隐藏主要研究如何将某一机密信息秘密隐藏于另一公开的信息中,然后通过公开的信息来传递机密信息。数据隐藏技术可分为基于文本的数据隐藏技术、基于图像的数据隐藏技术和基于音频的数据隐藏技术。

数据隐藏技术在信息系统中的应用主要集中在隐秘通信和数字水印,具体应用如版权保护、违反者追踪、防止非法复制、图像认证、电子商务中的网页保护和票据防伪。

(2)认证技术。对企业来说,信息是一种稀缺资源,因此信息安全问题是信息系统安全的核心。通常,信息安全问题涉及以下几个方面:

①机密性保护,即防止敏感数据或信息被泄漏,包括防止信息被不该知晓的人知晓,以及防止通过发现通信方式分析关于通信特征收集或获取通信内容。

②完整性保护,即防止对数据的篡改。这里的篡改包括对内容、序列和时间篡改。数据的完整性包括三个方面,即内容完整性、序列完整性和时间完整性。其中,序列完整性和时间完整性保护都比较简单,而内容完整性比较复杂。

③抗抵赖性保护,即防止接收方否认收到报文或者发送方否认已经发送过报文。

④真实性保护,即防止伪装或假冒别人身份发送数据。

机密性保护属于数据加密的范畴,其他三个方面都有赖于认证技术的使用。

认证技术也是建立在现代密码学的基础之上。从认证的对象看,可以分为报文认证和身份认证。报文用于鉴别(主要用于完整性保护)和数字签名(主要用于抗抵赖性保护),身份认证主要用于真实性保护。

报文鉴别是确定一个报文可靠性的过程,可以验证报文是否被篡改,但不能用于鉴别通信中的一方对另一方是否有抵赖或否认行为。当通信双方尚未建立起信任关系且存在冲突的情况下，单纯的报文鉴别有些脆弱，从而不得不采用数字签名。

用于真实性保护的身份凭证包括口令、代表身份的生物特征信息认证、智能卡和电子钥匙认证、证书认证等。

(3)访问控制。信息系统中的一切活动都是由访问动作引起的。一个信息系统当然不允许非法用户访问，即使是合法用户也不是可以访问系统的所有资源或者对系统的某一资源进行任意访问操作。访问控制就是基于这种考虑的安全机制。访问控制分为系统访问控制和网络访问控制。

系统访问控制是从系统资源安全保护的角度对要进行的访问进行授权控制。它从访问的角度将系统对象分为主体和客体两类。主体也称为访问发起者，主要指用户、用户组、进程以及服务等；客体也称资源，主要指文件、目录、机器等。授权就是赋予主体一定的权限(修改、查看等)，赋予客体一定的访问属性(如读、写、添加、执行、发起链接等)，同时在主体与客体之间建立一套安全访问规则，通过对客体的读出、写入、修改、删除、运行等管理，确保主体对客体的访问是经过授权的，同时要拒绝非授权的访问。

网络访问控制用于限制外部对网络服务的访问以及系统内部用户对外部的访问，它的主要技术是隔离，分为逻辑隔离和物理隔离。

2.信息防护技术

面对日益猖獗的信息系统的入侵和供给，人们开发出的从单项诊治发展到静态应对这类威胁的技术有防火墙技术、信息系统安全审计和报警，数据容错、容灾和备份等。

(1)防火墙技术。在计算机网络中，防火墙是一个分离器、一个限制器、一个分析器，也是一个中心“遏制点”，是设置在可信任的内部网络与不可信任的外界之间的一道屏障。它可以屏蔽非法请求，一定程度地防止跨权限访问并产生安全报警，有效地监控了内部网和 Internet 之间的任何活动。

(2)信息系统安全审计和报警。安全审计是信息系统安全中一项极为重要的安全服务措施。它有如下功能：

①记录与系统安全活动有关的全部或部分信息；

②对所有记录的信息进行分析、评价、审查，发现系统的安全隐患；

③对潜在的攻击者进行威慑或警告；

④出现安全事故后，追查造成安全事故的原因并落实对安全事故负责的试题或机构，为信息系统的安全策略的调整和修改提供建议。

安全审计和报警不可分割。安全审计由各级安全管理机构实施并管理，并只在定义的安全策略范围内提供。它允许对安全策略的充分性进行评价，帮助检测安全违规，对潜在的攻击者产生威慑，但是安全审计不直接阻止安全违规。安全报警一般在安全相关事件达到某一或一些预定义阈值时发出。

(3)数据容错、容灾和备份。为了保证系统的可靠性，经过长期的摸索，人们总结出三种方法，即避错、纠错和容错。错误没有办法完全避免，纠错作为避错的补充，在系统出现故障时起作用。而容错是第三种方法。容错的基本思想是：灾害对系统的危害要比错误大且严重，即使出现错误，系统也能执行一组规定的程序。或者说，程序不会因为系统中的故障而中断或被修改，并且故障也不引起执行结果的差错。

容灾是针对灾害而言的。从保护数据的安全性出发,数据备份是数据容错、数据容灾以及数据恢复的重要保证。

3.信息保障层面

(1)信息系统安全风险评估。系统的安全强度可以通过风险大小衡量。科学地分析信息系统的风险,综合平衡风险和代价的过程就是信息系统安全风险评估。世界各国信息化的经验表明:

①不计代价、片面地追求系统安全是不切实际的;

②不考虑风险存在的信息系统是危险的,是要付出代价,甚至是灾难性代价的;

③所有的信息系统建设的生命周期都应当从安全风险评估开始。

通过信息系统安全风险评估,组织可以达到如下目的:

①了解组织信息系统的管理和安全现状。

②确定资产威胁源的分布,如入侵者、内部人员、自然灾害等;确定其实施的可能性;分析威胁发生后,资产的价值损失、敏感性和严重性,确定相应级别;确定最敏感、最重要资产在威胁发生后的损失。

③了解系统的脆弱性分布。

④明晰组织的安全需求,指导建立安全管理框架,合理规划安全建设计划。

(2)信息系统安全风险评估时机。信息系统安全风险评估是信息系统每个生命周期的起点和动因。具体地说,应当在下面的一些时机进行:

①要设计规划或升级到新的信息系统时。

②给目前的信息系统增加新的应用或新的扩充(包括进行互联)时。

③发生一次安全事件后。

④组织具有结构性变动时。

⑤按照规定或某些特殊要求对信息系统的安全进行评估时。

(3)信息系统安全风险评估参考标准。下面列举了进行信息系统安全风险评估时可以参照的标准:

①ASNZS 4306:1999(风险管理指南):澳大利亚和新西兰关于风险管理的标准。

②NIST SP 800-30:美国国家标准和技术学会(NIST)开发的信息系统风险管理指南。

③NIST SP 800-26:美国国家标准和技术学会(NIST)开发的信息系统安全自我评估指南。

④ISO 17799:英国标准协会(British Standard Institute,BSI)开发,后成为信息安全管理体系的国际标准。

⑤BS 7799-2:BSI 开发的信息安全管理标准。

⑥OCTAVE(Operationally Critical Threat,Asset,and Vulnerability Evaluation):美国卡内基·梅隆大学软件工程学院开发的一种风险评估方法。

⑦BS 15000(ITIL):信息系统服务管理。

⑧IS(13335):信息技术安全管理指南。

⑨G51:安全风险评估及审计指南。

⑩ISO 15408/CC:国际标准化组织发展的信息安全性评估准则。

⑪GB/T 18336:国家标准:信息技术、安全技术、信息技术安全性评估准则。

⑫GB 17859-1999:国家标准计算机信息系统安全保护等级划分准则。

(4)信息系统安全风险评估准则。在信息系统安全风险评估中,应当遵循如下一些原则:

①规范性原则,具有三层含义:

a. 评估方案和实施,要根据有关标准进行。

b. 选择的评估部门需要被国家认可,并具有一定等级的资质。

c. 评估过程和文档要规范。

②整体性原则,评估要从业务的整体需求出发,不能局限于某些局部。

③最小影响原则,具有两层含义:

a. 评估要有充分的计划性,不对系统运行产生显著影响。

b. 所使用的评估工具要经过多次使用考验,具有很好的可控性。

④保密性原则,具有三层含义:

a. 对评估数据严格保密。

b. 不得泄露参评人员资料。

c. 不得使用评估数据对被评方造成利益损失。

(5)信息系统安全风险评估模式。安全风险评估模式是进行安全风险评估时应当遵循的操作过程和方式。每个组织应当根据自己的信息系统的环境选择适当的评估模式。下面是几种常用的风险评估模式。

①基线评估。基线评估就是按照标准或惯例进行评估。例如按照下列标准规范或者惯例:

a. 国际标准和国家标准,例如 BS 7799-1、GB/T 18336-2001 等。

b. 行业标准或推荐,例如德国联邦安全局 IT 基线保护手册等。

c. 其他类似商业目标和规模组织惯例。

采用基线安全风险评估,组织应当根据行业性质、业务环境等实际情况,用安全极限的规定对自己的信息系统的安全措施进行检查,找出差距,得到基本的安全需求。

安全基线规定适合于特定环境下的所有系统。采用基线安全风险评估,可以满足基本的安全需求,使系统达到一定强度的安全防护水平。这种评估模式需要的资源少,评估周期短,操作简单,是最经济有效的风险评估模式。但是,基线水平的高低确定困难。

②详细评估。详细评估就是对信息系统中的所有资源都进行仔细的评估,例如可以划分成如下方面进行安全风险评估:

a. 网络安全风险评估,可以按照了解拓扑结构、获取公共访问及其名字和地址、进行端口扫描的顺序进行。

b. 平台安全风险评估,包括认证基准配置、操作系统、网络服务有无改变、认证管理员口令、测试口令的强度、跟踪审计子系统、评估数据库等。

c. 应用安全评估,包括资产的鉴定和评估、资产面临威胁的评估、安全薄弱环节的分析,并在这些评估分析的基础上进行最后的风险评估分析,最后制定出合适的安全策略。它体现了风险管理的思想,能识别资产的风险并将风险降低到可以接受的水平。

但是,这种模式需要相当多的财力、物力、时间、精力和专业能力的投入,最后获得的结果有可能有一定的时间滞后。

③组合评估。组合评估是上述两种模式的结合。它首先对所有信息系统进行一次较高级

别的安全分析,并关注每一个实际分析对整个业务的价值以及它所面临的风险的程度。然后对业务非常重要或面临严重风险的部分进行详细评估分析,对其他部分进行极限评估分析。这种方法注意了耗费与效率之间的平衡,还注意了高风险系统的安全防范。

### 18.1.4 信息安全道德规范

1. 信息安全道德问题

信息系统作为信息技术的一种应用形式,它所涉及的道德问题主要包括隐私问题、正确性问题、产权问题和存取权问题。

(1)隐私问题。信息技术强大的信息搜集能力为组织提供全方位服务的同时,应该考虑信息收集对人的隐私权的尊重,如对员工行为的全面监控。人们存储在一些信息系统中的个人信息会被盗窃和滥用,从而导致侵犯个人隐私和欺诈等不法行为。

此类问题的解决有赖于系统中信息的正确使用,最常用的方法是限定权限。

(2)正确性问题。正确性问题是指关于谁有责任保证信息的权威性、可信性和正确性和谁来统计和解决错误等问题。

(3)产权问题。产权问题主要涉及谁拥有信息,什么是信息交换的公平价值,谁拥有传输信息的渠道,如何分配这些稀有的资源等问题。

(4)存取权问题。存取权问题应该规定什么人对什么信息有特权取得,在什么条件下有什么安全保障。

2. 信息安全道德标准

一些在国际上有影响力的组织推出的关于企业的道德标准值得我们学习和借鉴。如数据处理管理联盟(Data Processing Management Association,DPMA)、信息技术专业协会(Association of Information Technology Professionals,AITP)、计算机机械协会(Association for Computing Machinery,ACM)、计算机专业资格协会(Institute for Certification of Computer Professionals,ICCP)、美国信息技术协会(Information Technology Association of America,ITAA)等组织都制定了自己的职业行为准则。下面以DPMA的标准为例:

DPMA专业标准包括针对业主的、针对社会的和针对专业的内容。

(1)对业主。

①尽一切努力保证自己具有最新知识和正确经验以适应工作的需要。

②避免兴趣上的矛盾,并保护业主已意识到的任何潜在的矛盾。

③保证委托给自己的信息的私隐性和保密性。

④不错误地表达和删除源于实情的信息。

⑤不企图利用业主的资源使自己获得好处或做任何未经正式批准的事情。

⑥不利用计算机系统的弱点得到个人的好处或达到个人目的。

(2)对社会。

①把自己的技术和知识传播给社会。

②尽自己最大努力保证产品得到社会信任和应用。

③支持、尊重和服从地区、州和联邦法律。

④不错误地表达和删除公众关心的源于问题和事情的信息,也不允许这种已知的信息搁置作废。

⑤不以任何非法的形式得到个人的好处。

(3)对专业。

①忠于自己所有的专业关系。

②当看到非法的不道德的事情时,应采取合适的行动。当反对任何人的时候,必须坚信自己是有力的、正确的、负责任的并不带任何个人情绪。

③尽力与人共享我的专业知识。

④和他人合作以达到了解和识别问题。

⑤在没有得到特殊许可和批准的情况下,不利用信誉去做其他工作。

⑥不利用他人缺乏经验和缺乏知识去占便宜以得到个人好处。

## 18.2 信息系统安全管理策略

### 18.2.1 基于网络的安全策略

管理者为防止对网络的非法访问或非授权用户使用的情况发生,应采取以下策略。

1. 监视日志

(1)读取日志,根据日志的内容至少可确定访问者的情况;

(2)确保日志本身的安全;

(3)对日志进行定期检查;

(4)应将日志保存到下次检查时。

2. 对不正当访问的检测功能

当出现不正当访问时应设置能够将其查出并通知风险管理者的检测功能。

(1)设置对网络及主机等工作状态的监控功能;

(2)若利用终端进行访问,则对该终端设置指定功能;

(3)设置发现异常情况时能够使网络、主机等停止工作的功能。

3. 口令

对依据口令进行认证的网络应采取以下策略:

(1)用户必须设定口令,并努力做到保密;

(2)若用户设定口令时,应指导他们尽量避免设定易于猜测的词语,并在系统上设置拒绝这种口令的机制;

(3)指导用户每隔适当时间就更改口令,并在系统中设置促使更改的功能;

(4)限制口令的输入次数,采取措施使他人难以推测口令;

(5)用户一旦忘记口令,就提供口令指示,确认后口令恢复;

(6)对口令文本采取加密方法,努力做到保密;

(7)在网络访问登录时,进行身份识别和认证;

(8)对于认证方法,应按照信息系统的安全需求进行选择;

(9)设定可以确认前次登录日期与时间的功能。

4. 用户身份识别(用户ID)管理

(1)对于因退职、调动、长期出差或留学而不再需要或长期不使用的用户ID予以注销;

(2)对长期未进行登记的用户以书面形式予以通知。

5.加密

(1)进行通信时根据需要对数据实行加密；

(2)要切实做好密钥的保管工作，特别是对用户密钥进行集中保管时要采取妥善的保管措施。

6.数据交换

(1)在进行数据交换之前，对欲进行通信的对象进行必要的认证；

(2)以数字签名等形式确认数据的完整性；

(3)设定能够证明数据发出和接收以及可以防止欺骗的功能；

(4)在前三步利用加密操作的情况下，对用户的密钥进行集中管理时，要寻求妥善的管理方法。

7.灾害策略

为防止因灾害、事故造成线路中断，有必要做成热备份线路。

## 18.2.2 基于主机的安全策略

管理者为防止发生对主机非法访问或未授权用户使用等情况，应采取以下策略。

1.监视日志

(1)读取日志，根据日志的内容至少可确定访问者的情况；

(2)确保日志本身的安全；

(3)对日志进行定期检查；

(4)应将日志保存到下次检查时；

(5)具备检测不正当访问的功能；

(6)设置出现不正当访问时，能够将其查出并通知风险管理者的功能。

2.口令

对依据口令进行认证的主机等应采取以下策略：

(1)用户必须设定口令，并努力做到保密；

(2)若用户设定口令时，应指导他们尽量避免设定易于猜测的词语，并在系统上设置拒绝这种口令的机制；

(3)指导用户每隔适当时间就更改口令，并在系统中设置促使更改的功能；

(4)限制口令的输入次数，采取措施使他人难以推测口令；

(5)用户一旦忘记口令，就提供口令指示，确认后口令恢复；

(6)对口令文本采取加密方法，努力做到保密。

3.对主机的访问

(1)在记录日志时进行识别和认证；

(2)对于认证方法，按照信息系统所需的安全要求进行选择；

(3)设置可以确认前次日志记录日期的功能；

(4)根据安全方针，除了对主机的访问加以控制外，对数据库的数据、移动存储设备也应分别进行控制；

(5)为确保访问控制等功能的安全，有必要选择具有相应功能的操作系统。

4. 安全漏洞

(1)采用专用软件,对是否存在安全漏洞进行检测;

(2)发现安全漏洞时,要采取措施将其清除。

5. 加密

(1)在保管数据时,要根据需要对数据实行加密;

(2)要切实做好密钥的保管工作,特别是对用户密钥进行集中保管时要采取妥善的保管措施。

6. 对主机的管理

(1)应采取措施使各装置不易拆卸、安装或搬运;

(2)要采取措施,避免显示屏上的信息让用户以外的人直接得到或易于发现。

7. 预防灾害策略

(1)根据需要将装置做成热备份的,要设置替代功能;

(2)设置自动恢复功能。

## 18.2.3　基于设施的安全策略

管理者为了防止重要的计算机主机系统设施不受外部人员的侵入或遭受灾害,应采取以下办法。

1. 授予资格

(1)建立进入设施的资格(以下称资格);

(2)资格授予最小范围的必需者,并限定资格的有效时间;

(3)资格仅授予个人;

(4)授予资格时,要注明可能进入的设施范围及进入设施的目的。

2. 建立身份标识

(1)对拥有资格的人员发给记有以下事项的身份标识和 IC 卡等(以下称身份证)。

①资格的有效期;

②可进入的设施范围及进入的目的;

③照片等个人识别信息。

(2)制作标识的材料应采用不易伪造的材料,另外要严格管理标识原件(指存档的),不使之丢失。

(3)有资格的人员标识遗失或损坏时,应立即报告安全总负责人。

(4)当按照(3)项报告后,即宣布该标识无效。

3. 设施出入管理

(1)为获准进入设施,要提交身份标识确认资格;

(2)限定允许出入设施的期限;

(3)将允许进入人员的姓名、准许有效期限、可进入的设施范围、进入目的以及进入设施的许可(以下称许可)等记录下来并妥善保存;

(4)对允许进入的人员发给徽章等进入设施的标志,并将该标志佩戴在明显的位置;

(5)进入设施的标志应按照身份标识中的(2)～(4)项要求执行;

(6)在建筑物或计算机房的出入口处查验是否具有资格和许可;

(7)当从设施中搬出或搬人物资时,都应对该物资和搬运工作进行查验;

(8)物资搬运出入时,应记录负责人的姓名、物资名称、数量、搬运出入时间等,并保存;

(9)保安人员负责出入管理。

4. 防范措施

(1)限定设施出入口的数量,设置进行身份确认的措施;

(2)在设施内装设报警和防范摄像装置,以便在发现侵入时采取必要的防范措施;

(3)在建筑物、机房及外设间、配电室、空调室、主配电室(MDF)、中间配电室(IDF)、数据保存室等的入口处设置报警装置,以便在发现侵入时采取必要的防范措施;

(4)让保安人员在设施内外进行巡视。

5. 灾害策略

(1)设施的地点应尽可能选在自然灾害较少的地方;

(2)建筑物应选择抗震、防火结构;

(3)各种设备都应采取措施,防止因地震所导致的移动、翻倒或振动;

(4)内装修应使用耐燃材料,采取防火措施;

(5)对电源设备要采取防止停电措施;

(6)对空气调节装置要采取防火和防水措施,使用水冷或热式空调设备时要采取防水的措施。

## 18.2.4 基于数据管理的安全策略

1. 数据管理

(1)当重要数据的日志不再使用时,应先将数据清除,再将存储介质破坏,随后立即将该记录文件销毁;

(2)对记录有重要数据的记录文件应采取措施,做好保管场所携带出入的管理,将数据用密码保护;

(3)对移动存储介质,根据需要应采取数据加密或物理方法禁止写入等措施。

2. 数据备份

应定期或尽可能频繁地进行备份。备份介质应制定妥善的保存办法、保存期限,与原介质在不同地方保管。

3. 审计

(1)应从信息系统的安全性、可信度、保全性和预防犯罪的角度进行审计;

(2)制定审计的方法并制成手册;

(3)有计划、定期地进行审计,若有重大事故发生或认为有危险发生时,应随时进行审计;

(4)提交审计报告;

(5)安全总负责人应根据审计结果迅速采取必要的措施。

## 18.2.5 信息系统开发、运行和维护中的安全策略

1. 开发中的安全策略

(1)采取措施防止将基础数据泄露给从事开发以外的其他人员;

(2)制定专门的系统设计文档;

(3)制定专门的运行和维护手册；

(4)运行手册中应制定出危机范围和风险策略。

**2. 运行中的安全策略**

(1)根据手册操作；

(2)记录运行情况日志。

**3. 维护中的安全策略**

(1)根据手册操作；

(2)记录维护情况。

## 18.2.6 基于安全事件的安全策略

管理者在发生犯罪事件时能确保与有关部门取得联系，与危机进行切实应对，从而确保安全，应采取以下策略。

**1. 发现攻击时应采取的管理措施**

(1)当发现对用户等进行攻击、事故或侵害等其他信息系统安全的行为或事件(以下简称攻击)时，有义务立即向危机管理负责人报告；

(2)应将受到攻击的对象、非法访问的结果、出入时的日志以及其后审计或调查所需的信息等，作为发现攻击行为的状态保存下来；

(3)及时向相关部门通报；

(4)发现非法访问行为且需要得到相关部门援助时，提出申请；

(5)调查结束，在进行系统恢复时，应将操作过程记录下来。

**2. 组织体制**

为明确责任和权限应建立以下体制：

(1)日常事务体制：设立专职的安全总负责人和审计负责人；

(2)风险管理体制：设专职的风险管理责任人、风险管理设备执行人和其他责任人。

**3. 教育及培训**

(1)将风险发生时的防范措施制成手册，发给用户并进行定期训练；

(2)让用户了解风险对社会带来较大的危害，从而提高安全意识；

(3)对用户策略实施情况进行审计，对措施不完备的地方加以改进。

## 18.2.7 与开放性网络连接的信息系统应追加的安全措施

对于信息系统来说，除了前面所述安全策略之外，从预防非法访问、计算机病毒侵入的角度来看，与 Internet 等开放性网络连接，还应追加下列安全措施。

**1. 一般措施**

网络系统考虑通过开放性网络引入的不正当访问和恶意程序侵入，应当追加如下措施。

(1)与开放性网络的连接应限定在最小范围的功能、线路和主机；

(2)与开放性网络连接时，应采取措施预防对信息系统进行不正当的访问；

(3)利用防火墙时，应设定适当的条件；

(4)使用计算机系统时，应采取一定的安全措施，确保该信息系统的安全；

(5)关于网络结构等重要信息除非必要时，不得公开。

2. 监视措施

应当设置对线路负荷状况的监视功能。发现异常情况时，应根据需要使之与相连接的开放性网络断开。

3. 安全事件应对措施

在确保攻击发生时能与相关部门取得联系。对危机进行准确应对的同时，还应采取如下措施：

(1)与相关机构合作，把握受侵害的情况，采取措施，防止侵害的扩大；

(2)对攻击进行分析，查明原因，与相关机构合作采取措施，防止攻击再次发生；

(3)限定用户，即尽可能将可通过开放性网络进行访问的用户(数)加以限制；

(4)信息收集，即平时要注意收集通过开放性网络进行非法访问的信息。

## 18.3 应急响应与灾难恢复

一般来说，每个使用信息系统的组织都应当有一套应急响应机制。这个机制包括三个环节，即应急响应组织、紧急预案、灾难恢复。

### 18.3.1 应急响应组织

应急响应组织的主要工作有：

(1)安全事件与软件安全缺陷分析研究；

(2)安全知识库(包括漏洞知识、入侵检测等)的开发与管理；

(3)安全管理和应急知识的教育与培训；

(4)发布安全信息(如系统漏洞与补丁、病毒警告等)；

(5)安全事件紧急处理。

应急响应组织包括应急保障领导小组和应急技术保障小组。应急保障领导小组的主要职责是领导与协调突发事件及自然灾害的应急处理。应急技术保障小组主要解决安全事件的技术问题，如物理实体和环境安全技术、网络通信技术、系统平台技术、应用系统技术等。

### 18.3.2 紧急预案

1. 紧急预案及基本内容

应急预案是指根据不同的突发紧急事件类型和以外情形预先制定的处理方案。应急预案一般包括如下内容：

(1)执行紧急预案的人员(姓名、住址、电话号码以及有关职能部门的联系方法)；

(2)系统紧急事件类型及处理措施的详细说明；

(3)应急处理的具体步骤和操作顺序。

2. 常见安全事件

紧急预案要根据安全事件的类型进行对应的处理。下面提供一些常见的安全事件类型供参考：

(1)物理实体及环境类安全事件，如意外停电、物理设备丢失、火灾和水灾等；

(2)网络通信类安全事件，如网络蠕虫侵害等；

(3)主机系统类安全事件,如计算机病毒、口令丢失等;

(4)应用系统类安全事件,如客户信息丢失等。

**3.应急事件处理的基本流程**

(1)安全事件报警。

值班人员发现紧急情况,要及时报告。报告要对安全事件进行准确描述并作书面记录。

(2)安全事件确认。

确定安全事件的类型,以便启动相应的预案。

(3)启动紧急预案。

①首先要能够找到紧急预案。

②保护现场证据(如系统事件、处理者采取的行动、与外界的沟通等),避免灾害扩大。

(4)恢复系统。

①安装干净的操作系统版本。如果主机被侵入,就应当考虑系统中的任何东西都可能被攻击者修改过了,包括内核、二进制可执行文件、数据文件、正在运行的进程以及内存。通常,需要从发布介质上重装操作系统,然后再重新连接到网络上之前安装所有的安全补丁,只有这样才会使系统不受后门和攻击者的影响。只是找出并修补被攻击者利用的安全缺陷是不够的。建议使用干净的备份程序备份整个系统,然后重装系统。

②取消不必要的服务。只配置系统要提供的服务,取消那些没有必要的服务。检查并确信其配置文件没有脆弱性以及该服务是否可靠。通常,最保守的策略是取消所有的服务,只启动自己需要的服务。

③安装供应商提供的所有补丁。建议安装所有的安全补丁,使系统能够抵御外来攻击,不被再次侵入,这是最重要的一步。

④查阅 CERT 的安全建议、安全总结和供应商的安全提示。

⑤谨慎使用备份数据。在从备份中恢复数据时,要确信备份主机没有被侵入。一定要记住,恢复过程可能会重新带来安全缺陷,被入侵者利用。

⑥改变密码。在弥补了安全漏洞或者解决了配置问题以后,建议改变系统中所有账户的密码。

(5)加强系统和网络的安全。

(6)进行应急工作总结。

(7)撰写安全事件报告。

### 18.3.3 灾难恢复

灾难恢复是安全事件应急预案中特别重要的部分。从发现入侵的时刻起就应进行处理。灾难恢复应当包括如下几项内容:与高层管理人员协商;夺回系统控制权;复制被侵系统;入侵评估(分析入侵途径,检查入侵对系统的损害;清除入侵者留下的后门;记录恢复过程;恢复系统)。

**1.与高层管理人员协商**

恢复的步骤应当符合组织的安全预案。如果安全预案中没有描述,应当与管理人员协商,以便能从更高角度进行判断,并得到更多部门的支持和配合。

2. 夺回系统控制权

为了夺回对被入侵系统的控制权，先要将入侵从网络上断开，包括拨号连接。如果在恢复过程中，没有断开被侵入系统和网络的连接，入侵者就可能破坏所进行的恢复工作。

进行系统恢复也会丢失一些有用信息，如入侵者正在使用的扫描程序或监听进程。因此想要继续追踪入侵者时，可以不采取这样的措施，以免被入侵者发现。但是，也要采取其他一些措施，避免入侵蔓延。

3. 复制一份被侵入系统的映像

在进行入侵分析之前，最好对被入侵系统进行备份(如使用 UNIX 命令 dd)。这个备份在恢复失败时非常有用。

4. 入侵评估

入侵评估包括入侵风险评估、入侵路径分析、入侵类型确定和入侵涉及范围调查。下面介绍围绕这些工作进行的调查工作。

(1)详细审查系统日志文件和显示器输出，检查异常现象。

(2)入侵者遗留物分析。包括：检查入侵者对系统文件和配置文件的修改；检查被修改的数据；检查入侵者留下的工具和数据；检查网络监听工具。

(3)其他，如网络的周边环境和涉及的远程站点。

5. 清除后门

后门是入侵者为下次攻击打下的埋伏，包括修改了的配置文件、系统木马程序、修改了的系统内核等。

6. 记录恢复过程中所有的步骤

毫不夸张地讲，记录恢复过程中采取的每一步措施是非常重要的。恢复一个被侵入的系统是一件很麻烦的事，要耗费大量的时间，因此经常会使人做出一些草率的决定。记录自己所做的每一步可以帮助避免做出草率的决定，还可以留作以后的参考，还可能对法律调查提供帮助。

7. 系统恢复

各种安全事件预案的执行都是为了使系统在事故后得以迅速恢复。对于服务器和数据库等系统特别重要的设备，则要单独订立紧急恢复预案。

(1)服务器的恢复。一旦服务器因故障完全停止运行，常规的恢复方法是在一个新的硬件平台上重建。步骤如下：

①安装服务器操作系统；

②安装所有需要的驱动程序；

③安装所有需要的服务软件包；

④安装所有需要的流程修补程序和安全修补程序；

⑤安装备份软件；

⑥安装备份软件需要的修补程序；

⑦恢复最后一次完全备份磁带；

⑧恢复所有增量备份或差异备份磁带。

显然，用手工进行服务器的恢复是非常麻烦的。如果能设计一种专门的软件包，可以生成存有服务器镜像文件的启动盘，用来恢复服务器，就便利多了。

(2)数据库系统的恢复。数据库系统恢复的目的是在足够备份的基础上,使数据库尽快恢复到正常。其中包括:

①数据文件恢复:把备份文件恢复到原来位置。

②控制文件恢复:控制文件受损时,要将其恢复到原位重新启动。

③文件系统恢复:在大型操作系统中,可能会因介质受损,导致文件系统被破坏。其恢复步骤为:

a.将介质重新初始化;

b.重新创建文件系统;

c.利用备份完整地恢复数据库中的数据;

d.启动数据库系统。

## 本章总结

本章介绍了信息系统的安全管理的基本概念,包括信息系统安全概念的三种不同理解,信息系统的主要安全管理技术以及信息系统安全道德规范,详细说明了信息系统安全管理的七种策略,并对信息系统的应急响应及灾难恢复机制做了简要介绍。

## 练习题

### 一、名词解释

1.通信保密　　2.安全防护

3.信息保障　　4.安全管理技术

5.安全管理策略　　6.应急响应

7.灾难恢复

### 二、简答题

1.信息系统安全的主要威胁来源有哪些?

2.简述信息系统安全管理包括哪几个层次。

3.简述基于网络的信息系统安全策略。

4.试述信息安全道德在安全管理中的作用。

5.简述应急响应机制的三个环节。

# 参考文献


[1] 郭宁.管理信息系统[M].北京:人民邮电出版社,2009.

[2] 薛华成.管理信息系统[M].6版.北京:清华大学出版社,2011.

[3] 毛基业,郭迅华,朱岩.管理信息系统——基础、应用与方法[M].北京:清华大学出版社,2011.

[4] 唐晓波.管理信息系统[M].北京:科学出版社,2005.

[5] 戚桂杰,彭志忠.管理信息系统[M].济南:山东人民出版社,2007.

[6] 范并思,许鑫.管理信息系统[M].上海:华东师范大学出版社,2011.

[7] 周根贵.数据仓库与数据挖掘[M].杭州:浙江大学出版社,2004.

[8] 黄梯云.管理信息系统[M].4版.北京.高等教育出版社,2009.

[9] 肯尼斯·C·劳顿,简·P·劳顿.管理信息系统[M].11版.北京.机械工业出版社.2011.

[10] 张金城.管理信息系统[M].北京.清华大学出版社,2012.

[11] 王建明.数字移动通信的有关技术问题[J].湖南商学院学报,2000(1).

[12] 周三多,等.管理学:原理与方法[M].4版.上海:复旦大学出版社,2011.

[13] 杨文士,等.管理学原理[M].2版.北京:中国人民大学出版社,2004.

[14] 刘仲英.管理信息系统[M].北京:高等教育出版社,2006.

[15] 王要武.管理信息系统[M].北京:电子工业出版社,2007.

[16] 闪四清.管理信息系统教程[M].2版.北京:清华大学出版社,2007.

[17] 姚家奕,吕希艳,张润彤.管理信息系统[M].北京:首都经济贸易大学出版社,2003.

[18] 彭澎.管理信息系统[M].北京:机械工业出版社,2003.

[19] 何斌,张立厚.信息管理原理与方法[M].北京:清华大学出版社,2006.

[20] 徐碧琳.管理学原理[M].北京:机械工业出版社,2012..

[21] 埃弗雷姆·特班,等.决策支持系统与智能系统[M].北京:机械工业出版社,2009.

[22] 陈文伟.决策支持系统教程[M].北京:清华大学出版社,2009.

[23] 刘心报.决策分析与决策支持系统[M].北京:清华大学出版社,2009.

[24] 斯蒂芬·哈格,等.信息时代的管理信息系统[M].北京:机械工业出版社,2011.

[25] 刘鹏.管理信息系统[M].上海财经大学出版社,2008.

[26] 梅姝娥,陈伟达.管理信息系统[M].北京师范大学出版社,2008.

[27] 祝智庭.网络教育应用[M].北京师范大学出版社,2004.

[28] 张鹏翥.决策支持系统[M].上海交通大学出版社,2005.

[29] 麦克纳林,等.信息系统管理实践[M].西安交通大学出版社,2009.

[30] 曾涛.网络时代的商业智慧:系统锁定[M].北京:机械工业出版社,2010.

[31] 琳达·S·桑福德，戴夫·泰勒.开放性成长——商业大趋势:从价值链到价值网络[M].北京:东方出版社，2008.
[32] 凯西·施瓦贝尔.IT项目管理[M].杨坤,王玉,译.北京:机械工业出版社,2011.
[33] 左美云.信息系统项目管理[M].北京:电子工业出版社,2009.
[34] 阚君满.管理信息系统的层次化开发模式研究[J].现代情报,2006(10).
[35] 王天新.管理信息系统发展[J].现代情报,2007(6).
[36] 刘涛,肖平,黄新艳.企业管理信息系统规划方法及相关问题初探[J].企业科技与发展,2009(8).
[37] 洪向东,赵昆.信息系统规划理论及其实现途径研究[J].云南财贸学院学报,2006(1).
[38] 牛芳,李东.信息系统规划过程特征与有效性关系实证研究[J].管理世界,2007(1).
[39] 周伟.企业信息系统规划步骤及方法探讨[D].西南财经大学,2003.
[40] 才华.企业信息系统规划及其柔性研究[D].河北工业大学,2004.
[41] 刘楠.信息系统规划阶段风险评估模型[D].哈尔滨工业大学,2006.
[42] 周鹏.基于信息系统规划的企业流程重组方法[D].暨南大学,2005.
[43] 陈景艳.管理信息系统[M].北京:中国铁道出版社,2001.
[44] 亨利·C·卢卡斯.管理信息技术[M].北京:中国人民大学出版社,1998.
[45] 杰克·D·卡隆.信息技术与竞争优势[M].北京:机械工业出版社,1998.
[46] 林达·M·阿普尔盖特.公司信息系统管理[M].北京:机械工业出版社,1998.
[47] 杨帆.基于系统测试的测试管理工具的开发及其应用研究[D].同济大学,2007.
[48] 叶许红,徐青,张彩江.管理支持对企业信息系统实施成功的影响研究[J].重庆大学学报(社会科学版),2006.
[49] 朱云娜.软件系统的系统测试分析与实践[D].华东师范大学,2009.
[50] 顾佳.管理信息系统开发中系统测试风险因素评估研究[D].哈尔滨工业大学,2010.
[51] 曾明,洪玫,王卓,尹洪,冷江.数据库系统测试中测试用例的自动规范方法[J].计算机工程与设计,2009,15:3577-3580.
[52] 严正宇,汪力.典型信息系统测试策略初探[J].福建电脑,2010,02:43-70.
[53] 深圳大学管理信息系统测试报告[J].深圳大学学报,1989,04:115.
[54] 丰彦.软件测试的系统测试方法[J].引进与咨询,2005,03:32-34.
[55] 陶幸辉,宋志刚.软件系统测试类型及测试用例设计[J].科技经济市场,2011,06:3-5.
[56] 曹文婷.软件测试用例生成及管理系统的设计和实现[D].吉林大学,2012.
[57] 贾立双.信息系统实施后企业绩效评价研究[D].南京大学,2012.
[58] 吴川.企业管理信息系统实施绩效评价研究[D].西南交通大学,2006.
[59] 葛世伦,尹隽.信息系统运行与维护[M].北京:电子工业出版社,2012.
[60] 李松.管理信息系统实用教程[M].北京大学出版社 2008.
[61] 张基温.信息系统安全教程[M].北京:清华大学出版社,2007.

**图书在版编目(CIP)数据**

管理信息系统/万映红主编.—西安:西安交通大学出版社,2014.7
ISBN 978-7-5605-6049-6

Ⅰ.①管… Ⅱ.①万… Ⅲ.①管理信息系统 Ⅳ.①C931.6

中国版本图书馆 CIP 数据核字(2014)第 038789 号

**书　　名** 管理信息系统
**主　　编** 万映红
**责任编辑** 赵怀瀛

**出版发行** 西安交通大学出版社
(西安市兴庆南路 10 号　邮政编码 710049)
**网　　址** http://www.xjtupress.com
**电　　话** (029)82668357　82667874(发行中心)
(029)82668315　82669096(总编办)
**传　　真** (029)82668280
**印　　刷** 陕西时代支点印务有限公司

**开　　本** 787mm×1092mm　1/16　**印张** 23.375　**字数** 566 千字
**版次印次** 2014 年 7 月第 1 版　2014 年 7 月第 1 次印刷
**书　　号** ISBN 978-7-5605-6049-6/C·115
**定　　价** 42.80 元

读者购书、书店添货,如发现印装质量问题,请与本社发行中心联系、调换。
订购热线:(029)82665248　(029)82665249
投稿热线:(029)82668133
读者信箱:xj_rwjg@126.com